公判審理から見た捜査

予審的視点の再評価

高内 寿夫

成文堂

はしがき

1　本書は，刑事手続における捜査の位置付けについて，ひとつの見方を示したものである。それは，第1部において，「予審的視点」として提示され，第2部では，一層実践的な観点から，「捜査活動の記録」という形に言い換えられている。

　「予審的視点」とは，当事者主義を前提とした上で，捜査を，一方当事者による準備段階と捉えるのではなく，公判手続の準備手続と捉える視点である。「捜査活動の記録」とは，「予審的視点」をわが国の刑事手続に適合する形で発展させ，公判段階における捜査記録の取扱い方について，ひとつの見方を示したものである。その要旨を述べれば，当事者主義に基づく充実した公判審理を実現するためには，捜査段階において，捜査活動を客観的に記録することが重要であり（捜査活動の記録化），また，公判段階において，捜査記録を証拠として用いる場合，「捜査段階でしかじかの捜査活動が実施された」ということ自体が証拠価値を有する（捜査活動の証拠化）とする視点である。「捜査活動の記録」という言い方は少々分かりづらいと思われるが，この点は本書の中で詳しく説明したい。

2　なぜ，こうした見方が必要なのか。新たな刑事司法制度の構築に向けて議論を進めてきた法制審議会・新時代の刑事司法制度特別部会は，2013年（平成25年）1月に，「時代に即した新たな刑事司法制度の基本構想」を公表している。その冒頭において，特別部会は，わが国の刑事司法の現状について次のように指摘した。「これまでの刑事司法制度において，捜査機関は，被疑者及び事件関係者の取調べを通じて，事案を綿密に解明することを目指し，詳細な供述を収集してこれを供述調書に録取し，それが公判における有力な証拠として活用されてきた。すなわち，他に有力な証拠収集手段が限られている中で，取調べは，当該事件に関連する事項についての知識を有すると捜査機関において判断した者本人の口から機動的かつ柔軟に供述を得ることができる手法として，事案解明を目指す捜査において中心的な機能を果た

してきた。また，供述調書は，取調べの結果得られた詳細な供述について，争いのない事件ではこれを効率的かつ時系列に沿って分かりやすく公判に顕出させて供述内容を立証する手段として機能するとともに，公判廷で供述人が捜査段階の供述を翻した場合等においては，捜査段階における供述内容を公判に顕出させる手段となり，しばしば，公判廷での供述より信用すべきものと認められてきた。」

　この記述は，わが国の刑事司法の特色をよくあらわしている。すなわち，わが国の刑事司法は，当事者主義をとりながらも訴追機関が国家機関であり，捜査段階における取調べが，実際上，公判審理に大きな影響を与えているという特色を有する。欧米諸国に比べわが国の有罪率が極めて高いことは，この特色の反映である。こうした制度である場合，公判審理の充実という観点から，捜査活動自体を，公判審理を支える重要な手続段階と位置付け（捜査の準司法化），公判審理において，捜査活動それ自体を検討の対象とする視点が必要であると思われる。

3　本書は2部構成をとる。

　本書の視点は，フランスの予審制度の分析を通じて得られたものであるが，第1部は，フランスにおいて予審制度がいかなる目的で創設され，そしてそれはフランスの刑事手続全体においてどのように位置付けられるのかを歴史的に分析する。

　第1章「予審的視点の再評価」は，第1部の要点をまとめたものである。フランス予審制度を取り上げる意義，予審制度が創設された理由，わが国において捜査を「予審的視点」から眺めることの有用性などを指摘する。本章では，わが国への立法提案に言及しているが，これは公判前整理手続が創設される以前に指摘したものである。公判前整理手続の創設によって，提案の一部は実現され，一部は否定されている。しかし，「予審的視点」からの立法論的方向性を明らかにするものとして，そのまま収録することにした。

　第2章「予審前史」では，フランスにおける近代的予審制度創設の前史部分を概観する。糾問手続の時代において，証拠裁判主義の確立に伴い，審問活動（証拠収集活動）が必要となったこと，革命期の陪審制導入に伴い審問活動（証拠収集活動）が弱体化したこと，そして，検察官制度の創設されたこと

などを概述する。

　第3章「予審制度の成立過程」では，1808年に制定されたフランス治罪法典の起草過程をたどりながら，そこにおける予審制度を巡る議論を分析し，予審制度に関する立法者意思を考察する。とりわけ，予審制度が，陪審制度と検察官制度との存在を前提として，それらの制度との緊張関係の中で創設された点を明らかにする。

　第4章「予審手続の機能」は，フランス治罪法典における予審の機能を整理する。第1節では，予審手続が公判前段階の手続の中でどのように位置付けられるかを分析し，公判前手続が訴追手続と予審手続の分業システムによって構築されている点を指摘する。第2節では，公判審理との関係で予審がどのような機能を担っているのかを分析する。第3節では，予審手続の有する書面性の意義を分析し，予審の書面性とは予審審理全体の記録化である点を指摘する。

　第5章「権利保障の装置として予審」では，フランス治罪法典制定以降の改革，とりわけ1897年法を取り上げ，予審に導入された人権保障の機能，その実質的な担保としての予審の無効理論の展開を検討する。後者については，予審の無効理論と予審の書面性との関係も指摘する。

　第6章「予審の現代的課題」は，現行のフランス刑事訴訟法典の制定過程およびその後の予審手続に関する法改革の動向を概観することによって，予審制度が抱える問題点を検討する。

4　第2部は，第1部で検討したフランスにおける予審制度の検討を踏まえ，「予審的視点」から，わが国の刑事手続の諸問題を検討するものである。

　第1章では，「予審的視点」を，わが国の捜査手続を検討する視点として捉え直し，「捜査活動の記録」という見方を提示する。上述したように，「捜査活動の記録」は，公判段階から見た捜査活動の記録化を述べたものであるが，捜査活動を記録化することの意義，捜査記録の公判前整理手続における利用および公判手続における利用に関する基本的な枠組みを示す。

　第2章「裁判員裁判における検察官面前調書の取扱い」は，裁判員裁判において，参考人によって作成された検察官面前調書の各手続段階における取扱いを論じたものである。とりわけ，検面調書が「捜査活動の記録」である

ことを前提として，証人尋問の中でどのように利用されるべきか，検面調書の証拠能力に関する審理はどうあるべきか，評議の場面でどのように扱われるべきかなどを論じている。

　第3章「参考人取調べの録音・録画について」は，「捜査活動の記録」という視点から，これまであまり論じられていない参考人の取調べの録音・録画の有用性を論じたものである。参考人取調べの録音・録画の趣旨，公判前整理手続における利用，公判審理における利用，証拠法上の取扱いについて検討する。

　第4章「被疑者取調べの適法性について」は，被疑者取調べの適法性の判断基準を論じたものである。まず，在宅被疑者の取調べに関する昭和59年決定の問題点を指摘した後，黙秘権の趣旨から，その保障義務の内容を吟味し，在宅被疑者取調べの適法性の範囲，逮捕・勾留中の被疑者取調べの適法性の範囲について私見を提示している。「捜査活動の記録」によって確認されなければならないのは，まずもって，取調べの適法性である。

　第5章「被疑者取調べの録音・録画について」は，法制審議会・新時代の刑事司法制度特別部会の議論を受けて，2015年に国会に提出された改正刑事訴訟法案における被疑者取調べの録音・録画に関する規定を検討しながら，「捜査活動の記録」という観点から見た，被疑者取調べの録音・録画の趣旨，取調べの録音・録画のあり方，公判前整理手続および公判審理における被疑者取調べの録音・録画記録媒体の利用の仕方について検討するものである。

　第6章「『新たな準備手続』と刑事訴訟法の理念」は，「予審的視点」から，公判前整理手続が抱える原理的問題点を指摘したものである。本章は，公判前整理手続の創設に伴って生じる刑事訴訟法原理との齟齬を指摘し，そこから生じ得る問題点について，当事者主義に基づく公判審理の充実という観点から考えるべき点を指摘している。なお，本章は，司法制度改革審議会意見書が出された時点でまとめられたものであり，改正刑事訴訟法自体を分析するものではない点をお断りしておく。

　第7章「裁判員制度の構造をいかに理解すべきか」は，「予審的視点」から，裁判員制度の構造を論じたものである。裁判員制度では，裁判官は公判前整理手続から事件に関与するのに対して，裁判員は公判審理段階から関わ

る。裁判官が公判の準備段階から関与し得るのは，裁判官には，裁判員が主体的に公判に関われるようにサポートする役割を期待されているからであり，裁判官の公判における権限行使は，その範囲内でなされなければならない点を指摘する。

5　本書のもとになった博士学位請求論文「フランス刑事訴訟における予審の機能―予審制度の成立と展開―」は，1989年（平成元年）に國學院大學に提出し，1990年（平成2年）3月に，学位（乙法第2号）を授与されたものである。すでに発表から四半世紀が経過している。そして，その後，わが国の刑事訴訟法は，戦後最大の改革を経験することとなった。1999年に，司法制度改革審議会が発足し，2001年に「司法制度改革審議会意見書」が公表され，その後，意見書に従った刑事訴訟法改革が進められていった。本稿のテーマに関係する制度改革としては，公判前整理手続が2005年から施行され，裁判員制度は2009年から開始されている。そして，2015年3月，被疑者取調べの録音・録画を含む刑事訴訟法改正法案が国会に提出された。

　一連の司法改革の中で，私自身も，関連する諸問題についていくつかの論稿を発表してきた。その分析は，必ずしも博士論文の視点を意識したものではないものもあるが，図らずも，捜査手続と公判手続とをいかに繋いでいくかという問題意識に基づいたものであった。そこで，四半世紀前の博士論文とその後の司法改革に関して検討した諸論文とを合体させる形で，本書をまとめることにしたものである。

　第1部は，司法制度改革が始まる前の論稿であり，現在の裁判員制度や公判前整理手続を前提としたものではない。しかし，博士論文で取り上げようとした視点は，当事者主義を前提とした上で，捜査を，一方当事者による準備段階と捉えるのではなく，公判手続の準備手続と捉える視点であるから，この視点自体は，裁判員裁判が開始されたことによって，さらにその重要性を増していると言えよう。

　第2部を構成する各論文は，それぞれ独立したものであるが，その視点は，捜査を公判審理の準備段階と捉えた場合の公判審理のあり方を考察する点で一致しており，「予審的視点」をわが国の刑事手続において，いかに実現していくかという点を扱っている点において一貫している。

なお，本書をまとめるにあたり，論文掲載時のままではなく，全体の調整などから，大幅に加筆および修正を加えた部分があることもお断りしておきたい。

6　本書は，謹んで，沢登佳人先生と澤登俊雄先生の両先生に捧げさせていただきたい。

　沢登佳人先生には，学生時代からご指導をいただき，刑事訴訟法についてのみならず，研究をすることの意味，物事を根本から考える姿勢など，研究者としてあり方そのものをお教えいただいた。本書は，先生のフランス法研究の一部について，自分なりに発展させ，まとめたものである。沢登佳人先生は，刑事法のご研究のみならず，法の基礎理論，実在の構造そして宇宙論に至る独創的体系を構築されている。私自身も本書をひとつの契機として，さらに根本的なテーマについても挑戦していきたいと思う。

　また，澤登俊雄先生には，フランス刑事法全体についての考え方，新社会防衛論の思想などをお教えいただくとともに，先生の組織された数々の研究会における共同研究を通じて，新たな研究対象，新たな視野を開かせていただいた。また，博士論文は，先生のご指導なしには完成することのなかったものである。なお，澤登俊雄先生に最もご指導をいただいたのは少年法の分野であるが，少年法に関する研究については，改めてまとめさせていただきたいと考えている。

　さらに，本書をまとめるにあたり，これまで多くの先生方からご指導およびご教示をいただいている。博士論文を作成するにあたり，横山實國學院大學名誉教授，新倉修青山学院大学教授，故白井駿國學院大學名誉教授にはたいへんお世話になった。学生時代からの学友である梅田豊愛知学院大学教授には，常に刺激をもらっている。大学院の先輩である平野泰樹國學院大學短期大学部教授，花岡明正新潟工科大学准教授，上野芳久元関東学院大学教授からはいろいろとお教えいただいた。國學院大學法科大学院において，中山善房先生，四宮啓先生には，実務的な観点から貴重なご指導をいただき，自らの考え方を深めさせていただいた。また，本書に至る研究の過程において，荒木伸怡立教大学名誉教授，所一彦立教大学名誉教授，酒井安行青山学院大学教授，三井誠神戸大学名誉教授，白取祐司神奈川大学教授の各先生方

からさまざまなご指導，ご教示をいただいたことに対しても，ここで改めてお礼を述べさせていただきたい。また，本書の着想の多くは，前任校である白鷗大学の自由な環境の中で得たものである。恵まれた環境の中で研究，教育をさせていただいた白鷗大学の関係者のみなさまにも，こころより感謝申し上げたい。

　本書は，國學院大學出版助成（乙）を得て公刊するものである。赤井益久学長，武田誠法科大学院長はじめ，出版にご協力いただいた國學院大學の関係者のみなさまに深謝申し上げる。

　最後に，本書の出版を快くお引き受けいただき，種々のご配慮によりスッキリとした体裁で本書をまとめていただいた成文堂の飯村晃弘氏にこころよりお礼申し上げたい。

2016年1月11日

高 内 寿 夫

目　次

はしがき　　　　　i
目　次　　　　　　ix
略語表　　　　　　xvii
初出一覧　　　　　xviii

第1部　フランス刑事手続における予審の機能

第1章　予審的視点の再評価 3
1　問題の所在 3
2　予審の意義（フランスにおける予審の成立過程） 6
　(1)　概念の定義 6
　(2)　予審の意義 8
3　予審的視点の提言 11
4　新しい予審制度の提案 15

第2章　予審前史 19
1　糺問手続と予審 19
　(1)　初期弾劾手続の予審活動 19
　(2)　捜査および審問手続の発展 23
　(3)　糺問手続における審問（予審） 27
2　革命期の予審 31
　(1)　1791年法における予審権 31
　(2)　罪刑法典における予審権 37
　(3)　共和暦9年法（検察官制度の創設） 41
3　小括 45

第3章　予審制度の成立過程 … 47

1　準備作業段階 … 47
(1)　起草作業の開始（予審判事の創設） … 47
(2)　各裁判所の意見 … 50

2　コンセイユ・デタの審議―刑事手続の基本思想― … 51
(1)　論点の提示 … 51
(2)　陪審制論議 … 53
(3)　カンバセレスによる刑事手続構造論 … 54
(4)　起訴陪審の存置 … 57
(5)　予審判事と検察官の組織 … 58

3　起訴陪審の廃止 … 61
(1)　審議の再開 … 61
(2)　起訴陪審の廃止 … 62
(3)　民事裁判所と刑事裁判所の結合 … 64

4　訴追と予審の分離原則 … 65
(1)　審理経過 … 65
(2)　第3修正案の提示 … 66
(3)　分離原則の提示 … 68
(4)　論点の提示 … 69
(5)　分離原則の完成 … 71
(6)　現行犯概念の拡大 … 74
(7)　法典の公布 … 75

5　小括 … 76

第4章　予審手続の機能 … 79

1　公判前の手続における予審の位置付け（訴追と予審の分離原則） … 80
(1)　全体構造 … 80
(2)　検察官 … 81
(3)　予審判事の活動の自由 … 86
(4)　評議部 … 88

(5) 重罪起訴部……………………………………………………89
　2　予審と公判審理の関係…………………………………………90
　(1) 理論的考察—エリの見解を中心に—………………………90
　(2) 予審記録の利用………………………………………………97
　3　予審審理の性格…………………………………………………103
　(1) 予審審理の書面性……………………………………………103
　(2) 予審対象者の尋問……………………………………………106
　4　小括………………………………………………………………111

第5章　権利保障の装置としての予審………………………114
　1　1897年法の制定…………………………………………………115
　(1) 1856年法（評議部の廃止）…………………………………115
　(2) 1897年法の制定過程…………………………………………116
　(3) 1897年法の内容………………………………………………121
　2　予審対象者の防御権と予審の無効理論の展開………………126
　(1) C.I.C.における予審手続の無効……………………………126
　(2) 本質的無効の展開……………………………………………127
　(3) 明文上の無効（1897年法）…………………………………130
　(4) 1897年法以降の本質的無効の展開…………………………132
　(5) 予審行為の適法性の証明（予審の書面性と無効）………136
　3　小括………………………………………………………………138

第6章　予審の現代的課題……………………………………140
　1　現行刑事訴訟法典の制定………………………………………140
　(1) 治罪法典下における法改正…………………………………140
　(2) ドンヌデュ・ド・ヴァーブルによる予審改革案…………142
　(3) 現行刑事訴訟法典の制定過程………………………………145
　2　現行刑事訴訟法典における予審手続…………………………146
　3　近時における予審改革の動向…………………………………150
　(1) 改革の背景……………………………………………………150

(2)　ポンピドゥー政権下（1969年〜1974年）の予審改革……………152
　　(3)　ジスカールデスタン政権下（1974年〜1981年）の予審改革……152
　　(4)　ミッテラン政権下（1981年〜1995年）の予審改革………………154
　　(5)　シラク政権下（1995年〜2007年）の予審改革……………………163
　　(6)　サルコジ政権下（2007年〜2012年）の予審改革…………………166
　4　小括……………………………………………………………………………167
　　(1)　現行刑事訴訟法典における予審………………………………………167
　　(2)　予審改革を巡るその後の状況…………………………………………168

第2部　公判審理から見た捜査

第1章　「捜査活動の記録」という視点……………………173
　1　フランスの予審と戦前におけるわが国の予審の相違点……………174
　　(1)　予審手続自体の相違点…………………………………………………174
　　(2)　公判手続との関係における相違点……………………………………175
　　(3)　訴追手続との関係における相違点……………………………………176
　2　捜査における「予審的視点」……………………………………………178
　　(1)　公判審理と予審…………………………………………………………178
　　(2)　訴追と予審の分離原則…………………………………………………179
　　(3)　予審の書面性……………………………………………………………180
　　(4)　証拠開示の徹底…………………………………………………………181
　　(5)　証拠能力の事前処理……………………………………………………182
　3　「捜査活動の記録」という視点……………………………………………183
　　(1)　「捜査活動の記録」とは…………………………………………………183
　　(2)　「捜査活動の記録」の視点の内容………………………………………184
　　(3)　捜査活動は客観的に記録されるべきであること
　　　　―捜査活動の記録化―……………………………………………185
　　(4)　捜査記録と両当事者の公判準備………………………………………186
　　(5)　捜査記録と捜査活動の適法性…………………………………………187
　　(6)　捜査記録と証拠能力……………………………………………………188

(7)　捜査記録と証明力……………………………………………… 189
　(8)　捜査記録目録の作成…………………………………………… 190
　(9)　捜査記録………………………………………………………… 191

第2章　裁判員裁判における検察官面前調書の取扱い……… 194
1　はじめに……………………………………………………………… 194
　(1)　裁判員制度における検面調書の利用………………………… 194
　(2)　論点の整理……………………………………………………… 196
2　証人尋問のあり方…………………………………………………… 198
　(1)　証人尋問の中での解決………………………………………… 198
　(2)　証人尋問における誘導尋問の活用…………………………… 199
3　検面調書の証拠能力に関する審理………………………………… 203
　(1)　問題の所在……………………………………………………… 203
　(2)　公判前整理手続………………………………………………… 205
　(3)　証人尋問請求…………………………………………………… 206
　(4)　「供述不能」の審理…………………………………………… 208
　(5)　「相反性」の審理その1……………………………………… 209
　(6)　「相反性」の審理その2―反対尋問権のパラドックス―……… 211
　(7)　特信性の審理…………………………………………………… 213
　(8)　裁判員の参加…………………………………………………… 215
4　検面調書の証拠調べ方法…………………………………………… 218
　(1)　問題の所在……………………………………………………… 218
　(2)　「一部朗読」か「全部朗読」か……………………………… 220
　(3)　「全文朗読」か「要旨の告知」か…………………………… 221
　(4)　検面調書に対する反対尋問権の保障について……………… 223
5　評議における検面調書の取扱い…………………………………… 225
　(1)　問題の所在……………………………………………………… 225
　(2)　私見……………………………………………………………… 226
6　まとめと展望………………………………………………………… 228
　(1)　憲法37条2項の視点…………………………………………… 228

(2) 供述心理学の知見 …………………………………………………… 230
　(3) 参考人の取調べ録音・録画について ……………………………… 233

第3章　参考人取調べの録音・録画について …………………… 238
　1　はじめに ……………………………………………………………… 238
　2　捜査段階における参考人取調べの録音・録画の実施 …………… 239
　　(1) 参考人取調べの問題点 …………………………………………… 239
　　(2) 供述録取書の問題点 ……………………………………………… 242
　　(3) 取調べ録音・録画の趣旨について ……………………………… 244
　　(4) 導入への課題と解決の方向性 …………………………………… 248
　　(5) 録音・録画の手続 ………………………………………………… 249
　　(6) 録音・録画の任意性 ……………………………………………… 251
　　(7) 録音・録画の範囲について ……………………………………… 252
　　(8) 被害者等の取調べの録音・録画 ………………………………… 253
　3　公判前整理手続 ……………………………………………………… 254
　　(1) 証拠開示 …………………………………………………………… 254
　　(2) 関係者のプライバシーへの配慮 ………………………………… 256
　4　証人尋問 ……………………………………………………………… 256
　　(1) 証人尋問における活用 …………………………………………… 256
　　(2) 取調官の質問の提示 ……………………………………………… 258
　5　録音・録画記録の証拠能力 ………………………………………… 260
　　(1) 録音・録画記録の再生 …………………………………………… 260
　　(2) 伝聞例外の要件について ………………………………………… 262
　　(3) 証明力を争うための証拠 ………………………………………… 264
　6　まとめ ………………………………………………………………… 267

第4章　被疑者取調べの適法性について ………………………… 270
　1　はじめに ……………………………………………………………… 270
　2　昭和59年決定の問題点 ……………………………………………… 272
　　(1) 刑訴法198条の規定 ……………………………………………… 272

(2) 昭和59年決定の立場……………………………………………273
　3　黙秘権の保障について…………………………………………278
　　(1) 黙秘権の趣旨……………………………………………………278
　　(2) 黙秘権保障義務の内容…………………………………………283
　4　在宅被疑者取調べの適法性について…………………………292
　　(1) 出頭拒否権・退去権について…………………………………292
　　(2) 在宅被疑者の取調べの適法性…………………………………297
　5　逮捕・勾留中の被疑者取調べの適法性について……………301
　　(1) 取調べ受忍義務否定説の立場…………………………………301
　　(2) 取調べ受忍義務肯定説の立場…………………………………304
　6　弁護人の立会い権など…………………………………………304
　　(1) 弁護人の立会い…………………………………………………304
　　(2) 接見指定…………………………………………………………307
　7　おわりに…………………………………………………………308

第5章　被疑者取調べの録音・録画について……………310

　1　はじめに…………………………………………………………310
　2　2015年改正法案における取調べ録音・録画制度……………311
　3　被疑者取調べの録音・録画の趣旨……………………………313
　　(1) 特別部会の議論…………………………………………………313
　　(2) 被疑者取調べの適法性の確保…………………………………315
　　(3) 供述の任意性判断………………………………………………317
　　(4) 当事者の公判準備………………………………………………317
　　(5) 取調べ録音・録画の権利性について…………………………318
　4　被疑者取調べの録音・録画の手続……………………………320
　　(1) 取調べの録音・録画の実施……………………………………320
　　(2) 捜査段階における録音・録画記録媒体の利用………………324
　5　公判前整理手続における利用…………………………………325
　　(1) 公判前整理手続における証拠開示……………………………325
　　(2) 公判前整理手続における裁判所の利用………………………328

6 公判審理における利用……………………………………………330
   (1) 被疑者調書の任意性判断の証拠として用いる場合………………330
   (2) 実質証拠としての利用………………………………………335
  7 おわりに………………………………………………………340

第6章 「新たな準備手続」と刑事訴訟法の理念
―― 司法制度改革審議会意見の批判的考察 ――……342

  1 はじめに………………………………………………………342
  2 意見書の方向性と問題点………………………………………343
   (1) 新たな準備手続の位置付け……………………………………343
   (2) 新たな準備手続の特色と問題点………………………………344
  3 新たな準備手続と予断排除……………………………………347
  4 新たな準備手続と黙秘権………………………………………351
  5 新たな準備手続と証拠能力……………………………………354
   (1) 違法収集証拠…………………………………………………354
   (2) 伝聞証拠………………………………………………………357
   (3) 準備手続記録の証拠能力……………………………………358
  6 新たな準備手続と証拠開示……………………………………359
   (1) 証拠開示の範囲………………………………………………359
   (2) 証拠開示の意義………………………………………………360
   (3) 検察官による一件記録の提出………………………………362
  7 むすびにかえて………………………………………………364

第7章 裁判員制度の構造をいかに理解すべきか……366
  1 はじめに――予断排除のダブル・スタンダード――………………366
  2 公判前整理手続への裁判官の関与……………………………369
  3 評議における裁判官と裁判員…………………………………375
  4 評決のあり方…………………………………………………382
  5 まとめに代えて――若干の提言――………………………………387

フランスの法令・文献などの略語表

A.L.D.	Actualité législative Dalloz
Art.	Article
B.	Bulletin des arrêts de la Cour de cassation（chambre criminnelle）
B.O.M.J.	Bulletin officiel du ministère de la Justice
Cass.	Cour de Cassation
C.E.D.H.	Convention européenne des droit de l'homme
C.I.C.	Code d'instruction criminelle
C.P.	Code pénal
C.P.P.	Code de procédure pénale
Crim.	Cour de cassation, Chambre criminelle
D.	Recueil Dalloz
J.O.	Journal officiel
J.C.P.	Jurisclasseur périodique（Semaine juridique）
G.P.	Gazette du Palais
L.	Loi
Ord.	Ordonnance
R.D.P.C.	Revue de Droit Pénal et de Criminologie（Bruxelles）
R.I.D.P.	Revue International de Droit Pénal
R.P.D.P.	Revue Pénitentiaire et de Droit Pénal
R.S.C.	Revue de science criminelle et de droit pénal comparé
S.	Recueil Sirey

初出一覧

【第 1 部】フランス刑事手続における予審の機能

第 1 章 「予審的視点の再評価―公判審理から見た捜査―」刑法雑誌第35巻第 3 号（1996年）

第 2 章 「フランス刑事訴訟における予審の機能（ 1 ）―予審制度の成立と展開―」國學院法政論叢第12輯（1991年）

第 3 章・第 4 章 「フランス刑事訴訟における予審の機能（ 2 ）―予審制度の成立と展開―」國學院法政論叢第13輯（1992年）

第 4 章・第 5 章 「フランス刑事訴訟における予審の機能（ 3 ）―予審制度の成立と展開―」國學院法政論叢第14輯（1993年）

第 6 章 「フランス刑事訴訟における予審の機能（ 4 ）―予審制度の成立と展開―」國學院法政論叢第15輯（1994年），「フランス刑事訴訟における予審の機能（ 5 ）（完）―予審制度の成立と展開―」國學院法政論叢第16輯（1995年）

【第 2 部】公判審理から見た捜査

第 1 章 書き下ろし（一部，「フランス刑事訴訟における予審の機能（ 5 ）（完）―予審制度の成立と展開―」國學院法政論叢第16輯［1995年］）

第 2 章 「裁判員裁判における検察官面前調書の取扱い」國學院法學第46巻第 4 号（2009年）

第 3 章 「参考人取調べの録音・録画について」國學院法學第51巻第 4 号（2014年）

第 4 章 「被疑者取調べの適法性について」國學院法學第52巻第 4 号（2015年）

第 5 章 書き下ろし

第 6 章 「『新たな準備手続』と刑事訴訟法の理念―司法制度改革審議会意見の批判的検討―」中村睦男・大石眞編『立法の実務と理論―上田章先生喜寿

記念論文集』（信山社，2005年）
第7章 「裁判員制度の構造をいかに理解すべきか」國學院法學第45巻第1号（2007年）

第1部 フランス刑事手続における予審の機能

第1章　予審的視点の再評価

1　問題の所在

　"予審の復活"というとどう思われるだろうか。戦前まで刑事手続の重要な一局面として機能していた予審制度は，戦後における刑訴法の全面改正のなかで廃止されるに至っている。戦後改革のなかで最も目に見える形における改革こそ，予審の廃止であったといっても過言ではない。そして，予審廃止の後，今日に至るまで，廃止に対する疑問はほとんど示されていないといってよいだろう[1]。青柳文雄博士による新しい予審制度の提案が唯一の例外である[2]。

　こうした現状において予審の復活を主張することは，時代錯誤も甚だしいと思われるかもしれない。予審復活の意味するものが，予審判事による強制処分権限の独占ということであれば，現在の捜査のあり方を前提とする限り，かなり荒唐無稽な提案であるに違いない。しかし，刑事裁判の現代的課題に対し，予審がひとつの解決策を提示するものであるとすると，予審の考え方を全面的に否定すべきではないと思う[3]。

　さて，刑事裁判の現代的課題のひとつとして，ここでは，公判審理の形骸化の問題を取り上げたい。多くの論者が指摘するように，わが国の刑事裁判では，捜査機関により徹底した捜査が実施され，公判は「訴追を確認するところ」のような外観を呈している[4]。しかし，公判審理の形骸化の原因が，

---

1) 小田中聰樹「予審を廃止したことの評価」松尾浩也編『刑事訴訟法の争点』（有斐閣，1979年）100頁（同『刑事訴訟と人権の理論』〔成文堂，1983年〕所収）。
2) 青柳文雄「新しい予審制度の検討」ジュリスト199号（1960年）44頁以下。
3) 予審に肯定的な見解として，梅田豊「我が国の刑事訴訟法における強制処分規定の変容とひずみ―予審再評価のための一試論―」法政理論（新潟大学）25巻4号（1993年）53頁。
4) 主なものとして，平野龍一「現行刑事訴訟の診断」平場安治ほか編『団藤重光博士古稀祝賀論文集第4巻』（有斐閣，1985年）407頁，田宮裕『刑事訴訟法』（有斐閣，1992年）12頁以下，小

綿密な捜査と慎重な起訴にあるとするならば，そのこと自体は否定されるべきではないだろう。正しい事実認定のためには十分な証拠収集が不可欠であるし，起訴に伴う社会的不利益を考えれば起訴は慎重であるべきである[5]。むしろ，綿密な捜査や厳格な起訴を承認した上で，その意味を吟味し直し，「公判審理の活性化」をいかに実現してゆくかという視点こそ重要ではないだろうか。

　「公判審理の活性化」を図る手段が予審であるというのは意外に思われるだろう。その理由については次節で考察することとし，最初に，現在，予審が否定的に評価されているその根拠について疑問を呈することから検討を始めてみたいと思う。

　予審制度に対する批判の第1はその糺問的性格であろう。予審手続は裁判官によって秘密，非対審で進められるので，被告人の人権を侵害すると考えられている。しかし，戦前における予審存廃論の構図を見ると必ずしもこの批判は当てはまらない。小田中聰樹博士の分析によれば，旧刑事訴訟法の下で行われた予審改革の動きのなかで，予審廃止論は，刑事裁判の迅速処理という観点および検察・警察の強制捜査権限の拡大・強化という観点からなされているのに対して，予審存置論の方は，主として，検察権限の抑制と被告人の人権保障という観点からなされている[6]。たとえば，昭和9年の司法制度改善に関する司法省諮問をめぐる予審の存廃論議において，予審廃止論者は，公判前手続の迅速化と取調べの徹底にその根拠を求めている。これに対し，予審存置論者は，検察権限の抑制と被告人の人権尊重を主張している。牧野英一は，公判は煩瑣な証拠保全をなすに堪えるものではないとして予審の必要性を認めた上で，検事の強制処分を許容することは予審の弊害を矯め

　　田中輝樹「刑事手続改革の課題」松尾浩也＝芝原邦爾編『内藤謙先生古稀祝賀・刑事法学の現代的状況』(有斐閣，1994年) 394頁，同「刑訴改革論議の基本的視点―『精密司法』論の検討を手掛かりとして―」内藤謙ほか編『平野龍一先生古稀祝賀論文集・下巻』(有斐閣，1991年) 239頁，谷口正孝『裁判について考える』(勁草書房，1989年) 100頁以下，石松竹雄「わが国の刑事被告人は，裁判官による裁判を本当に受けているのか」法学セミナー423号 (1990年) 62頁以下などがある。
5)　松尾浩也『刑事訴訟法 (上)』(弘文堂，1979年) 15頁以下，井上正仁「刑事裁判に対する提言」司法研修所論集85号93頁 (1991年) 99頁以下参照。
6)　小田中聰樹『刑事訴訟法の歴史的分析』(日本評論社，1976年) 459頁以下。

ようとして予審以上の弊害をまねくと警告した[7]。南原繁は，被告人の名誉利益，一般人の権利保護を十分ならしめるために予審制度の維持は依然として必要であるとした[8]。予審の支持者は，予審を被告人の人権保障の砦として認識していたことが伺えるのである。

2番目に，予審の廃止は，戦後，アメリカ型の当事者主義導入による必然的帰結だとする見方がある。しかし，これは誤解である。戦後改革のなかで，連合国総司令部が予審に否定的であったという事実は存在しない。むしろ予審存置に積極的だった。団藤博士によると，民政局の裁判所・法律課の主要メンバーであり日本語にも堪能であったブレイクモアは，「もし『予審』という言葉が誤解を招きやすいというのなら，たとえば『予調』といったらよいではないか」と述べたという[9]。また，これに先立ち日本政府に刑事訴訟法の修正意見を提出したマニスカルコは，予審を現在のまま維持し，重罪についてはさらに起訴陪審を設けるという修正案を示している[10]。

第3に，予審が実施されると，予審が公判を支配することになり，公判審理の形骸化がもたらされると考えられている[11]。実際上，旧刑訴法では，予審調書が公判へ無制限に提出され，予審記録が受訴裁判所で重んぜられる傾向を示した。しかし，この点に関しては，まず，運用面の問題性を指摘しなければならない。後に述べるように，フランスでは，予審調書が公判廷に直接提出されることはない。例外的に，その朗読が認められるだけである。わが国の場合，予審調書の公判における取扱いに対する配慮が欠けていたように思われる[12]。

---

[7] 牧野英一「喜望峰としての予審」法律時報7巻4号（1935年）4頁。
[8] 「司法制度改善に関する学会の意見」のうち南原繁の意見（法律時報7巻3号［1935年］353頁）。
[9] 団藤重光「刑事裁判と人権」公法研究35号（1973年）103頁。
[10] 刑事訴訟法制定過程研究会「刑事訴訟法の制定過程（6）」法学協会雑誌92巻5号（1975年）108頁以下［小田中聰樹］および小田中聰樹『現代刑事訴訟法論』（勁草書房，1977年）60頁以下。
[11] 団藤重光『刑事訴訟法綱要』（弘文堂書房，1943年）536頁注（5），家永三郎「歴史の証言」法学セミナー45号（1959年）2頁以下。
[12] 沢登佳人「フランス刑事訴訟法における『判決手続と訴追・予審との機能分離の原則』と『陪審制度・自由心証主義および口頭弁論主義の一体不可分性』」法政理論16巻2号（1984年）121頁以下，青柳文雄『刑事裁判と国民性［総括編］』（有斐閣，1971年）11頁。

また，公判審理の形骸化の問題は，予審廃止により解消したといえるだろうか。現在の刑事裁判は「調書裁判」といわれている。公判廷には捜査段階で作成された膨大な捜査記録が提出される。また，平野博士が指摘されているように，裁判官はそれらの記録を裁判官室や自宅に持ち帰って事実認定を行なうという状況も見られる[13]。こうした現状をみると，旧刑訴法下において，公判審理の形骸化という傾向があったとしても，予審廃止によってそれが是正されているようには到底思われない[14]。

　以上のように，被告人の権利保障という観点からも，当事者主義の実現という観点からも，公判審理の形骸化という観点からも，少なくともこれまでの経緯に照らすと，予審を否定的に評価する理由を見い出すことは困難である。

2　予審の意義（フランスにおける予審の成立過程）

(1) 概念の定義

ア．予審　検討を進める前に，本書で用いる予審（instruction préparatoire）という概念について一応の定義をしておきたい。フランス刑事訴訟法典（C.P.P.）において，予審とは，予審判事によって実施される証拠資料を収集する一切の諸活動とされている[15]。予審は，検察官による予審請求（réquisitoire）または私訴原告人（partie civile）となる申立てを伴う告訴によって開始される（C.P.P.51条1項，80条1項）。予審処分（actes d'information）とは，真相解明のために有用と考えられる一切の活動であり（C.P.P.81条1項），C.P.P.では，臨検，捜索，差押え，通信傍受，証人尋問，被疑者質問，対質，鑑定などが規定されている。予審裁判所の機能としては，このほかに，予審対象者の身柄を確保するための勾留（détention provisoire）や司法統制処分（contrôle judici-

---

13)　平野・前掲注（4）418頁。

14)　すでに，大正刑事訴訟法下において，垂水克己裁判官は，「予審を廃し検事に強制権を与えることによって確かに予審中心主義はなくなろう。が，其代わりに公判中心主義が来ずして検事調書中心主義が来るのである。」と指摘している（垂水克己「予審廃すべからず（1）」法曹会雑誌17巻4号〔1939年〕3頁）。

15)　B.BOULOC, *Procédure pénale*, 24éd., Dalloz, 2014, p.28.

aire) などの決定があるが，フランスでは，2000年 7 月15日法によって，この機能は，自由と勾留判事（juge des libertés et de la détention）と呼ばれる別の裁判官が担っている（C.P.P.81条1項）。また，公判に付すか否かの決定は，控訴院（cour d'appel）に属する予審部（審査部，chambre d'instruction）と呼ばれる別機関に委ねられており（C.P.P.191条以下），元来の予審機能ではない。以上から，本書では，予審という用語を，予審判事によって実施される，真相解明のための諸活動という意味で用いることとする。

イ．**予審対象者**　次に，わが国において被疑者，被告人にあたる予審対象者について言及しておく。従来，フランスでは，警察捜査段階の被疑者をsuspect，予審段階はinqulpé，公判段階はaccusé（重罪の場合），prévenu（軽罪，違警罪の場合）と区別してきた。現在でも，名称を区別することは変わらないが，1993年 1 月 4 日法によって，予審対象者に対するinculpéという名称は退けられ，C.P.P.上は，partieやpersonne mise en examenなどの名称が用いられている。本書では，予審の対象となる者が，わが国の被疑者と被告人の中間に位置することから，少々こなれない言い方だが，「予審対象者」という用語を用いることにする[16]。

ウ．**プロセ・ヴェルバル**　また，本書は，予審の性格のうちとくにその書面性に注目する。予審審理において，裁判所書記官によって作成される文書（予審調書）は，フランスでは，プロセ・ヴェルバル（procès-verbal）と呼ばれている（C.P.P.106条など）。一般にprocès-verbalは「調書」と訳されるが，直訳すれば「言語の手続」であり，文書に記録することがそのまま手続それ自体であるような書面である[17]。本稿ではプロセ・ヴェルバルの機能を重視することから，あえてそのままプロセ・ヴェルバルと呼び，適宜，調書などの訳を付して補足することにする。

---

16)　「予審対象者」という訳語については，法務大臣官房司法法制調査部編『フランス刑事訴訟法典』（法曹会，1999年） 7 頁および白取祐司『フランスの刑事司法』（日本評論社，2011年）130頁参照。
17)　G.ステファニ＝G.ルヴァスール＝B.ブーロック（澤登佳人＝澤登俊雄＝新倉修訳）『フランス刑事法［刑事訴訟法］』（成文堂，1982年）では，この点に注目し，「記録手続」としている（ 5 頁訳注参照）。

(2) 予審の意義

　そもそも予審制度はいかなる目的のために設けられたのだろうか。予審の起源を16世紀の糾問手続の制度に求めることも可能であるが，近代的な意味における予審制度は，フランス革命の後，1818年に制定されたフランス治罪法典（C.I.C.）によって創設されたといえるであろう[18]。フランス治罪法典の制定過程を検討すると，予審制度創設に関して，主として2つの要因が関係していたことがわかる。

　まず，第1の要因は陪審制である。フランス治罪法典の法案作成の任に当たったコンセイユ・デタ（Conseil d'État）の審議が1814年に開始されたとき，真っ先に論じられたのは陪審制の問題だった。陪審制に関しては，すでにフランスでは，革命後の1791年法により，イギリスの制度を参照して，起訴陪審と審理陪審の2つの陪審が導入されていた[19]。陪審制を維持するという点では，コンセイユ・デタの方針は固まっていたといえる。問題は，陪審員の判断をどのように規制するかという点である。陪審制は，有罪・無罪の認定を陪審員の自由な判断に委ねるので，陪審員が恣意的な判断をしないように規制する必要が生じる。実は，予審の問題は，こうした流れの中で登場するのである。すなわち，検察側・被告側の口頭弁論によって，陪審員が適切な事実認定を行うためには，それ以前に事実を確信させるだけの資料が十分に用意され，しかも，公判を混乱させないように整理されていなければなら

---

[18]　フランス治罪法典の制定過程に関しては，第1部第3章において詳細に述べる。また，岩井昇二「フランスにおける刑事訴追（2）」警察研究36巻2号（1965年）85頁以下，梅田豊「フランスにおける自由心証主義の歴史的展開　第2部」法政理論18巻1号（1985年）172頁以下，水谷規男「フランス刑事訴訟法における公訴権と私訴権の史的展開（2・完）」一橋研究12巻3号（1987年）61頁以下，平野泰樹『近代フランス刑事法における自由と安全の史的展開』（現代人文社，2002年）382頁以下参照。

[19]　1791年法については，澤登佳人「邦訳・大革命期フランスの刑事訴訟立法（その1），治安警察，刑事司法および陪審員の設置に関するデクレ（1791年9月16日－29日）」法政理論17巻1・2号（1984年）197頁以下，同「近代刑事訴訟法の真髄デュポール報告について・フランス1791年刑事訴訟法典提案趣旨説明の解説と全訳」法政理論17巻3号（1984年）43頁以下，澤登佳人（校閲）・藤尾彰（訳）「フランス1791年刑事訴訟法案に関するデュポール報告」法政理論22巻2号（1989年）56頁以下，梅田豊「フランスにおける自由心証主義の歴史的展開　第1部」法政理論18巻1号（1985年）96頁以下，同「近代刑事裁判における口頭弁論主義・自由心証主義・継続審理主義の意義と陪審制度（1）（2・完）」法学（東北大学）54巻3号（1991年）176頁以下および4号155頁以下参照。

ない。そこで，大書記長カンバセレスは，糺問手続の時代に行われていた予審を再び導入して，まず予備的な審理を行い，その資料をもとにして，公判審理を進めるという形態を提案した[20]。

つまり，予審手続は，陪審制を規制するものとして，換言すれば，公判における自由心証主義・口頭弁論主義を支えるものとして構想されたのである。この場合，公判審理は口頭で進められなければならないので，予審の資料が直接，公判審理を支配するようなことがあってはならない。予審の記録というのは，両当事者が公判審理の準備を行い，裁判長が訴訟指揮を行うために用いられるものである。それゆえ，先述したように，予審調書が公判に直接提出されることはない。例外的に，その朗読が認められるが，その場合も，情報の価値しかないとされている。フランス法では，こうした考え方を，予審と公判の分離原則として重視する[21]。

予審創設の第2のポイントは検察官制度の存在である。検察官制度は，訴追権の集中と訴追官の組織化を図るために，すでに，1801年に設けられていた（共和暦9年雨月7日法）[22]。ところで，フランス治罪法典の制定の際に最初に提示された法案では，予審の主体は，実は，検察官であった。検察官が告訴告発を受理し，証人を尋問し，家宅捜索を実施し，被告人を尋問した。一方，予審判事の職務は，検察官による予審行為を補充し，嫌疑の有無を判断し，起訴陪審を主宰することにあった。

しかし，1808年に至り起訴陪審が廃止される。廃止の原因としては，ナポレオンが陪審廃止を強く望んでいたこと，書面審理であったことにより起訴

---

20)　J-G. LOCRÉ, *La législation civile, commerciale et criminelle de la France, ou commentaire et complément des codes français*, T.24, Bruxelles, 1837, p.26.
21)　予審と公判の分離原則に関しては，BERGOIGNAN-ESPER, *La séparation des fonctions de justice répressive*, P.U.F., 1973, p.69 et suiv. また，沢登・前掲注（12）121頁以下参照。
22)　フランス検察官の創設に関しては，高内寿夫「フランス検察官の地位と刑事手続上の機能（1）」國學院法研論叢13号（1985年）32頁以下，澤登俊雄「－検察官－フランス」比較法研究38（1977年）77頁以下，北村一郎「フランスにおける公的補佐の概念」山口俊夫編集代表『野田良之先生古稀記念・東西法文化の比較と交流』（有斐閣，1983年）703頁以下参照。また，共和暦9年法に関しては，沢登佳人＝藤尾彰＝鯰越溢弘「邦訳・大革命期フランスの刑事訴訟立法（その3），重罪事件および軽罪事件における犯罪の訴追に関する法律（革命暦9年雨月7日）」法政理論18巻3号（1985年）217頁以下参照。

陪審が受動的な役割しか果たしえなかったことなどが挙げられている[23]。ともかく，起訴陪審の廃止は，検察官に対する予審権と訴追権との集中の問題性を浮かび上がらせることになる。すなわち，予審権と訴追権との集中は，訴追の方向でのみ証拠収集がなされ，証拠収集権限が濫用される危険性があることが指摘される。

そこで，コンセイユ・デタにおいて，証拠収集の重要性と被告人の人権保障の両面から検討が進められた結果，予審は両当事者にとって中立・公平な者が行うべきだと考えられるようになり，現行犯の場合を例外として，訴追を行う権限は検察官に，予審を行う権限は予審判事に与えられることになった[24]。検察官の項にあった予審処分の規定は，そのまま予審判事の項に移される。これが最終案になり，フランスの予審制度が確立するのである。こうした考え方を，フランスでは「訴追と予審の分離原則」と呼んでいる[25]。

また，訴追と予審の分離原則に関連して，両当事者には予審を統制する権利が与えられている点を指摘しておきたい。予審処分は予審判事によって実施されるが，両当事者には予審行為を請求する権限が与えられている。予審判事が請求を却下した場合，両当事者は上訴することができる。こうした権限は，当初，予審と訴追の分離原則に基づき，検察官にだけ与えられていた。しかし，1993年1月4日法は，被告側の弁護人に対しても，同様の統制権を明文をもって規定するに至っている[26]。

以上のように，予審制度は，陪審制度と検察官制度との存在を前提として，それらの制度との緊張関係の中においてその機能を発揮するものとして創設されている。すなわち，予審は，訴追が強力かつ統一的な官僚組織によ

---

23) LOCRÉ, *op.cit.*, T.24, p.605.
24) *Ibid.*, T.25, p.128.
25) 沢登佳人「フランス刑事訴訟法は，検察官と私訴原告人との協同による公衆訴追主義をとる」法政理論16巻1号（1983年）122頁以下，BERGOIGNAN-ESPER, *op.cit.*, p.29 et suiv.
26) Loi n° 93-2 du 4 janvier 1993 portant réforme de la procédure pénale, *J. O.*, 5 janvier 1993. 1993年法の全体像に関しては，白取祐司＝赤池一将「フランス改正刑事訴訟法の現況」ジュリスト1029号（1993年）50頁以下，白取祐司「フランスにおける起訴前弁護をめぐる最近の動向」自由と正義44巻4号（1993年）53頁以下参照。また，1993年1月4日法は，1993年8月24日法によってその主要な部分が撤回されているが，弁護人の統制権を含む被告人の権利拡充の部分は維持されている（Loi n° 93-1013 du 24 août 1993）。

って実施されることを前提として，口頭主義，書証排除に基づく公判審理を適切に運用して行くために設けられた制度である。

そうすると，公判審理を適正に運用していくためには，わが国の刑事システムも，本来は，予審あるいは予審的機能を担う制度を必要とするのではないだろうか。少なくとも，予審的視点に関して検討することは無駄ではないように思われる。

3 予審的視点の提言

それでは，捜査を予審的視点から見るとはどういうことだろうか。次に，わが国の捜査手続に照らして一層具体的に検討してみたい。前節の考察を整理すると，予審とは，強力な訴追官の存在を前提として，公判審理の準備のために，証拠を収集・整理する活動であるといえる。そうすると，捜査の予審的視点とは，捜査活動を，一方当事者の公判準備あるいは両当事者それぞれ別個に行う公判準備であると考えるのではなく，公判審理を円滑に進めるための「公判審理の準備手続」という観点から見る立場といえよう。こうした観点から捜査を考えると，捜査はどのように見えてくるのか。以下では3つの観点を取り上げ，検討を加えてみたい。

ア．「捜査記録」は証拠か？ 最初に，捜査記録に対する考え方について，予審の書面性という性格を手がかりに検討してみたい。フランスでは，予審の性格として，従来より，秘密，非対審，書面の手続であるという点が挙げられている[27]。しかし，このうち，秘密，非対審という性格は，現在ではかなり改善が図られている。1897年に法改正がなされ，被告人尋問および対質に弁護人の立会いが認められ，弁護人による予審段階における訴訟記録の全面的な閲覧が認められた[28]。すなわち，被告人との関係では，秘密・非対審の性格は大幅に緩和された。しかしながら，予審の書面性という観点

---

27) P.CHAMBON, *Le juge d'instruction Théorie et pratique de la procédure*, 3 éd, Dalloz, 1985, p.48 et suiv.
28) 1897年法に関しては，白取祐司「予審改革に関するフランス1897年法律の制定過程」札幌学院法学5巻2号（1989年）175頁，平野・前掲注（18）465頁以下参照。

は，フランス治罪法典が制定されて以来，まったく修正を被っていない。この意味では，書面性は，予審審理を最も特徴付ける性格だといえよう。

さて，この場合，予審が書面であるとはどういうことだろうか。予審活動が実施される場合，その活動には必ず裁判所の書記官（greffier）が立ち会う。書記官は，定められた方式に従って予審記録を作成する。たとえば，被告人尋問の場合，書記官は，予審判事が，いつ，どこで，いかなる質問を行い，それに対して被告人がいかなる回答をしたのか，また弁護人・検察官は立ち会ったのか等を記録する。つまり，予審判事による尋問活動の全体を記録するわけである[29]。こうした書面をフランスでは，プロセ・ヴェルバル（procès-verbal）と呼んでいるが，プロセ・ヴェルバルの記載方法に関しては，刑事訴訟法上，かなり詳細な形式が定められている[30]。

すなわち，予審の書面性とは，書面によって審理を行うといった意味ではなく，予審判事が行う活動の一切が書面化されることをいう。わが国の場合で考えると，予審記録は，裁判所書記官によって作成される公判調書とその性格において共通するといえよう。こうした性格は，予審が公判審理の準備手続であることに由来するものと思われる。捜査記録は，両当事者が，公判に提出すべき証拠を決定し，証拠調べにおいて，いかに反対尋問を展開して行くかといった公判審理の作戦・準備のための資料であり，さらに，裁判長が円滑な訴訟指揮を進めて行くための資料である。これら訴訟関係人が活用するためには，捜査記録は，それぞれの訴訟関係人がそれぞれの観点から利用し得るものでなくてはならない。捜査活動自体は積極的な活動であるから，まったく公平で客観的な活動というわけには行かない。しかし，いかなる捜査活動が行われたのかという観点から捜査活動が記録されていれば，訴訟関係人は，捜査記録をそれぞれの観点から分析し，利用することができるはずである。

以上のように，捜査の予審的視点として，第1に，捜査記録に対する考え方の転換という点を挙げたいと思う。現在，わが国では，捜査機関の作成す

---

29) R.GARRAUD, *Traité théorique et pratique d'instruction criminelle et de procédure pénale*, S., 1907, T.3, n° 769.
30) J.PRADEL, *L'instruction préparatoire*, Cujas, 1990, p.165 et suiv.

る調書類は，基本的に，証拠資料と考えられている[31]。しかし，第一義的に，捜査記録とは，捜査機関がしかじかの捜査を実施したという捜査内容を記載した「捜査活動の記録」として考えられるべきものである[32]。そうであってこそ，捜査記録は，客観的記録として，訴訟関係人がそれぞれに利用しうるのである。

イ．証拠開示の徹底　以上の問題に関連して，次に，証拠開示の問題を取り上げたい。公判における被告側の防御活動にとって，証拠開示が重要な機能を持つことには異論がないだろう。現在のところ，証拠開示の問題は，検察官の手持ち証拠を被告側がどの程度閲覧できるかという問題として設定されている。最高裁昭和44年決定は，検察側の任意の証拠開示がなされない場合，証拠調べが始まった段階において，裁判所の訴訟指揮に基づき，しかも裁判所の認めた範囲において証拠開示が許されるとしている[33]。

　この点について，旧刑訴法では，公訴提起と同時に，捜査段階の証拠資料が一件記録として提出されたので，弁護人は，一切の証拠の閲覧を行うことが可能であった。また，一定の訴訟記録については，予審段階において閲覧・謄写が認められていた（旧刑訴法44条）。すなわち，予審制度のもとでは，遅くとも公判開廷の準備段階において，検察官の手持ち証拠のすべてを閲覧することが認められていたのである。

　全面的証拠開示を支えていたのは，予審は「公判審理の準備手続」であるという認識であろうと思われる。捜査を訴追当事者の公判準備と解すると，警察・検察が苦労して収集したものを，反対当事者が何の努力もしないで閲覧できるのは不公平だという意見も生じる。いわゆるワークプロダクトの理論である。そうではなく，捜査の一件記録は公判審理の基礎資料であり，その基礎資料を両当事者が各々分析して公判廷で弁論を展開するものと考えれ

---

[31]　実務上はさらに事態は深刻であり，たとえば，捜査段階で自白している被告人が公判廷で否認に転じた場合，裁判官は，自白調書を"証拠"と考え，被告人の公判廷での供述を被告人の"主張"と考える傾向があるともいわれている（下村幸雄『刑事司法を考える』〔勁草書房，1992年〕162頁以下参照）。

[32]　この点につき，森井暲「供述調書の作成・機能」井戸田侃編集代表『総合研究＝被疑者取調べ』（日本評論社，1991年）399頁以下参照。

[33]　最二小決昭和44年4月25日（刑集23巻4号248頁）。

ば，証拠開示は徹底することになる[34]。この場合，予審的視点の要点は，両当事者にまったく同じ素材が与えられる点にあり，その素材をいかに料理するかは両当事者の力量に委ねられるのである。

ウ．証拠排除の事前処理　最後に，証拠能力の問題を取り上げたい。捜査段階で作成された供述調書が公判で容易に承認されてしまう原因のひとつとして，同一の裁判官が供述調書の証拠能力と証明力の両方を判断するために，供述調書の任意性の問題がその信用性の問題に還元されてしまうという点が挙げられる[35]。証拠能力問題と証明力の問題は明確に区別されていることが望ましい。

　フランスの予審には「予審の無効」と言われる考え方がある。先に述べたように，予審判事が予審行為を実施し，裁判所書記官が予審記録を作成するに際して，一定の形式が定められているが，その形式に従って予審処分が進められなかった場合，当該手続およびその後の手続は無効となり，予審記録から排除される。これが予審の無効である。予審の無効は，証拠排除と同様の効果を発揮する。先程取り上げた1897年法では，予審段階における黙秘権の告知，弁護人立会権，弁護人の訴訟記録の閲覧権などが保障された。それと同時に，これらの手続が実施されない場合，当該手続およびその後の手続は無効となると規定された。つまり，予審の無効理論は，被告人の防御権を保障するという観点から重要な役割を果たすのである[36]。

　このように，予審は証拠のスクリーニングの機能を有する。証拠排除の問題を，証拠調べ以後の問題と考える必要はない。事実認定のためには，証拠調べが証拠能力の問題で紛糾するのは望ましくないし，また，事実認定を行う裁判官が，証拠能力の有無を判定するために，当該資料の中身を知ってし

---

34)　それゆえ，ワーク・プロダクト理論による証拠開示制限を，検察官の法的問題に関する解釈・理論，意見，結論や事案の分析，公判戦術など検察官としての知的活動の成果に限定するならば（オピニオン・ワーク・プロダクト），本稿の考え方と同様になる（酒巻匡『刑事証拠開示の研究』［弘文堂，1988年］174頁以下参照）。また，英米法でありながら，カナダでは，裁判の公正さと真実の発見という目的を掲げ，被告人に十分な答弁と防御の機会を提供するために検察官の全面開示を要求した点について，指宿信「カナダ刑事手続における証拠開示」ジュリスト1062号（1995年）98頁以下参照。

35)　下村・前掲注（31）154頁以下。

36)　G.ステファニほか（澤登ほか訳）・前掲注（17）436頁以下参照。

まうのにも問題がある。公判審理が始まる前に，できるかぎり証拠能力の問題を処理して行くことが望ましいはずである。

4 新しい予審制度の提案

　前節では，捜査の予審的視点として3つの観点を取り上げた。しかし，たとえば証拠排除の事前処理という観点について，現行法の事前準備の枠内で実施するのは，実際上はかなり難しいであろう。根本的解決のためには立法的措置が必要である。そこで，最後に，立法論としての予審制度導入の可能性について，簡単に触れておきたいと思う。

　まず，予審導入の可能性を論じる場合，予審制度に付随する問題点も考慮に入れなければならない。予審制度が抱える問題点はいくつか考えられるが，最も深刻な問題は，予審審理の長期化の問題であろう。予審審理は，単独の裁判官によって実施されるので，組織的に捜査活動を実施する警察機関に比べ，捜査の進行は著しく遅滞する。フランスでは，予審の長期化が未決拘禁の長期化と結びつき，拘置所における過剰拘禁の問題を引き起こしている。そこで，1981年のいわゆる「安全と自由」法以来，未決拘禁問題の解消に向けて，めまぐるしいばかりの予審改革案が提示されるに至っている[37]。しかし，現在までのところ，目に見えた効果を上げているようには思われない。

　予審の長期化の問題に関連して，証拠収集活動の重複という問題がある。わが国の旧刑訴法の下では，予審審理が警察・検察で行われた取調べの焼き直し的傾向を示した結果，審理は遅滞し，記録は膨大になった[38]。この原因は，本来，予審判事が証拠収集の主体であったにもかかわらず，予審判事による取り調べ以前に，警察・検察によるかなり詳細な取調べが実施され，実質的に同じ捜査が二度繰り返されることになったためである。

　以上の点において，新しい予審制度は，予審審理の長期化を極力避け，予審が捜査の無用な重複に陥らず，かつ，両当事者にとって，公判の準備手続

---

37)　フランスにおける最近の予審改革の動向に関しては第6章で取り上げる。
38)　団藤・前掲注（11）536頁注（5）。

として十分機能するものでなければならない。そうした方向において予審が機能するための条件を一言でいえば，"予審の当事者主義化"ということになろうと思われる[39]。すなわち，基本的に，当事者の請求に基づいて予審が開始され，当事者の請求によって補充捜査が実施され，当事者の請求によって証拠開示・証拠排除の決定が行われる形態である。こうした観点から，わが国で新しい予審制度を構想する場合の方向性について次の5点を挙げたいと思う。

①裁判所への一件記録の提出　検察官は，公訴の提起と同時に，捜査の一件記録を裁判所に提出して，捜査記録を両当事者共通の資料として活用できるようにする。

②予審開始請求　原則的に，予審は，公訴提起の後，検察官・被害者または弁護人からの請求がある場合に開始するものとする。その他，一定の重大事件の場合（必要的弁護事件等）に，義務的に予審を開始することも考えられる。

③補充捜査　予審判事は，当事者の請求に基づき補充捜査を実施する。現在，複雑な事案の場合，捜査機関が被疑者の再逮捕・再勾留を繰り返して嫌疑を固めるという慣行がとられている。しかし，検察官は，事件を一旦予審に付して，予審判事を中心にさらに詳細な調査を行わせるべきである。この場合，予審判事が警察等に捜査を委託することを認めてよいであろう（共助の嘱託）[40]。そうであれば，たとえ捜査機関によって捜査活動が実施されて

---

[39] 以上のような立場をとると，新しい予審制度は，英米型の予備審問に接近する。実際のところ，英米型の手続を採るにせよ，フランス型の手続を採るにせよ，起訴をする段階で裁判官が介入しているのであり，その機能にはかなりの程度共通性が見られる。すなわち，両者共に，①起訴に理由があるかどうか判断する機能を有し，②違法収集証拠の排除機能を有し，③証拠開示の機能を有する。それゆえ，予備審問を検討することによっても同様の結論に至ることになるのではなかろうか。ただし，わが国の場合，検察官制度が存在し，両当事者間の証拠収集能力に大きな格差があるという点に配慮しなければならないであろう。予備審問に関しては，兒島武雄「イギリスの予備審問」司法研究報告書18輯3号（1968年）1頁以下，光藤景皎『刑事訴訟行為論』（有斐閣，1974年）53頁以下，小山雅亀「アメリカ合衆国の予備審問」阪大法学118・119号（1981年）147頁以下，同「イギリスにおける予備審問（公判付託手続）の動向—最近の改革提案を中心に—」高田卓爾博士古稀祝賀論文集刊行委員会編『刑事訴訟の現代的動向』（三省堂，1991年）339頁参照。また，予審と予備審問・大陪審との類似性に関して，沢登・前掲注（25）136頁以下参照。

[40] PRADEL, op.cit., p.551 et suiv., CHAMBON, op.cit., p.361 et suiv. また，G.ステファニほか（澤登ほか訳）・前掲注（17）422頁以下参照。

も，被告側も，捜査の内容を掌握することができる。

④公判準備　公判準備のために，予審判事は，検察官，弁護人を招集し，訴因や争点の明確化を行う。また，弁護人等から証拠排除・証拠開示等の請求があれば，予審判事はその採用に関する決定を行う[41]。

⑤付公判の決定　予審判事に対し，公判に付すかどうかについての決定権を与える。不当な起訴に対する控制手段が欠如するという点は，わが国の訴追制度の問題点として常に指摘されるところである。しかし，すでに我々はこの問題について，公訴権濫用論という成果を手にしている。公訴権濫用の問題については，公判段階で取り上げるよりも，それ以前の予審のなかで審議し，濫用のある場合については，予審判事が免訴あるいは公訴棄却の決定を行う方がより大きな効果を期待できるはずである。

　以上，5つの大変粗雑な提案を試みた。ここであえて立法の問題に触れた理由のひとつに陪審制導入との関係がある。陪審制の場合は，通常，1日ないし1週間程度の短期間で審理を終了させなければならない。それゆえ，両当事者は，公判審理が始まる前に，証拠に関し十分な検討を加え，争点を明確にしていなければならない。フランスの予審制度の導入は，元来，陪審の規制を目的としていたという点は注目してよいだろう。わが国でも陪審制を導入する際には，合わせて予審制度の導入を考えてしかるべきであろうと思われる。

　そして，翻って考えてみると，口頭弁論に基づく公判審理が行われている点では，現在の裁判官による裁判でも陪審裁判でも変わるところがない。もし，陪審裁判で予備的審理が必要であるならば，裁判官による裁判においてもやはり予審が必要だとは言えないだろうか。上述したように，元来予審は，公判中心主義を実現するために設けられた制度である。当事者主義と相反する制度ではない。検察官制度が採られ，両当事者間の証拠収集権限および証拠収集能力に圧倒的な格差がある中で，公判審理の活性化を実現しようと思えば，そのための方策が考えられなければならない。そして，そのひと

---

41)　こうした手続は，アメリカ諸州においては，公判前申立てとして実施されている。公判前申立てに関しては，ディヴィッド・クランプ＝ウイリアム・J・マーテンス著（井上正仁監訳）『ある強盗事件の軌跡—アメリカの刑事司法』（有斐閣，1988年）53頁以下参照。

つの方策として，予審の問題は十分検討に値するように思われる。

第2章　予審前史

　近代的な意味における予審制度の創設は，1808年のフランス治罪法典（C. I.C.）によるものであるが，予審制度の創設過程を検討するに先立ち，本章では，C.I.C.制定に至るまでのいわゆる予審前史にあたる部分を概述する。その趣旨は次の2点である。

　第1の目的は，予審制度創設の前提条件を考察することにある。制度としての予審はフランス治罪法典というひとつの制定法によって創設されたが，証拠収集活動としての予審（予審行為）は当然それ以前にも存在した。証拠収集活動が何ゆえに裁判官を主体とする手続に分離されたのであろうか。この点を考察するには予審手続創設の前提となったフランス刑事手続上の特殊事情を検討する必要がある。

　第2の目的は，予審手続を創設したC.I.C.が，それ以前の手続と比較していかなる点において合理性を有するのかを確認することである。刑事手続の変化は，社会状況の変化の帰結であるという側面を持ち，その当時の社会状況の考察を欠いては，制度自体の良し悪しを論ずることはできない。しかし，この推移を刑事手続の対象とされた過去の事実への接近方法という観点つまり事実認定という観点から眺めると，少なくとも今日の科学の立場からは進歩・発展の過程として一貫して把握することが可能である。この進歩・発展の過程を全体として考察した場合，予審という制度はいかなる役割を果たすのだろうか。

1　糺問手続と予審

(1)　初期弾劾手続の予審活動[1]

　フランク王国の成立から13世紀初頭までは，刑事手続上，初期の弾劾手続の時代と総称され，基本的にゲルマン古法に起源を有するシステムに支配さ

れている[2]。訴追（弾劾）は，被害者および被害者の近親にのみ属し，彼らは族長の主宰する集会（mallum）に告訴または賠償金（compositio）の請求を行なう[3]。職権による訴追は認められない[4]。審理は公開であり，部族の自由人による討議によって実施される[5]。

この時代，過去の事実への合理的接近方法としての証拠法はいまだ登場しておらず，審判前の段階において証拠収集活動は特別には必要とされなかった。犯罪の証明方法としては，自白，証言，神判，司法上の決闘の4つがあった。いずれの証明方法に依拠して有罪・無罪を決するにせよ，一定の呪術的・形式的な結果自体が判定の理由となる[6]。

被告人の自白は，それのみによって被告人の有罪を確定させる。審判人が被告人の有罪を宣告するためには自白だけで十分であり，他の一切の証明方法は免除される。しかし，これを獲得するためにはいかなる強制力も課すことはできない[7]。

証人には，その意味をまったく異にする2種類の者が存在した。すなわち，犯罪事実の存否に関して何らかの知識を有する証人（testes）と，宣誓によって被告人の誠実性や信用を保証する宣誓証人（conjuratores）とである。最初に召喚されるのは前者の方である。弾劾人，被告人さらに審判人は，希望する証人を呼び出すことができる[8]。証人は最初に忌避を求める反対当事者によって尋問される。忌避の理由が認められない場合，証人は真実を述べ

---

1) フランス古法期におけるフランス法全体の歴史的沿革については，山口俊夫『概説フランス法（上）』（東京大学出版会，1978年）7頁，滝沢正『フランス法（第4版）』（三省堂，2010年）19頁以下参照。
2) G.STEFANI, G.LEVASSEUR et B.BOULOC, *Procédure Pénale*, 14éd., Dalloz, 1990, n° 60.
3) F.HÉLIE, *Traité de l'instruction criminelle ou théorie du Code d'instruction criminelle*, 2 éd., Paris, 1866, T.1, n° 116.
4) A.LAINGUI et A.LEBIGRE, *Histoire du droit pénal, II, La procédure criminelle*, Cujas, 1979, p. 23.
5) H.DONNEDIEU DE VABRES, *Traité de droit criminel et de législation pénale comparée*, 3éd., Paris, 1947, n° 1028.
6) 澤登佳人＝澤登俊雄著，庭山英雄訂補『刑事訴訟法史』（風培社，1968年）31頁。
7) 自白は，本来の意味での証明方法と考えるべきではない。被告人の有罪認定は，弾劾制の特徴とされる当事者処分権主義の現われと理解されるべきものと思われる（LAINGUI et LEBIGRE, *op.cit.*, p.24, HÉLIE, *op.cit.*, T.1, n° 121.）。
8) HÉLIE, *op.cit.*, T.1, n° 122.

る宣誓をなし，自ら認知する事実について供述する。

　以上の証言をもって無実を証明することができない場合，被告人は，第2段階として，宣誓証人の宣誓によって，自らの潔白を証明することができる。犯罪事実が軽微である場合には，宣誓は被告人だけでよいが，犯罪が重大である場合は，通常，12名の宣誓証人が必要である[9]。被告人が無実である旨の宣誓をなし，それが定められた数の宣誓証人によって有効に支持された場合，被告人は放免される。逆に，被告人の宣誓が，証人の宣誓によっては裏付けられなかった場合，被告人は有罪の宣告を受けることになる[10]。

　神判は，被告人が宣誓証人を用いない場合に認められる証明方法である。宣誓証人によるか神判によるかは，多くの場合，被告人が選択権を持った[11]。神判には，水審，火審，十字架審（preuves de la croix）などがあった。いずれも自然的もしくは偶然的現象によって，被告人の有罪・無罪を判断しようとする。例えば，手足を縛った被告人を川，池，桶などに投げ入れる。被告人が水面上に浮んでくるならば，悪魔の精神が被告人に宿り，それが被告人を浮ばせたと考えられる等である[12]。

　決闘は，この時代において一般的な紛争解決手段であったので，犯罪事実の証明方法に用いられるようになったのも自然であった。決闘は，被告人と弾劾人との間で実施され，その場合は，有罪・無罪を決定する完全な証明力を有する。また，決闘は，被告人と証人との間でもなされ，その場合は，証言の証明力を争う手段であった。6世紀から8世紀の間に，決闘は神判の一方法にまで発展してゆく。これが司法上の決闘（combat judiciaire）である。審判人によって決闘が命じられた場合，両当事者は，それぞれの剣の鍔を彼らに代わって決闘を行なう競技者に与える。競技者は宣誓した後棍棒と盾とを与えられ決闘を開始する。どちらかに決着が付けば，他方は野に引きずられ，絞首台に送られる[13]。司法上の決闘は，国民の好戦的性格に合致していたので，王令によって何度も禁止されたにも関わらず，神判の中でも最も

---

9)　*Ibid.*, n° 124.
10)　DONNEDIEU DE VABRES, *op.cit.* n° 1028.
11)　HÉLIE, *op.cit.*, T.1, n. 126.
12)　MONTESQUIEU, *De l'esprit des lois*, liv. XXVIII, chap.18.
13)　HÉLIE, *op.cit.*, T.4, n° 1544.

後まで存続し，その例は15世紀にも認めることができた[14]。

　以上のように，一般的には，捜査活動（予審活動）は必要とはされなかったのであるが，目撃証人が存在する場合のように，証拠に基づく合理的判定が可能と思われる場合には捜査活動も認められた。また，現行犯の場合には特別な手続で審理を進めることができた。サリカ法典では，現行犯の場合，被害者および審判人は犯罪者を逮捕し，伯（comte）もしくは百人区長（centenier）のもとに引致することが認められている[15]。この際，逮捕者には嫌疑の真実性を証明する証拠の存在が要求された[16]。さらに，伯は，死体が発見された場合，職権をもって現場に臨検することができ，事情を聴くために近親者を呼び出すことが許された。また，贓物を所持している嫌疑がある場合，一定の方式に従ってその住居を捜索することができた[17]。

　こうした状況を別の観点から見れば，国家権力の網がいまだ十分には私的関係まで及んでいなかったとも言えるだろう。当時の裁判は民刑の分離が不明確であり，被告人の属する家族もしくは氏族と弾劾者の属する家族もしくは氏族との間の紛争を解決する手段であった。裁判の主眼は，犯罪事実を追及するということよりも，紛争状態を何らかの形で決着を付けることにあったと考えられる。それゆえ，国家権力が社会生活の中に一層深く介入するようになり，また民衆も犯罪の防圧を国家および領主権力に委ねるようになった段階において，一般的に犯罪は公的な意味を付与されるようになる。すでにカロリグ期においても，謀反，軍隊逃亡，貨幣偽造などの犯罪に関しては国家が積極的に関与した[18]。

　そして，裁判の構図が被告人対国家となった時点で，審判方法は，宣誓証人では満足されず，真実を追及すること，換言すれば，犯罪を行なった者を必ず見つけ出して有罪とするという考え方に移行してゆくのである。

---

14) LAINGUI et LEBIGRE, op.cit., p.37.
15) Fr・オリヴィエ・マルタン（塙浩訳）『フランス法制史概説』（創文社，1986年）78頁。本章の訳語は本訳書を参照としたものが多い。
16) HÉLIE, op.cit., T.1, n° 117.
17) Ibid., n° 118.
18) オリヴィエ・マルタン（塙訳）・前掲注（15）86頁。

(2) 捜査および審問手続の発展

ア．糾問手続の確立　13世紀に至り，ルイ9世（1226-1270年）の時代には，被告人が自白した場合および現行犯の場合以外においても，証人等を取調べる権限が裁判官などに与えられた。ここに，予審の最初の萌芽を認めることができる。裁判官の派遣した審問官（enquêteur）が証人を聴問し，審問官はそれを書面にして裁判官に提出する[19]。この時期，取調べの形態は，予備的審理にのみ適用された点に注意したい。最終審理は，公開の法廷において当事者が口頭により証拠を提出し，両当事者の介論がなされた後に判決が下された[20]。

1453年4月のシャルル7世の王令[21]では，被告人が逮捕され，証言書（informations），自白書（confessions），訴追事由記載書（charges）その他の一件記録（procés）が裁判所の書記官に送致され，裁判官によってそれらが検討される（31条）。その後，事件は公開の法廷で争われた[22]。1493年7月のシャルル8世の王令も，依然として，裁判の口頭，公開の形式を維持している（84条）[23]。

現在のフランスの刑事システムに近似するこうした混合形態は，15世紀までその命脈を保った。しかし，その最後の名残も1539年8月の王令によって完全に消滅するに至る。

1498年の王令は，通常手続（procédure ordinaire）と例外手続（procédure extraordinaire）とを明確に区別した最初の法典として銘記されるべきであるが[24]，糾問手続を確立した王令は，フランソワ1世が1539年8月にヴィレ・コトレ（Villers Cotterets）で発布した王令である[25]。大法官（尚書長chance-

---

19)　塙浩『フランス・ドイツ刑事法史』（信山社，1992年）40頁。
20)　HÉLIE, *op.cit.*, T.4, n° 1546.
21)　ISAMBERT, JOURDAN et DECRUSY, *Recueil général des anciennes lois françaises, dupuis l'an 420 jusqu'a la révolution de 1789*, T.9, Paris, 1833, n° 213.
22)　HÉLIE, *op.cit.*, T.4, n° 1546.
23)　ISAMBERT, JOURDAN et DECRUSY, *op.cit.*, T.11, n° 42.
24)　A.ESMEIN, *Histoire de la procédure criminelle en France*, Paris, 1882, p.136.
25)　ISAMBERT, JOURDAN et DECRUSY, *op.cit.*, T.12, n° 288, ESMEIN, *op.cit.*, p.139. 本王令については，平野泰樹『近代フランス刑事法における自由と安全の史的展開』（現代人文社，2002年）299頁以下参照。

lier)[26]であったポワイエ（Poyet）の業績であるこの王令は，その規定のほとんどが1498年3月の王令，1536年8月30日の王令などによってすでに受け入れられていた準則を再規定したに過ぎないが，最終的にフランスにおける糺問手続を確定した点で重要である[27]。

　1539年王令の最大の特色は，手続の一切の局面に，裁判官による審問を採用したことにある。すなわち，これまで予備的な審問の領域に限られていた取調べは，最終審理にまで拡大された。裁判官による尋問，証人の供述を確定する検真（récolement），証人と被告人との対質（confrontation），阻却事由の検証等は，証人尋問（information）を確認するための最終段階の手続となった。また，この手続は，書面証拠と密行性とによって特徴付けられる[28]。

イ．刑事法官の登場　予審判事の先駆的存在は，1522年1月14日のフランソワ1世の王宣（déclaration）によって創設された刑事法官（lieutenant criminel）であると言われている[29]。しかしながら，刑事法官と今日の予審判事との結び付きを過大に評価することはできない。刑事法官の登場は，糺問手続下における刑事の専門裁判官の創設として理解されるべきだろう。

　16世紀の初頭，刑事裁判の審理はバイイ裁判所およびセネシャル裁判所の一切の裁判官に委ねられていた[30]。民刑の区別が不分明であったことも相

---

26) 　大法官は，元来，玉璽の保管者として，国王の命令を受けると，公証人に口述筆記させ，署名して国王に提出することを任務とした。しかしながら，フランソワ1世の時代になると，大法官は，王国の最高の官僚として，国事を行ない，大部分の顧問会議を主宰するようになった（オリヴィエ・マルタン［塙訳］・前掲注（15）331頁）。

27) 　HÉLIE, *op.cit.*, T.4, n° 1547.

28) 　*Ibid*. 1539年の王令とほぼ同時期に，ドイツにおいても，糺問手続の記念塔とも言うべき法典が作られた。すなわち，カロリナ刑事法典の別称を持つ1532年の「カルル5世の刑事裁判令」である（団藤重光『新刑事訴訟法綱要 7訂版』［創文社，1967年］6頁）。同法典は，ローマ，カノン，イタリア法の影響を一層明確に反映させたドイツにおける最初の統一的刑事法典であった。カロリナ法典の全文訳として，塙浩訳「カルル五世刑事裁判令（カロリナ）」神戸法学雑誌18巻2号（1968年）210頁がある。また，その分析については，米山耕二「カロリナの刑事手続き—近代的刑事司法の礎」一橋大学研究年報9号（1975年）159頁，同「刑事訴訟における合目的性の正義—ドイツにおける糺問訴訟の進展に即して—」一橋論叢71巻1号（1974年）74頁，同「カロリナ刑事法典について—刑事訴訟における同目的性と正義（2）—」一橋論叢71巻4号（1974年）139頁参照。

29) 　P.CHAMBON, *le juge d'instruction théorie et pratique de la procédure*, 3 éd., Dalloz, 1985, n° 1.

30) 　HÉLIE, *op.cit.*, T.4, n° 1566.

まって，民事・刑事両事件は同一の裁判官に委ねられていた。しかし，刑事に関する特別手続すなわち糺問手続の確立に伴って，刑事事件の秘密で複雑な手続を一定の裁判官に常態的に委任する考え方が生れた。実際にも幾つかの裁判所がこうした任務を特定の裁判官に委ねたのであった[31]。

この制度を一般化したのが1522年1月14日の王令である。この王令は，迅速な刑事裁判を実施し犯罪者を確実に処罰するために，各バイイ裁判所，セネシャル裁判所および国王裁判所に刑事法官を創設した[32]。

刑事法官は，管轄内における一切の重罪および軽罪を裁判所に係属させ，審理し，かつ判決を下す。

刑事法官の権限に関しては，1552年5月および1554年11月のアンリ2世の勅令（édit）によって一層明確になった。1552年勅令では，各裁判所に刑事法官1名が置かれるべきこと（1条），刑事法官は，特別代行官（lieutenant particulier）および評定官（conseillers）とともに，一切の犯罪を係属させ，審理を行い，かつ判決を下すこと（2条），特別代行官および評定官も，審理および裁判を補助できること（6条）等が規定された[33]。続いて，1554年の勅令では一層詳細に，刑事法官は一切の審問（examen），証人の検真および対質を行ない，それが中間的であろうと最終的であろうと，一切の裁判を実施する（7条）とされている[34]。

ウ．国王代理官の登場[35]　検察官の起源といわれる国王代理官（procureurs du Roi）および領主の代理官（財務代理官procureurs fiscauxdes seigneurs 以下，国王

---

31) *Ibid.*
32) *Ibid.*, n° 1548. 世俗の裁判所における糺問手続の発展および刑事法官の創設は，王権の拡大に伴う国王裁判権の伸長が前提とされている。刑事裁判権は，13世紀にはほとんど領主裁判所および教会裁判所に属していた。しかし15世紀には，引き続く戦争の結果，裁判権の多くは高等法院，バイイ裁判所，セネシャル裁判所といった国王裁判所に委譲されていった（*Ibid.*, T.1, n° 314.）。
33) *Ibid.*, T.4, n° 1566.
34) *Ibid.*
35) 国王代理官に関しては，高内寿夫「フランス検察官の地位とその刑事手続上の機能（1）―同一体の原則と独立の原則に関する考察―」國學院法研論叢13号（1985年）8頁以下，北村一郎「フランスにおける公的輔佐（いわゆる検察）の概念」野田良之先生古稀記念『東西法文化の比較と交流』（有斐閣，1983年）705頁以下，水谷規男「フランス刑事訴訟法における公訴権と私訴権の史的展開―（1）」一橋研究第12巻3号（1987年）149頁以下参照。

代理官で代表させる）は，刑事法官より早く，少なくとも14世紀には法令にその名が現われている[36]。創設時期の相違が示すように，国王代理官と刑事法官の間には，双方とも国王の官吏であるという以外差し当たり一定の関連性があったという事実は存在しない。

国王代理官は本来行政官であり，刑事裁判の訴追者であったのではない。裁判の有罪宣告の結果としての罰金および財産没収による収入は，国王の主要な財源であったから，国王代理官は罰金および没収品の取り立てを監督したに過ぎないのである[37]。こうした任務が犯罪の処罰を監督する任務へと発展した。

ただし当初，国王代理官は，直接に訴追官として介入したのではない。第1に，事件を受理するか否かは裁判官が決定した[38]。したがって，国王代理官は，事件を係属させ被疑者の引致を行なうためには，裁判官もしくは裁判所の承認を必要とした[39]。第2に，告発の権限は，基本的に被害当事者に与えられていた。国王代理官は，手続を監督し刑罰を請求する者として刑事手続に介入したのである[40]。

さて，以上のように，国王代理官に対して刑事手続の任務が付与されるに至り，訴追の開始，裁判の監督および判決の執行という現在の検察官の基礎となる任務が不完全ながらも与えられるようになると，国王の法律顧問たちは，王権の強化を狙って，国王代理官を利用しようとした。彼らは次のように述べた。すべての正義（justice）は国王より発するのであり，裁判所において，国王を代理する者たちの権限が王権の拡大とともに拡大されるのは当然である，と[41]。

ところで，国王は，自らの利益を擁護するために，裁判に関与する官吏として国王弁護官（avocat du Roi）を有していた。彼らは，民事に関する国王の

---

36) ESMEIN, *op.cit.*, p.101.
37) LAINGUI et LEBIGRE, *op.cit.*, T.2, p.58.
38) ESMEIN, *op.cit.*, p.103.
39) M-L.RASSAT, *Le ministere public entre son passé et son avenir*, Bibliothèque de sciences criminelles, Paris ,1967, n° 36.
40) HÉLIE, *op.cit.*, T.1, n° 335.
41) RASSAT, *op.cit.*, n° 28.

訴訟を行なうために，14世紀頃創設されたものであると言われている[42]。国王弁護官はその名の通り弁護士であり，一般の弁護士の中から選任されている。当時，いかなる者も代理人を立てて民事的な訴訟を行なうことはできなかったのであるが，国王と領主だけは例外であって，代理人による代理訴訟が認められていたのである[43]。ところが，代理人（procureur）という言葉は国王代理官（procureur du Roi）と同一の用語が用いられていたために，後の諸学説は，国王代理官を国王の代理人と考えて国王弁護人と同一視する傾向がある[44]。しかし両者はまったく別の機関である。国王代理官はその起源からして行政官であり，他方，国王弁護官は法律家である[45]。

糺問手続の時代にあって，国王弁護官は，刑事の特別手続には介入していない。国王弁護官は，国王を代理して公判廷において弁論を展開するのをその任務とするため，国王弁護官の任務は，弁論主義が維持されている通常の民事手続に限られていたからである[46]。

(3) 糺問手続における審問（予審）

ア．1670年王令　糺問手続の形態は，ルイ14世の法典編纂事業の一環として制定された1670年の刑事王令（ordonnance criminelle）[47]によって完成される[48]。1670年王令は，糺問手続の完成形態であると同時に，近代的刑事訴訟手続へと引き継がれてゆく先進的要素をも合わせ持っており，同王令は，近代的刑事手続の基本的輪郭を描き出したものと評価されている[49]。

イ．訴追の形態（国王代理官と刑事法官）　国王代理官の訴追機能に関しては，1670年王令によって1つの進展をみた。すなわち，国王代理官は，正真

---

42) *Ibid.,* n° 27.
43) ESMEIN, *op.cit.,* p.100.
44) *Ibid.,* p.100 et suiv.
45) RASSAT, *op.cit.,* n° 24 et 25. 国王弁護官と国王代理官との相違に関しては，北村・前掲注（35）705頁以下参照。
46) RASSAT, *op.cit.,* n° 34.
47) ISEMBERT, JOURDAN et DECRUSY, *op.cit.,* T.18, p.371.
48) オリヴィエ・マルタン（塙訳）・前掲注（15）523頁以下参照。1670年王令については，平野・前掲注（25）307頁以下，髙内・前掲注（34）13頁以下，水谷・前掲注（34）151頁以下参照。
49) DONNEDIEU DE VABRES, *op.cit.,* n° 1034.

正銘の告訴者として職権で訴追を開始することが認められ，告発を受理する権限を持った（同王令3章6条）。しかし，そこには若干の制限があった。まず第1に，被害者の告訴は，国王代理官の訴追に優先しており，被害者の告訴が欠如する場合に国王代理官は訴追を認められる（3章8条）。また，国王代理官の職権による訴追は，死刑にあたる犯罪および体刑にあたる犯罪に限られており，それ以外の場合は，被害者と加害者との間の和解が優先した（25章19条）[50]。

　刑事手続開始後における国王代理官の活動は，一定の申立てを行なうことに限定されている。しかし1539年のヴィレ・コトレの王令では，単に手続書面の閲覧権のみを認めていたことと比較すると，1670年王令は，国王代理官に若干の権限を認めている[51]。例えば，すべての身柄拘束の令状は，国王代理官の申立てに基づいて発付されるものとされ（10章1条），被勾留者が釈放されるには，国王代理官の申立てが不可欠となった（10章22条）。さらに，尋問書は，ただちに国王代理官に伝達されなければならなかった（14章17条）。

　ところで，糺問手続の特徴は，裁判官が職権で事件を係属しうる点にある。「すべての裁判官は一般代理官（検察官）である（Tout juge est procureur général）」という法諺は，1789年まで保持されたと言われている[52]。1536年王令の122条，1539年のヴィレ・コトレの王令145条，1560年の王令等には裁判官の職権による訴追が明示されていた[53]。しかし，この準則は，実は，1670年王令には明示されてはいない。1670年王令においては，現行犯の場合（1章16条）以外，手続は，被害者・国王代理官の告訴によって開始される旨が規定されている。すなわち，1670年の法文上の構成からすると，訴追権は，検察官および被害当事者にのみ認められている。裁判官が手続を開始しうる点が糺問手続の重要なメルクマールとすると，1670年王令は基本的に弾劾主義的に構成されているのである。1670年王令は，少なくとも法文上は，

---

50) LAINGUI et LEBIGRE, *op.cit.*, p.90.
51) ESMEIN, *op.cit.*, p.221 et suiv.
52) RASSAT, *op.cit.*, n° 36, HELIE, *op.cit.*, n° 429-430.
53) LAINGUI et LEBIGRE, *op.cit.*, p.90.

後にフランス治罪法典によって参照されるべき先進性を有していたのである。

ウ．審問手続の形態　被害当事者および国王代理官の訴追によって事件を受理した刑事法官は審問活動を開始する。1670年王令における一連の審問手続は基本的に3つの段階に分けることができる。

第1の局面は，刑事法官による証人の聴問（information）を中心とする段階である。

刑事法官は死体などが発見されている場合，自ら現場に赴いて有罪無罪の認定に奉仕すると思われる一切の事柄に関してプロセ・ヴェルバル（調書）を作成する（王令4章）。

証人の聴問手続は，C.I.C.の予審手続の中に，ほぼ同じ形で導入された点において重要である。1670年王令以前，証人は，裁判所書記，執達吏といった下級の役人によって聴問されることが通例であった[54]。1670年王令では，証人の聴問は刑事法官によって実施され，裁判所書記によって記録される（6章9条）。この手続は秘密裏に実施され被告人や国王代理官は立ち会うことができない。

1670年王令は，被告人も，証人と同じように証拠方法と考えていた。被告人尋問は，被告人の収監後，24時間以内に開始される。被告人は，各別・秘密裏にいかなる者の立ち会いもなく尋問される（14章5条）。被告人は真実を述べる旨の宣誓をしなければならない（14章7条）[55]。

証人の聴問および被告人の尋問の結果，犯罪が身体刑（peine corporelle）および名誉刑（peine infamante）に該当するものではない場合，事件は通常の民事手続に移される。逆に，犯罪が身体刑および名誉刑に該当する場合は，例外的準則（réglement l'extraordinaire）に支配される刑事の特別手続へと移行する[56]。

特別手続が選択された場合，第2段階として，検真および対質の手続が開

---

54) DONNEDIEU DE VABRES, *op.cit.*, n° 1036.
55) 被告人の宣誓は自らを告発することであるとして立法段階において批判を受けていたことも事実である（ESMEIN, *op.cit.*, p.209, HÉLIE, *op.cit.*, T.1, n° 342.）
56) ESMEIN, *op.cit.*, p.234.

始される[57]。この手続も引き続き刑事法官によって進められる。

検真（récolement）は，証人の供述を再確認しそれを確定することを目的とする。証人は被告人の立会いなく宣誓をして個別に聴問される。検真以後，証人がその供述を撤回した場合，証人は処罰される（15章11条）。

対質（confrontation）は，被告人と証人および共同被告人とを対面させる手続である。その目的は，一方において証人に被告人が本人であることを確認させ，他方において被告人に証人を忌避する機会を与え，証言内容を知らしめることである[58]。

検真・対質の手続が終了すると，事件は刑事法官から報告官（juge rapporteur）に渡され，さらには，国王代理官の最終意見陳述書（conclusion définitive），被害当事者および被告人の請求書（requête）が提出され，かくして刑事手続は，第3の段階たる法廷手続の局面に至る。1670年王令における法廷手続は，書面審理主義と法定証拠主義とによって特徴付けられる。多くの場合，審問を担当した刑事法官が報告官となり，3名あるいはそれ以上の裁判官の合議によって進められる[59]。

法廷手続では，被告人に対する尋問がなされる他は，審問の一件記録と刑事法官による口頭の報告とが犯罪事実認定の資料となる。しかもその審議は，法定証拠規則に従い，一定の形式を伴った証拠が存在するかどうかが審査される。それゆえ，糺問手続では刑事法官によって実施される一連の審問手続には厳格な形式性が求められる。

エ．1670年王令の予審の特徴 　1670年王令によって確立された刑事手続の3

---

[57] 後の論者によるこの手続の捉え方は，見解が分かれて興味深い。ドンヌデュ・ド・ヴァーブルおよびメルル＝ヴィチュの教科書では，この段階をC.I.C.以降の予審に対応させ「予審手続（instruction préparatoire）」として整理する（DONNEDIEU DE VABRES, *op.cit.*, n° 1036, R. MERLE et A.VITU, *Traité de droit criminel*, 4 éd., T.1, Cujas, 1979, n° 124.）。また，ランギ＝ルビグルおよびステファニ＝ルヴァスール＝ブーロックは，この手続を「確定手続（instruction définitive）」として近代刑事手続の公判審理と対比させる（LAINGUI et LEBIGRE, *op.cit.*, p.97, STEFANI, LEVASSEUR et BOULOC, *op.cit.*, n° 64.）。この相違は，その連続性を特徴とする糺問手続をあえて3つに分割し，分割されていることを特徴とする近代以降の刑事手続にそれぞれ当てはめようとしたことから生じたと言える。糺問手続の3局面は，一連の手続の連続する3つの段階であると理解すべきであろう。

[58] LAINGUI et LEBIGRE, *op.cit.*, p.98.

[59] HÉLIE, *op.cit.*, T.1, n° 349.

段階構成は，近代刑事裁判の先駆けとなっている。C.I.C.の立法者は，公訴の開始権限を検察官および被害者にのみ帰属させ，予審審理を予審判事の専属としたが，その根拠を1670年王令に求めた[60]。しかし，近代の刑事手続の3段階構成がそれぞれの局面の分離をもって特徴付けられるのに対して，1670年王令のそれは，むしろ連続性を特徴としている。

1670年王令では，法廷審理に対応する形で予審が存在したわけではない。審問の手続は，聴問手続から始まっていくつかの段階があるが，それらはいずれも判決を下すための，換言すれば，法定証拠を作成するための過程であって，判決が下るまで一連の審問手続である。同時に，刑事法官は判決が下るまでの一連の手続に参加するのであり，この点においてもC.I.C.の予審判事とは異なっている。法廷証拠主義と関連する刑事法官の手続への主体的関与，その反射として被告人の客体化および関係者・公衆の不参加が糺問手続を特徴付けているのである。

2　革命期の予審

(1)　1791年法における予審権

ア．政治状況[61]　18世紀後半になると，個人主義思想の発展に伴って，個人の主体的地位を無視した糺問手続に対する批判が高まっていた。ボルテールが誤判事件を利用して拷問の不当性に対するキャンペーンを行なったことはよく知られている[62]。モンテスキュウやベッカリーアは，拷問，手続の不平等性および手続の恣意性に対して攻撃を行なった[63]。

民衆の間に広まる改革の機運は，刑事手続の修正を余儀なくした。ルイ16世は，1780年8月24日の王宣 (déclaration) によって，自白を引き出す拷問 (question préparatoire) を廃止し，さらに，1788年5月1日の王示 (édit) によ

---

60)　この点については，本書第1部第3章で取り上げる。
61)　革命期（中間期）におけるフランス法全体の動向については，滝沢・前掲注（1）51頁以下参照。
62)　石井三記「カラス事件の法的側面―18世紀フランスの誤審事件―（1），（2）」法学論叢114巻6号（1984年）31頁，115巻1号（1984年）41頁参照。
63)　ESMEIN, *op.cit.*, p.362 et suiv., DONNEDIEU DE VABRES, *op.cit.*, n° 1043.

って，共犯者を暴露させる尋問（question préalable）を廃止した[64]。

1789年の全国三身分会議の陳情書には，刑事手続に関して，刑事手続の公開，弁護人の立会い，審問権（予審権）の制限，被告人に課せられる宣誓の廃止，すべての恣意性の消滅，そして最後に陪審の導入の要求が含まれていた[65]。

憲法制定議会は，最初に，1670年王令の修正法とも言うべき暫定的法規を制定した。1789年10月8日‐9日のデクレがそれである[66]。同デクレは，基本的には，1670年の王令を維持しながらも陳情書の主張を取り入れ，手続の糺問的性格を制限する。審問の手続には2名の名望家が立ち会うことになった[67]。

続いて，1670年王令を完全に廃止し，近代的刑事手続法の基礎を確立したのが，軽罪・違警罪に関する1791年7月19日‐22日のデクレおよび重罪に関する1791年9月16‐29日のデクレ（以下，1791年法という）である[68]。

イ．1791年法の特徴[69] 　1791年法における重罪の刑事手続は，1670王令を

---

64) ESMEIN, op.cit., p.362 et suiv.
65) Ibid., p.404 et suiv.
66) Décret sur l'organisation judiciaire (16-24 août 1790), S., Loi et arrêts, Loi annotées de 1789 à 1830.
67) HÉLIE, op.cit., T.4, n° 1568.
68) J. GODECHOT, Les institutions de la France sous la Révolution et l'Empire, Presses universitaires de France, 1968, p.149 et suiv. 革命初期における刑事手続一般については以下の論文を参照した。中村義孝「フランス革命初期における刑事裁判の変遷」立命館法学105＝106号（1972年）193頁以下，岩井昇二「フランスにおける刑事訴追（1）」警察研究35巻12号（1964年）81頁以下，稲本洋之介「フランス革命初期の民事陪審論」社会科学研究20巻3＝4号（1969年）288頁以下，同「フランス革命期の裁判官選任論」社会科学研究23巻2号（1971年）1頁以下，同「フランス革命初期における治安判事の創設（1）（2）」社会科学研究25巻2号（1974年）1頁以下，同3号（1974年）37頁以下，同「フランス革命初期における検察の構造」社会科学研究24巻2号（1972年）28頁以下，東京大学社会科学研究所資料第5集『1791年憲法の資料的研究』（1972年），中村義孝「モンタニャール独裁と刑事裁判」立命館法学183＝184号（1985年）717頁以下。
69) Décret concernant la police de sûreté, la justice criminelle et l'établissement des jurés. (16-29 septembre 1791.), S., Loi et arrêts, Loi annotées 1789 à 1830. 本デクレに関しては，澤登佳人「邦訳・大革命期フランスの刑事訴訟立法（その1），治安警察，刑事司法および陪審員の設置に関するデクレ（1791年9月16‐29日）」法政理論第17巻1・2号（1984年）197頁以下。また，本デクレの審議経過を扱った論稿として，梅田豊「近代刑事裁判における口頭弁論主義・自由心証主義・継続審理主義の意義と陪審制度（1）（2・完）」法学（東北大学）54巻3号（1990年）162

手本とし，3段階で構成されている。しかし，1670年王令の特徴が同一の司法官による継続する一連の手続によって最終的な審判を下す点にあるとすると，1791年法の特徴は，最初の嫌疑が裁判に影響を与えないように，被告人の身柄を拘束し被告人を弾劾する者と裁判を行なう者とを明確に分離した点にある。

　1790年11月27日，デュポールは刑事法合同委員会の名において法案提出理由説明を行なったが，彼はその中で次のように述べている[70]。「仮にも司法に逮捕の任務が課され続けるといたしますならば，世論は，当然のことながら，同じ官庁に由来する行為は同じ見地のもとでこれを評価し，被疑者の身柄を確保する命令の中に，つねに，忌まわしい嫌疑と一種の有罪の言い渡しを認めるでありましょう。」「警察と司法とを混同することから生じる，さらにいっそう際立った弊害，それは，同一人物が令状を発し，かつ裁判し得るということであります[71]。」

　1791年法は，以上のデュポールの思想に基づき，警察と司法とを完全に分離した。「警察」すなわち捜査・訴追・被疑者の身柄拘束に関わるのは治安判事を中心とする司法警察官であり，「司法」に関わるのは起訴陪審指導判事・公訴官・国王委員および公判裁判官である。両局面にまたがって活動する機関は存在しない。これは，裁判官（刑事法官）が被告人の身体を拘束する令状を発し，審問を進め，かつ，最終的審判の主体となりえた糾問手続の断罪である。

ウ．予審権に関する規定の欠如　1791年法における実質的な予審権限は，治安判事（juge de paix）と陪審指導判事（directeur du jury）とに委ねられた[72]。しかし，口頭弁論主義の確立により，公判前における供述の書面化は警戒され，捜査の段階で証人等の供述を収集する手続に関して詳細な規定を設ける

頁以下，同4号（1990年）155頁以下，平野・前掲注（25）335頁以下がある。
70)　デュポールによる法案提出理由説明については，沢登佳人「近代刑事訴訟法の真髄デュポール報告について・フランス1791年刑事訴訟法典提案趣旨説明の解説と全訳」法政理論17巻3号（1984年）43頁以下，沢登佳人（校閲）＝藤尾彰（訳）「フランス1791年刑事訴訟法典草案に関するデュポール報告」法政理論22巻2号（1989年）56頁以下参照。
71)　沢登＝藤尾訳・前掲注（70）68頁参照。
72)　HÉLIE, *op.cit.*, T.4, n° 1551.

ことは不要であり危険であると考えられた。1791年法では，予審（証拠の収集）に関し，1670年王令のような詳細な規定が欠如している。

　警察段階の手続の主体は，カントン（郡）ごとに置かれた治安判事とそれを補助する憲兵隊士官（officiers de gendarmerie）とである。治安判事等は，被害者から告訴を受理した場合，告訴者の提示した証人を聴問する（第5編6条）。治安判事等は，当該犯罪についての痕跡が残されている場合には，その度ごとに，その場を訪れて，プロセ・ヴェルバル（調書）の作成を命じることを義務付けられる（同条）。証人の供述は書面に記録される（同編15条）。証人の聴問は，被疑者が身柄を拘束されている場合には，その立会いの下でなされる（同条）。

　また1791年法は，「個人が社会に対して払わなければならないひとつの犠牲[73]」として，治安判事等に勾引状をもって被疑者の身柄を確保する権限を与えた。この際，治安判事は，面前に出頭した被疑者を取調べ，被疑者に弁解の機会を与える。この取調べは，被疑者を勾留に付すか釈放するかを判断するために実施される（第5編16条・17条および第6編6・7条）。供述は書面に書き留められない。

　治安判事等が行使する証拠収集の方式自体が比較的明示されているのは，検視の場合と現行犯の場合とである。治安判事等は，変死体もしくはその疑いのある死体に関する通告を受けた場合，外科医等を同伴して検視を実施する。その際，2名の市民が立ち会わなければならない。死体と一切の状況とに関して詳細なプロセ・ヴェルバルが作成されるが，プロセ・ヴェルバル（調書）には，外科医と2名の市民の署名が必要である。また，この際，治安判事等は，死者の近親者・隣人・使用人または死の直前に死者と一緒に居た者を聴問することができる（第3編3条）。この場合も，先程の立会い人が立ち会わなければならない。この場合，供述書が作成されるが，供述者は，それに署名するか，署名できない旨を陳述する（5条）。

　現行犯の場合，治安判事等は，罪体および犯罪の状況についての詳細なプロセ・ヴェルバル（調書）を作成する（4編1条）[74]。

---

73)　沢登＝藤尾訳・前掲注（70）67頁。
74)　ESMEIN, *op.cit.*, p.420.

最初の予審の一件記録は，各ディストリクトの裁判所の陪審指導判事に送付される（刑事裁判および陪審員の組織について　第1編3条）。陪審指導判事は，基本的にスクリーニングの機能を行使するが，同時に消極的な予審官である。陪審指導判事は一件記録を検討・補充して事件を起訴陪審に提出すべきかどうかを吟味する（第1編4条）。事件が起訴陪審に提出されるべきだと思料したならば，陪審指導判事は起訴状を作成し（11条），陪審員を招集する（17条）。

陪審指導判事は補充的な予審活動を実施する。陪審指導判事の役割は，基本的には，警察官もしくは告訴・告発当事者が提出した証拠物を検討することに限定されている（第1編4条）。ただし，例外が2つ存在する。まず，陪審指導判事は，審査に必要な場合，被告人を聴問することができる（4条）。しかし陪審指導判事は，被告人に自由に供述させなければならない[75]。第2に，警察官の面前で陳述をしなかった証人から陳述を聴く。その陳述は書面に記録される（16条）。

陪審指導判事によって作成された起訴状は，国王委員に提起される。国王委員は起訴状の記載内容に関してのみ確認する。

以上の訴追活動をまとめあげ，社会的訴権へと昇華させるのが起訴陪審である。私的かつ多様な訴追は，起訴陪審の存在によって公的な訴権へと変貌する。起訴陪審は，自ら積極的に審問を行なう場ではない。起訴陪審は，被告人を裁判に付すべきかどうかという判断をするのであり，換言すれば，嫌疑のない被告人を釈放することを目的としている。

起訴陪審は8名の陪審員によって構成される（第10編4条）。陪審指導判事によって招集を受けた陪審員は（第1編17条），証拠書類の朗読を聴き，証人に関しては，直接召喚して口頭で供述を聴く（第1編20条）。その後，陪審員のみによる評議が実施される（第1編20, 21条）。起訴陪審の評決は多数決で決せられ，判定が訴追に理由ありであった場合，事件は刑事裁判所に移送される。

起訴陪審に対しては，書面化されていない被告人の供述書はもちろん証人

---

75) HÉLIE, *op.cit.*, T.1, p.30.

の供述書も提出されない（19条）。その他の証拠記録（pièces de la procédure）は陪審に手渡される。

　起訴陪審の機能に関して，テュポールは次のように述べている。「これらすべての訴追は，最初の判決人（premier juge, 起訴陪審）のところに行き着き，この判決人は，被疑者を釈放することによって（en renvoyant les prévenus），これらのすべての訴追を終らせ，あるいは，この訴追を単一かつ社会的公訴権（une seule action publique et sociale）に変換するのであります。そして，私どもが起訴（accusation）と呼びましたのは，この訴権だけであります[76]。」

エ．予審の問題点　1791年法は，起訴および公判の手続に陪審制＝口頭弁論主義を導入した[77]。この点において，本法は，近代的刑事手続の理念を体現した作品であった。治安判事による略式の予審，陪審指導判事による聴問が実施され，書面にも留められるが，それらは起訴陪審にも判決陪審にも提示されない。また，訴訟記録は，公判における訴追者である公訴官（accusateur public）に対しても被告人およびその弁護人に対しても伝達されない[78]。

　しかし，法定証拠を作成する手続としての予審は排斥されるものであるとしても，裁判長，公訴官および被告人・弁護人が十分な審議を尽くすための充実した証拠収集活動自体は否定されるべきものではない。犯罪に関する情報およびその証拠を収集することは極めて重要な活動である。それにもかかわらず，1791年法は，それに関する規定が不充分であった。捜査機関は，十分な権限が与えられておらずまた組織化されていないために，犯罪の発見・証拠の収集の点で満足できるものではなかった。またその裏がえしとして，実際上の捜査権限は，治安判事に不明確な形で集中した[79]。かくして，刑事手続は，その内的矛盾により，市民とりわけブルジョアジーの政治的・社会的安定化の指向と絡みあい，修正を余儀なくされる。

---

76)　沢登＝藤尾訳・前掲注（70）94頁。
77)　ESMEIN, op.cit., p.430.
78)　Ibid.
79)　R.GARRAUD, Traité théorique et pratique d'instruction criminelle et de procédure pénale, 5 vol., S., 1907-1928, T.1, n° 50.

(2) 罪刑法典における予審権

ア．政治状況　1792年8月10日，王制が停止されて後，新憲法を起草する目的で設けられた国民公会（Convention）は，1793年6月24日，男子普通選挙制，議会中心主義，法案の国民投票の実施など，「人民主権」的内容を骨子とする憲法いわゆるジャコバン憲法を制定した[80]。しかし，同憲法の施行は諸事情から延期され，国政は，実際上，公安委員会等いわゆる革命政府（gouvernement révolutionnaire）によって運営された。刑事司法についても，1793年3月10‐12日のデクレによって，パリに初めて設けられた革命裁判所（刑事特別裁判所tribunal criminel extraordinaire）が反革命分子の鎮圧に大きな役割を果した[81]。

　1794年7月の熱月（thermidor）の反動によって，恐怖政治は終わりを告げるが，同時にフランスの統治機構は，その民主主義的性格に影が見え始めた。共和暦4年実月5日（1795年8月22日）の憲法は，ジャコバン憲法におけるような徹底した民主主義には立脚していない[82]。立法府議員の普通選挙制は廃止され，選挙権は同一の場所に1年以上住み直接税を支払っている21歳以上のフランス人男子にのみ認められた[83]。この新体制を支える者はもはや小市民ではなく，「もてる人々」であるブルジョアジーと小土地所有農民層であった。共和暦4年憲法は，立法機関として，法律発議権を持つ500人会（Conseil des Cinq-Cents）と法案に対して賛成もしくは反対をのみ表明しうる元老院（Conseil des Anciens）との二院制を採用した。

　刑事手続に関しても同様に反動的傾向が見え始める。そこには，革命期の混乱が犯罪の増加を呼び起し，新しい手続では十分に対処しきれなくなっていたこと，さらに，市民の間で秩序や安定を求める声が高まっていたことなどの要因が関連していたと言われる[84]。

---

80)　1793年憲法については，辻村みよ子『フランス革命の憲法原理——近代憲法とジャコバン主義』（日本評論社，1989年）参照。
81)　GODECHOT, *op.cit.*, p.383 et suiv.
82)　DUVERGIER DE HAURANNE, *Histoire du gouvernement parlementaire en France – 1814-1848 –* T.8, Paris, 1867, p.223 et suiv.
83)　ESMEIN, *op.cit.*, p.448.
84)　革命期の刑事機構は至るところで欠陥を露呈していた。司法官達は選挙によって選出された

イ．罪刑法典　共和暦4年霧月3日（1795年10月25日）の罪刑法典[85]は，そうした傾向の最初の徴候を示すものである。メルランによって準備されたこの法典は，「犯罪と刑罰の法典（Code des délits et des peines）」という名称にもかかわらず，大部分が刑事手続に関連している[86]。全体としてみれば，この法典は，1791年法によって定められた手続構造に多くの変更を加えるものではないが，C.I.C.へと連なる改革への鼓動を確かに聞くことができる。

　公判前の手続構造は，基本的に1791年法を継承する。主たる修正点は，重罪に関する手続のみではなく，軽罪・違警罪に関する規定を置き，1791年法に比較して一層包括的な法典となった点である。これに対応して，司法警察官の範囲を拡大している。従来の治安判事および憲兵隊士官のほかに，警察委員と田園監視員・森林監視員が付け加えられた（同法21条）。

ウ．治安判事の予審権限の拡大　1791年法は，公判における口頭弁論主義を完全に実施するために，意図的に，訴追段階における予審活動に関する規定をほとんど置かなかった。審理（instruction）は，起訴陪審および判決陪審においてのみなされるものであった。しかし，それらの審理に先立つ「予審」の必要性はただちに承認せざるをえなかった。罪刑法典は，治安判事に対して以下のような極めて詳細な証拠収集に関する規定を設けた[87]。

①プロセ・ヴェルバル（調書）　治安判事は，犯罪現場において罪体とその状況および有罪・無罪に役立つすべての事柄を詳細に記載し（同法102条），あるいは，犯罪について情報を提供しうる一切の者を治安判事の面前に出頭させその供述を書面に要約する。この手続は1670年王令に由来するが[88]，そ

　　ため，その権限と主導性とを欠いており，さらに政治的圧力に対して敏感であった。治安判事は，警察機構の解体に伴なう膨大な職務に忙殺されていた。起訴陪審は，与えられた役割以上を行おうとする傾向があり，多くの事件を不起訴処分にする反面，政治的犯罪に対しては厳格であった。判決陪審は，その土地の世論に神経質であり過ぎた（DONNEDIEU DE VABRES, op.cit., n° 1053, STEFANI, LEVASSEUR et BOULOC, op.cit., n° 71.）。

85）　Code des délits et des peines （3 Brumaire an 4=25 octobre 1795）, DUVERGEIER, op.cit., T.8, p. 386 et suiv. 本法典については，その全文が邦訳されている。沢登佳人＝藤尾彰＝鯰越溢弘「邦訳・大革命期フランスの刑事訴訟立法（その2），罪刑法典（1）（2）（3）（革命暦霧月3日）」法政理論17巻4号108頁以下，同18巻1号190頁以下，同18巻2号（1985年）198頁以下。

86）　全646条のうち1条乃至598条および646条が刑事手続に関する規定である。

87）　HÉLIE, op.cit., T.4, n° 1552.

88）　ESMEIN, op.cit., p.448.

れと比較しても格段に詳細でしかも強制的性格が強い。治安判事は手続が終了するまで現場にいる者たちにその場を離れることを禁じ（107条），その場にいる者に嫌疑が認められる場合ただちにその者を逮捕することができる（109条）。

②証人の聴問　この規定も1670年王令に由来する[89]。しかし，王令に比較すると形式性と秘密性とは緩和されている。治安判事は，犯罪に関する知識を持つと思われる者を，呼出状（cédule）によって呼び出すことができる（111条）。治安判事の聴問は，非形式性をもって特徴付けられる。治安判事は，陳述を要約して書面に記載しまたは書記に記載させる（114条）。起訴陪審の面前で証人は口頭で聴問されるから（238条2項），正確な供述書は必要ではなかったのである。被疑者が身柄を拘束されている場合，聴問は被疑者立会いの下で実施される（115条）。

③書証および証拠物　書証および証拠物の取り扱いに関する規定は，罪刑法典のオリジナルである。1670年王令にも1791年法にもこの種の規定は存在していない。書面証拠および証拠物の押収に関して詳細な形式を定めるとともに，その被疑者への提示を義務付けている。治安判事は，被疑者の住居の家宅捜索を実施する命令を発することができ（同法108条），押収した被疑者の書類に封印を施す（125条）。封印を解く場合，常に被疑者の立会いが必要である（126条）。事実認定に役立つ書類が発見された場合には，治安判事は1枚ごとにその書類に署名し被疑者にも署名させプロセ・ヴェルバルに添付する。証拠物が存在する場合にも同様な処置を施す（131条，132条）。この形式はそのままC.I.C.に受け継がれる。

④令状　治安判事が被疑者に対して身柄拘束の強制処分をなしうる点は，1791年法でも認められていた。1791年法は，「警察」に対して被疑者の身柄を確保する任務を与え，その機能を，裁判を行なう者に与えないことによって糺問手続を否定しようとしたのである。1791年法は，強制力の強い勾引状（mandat d'amener）および勾引勾留状（mandat d'arrêt）という2種類の令状のみを規定していた。罪刑法典は，この他に，強制力の弱い召喚状（mandat de

---

[89] *Ibid.*

comparution）を加えた（69条）。勾引状に基づいて治安判事の面前に出頭させられた被疑者は，治安判事の質問を受け（64条），被疑者の返答に対しては簡単な覚書が作成される（65条）。しかしこの記録が起訴陪審に対して提示されることはない（238条）。

エ．陪審指導判事　陪審指導判事は，訴追官および予審官の性格を強めた[90]。

第1に，陪審指導判事は訴追官である。陪審指導判事は司法警察官の資格において市民の自由または安全に関する犯罪等に対する訴追権が与えられた（140，141，142条）。同時に，警察委員，憲兵隊士官および治安判事を監督する権限が与えられている（149条）。さらに，陪審指導判事は，起訴陪審に提示する起訴状を作成する（223，224条）。

第2に，陪審指導判事は予審官である。陪審指導判事は，被告人が留置監に引き渡されたときから24時間以内に被告人に質問を行ない，その回答を覚書に取らせる（216条）。また，新たな証人が発見された場合，陪審指導判事は証人を聴問する（225条）。

オ．公訴権概念の提示　以上の予審権の所在に関する修正とともに，罪刑法典では，後の訴追権と予審権との分離を促す指導理念，すなわち公訴権（action publique）という概念が提示された。公訴権は，社会秩序にもたらされた侵害を処罰することを目的とし，本質的に人民（peuple）に属するものとされた。公訴権の人民帰属性は，具体的には，訴追の最終決定権者が一般市民たる「起訴陪審」であることを述べたものと考えられる。公訴権は，人民の名においてその目的のために特別に設けられた官吏によって行使される（同法5条）。この公務員とは，公訴官（accusateur public）が該当すると考えられる[91]。

公訴権概念の創設は，相互に関連する2つの方向性を示唆した。一方において，訴追活動はその開始から判決にいたる一貫した活動であることが確認

---

[90]　*Ibid.*, p.446.
[91]　エリは，この公務員の中に，治安判事，陪審指導判事，公訴人（官），行政権委員など訴追にかかわる一切の官吏を含ませようとするが（HÉLIE, *op.cit.*, T.1, n° 448.），一定の目的を行使する公務員の範疇に，基本的に異なる機能を持った多種の機関を含ませるのは不自然である。

され，そうした活動を行使する公務員，すなわち近代的な意味における検察官の登場を促した。実際のところ，C.I.C.では，検察官は公訴権の遂行者として登場する。また，この概念は訴追に関する活動と必ずしも訴追活動には含まれない捜査・予審活動とが分離されるべきである点を意識させた。この点は，共和暦9年法を経て，C.I.C.の基本原則となっていく[92]。

(3) **共和暦9年法（検察官制度の創設）**
ア．政治状況 共和暦3年憲法によって樹立された総裁政府は，共和暦8年霧月18日（1799年11月9日）のナポレオンのクーデタによって終りを告げる。臨時の統領（執政，consul）の1人であるシェイエスの起草にかかる共和暦8年霜月22日（1799年12月13日）の憲法に基づき，国家組織の再編が図られた。

新体制は，共和暦3年憲法にみられた三権分立には立脚せず，行政権を掌握する3名の統領と立法機関としての護民院（tribunat）および立法府（corps législatif）とから構成された（同憲法25条以下）。しかし，実際上すべての権限は，第一統領たるナポレオンに集中する。政府の諮問機関であるコンセイユ・デタ（国務院，Conseil d'État）の議員の任命権，立法発議権，重要な官吏の任命権その他統治行為に関する権限を有するのは第一統領のみである[93]。

イ．検察官制度の復活 同憲法は，検察官制度に重要な変更をもたらした。同憲法63条は，「刑事裁判所に付属する公訴官（accusateur public）の任務は，政府委員（commissaire du Gouvernement）によって遂行される。」と規定する[94]。公判における訴追側当事者である公訴官の任務は，公判を監視する任務を持った政府委員に吸収された[95]。

---

92) 以上のような捜査・訴追段階の修正点に加えて，罪刑法典は，被告人に捜査の一件記録の閲覧権を認めた（320条）。被告人は，弁護人と公判における弁論計画を立てることが可能となった（ESMEIN, *op.cit.*, p.448.）。しかし，1791年法が書面を公判から排除することに厳格であったことと比較すると，本法は，一定の限度でそれを利用する規定を加えた（366条）。また，弁論が終了すると，陪審員は評議室に退出する前に一件記録（訴訟関係物）を手渡される。しかし，この中には，証人の供述書，被告人の陳述書は決して含まれない（382条）。
93) 山口・前掲注(1)54頁。
94) L.DUGUIT, H.MONNIER, R.BONNARD, *les constitutions et principales lois politiques de la France dupuis 1789*, Paris, 1952, p.115.
95) 公訴官と政府委員とを結合させる動きは，すでに1792年10月2日のデクレにおいても見られた。ただし，同デクレでは，両者の権限は公訴官に集中させようとしている。

また，続く共和暦8年風月27日（1800年3月18日）の裁判所構成法は，この結合を確定し，政府委員は政府によって任命および罷免される官吏である点を確認した[96]。これをもって，選挙によって選任される訴追者は姿を消し，国家機関である官吏が公判における訴追者の機能と司法行政的機能とを遂行することになったのである。

ウ．共和暦9年法　共和暦8年憲法により改良を加えられた政府委員は，共和暦9年雨月7日（1801年1月27日）の法律[97]によって最終的な仕上げが施される。本法律は26条からなる罪刑法典の修正法に過ぎないが，訴追手続全般に渡って修正を加えている。

修正の主たる部分は，①政府委員代理（検察官）に対して訴追の主導権が与えられた点，②陪審指導判事に予審権限が与えられた点，③起訴陪審が書面審理となった点である[98]。

エ．近代的検察官の創設　同法第1条によると，政府委員は，重罪裁判所における公訴官の職務を行ない，その管轄下には，各アロンディスマン[99]の民事裁判所ごとに，1名の政府委員代理（substitut du commissaire）が置かれる。政府委員代理には，軽罪警察裁判所（tribunal de police correctionnelle）および重罪裁判所に裁判権が属する，すべての犯罪の探索と訴追の任務が課せられる。

犯罪に関する一切の情報は，政府委員代理に集中する。被害当事者の告訴，私人の告発は政府委員代理に対してなされ（3条），治安判事，憲兵隊士官も一切の書類を政府委員代理に送致する（4条）。「すべての場合において，告訴（状）・告発（状），プロセ・ヴェルバルおよび陳述書（déclaration）ならびに被告人の送致は，重罪裁判所付属の政府委員代理に対して遅滞なく行な

---

96)　DUVERGIER, *op.cit.*, T.12, p.151 et suiv., HÉLIE, *op.cit.* T.1, n° 449.
97)　DUVERGIER, *op.cit.*, T.12, p.361 et suiv. 本法律については，沢登佳人＝藤尾彰＝鯰越溢弘「邦訳・大革命期フランスの刑事訴訟立法（その3），重罪事件および軽罪事件における犯罪の訴追に関する法律（革命暦9年雨月7日）」法政理論18巻3号（1985年）217頁以下を参照。
98)　ESMEIN, *op.cit.*, p.452.
99)　地方行政区分のひとつ。全国は，75から85のデパルトマン（départements）に区分され（1789年12月22日のデクレ），さらに，デパルトマンはアロンディスマン（arrondissements）に区分され，アロンディスマンは，さらにカントン（cantons）に細分される。

われる」のである（6条）。かくして，政府委員代理に犯罪に関する一切の情報が集中する一方，治安判事等の警察官は，政府委員代理の補助者たる地位に後退した[100]。

　以上のように，共和暦9年法は，公的訴追官の制度を創設し近代的検察官制度を確立した。本法は，公的な当事者に対して公訴を提起する権限とそれを追行する権限とを集中させた[101]。公的当事者の創設には，2つの理由があったと考えられる。

　第1の理由は，訴追権の強化である。1791年法は，基本的に民衆訴追（accusation populaire）の原理に基づいていた。訴追は，市民もしくは市民から選任された者（治安判事）によって実施された。他方，共和暦9年法の政府委員代理は，従来の一切の訴追を管理する中央センターたる役割を発揮するのである。それゆえ，治安判事等は，政府委員の指揮監督を受ける従属者となった。ここに訴追システムの集中化・組織化・管理化が確立されたのである。

　第2の理由は，訴追権が行政権の一環として把握されたことである。共和暦8年憲法体制は，国家的機能の一切が中央集権化され，しかも三権分立をも後退させるナポレオンの一元的支配であった。下級裁判官の任命権すらも第一統領たるナポレオンの権限に属した。共和暦9年法の起草作業の中で，シャボー（Chabot）は次のように述べる。「政府だけが法律を執行する任務を課せられるということから，法律の侵犯たる重罪および軽罪を探索し訴追させるのは政府だけだという結論が導かれる[102]。」

オ．陪審指導判事の予審権　共和暦9年法は，訴追の権限を公的訴追者に委ねると同時に，陪審指導判事に対して予審権限を与えた。陪審指導判事は，警察官によって実施された訴訟行為（acte de procédure）および予審行為（acte d'instruction）の一切をやり直すことができる（8条）。陪審指導判事は，証人を被告人の立会いなく聴問し（9条），被告人を尋問する（10条）。その他，法律によって認められた一切の証拠方法が陪審指導判事によって収集され，検

100）　ESMEIN, *op.cit.*, p.454.
101）　MERLE et VITU, *op.cit.*, T.1, n° 133.
102）　ESMEIN, *op.cit.*, p.455.

認される（11条）。陪審指導判事は，適当と判断すれば，臨検を実施する（13条）[103]。

しかし同時に，起訴陪審の審理は書面化される。口頭審理に基づく起訴陪審の判断は，その本来の範囲を越えて，犯罪事実の有無を判断するという判決陪審の領域に踏み込む傾向が生じると考えられたためである[104]。起訴陪審の面前において，もはや告訴人・告発人は聴問されず，証人は召喚されない（21条）。陪審指導判事は，起訴状およびすべての訴訟記録を陪審員に対して読み聞かせる（20条）。証人の供述書も一切の訴訟関係物とともに手渡される（21条）。

訴追の権限と司法的決定権を行使する機関が各々設けられたことにより，起訴陪審には何が残されたか。しかも，起訴陪審の審理はまったく消極的なものになってしまった。シャボーがいみじくも述べたように，「書かれた証拠を用いることになれば，実際，起訴陪審は存在しないも同様である[105]。」C.I.C.において，起訴陪審はその予言通りの運命をたどる。

カ．訴追権と予審権の分離 　共和暦9年法の起草者は，その基本理念について，次のような立場を表明している。「この理念は，訴追と裁判とを区別すること，すなわち，一方に属する一切の事柄を政府の官吏に委任し，他方に属する一切の事柄を政府から独立した者に委ねることにある。・・・公共の秩序の維持に配慮する任務を特別に負っている政府は，公共の秩序を侵害する犯罪を探索しそれに処罰を加えさせるために必要な一切の権限を与えられなければならない。それゆえ，この権限の行使が委ねられるべきは，政府によって選任され，もっぱら政府の推進力（impulsion）の下に置かれる官吏である。・・・現在のところ，犯罪の訴追は，両者共に政府から独立している治安判事および陪審指導判事に委ねられている。しかしこのシステムのもっとも著しい欠陥は，予審の第1段階および第2段階において，同一の者が訴

---

[103]　エリは，共和暦9年法が，予審活動のすべてを陪審指導判事に集中させたと理解している（HÉLIE, *op.cit.*, T.4, n° 1571.）。しかし，共和暦9年法が，罪刑法典の修正法であり，共和暦9年法に反しない限りでは，罪刑法典の規定が効力を有する点からみると，この段階では，治安判事等は依然，強制的捜査権を有していたと考えるべきであろう。

[104]　ESMEIN, *op.cit.*, p.460.

[105]　ESMEIN, *op.cit.*, p.459.

追を行なうと同時に決定を行なう任務を負うこと，証拠を提示すると同時に証拠を検認する任務を負うこと，一言でいえば，一切の良き法制度が同一の者の中では両立しないとみなしていた2つの性質，すなわち当事者性（caractère de partie）と裁判官性（caractère de juge）とを結合していることである[106]。」

　本法は，訴追の権限を公的訴追者に委ね，証拠を検認する権限を陪審指導判事に委ねた。もはや訴追者は予審官ではなく，予審官は訴追者ではない。しかし本法は，予審の機能，換言すれば証拠収集の機能に関していまだ不明瞭な点を残した。共和暦9年法は罪刑法典の補充法であって，共和暦9年法に反しない規定は，罪刑法典の規定が用いられている（26条）。罪刑法典によって治安判事には証拠収集に関する詳細な権限が規定されたが，それらの諸規定は共和暦9年法によっても有効である。すなわち，第一次的な予審権限は，依然，治安判事等の警察官に委ねられている。そして，警察官のなす活動如何によって，陪審指導判事の予審権限は消極的なものにも積極的なものにもなり，陪審指導判事の予審権の意味はかなり異なることになる。この意味では，その語の本来の意味における予審権の所在はいまだ不明確なのである。この点に関してはC.I.C.によって最終的な解決が与えられる。

3　小括

　初期の弾劾手続から革命期に至る刑事手続の変化は，一面において各時代の政治体制に対応した刑事制度の変化であった。他方，この変化を「過去の事実」への接近方法という観点すなわち事実認定の観点から眺めると，一貫した発展の過程として把握することが可能である。

　初期の弾劾手続の時代は，過去の事実への合理的接近，すなわち証拠裁判主義はいまだ登場していない。主たる証明方法は，自白，証言，決闘，神判である。被告人を拘束する以外，前もって証拠収集活動は必要とされないから，予審手続も存在しなかった。

---

106)　HÉLIE, *op.cit.*, T.1, n° 450.

糺問手続に至り初めて証拠裁判主義が登場した。しかし，証拠方法は，主として証言と自白とに限定されており，証拠裁判主義は一定の形式によって補強されなければならなかった。つまり，ある一定の証拠が発見された場合には事実が認識されたとし，それが発見されなければ犯罪事実は認定されないという法定証拠主義が採用された。予審判事の起源とされる刑事法官は，法定証拠を作成する一連の審問（予審）手続に関与する。刑事法官の実施する一連の審問手続が，法定証拠の存在を確認する手続として刑事裁判の中心的活動とされ，形式化と司法化とが要求された。

大革命は，刑事手続とりわけ事実認定のシステムに重大な変革をもたらした。1791年法は，陪審制を導入し，証拠による犯罪事実の最終的判断を人間の確信に委ねた（自由心証主義）。それ以前の手続が，事実認定を人間自身に委ねることを回避した制度であったことを考えると，これはまさにコペルニクス的転回であった。審理の形態には口頭弁論主義が採用され，その結果証拠を書面に確定する審問（予審）手続は排斥された。1791年法は，同時に，「警察」と「裁判」とを明確に分離し，訴追を市民もしくはそれに代る者に実施させた。

これは，主として２つの問題を生じさせた。第１に，犯罪者の発見，証拠の収集の機能を弱体化させた。第２に，犯罪者を訴追する権限，犯罪者の身柄を拘束する権限，証拠を収集する権限等を同一の機関に集中させた。

予審（証拠収集）活動の必要性はただちに認識された。共和暦４年の罪刑法典は，治安判事の証拠収集行為に関する詳細な規定をおいた。続いて，共和暦９年法は，訴追権限の強化・集中化を図り，近代的な検察官制度を創設した。そして，検察官の導入は，近代的な予審制度創設への引き金であった。その改革は，ナポレオンによるフランス治罪法典によって完成される。

第 3 章　予審制度の成立過程

　共和暦 9 年法に至る過程において，近代的刑事手続の大枠はすでに準備された。しかし，政治的な不安定を反映し，それはいまだ統一法典としての体裁を整えたものではなかった。ナポレオンの力によって，刑事手続法は最終的な仕上げを施されなければならない。そして，フランス治罪法典（Code d'instruction criminelle，以下C.I.C.と略称する）の制定過程は，同時に，フランスにおける近代的予審制度の成立過程でもある。本章では，C.I.C.の起草過程をたどりながら，予審制度成立の経緯およびそこで展開された議論について検討する[1]。

1　準備作業段階[2]

(1)　**起草作業の開始（予審判事の創設）**[3]

　刑事法典の起草作業は，共和暦 9 年法が制定された直後，共和暦 9 年芽月

---

1)　刑事法典全体の制定過程については，中村義孝編訳『ナポレオン刑事法典史料集成』（法律文化社，2006年）1頁以下参照。
2)　フランス治罪法典の制定過程に関しては，岩井昇二「フランスにおける刑事訴追（2）」警察研究36巻2号（1965年）85頁以下，平野泰樹『近代フランス刑事法における自由と安全の史的展開』（現代人文社，2002年）396頁以下，梅田豊「フランスにおける自由心証主義の歴史的展開第2部」法政理論18巻1号（1985年）172頁以下，水谷規男「フランス刑事訴訟法における公訴権と私訴権の史的展開（2・完）」一橋研究12巻3号（1987年）61頁以下，高内寿夫「フランス検察官の地位とその刑事手続上の機能（1）——同一体の原則と独立の原則に関する考察—」国学院法研論叢13号（1985年）41頁以下参照。
3)　共和暦 8 年憲法下における立法は次のような一連の手続を必要とする。まず，法律案の発議権は 3 名の統領（Consul）からなる政府にのみ属する（同憲法44条）。実際上の法律案の起草は統領から任命された起草委員会に委ねられる。憲法上，統領の監督のもとで法律案の作成の任を追うのはコンセイユ・デタである（同51条）。コンセイユ・デタは第一統領が任命する25名以下の議員から構成され（同41条），政府の諮問機関としての性格が強い。コンセイユ・デタは 5 つの部会を持ち，政府の草案は最初にこの担当部会に送付される。担当部会は政府の法律案をもとに独自の草案を作成する。コンセイユ・デタの総会における審議は，部会草案に基づいて進められ

7日 (1801年3月28日) の統領決議 (arrêté des consuls) によってヴィエイヤール (Vieillard), タルジェ (Target)[4], ウダール (Oudart)[5], トレヤール (Treilhard)[6] およびブロンデル (Blondel) の5名により組織される立法委員会が設けられたことに始まる[7]。当委員会は, 司法大臣のもとに参集し, 「重罪・軽罪・違警罪法典 (Code Criminel Correctionnel et de Police)」の名を冠した刑法と刑事手続法の両者を含む1169ヶ条からなる膨大な草案を作成した。その第2部「警察と司法 (Police et Justice)」が刑事手続法に充てられている。その内容は, 詳細を除けば, ほぼ共和暦9年法を継承している。起訴委員会が組織されたのが共和暦9年法制定の2ヶ月後であったことを考え

る。コンセイユ・デタは立法権には属さないが, 法案に関して実質的審議のできる唯一の機関である。なぜなら, コンセイユ・デタだけが法案の修正権をもち, 法案を独自の形に作りかえることができるからである。それゆえ, 本稿での検討もコンセイユ・デタの議論が中心になる。コンセイユ・デタを通過した法案は, 続いて護民院 (Tribunat) に送付される。護民院は法案の修正権をもたず, 一括してその諾否を表明することだけが許される。ただし, 刑事法典がコンセイユ・デタを通過した段階ではもはや護民院は存在していない (野田良之『フランス法概論・上巻 (2)』[有斐閣, 1955年] 653頁)。法案は最後に立法府 (Corps législatif) に送付される。立法府では, コンセイユ・デタから3名の弁士 (orateur) が出て法案の提出理由を説明する。立法府にも正式には法案の修正権は与えられておらず, 採択するかどうかだけが議論される。立法府が採択することによって法案ははじめて法律として成立する。

4) タルジェ (Guy Jean-Baptiste Tarjet) は革命前はパリの最高法院判事であった。彼はルイ15世の治世の末期に最高法院が廃止された際に宰相モプー (Maupeou) に強力に反対した者として, また, フランスのプロテスタントに関する著作『Mémoire sur l'état des protestants en France』を著した者として知られていた。1789年, 彼は全国三身分会議 (エタ・ジェネロ) の代議員に選出されたが, 革命期には第一線では活躍していない。1989年, 統領政府のもとで破棄裁判所 (tribunal de cassation) の判事となり, 民法典, 刑法典および刑事訴訟法典の起草に参画した (人物の略歴については主として, S.F.SCOTT and B.ROTHAUS, *Historical Dictionary of the French Revolution, 1789-1799*, U.S., 1989. および P. ROBERT, *Dictionnaire universel alphabetique et analogique des noms propres*, Le Robert, 1983. によった。以下同様である。)。

5) ウダールの経歴については明らかではないが, この段階では破棄院の裁判官であった。

6) トレヤールは後にコンセイユ・デタの立法部会の座長として治罪法典制定の中心的役割を果たす人物である。彼はタルジェ同様, 革命前はパリの最高法院の裁判官であった。1789年, 全国第三身分会議 (エタ・ジェネロ) の代表に選ばれ, さらに憲法制定国民会議の代表に選任された。1792年, 彼は国民公会の議長に選出され, 議長も務めた。テルミドールの政変後は, 共和暦3年憲法のもとで500人会の議員になり, その後, 5名の執政 (directeur) の1人に選ばれている。ブリューメールのクーデタ後はコンセイユ・デタの議員となり, 民事・刑事法典の起草作業の中心メンバーとして活躍するのである。

7) J-G. LOCRÉ, *La législation civile, commerciale et criminelle de la France, ou commentaire et complément des codes français*, Paris, 1831, T.1, p.204.

れば，これも当然だったといえるだろう[8]。

　しかし，この草案において，はじめて予審判事（juge d'instruction）の名称が登場している。予審判事の機能は，共和暦9年法における陪審指導判事のそれと異なるところはないが，後述するようにその後，起訴陪審は廃止され，この名称変更はC.I.C.の公判前手続のあり方を予言するものとなった。

　委員会は，草案に関する全体意見書（observation générales）を作成し，第2部に関してはウダールが報告した[9]。ウダールの主張の核心は陪審制の必要性にあった。彼は，陪審員による審理が決して処罰に偏らず専制的ではない点を強調した。彼は，陪審制を導入したことによって，先の1791年法は18世紀のもっとも素晴らしい法律のひとつであったと賞賛した[10]。

　ウダールによると，草案の新機軸は次の3点である。すなわち，1つ目は刑事裁判所を常設の裁判所ではなく巡回裁判所とすること，2つ目は起訴陪審員（jurés d'accusation）および判決陪審員（juré de jugement）の選任並びに忌避の方法に関して修正を加えること，3つ目は陪審に対する設問を「被告人は有罪か」という設問のみとし，量刑については法律に定められた範囲において裁判官が決定することである[11]。

　ウダールは，警察・訴追の手続についてはあまり言及していない。草案が共和暦9年法および罪刑法典の手続にほとんど修正を加えていないためである。ウダールは，起訴陪審の面前における手続が共和暦9年法にならい書面の記録を読み上げることで代替されている点だけを取り上げた。1971年法および罪刑法典では，起訴陪審の面前において，証人は口頭によって聴問されていたのである。ただし，ウダールの理由付けは，「生気のない記録の読み上げが口頭による陳述と同様の効果を上げることは期待できないが，共和暦9年法はまだ実施されて間もないものであり，その是非を論じる段階ではない。数年の経験の後，口頭の陳述に関して論ずるべきである」といかにも歯切れが悪い[12]。

---

8) 共和暦9年法における訴追と予審との関係については，平野・前掲注（2）367頁以下参照。
9) LOCRÉ, op.cit., T.1, p.205.
10) Ibid., T.25, p.3.
11) Ibid., T.1, p.206 et suiv.
12) Ibid., p.209.

(2) 各裁判所の意見

当草案は，司法関係者の意見を聞くために，破棄院をはじめとする各司法機関に送付された。各裁判所の見解の要点は，まさに陪審制の存廃にあったといえる。

破棄院（Cour de cassation）は陪審制を否定的に見ていた。破棄院の院長ミュレール（Muraire）は次のように述べた。「公衆の道徳心を侮辱し社会を震撼させる重大犯罪が不処罰に終わるという悲しむべき結果からすれば，理論的にはまことにすばらしい陪審制が，今日までのところ，その効果において有効であるというよりも無力でしかなかったということは，ほとんど疑問の余地のないことだ[13]。」ただし，破棄院は陪審制の廃止を求めたわけではなく，陪審員の構成，選任の方法の修正を求めたのである[14]。司法大臣（grand-juge）もあえて陪審廃止の提案はしなかったが，破棄院同様の立場を表明した[15]。

控訴院（Cours d'appels）の見解は興味深い。12の法院すなわち，エクス，アミアン，ブールジュ，コルマル，ドゥエ，メス，ナンシー，ニーム，オルレアン，ポー，リヨンおよびツーランの各控訴院が陪審制に対して反対の立場を表明した[16]。陪審制存置を表明したのは，アジャン，アンジュール，カーン，レンヌおよびトゥールーズの各法院に過ぎなかった。ボルドー，ブリュッセル，トゥレーブス，アジャンおよびモンペリエの各法院はこの問題について明確な立場を表明しなかった。控訴院の反対は，破棄院や司法大臣よりも一層激しく，明確にその反対を要求している。反対論の中には，起訴陪審の廃止のみを要求するメッツ控訴院や，逆に判決陪審の廃止のみを求めるオルレアン控訴院の例も見られるが，大多数の控訴院は両陪審の廃止を求めている[17]。

75あった刑事裁判所（tribunaux criminels）においては，陪審存置論と廃止論とが伯仲した。すなわち，26の裁判所が反対を表明し，同数の26の裁判所

---

13) *Ibid.*, T.25, p.28.
14) *Ibid.*, T.1, p.205.
15) *Ibid.*, T.25, p.38.
16) A.ESMEIN, *Histoire de la procédure criminelle en France*, Paris, 1882, p.487.
17) *Ibid.*, p.488.

が賛成の意見を述べた。23の裁判所は陪審の存廃に関して明確な意見を述べていない[18]。

2　コンセイユ・デタの審議——刑事手続の基本思想——

(1)　論点の提示

　刑事法典の草案は，各裁判所の意見書とともに，コンセイユ・デタ（Conseil d'État）の立法部会（section législation）に回付された[19]。

　立法部会は，ビゴ・プレアムヌウ（Bigot-Préameneu）[20]によって主宰され，ベルリエ（Berlier），ガリ（Galli），レアル（Real）[21]，シメオン（Siméon）およびトレヤール（Treilhard）の各コンセイユ・デタ委員によって組織された。

　コンセイユ・デタの審議が，皇帝ナポレオン[22]，皇太子，帝国大書記長（Prince archichancelier de l'Empire）であるカンバセレス（Cambacérès）列席のもとで開始されたのは，共和暦12年牧月2日（1804年5月22日）であった。この席で皇帝は，刑事法典案の基本的論点は何かという点を示すように立法部会に対して命じた[23]。

　共和暦12年牧月16日（1804年6月5日）の審議において，先のナポレオンの要求に対して，ビゴ・プレアムヌウから14の論点が提示された。その内容は以下の通りである[24]。

①陪審制は維持されるべきか。

---

18)　*Ibid.*, p.493.
19)　*Ibid.*, p.505.
20)　ビゴ・プレアムヌウは，革命までは弁護士であり，その後，立法議会の議員に選出される。共和暦3年憲法下では500人会の議員であった。統領政府の下でコンセイユ・デタ議員となり，1800年には，民法の起草委員に任命されている。1807年から1814年まで宗教大臣を務めた。
21)　レアル（Pierre François Real 1757-1834）は，革命前，パリの上座裁判所の検察官，続いてパリのコミューンの主席検事の職にあった。王制崩壊後は特別刑事裁判所の検察官となる。
22)　ナポレオンはこの年（1804年）5月18日に皇帝に選出されている。刑事法典の審議はナポレオンの皇帝としての最初の仕事のひとつである。
23)　LOCRÉ, *op.cit.*, T.24, p.8.
24)　*Ibid.*, p.11.

②起訴陪審と判決陪審とがあるべきか。
③陪審員はいかにして任命されるべきか。いかなる階層から任命すべきか。誰が任命すべきか。
④陪審員の忌避はいかになされるべきか。
⑤審理は完全に口頭によるべきか，または部分的に口頭で部分的に書面によるべきか。
⑥判決陪審に対しては複数の質問をすべきか，彼は有罪なりやといった唯一の質問をすべきか。
⑦陪審の評決は全員一致でなされるべきか，一定数の多数決でなされるべきか。
⑧県（départment）の刑事裁判所には重罪法廷（assises）を開廷できる司法官が置かれるべきか。
⑨死刑は維持されるべきか。
⑩無期刑は維持されるべきか。
⑪財産没収は一定の場合に認められるべきか。
⑫裁判官には刑の適用に一定の幅が与えられるべきか。裁判官が情状に応じて長期もしくは短期の刑を宣告する権限を有する場合，その最大限と最小限とを定めるべきか。
⑬刑に処せられた一定の有罪宣告者を監視（surveillance）のもとに置くことができるか。また，一定の場合に，受刑者の将来の行動に対する担保（保証金 caution）を要求しうるか。
⑭その振る舞いが恩恵を受けるに値する受刑者に対して復権（réhabilitation）を行うことができるか。

　以上，14の論点中8番目までが手続法に関する設問であったが，そのほとんどは陪審制に関わる論点であった。すなわち「陪審制はあるべきか」，そして必要であるならば，「陪審制はいかにあるべきか」が，刑事システム全体を規定するものとして，真っ先に論ずべき問題として提示されたのである。これは当然であろう。なぜなら，審判者が決まれば，その他の部分はある程度必然的にそこから演繹することができるからである。

(2) 陪審制論議

　同日の審議において，さっそく各論点について討論が開始された。ここでは，予審に関わる論点を中心にその流れを追ってみることにする。

　最初の論点である『陪審制は維持されるべきか』についての議論は，シメオンによる陪審維持の立場からの大演説ではじまった[25]。これに対してブレイ（Boulay）は，陪審制は利点よりも不都合が多いが，この制度が人々に受け入れられていることから，陪審制を維持した上で大修正を施すべきだとした[26]。ルニョー（Regnaud）は陪審を専門裁判官に替えることを主張した。

　こうした中で，陪審制の存在を前提としながら，陪審のあり方について最初に具体的な形で提案したのがベルリエである。彼は陪審に対して委ねるべき範囲について，次のように述べた。「しかし，訴訟手続が適正に進められ，事件を解明させる一切の事柄が出揃ったとき，被告人が有罪であるか無罪であるかを宣告するためには，正義（droiture）と良識（bon sens）以外の何が必要だろうか。これが陪審員たちに委任される点である。そして，確かに，この委任は，陪審員たちの知恵（lumières）の範囲を超えることにはならない。事実（fait）と法（droit）とは区別され，それぞれの事がらをそのふさわしい場所に置かれべきであって，そして，陪審員が市民の生命と名誉とに基づいて裁定を下すことをもっぱら任務とすることによって，常に習慣より生じる無感覚（endurcissement）によって極端な厳格性に傾きやすい人間集団が確立されるのを回避するのである[27]。」

　ベルリエは，陪審に対して事実問題すなわち犯罪事実の存否の問題のみを委ね，法律問題すなわち量刑の問題を専門裁判官に委ねるべきことを主張したのである。この点は，この区別を置かなかった1791年法に対する反省であったが，罪刑法典においては，すでにこの区別は確立されており，罪刑法典以降のシステムを確認したにすぎない。

---

25) *Ibid.*, p.12. ブレイ，ドピュイ，ポルタリス，ビゴ・プレアムヌウらがこの見解に賛同した（HÉLIE, *op.cit.*, T.7, n° 3137）。
26) LOCRÉ, *op.cit.*, T.24, p.22.
27) *Ibid.*

(3) カンバセレスによる刑事手続構造論

 そして，ベルリエの主張は，後にC.I.C.の全体構想の指針ともなり，C.I.C.の基本理念ともなったと考えられる帝国大書記長カンバセレス[28]の以下のような議論に引き継がれたのである。

 まず，カンバセレスは，事実と法との分離についてのベルリエの見解に賛意を示す。「陪審制は，被告人に対して無実を認めさせる便宜（可能性facilité）を与える点に多くの価値が認められる。確かに，被告人に対して最大限の保障を与えることは重要である。この制度によって，その者が国家においていかなる地位にあるかに関わらず，一切の市民の安全が確保される。しかし，犯罪者の不処罰を回避することによって，公共の秩序に保障を与え，それを保持することも同様に重要である。ところが，現行の制度が効力を持ち続けている限り，つまり陪審員が被告人の運命の絶対的な主人であると信じられている限りそうはならないだろう。そして，良識者から陪審員の制度に対する異議が起こる理由もまたここにあるのである。このように，もし陪審制の保持を望むのなら，陪審員が裁判官以上の恣意的権限を行使しないような，また陪審員の不正（prévarication）が容易に認識されるような仕方でこの制度を組み立てなければならない。こうした観点から，『被告人は有罪か』という唯一の質問に限定されるべきであろう[29]。」

 カンバセレスは，市民的自由（無実の者の解放）と公共の秩序（犯罪者の必罰）との対抗関係の中において陪審制を捉える[30]。そして，陪審制は基本的に

---

28) カンバセレス（Jean-Jacques-Régis de Chambacérès 1753-1824）は法服貴族の家に生まれ，大革命の際にエロー県の刑事裁判所の裁判長となり，1792年に国民公会議員に選出された。テルミドールの政変後，彼は絶大な影響力を行使するようになる。1795年，公安委員会の委員となる一方，共和暦3年憲法の制定に関与し，500人会の委員に選出される。とりわけ彼はメルランとともに一切の法律の最終的起草を準備する使命を与えられた。1799年には司法大臣に任命される。ブリューメールのクーデタの際，彼は第二統領に任命された。カンバセレスは，第二統領としてまた帝国大書記官長として元老院およびコンセイユ・デタを指揮し，民法典の制定に指導的役割を果たした。C.I.C.の起草時は彼の絶頂期であった。カンバセレスの経歴については，新倉修「カンバセレス文書について」國學院大學図書館紀要3号（1991年）61頁参照。
29) LOCRÉ, op.cit., T.24, p.26.
30) フランス刑事手続法の改革はほとんどの場合，個人の自由（被告人の権利）と公共の秩序（犯罪者の必罰）との対抗関係という比較的単純な構造で展開されていく。この視点は，立法過程において，いかなる制度が個人の自由を尊重するものと捉えられ，いかなる制度が公共の秩序

前者を保障するものであるから，公共の秩序すなわち犯罪者の必罰という点からは，陪審員の権限を制限すべきだとするのである。それゆえ，陪審員に事実問題のみを委ねようとするベルリエの意見に賛同する。そしてそれは，公判前の手続に対する以下のような提案につながってゆく。

「1670年王令のいくつかの規定を再び採用することを恐れてはならない。この王令は一切の部分に欠陥があったわけではない。1670年王令の非難されてしかるべき欠点とは，主として，手続の密行性であり，また王令が被告人の品位を落としまたは無視する点である。弁護人（conseil）の不在，拷問台上の尋問（interrogatoire sur la sellette）は確かに再現されてはならない。しかし，証人が（供述を－筆者補）訂正することができる検真（récolement），被告人に証人を非難し証言を検討することを認める対質（confrontation）はそうではない。若干の修正を施して，これらの点に関する1670年の王令の条項は，陪審の主要な不都合性を解決するために，われわれの新たな立法においても有効に活用することができる。おそらく，経験のない審判人を刑事手続に呼び出すことは，とりわけ彼らに大きな裁量の幅（latitude）を与える場合には，専門裁判官によって宣告がなされる以上に危険性が大きいであろう[31]。」

以上の主張の中において，はじめて1791年のシステムと1670年王令との結合という，C.I.C.の骨子となる考え方が具体的な形で登場する。そして，その考え方は，無実者の解放と犯罪者の必罰との調和，とりわけ後者による前者の制限という形をとって展開されたのである。

この考え方は，第5番目の論点であった「審理の口頭性」についての議論に際して，一層具体的に展開された。カンバセレスは次のように述べる。「最初の証人尋問は，安全の司法官（検察官，magistrat de sûreté）によって実施されるものとする。勾引状（mandat de dépôt）も安全の司法官によって発せられる。一件訟記録（procédure）は，陪審指導判事に移送され，陪審指導判事は証人の検真をなすものとする。証人は明らかに悪意から真実をねじまげた場合以外は，いかなる刑罰も科されることなく供述をすることができる。こ

維持の制度と捉えられたのかを理解し，改革の方向性を見定めるために有意義である。
31) LOCRÉ, *op.cit.*, T.24, p.28.

れら一切の手続記録は，被告人ともども刑事裁判所に移送される。被告人は拘置所の中で弁護人と接見することが許される。公判審理は，安全の司法官さらには陪審指導判事（directeur du jury）によって作成された一件記録の読み上げによって開始されるものとする。証人たちは出廷を命じられる。傍らに席を取る弁護人によって援助される被告人は，証人の忌避を申し出ることができ，また証人の供述に反論を加えることができる。プロセ・ヴェルバル（調書，procès-verbal）は，公判においてその詳細を明らかにされることはないが，しかし，一般代理官（法院検事，procureur général）と被告人とはその主張を証明するために用いる権利を有するものとする。一切は陪審の目にさらされる。その後，判決が破棄された場合，破棄差戻しの対象となった一切の予審の記録（pièces）は，当該事件を再審理すべき裁判所に送付されるものとする[32]。」

カンバセレスの以上の考え方には，すでにC.I.C.の核心ともいうべき思想が認められる。それは，ひと言で言えば，書面審理と口頭審理との結合という考え方である。カンバセレスは，検察官および陪審指導判事により実施された証人尋問等の記録に，公判における証拠としての価値を認め，それらを読み上げることによって公判審理を開始させるとした。それゆえ，公判における被告人および検察官の弁論は記録の内容を巡って展開されることになる[33]。これは必然的に，記録を作成する手続の重要性を増大させる。そこで，検真など1670年王令の手続が呼び戻される。なぜなら，1670年王令は，法定証拠主義を採用するので，刑事法官による証人尋問など審問を記録する手続に重点が置かれ，その方法も一定の形式性が要求されていたからである。

カンバセレスの提案に対して，皇帝はさらに安全の司法官（検察官）による証人尋問記録の写しを陪審に提出すべきだという点を付け加えた。これは

---

32) *Ibid.*, p.55.
33) カンバセレスは，書面審理の必要性について，判決が破棄された場合に，再審理をするためには審理の記録が保存されているべきであるという観点からも説明している（*Ibid.*, p.55.）。この観点は当時の状況を念頭に置かなければならない。本来ならば，上級審で当該事件を検討する場合，公判審理を記録し，作成された公判調書を資料とすべきであるが，当時，公判審理のすべてを書面化することは技術的に困難であった。

予審の影響力をさらに強めるものである。しかし，皇帝は，警察によって作成された証人尋問記録は提出すべきではないと考えた。なぜなら，検察官が事件の真相を明らかにしようという視点のみを持つのに対して，警察は犯罪者および犯罪の状況を暴くという視点から捜査を進めるからである[34]。こうしてカンバセレスの提案は採択された。

(4) 起訴陪審の存置

　ところで，第2の論点であった起訴陪審の存廃は，予審の問題にもかかわる重要な論点であったが，この時点ではその存置に関して異議は申し立てられなかった。トレヤールは次のように述べた。「この問題は難しいものではないだろう。なぜなら，ただひとつの陪審では，社会に対しても，被告人に対しても十分な保障を提供しないからである[35]。」ビゴ・プレアムヌウも次のように付け加える。「被告人は，安全の司法官の決定または起訴陪審の決定に基づいて，ともかくも刑事裁判所の面前に移送されまたは召喚されなければならないのであるが，この権限は陪審に委ねる方が一層安全であろう[36]。」

　こうして起訴陪審の存置が採択された。それが何ゆえに廃止されたのかは後述する。

　コンセイユ・デタの審議は順調に進められ，共和暦12年実月17日（1804年9月4日）の審議からは法案の各条文ごとの審議が開始された[37]。それは共和暦13年葡萄月24日（1804年10月16日）の16回審議まで続けられる[38]。

　ここで，当初提示された法案の構成を眺めてみよう。訴追および予審の中心となるのは安全の司法官（検察官）である。安全の司法官が告訴・告発を受理し（草案39条以下），証人を聴問し（64条以下），家宅捜索を実施し（80条以下），令状を発して被告人の身柄を拘束し被告人を尋問する（87条以下）[39]。

　予審判事は，安全の司法官によって実施された上記の予審行為を補充し，

---

[34] *Ibid.*, p.55.
[35] *Ibid.*, p.48.
[36] *Ibid.*
[37] *Ibid.*, p.108.
[38] *Ibid.*, p.377.
[39] ESMEIN, *op.cit.*, p.528.

必要とあれば再びやり直すことがその職務とされる（103条）[40]。予審判事による予審行為に関しては，安全の司法官に対し訴訟記録の閲覧を認めること（104条），臨検の際の書記官および安全の司法官の同行を義務付けること（105条）などが規定されるのみであり，具体的な規定はない。むしろ予審判事には，犯罪事実および嫌疑の有無を判断し，それに応じた決定を行なうことが期待されている。予審判事は，被告人の釈放，違警罪・軽罪・重罪の決定および被告人の勾留を決定する（108条以下）。

(5) 予審判事と検察官の組織

　刑事手続法案の検討に続いて，共和暦13年霧月 1 日（1804年10月23日）の17回審議以降，コンセイユ・デタの審議は司法組織の問題に移った[41]。はじめに，民事裁判所と刑事裁判所との結合が提案された[42]。皇帝は討論を容易にするために，立法部会に対して，統合に関する基本草案を作成することを命じた[43]。

　共和暦13年霧月 8 日（1804年10月30日）の第18回審議において，司法組織法の草案が提示された。その大要は次のとおりである[44]。

　民事訴訟および刑事訴訟は同一の裁判所において実施される（草案 1 条）。第 1 審裁判所（tribunaux de prémiere instance）に所属する裁判官のうち 1 名が，皇帝の任命によって予審判事の職務を遂行する（2 条）。必要とあれば，さらにもう 1 名の予審判事が任命される。

　検察官に対してはまず代理官（procureur，なお本稿では「検事」の名称を用いる）という糾問期の呼称が復活した。1 名または複数名の帝国検事の代理（substituts）が，政府が必要と判断した裁判所に置かれる（4 条）。帝国検事（またはその代理）は，第 1 審裁判所の管轄内において安全の司法官の任務を遂行する（5 条）。

---

40)　LOCRÉ, *op. cit.*, T.24, p.182.
41)　*Ibid.*, p.410.
42)　*Ibid.*, p.427.
43)　*Ibid.*, p.427. ナポレオンは，中央集権体制の確立という観点から民，刑の結合を考えていた（R.GARRAUD, *Traité théorique et pratique d'instruction criminelle et de procédure pénale*, T.3, S., 1907, n° 983.）．
44)　LOCRÉ, *op. cit.*, T.24, p.148.

第1審裁判所は，軽罪（苦しめる刑，辱める刑にはあたらず，10日を超える拘禁刑もしくは10フランを超える罰金刑にあたる罪）を扱い，少なくとも3名の合議体によって裁判する（6，7条）[45]。予審判事は重罪に関する起訴状および一件記録を作成する（9条）。第1審裁判所は起訴陪審の機能を遂行する（10条）。判決は予審判事を除く6名の裁判官の多数決による（12条）。

　刑事法院（Cours de justice criminelle）と控訴院（Cours d'appel）とは統合され帝国法院（Cours impériales）とする（14条）。各帝国法院には軽罪の上訴を扱う部局と重罪の裁判を行なう部局とが設置される（17条）。以上の司法組織法案は，霧月22日（1804年11月12日）に第2修正案が，霧月29日に第3修正案が，霜月20日（1808年12月11日）に第4修正案が提示された。

　司法組織の改革案を受けて，刑事手続案の修正作業が立法部会によって進められた。立法部会は，共和暦13年霜月22，27および29日（1804年12月13，18，20日）の審議において，1条から90条までの修正案を提示した[46]。ここではその詳細には立ち入らないが，このときはじめて検察官と予審判事との権限分配について議論がなされている。それは修正52条をめぐって展開された。52条は次のような規定である。「プロセ・ヴェルバルに記載された供述または現場で採取されたその他の情報から，犯罪現場に居合わせた者に対し嫌疑をかける証拠もしくは重大な兆表が見出された場合，帝国検事は，状況に応じて，ただちにその者を逮捕させ，かつその者に対して訴追をなしうるものとする。」

　帝国大書記官カンバセレスは次のように述べた。「この規定は，かつてはもっぱら裁判官に属していた機能を公的当事者に委譲している。実際のところ，現行制度では，安全の司法官は公的当事者と予審官の2重の機能を委ねられている。旧制度はそれらを2種類の司法官に行なわせるという利点をもっていた。それゆえ，一方の機関の不活動が裁判を混乱させることはなかった。なにゆえ，予審行為（actes d'instruction）は安全の司法官の請求に応じて

45）　先の刑事法典の草案では検察官は3種類あった。各アロンディスマンに置かれる安全の司法官，第1裁判所に付置される帝国検事（帝国検事），刑事法院の帝国一般代理官である。司法組織法案では安全の司法官が帝国検事（検事）に吸収されている。

46）　LOCRÉ, op.cit., T.24, p.519 et suiv.

なされるものと規定されないのか[47]。」

　ドゥフェルモン（Defermon）も次のように付け加える。「その上，旧制度は被告人に対して保障を与えていた。すなわち，公的当事者が請求し，裁判官が判決を下した。これらの権限は唯一の手に集中していなかった。同一の司法官が告訴・告発を受理し，証人を聴問し，被告人の自由を制限することを恐怖なしでみることはできない[48]。」

　これに対しトレヤールは次のように反論した。「最初の時点において，迅速に行動することは極めて難しいのである。記録（procès）は遅滞なく作成されなければならない。また，ただちにその行為は現場にいる者の証言によって補強されなければならない。数時間の遅滞は物の様相を変え，犯罪の徴表を消失させるに十分である。ところで，安全の司法官が予審判事の到着を待つことを強制されるならば，そうした事態に立ち至るであろう[49]。」

　ベルリエはトレヤールの立場を支持し，検察官が勾引状（mandat de dépôt）を発する権限のみを有し，勾留状（mandat d'arrêt）発付の権限は予審判事（juge d'instruction）に委ねられる点を付け加えた[50]。

　ナポレオンもトレヤールと同意見であった。彼は，証拠が消失する前にプロセ・ヴェルバルを作成しなければならない点，検察官が現行犯の場合にのみ介入する点，さらに，検察官の権限が勾引状の発付に限られている点を指摘した[51]。

　以上の議論は，起訴をする権限（訴追権）と証拠を収集・評価する権限（予審権）との分離にかかわっている。被告人を保障するという観点からは，原則的にこれらの権限は分離されていなければならないという点で見解の一致がみられる。草案は，証拠の迅速な収集という点から，検察官に一定の予審権限を付与すべきであるという立場をとる。

　しかしこの議論はナポレオンが別の問題を持ち出したことによってここで終えられている[52]。

47）　*Ibid.*, p.552.
48）　*Ibid.*
49）　*Ibid.*
50）　*Ibid.*, p.553.
51）　*Ibid.*, p.555.

以上，順調だった審議は，共和暦13年霜月29日（1804年12月20日）をもって長期の中断に入った。なにゆえに。エスマンは次のように述べる。「皇帝の心づもりでは，陪審の廃止は決定的であったのではなかろうか。しかし時機が味方をしておらず，時を待たなければならなかった。おそらく，この制度が維持されるべきであるという共通認識を払拭するためには数年が必要だったのではないだろうか。それゆえ，作業は未完のまま放置され，また，（陪審廃止の－筆者補）脅威は一時中断されたのである[53]。」

3　起訴陪審の廃止

(1)　審議の再開

ほぼ3年の後，コンセイユ・デタの審議は再開された。1808年1月23日[54]，ナポレオンは立法部会に対して，C.I.C.の法案の起草作業状況を報告するように求めた[55]。

1808年1月30日，まずトレヤールが先の皇帝の要求に応じ，共和暦12年になされた議論の経過を振り返った後，法案の基礎となるべき論点のうち，いまだ解決されていない点があることを指摘した。法案の基礎となるべき論点とは，共和暦12年牧月16日の審議で提示された「陪審制は維持されるべきか」をはじめとする14の論点である。3年間のブランクとナポレオンの思惑とによって，審議は振り出しに戻ってはじめられなければならなかったのである。

同日，さっそく陪審存廃の問題から議論が開始された。ひとしきり意見が出された後に皇帝が質問した。陪審は実際上うまくいっているのか，と[56]。

---

52)　ESMEIN, *op.cit.*, p.529.
53)　*Ibid.*, p.521.
54)　「共和暦」は1805年9月1日の元老院決議によって1805年12月31日をもって廃止された。
55)　LOCRÉ, *op.cit.*, T.24, p.576.この時期，コンセイユ・デタの立法部会は，トレラールによって主宰され，アルビッソン（Albisson），ベルリエ，フォール（Faure）およびレアルによって構成されていた。これに加えて破棄院の院長であるミュレール（Muraire），破棄院の一般代理官（検察官）であるメルラン（Merlin）が協力していた。
56)　*Ibid.*, p.579.

大書記官カンバセレスは，陪審員達がその職務をきわめて弱々しく行使しており，犯罪者の不処罰を助長しているとその不都合性を強調した[57]。カンバセレスの見解に対して，幾人かの者が制度を改善しうる可能性を主張した[58]。

　皇帝はそれらの修正案を退け，なによりもまず，現実に陪審が誤った方向にあるのかどうかを検討すべきである，と主張した。その上で，皇帝はもうひとつ別の論点を付け加えた。それは，民事裁判と刑事裁判との結合の見地からこの問題を検討しなければならないという視点である[59]。ナポレオンは，民刑の結合に関してはすでに自らが作成した草案を準備しており，コンセイユ・デタに対してその草案を提示し意見を求めた[60]。5カ条よりなるその草案には，控訴院と刑事法院とを結合し帝国法院とすること（1条），帝国法院に重罪裁判を行なう刑事部（chambre criminelle）を置くこと（2条）などが含まれていた[61]。

　この時点より，陪審制と民刑の結合という必ずしも密接な関係にあるとは思われない2つの問題が同時に議論されるという奇妙な状態になった。しかし，ナポレオンの心の中ではそれらは不可分に結びついていたのである。すなわち，重罪事件を扱う刑事法院を帝国法院に結合するということは，陪審裁判の開廷される場所を各プロバンスの帝国法院に限定することになる。現在のように交通機関の発達していない当時にあっては，プロバンス内とはいえ遠方の陪審員たちが帝国法院所在地まで赴くのは容易なことではない。ナポレオンは，こうした物理的不都合から陪審制が放棄されることを期待したのである。ナポレオンの求めたものは，市民の介入しない皇帝を頂点とする中央集権的司法機構の確立であった。

(2)　**起訴陪審の廃止**

　その後，コンセイユ・デタでは何度か陪審制の存廃について審議がなされたが決着をみなかった。2月6日の審議でも再び陪審制が議論された。コン

---

57)　*Ibid.*
58)　*Ibid.*, p.579 et suiv.
59)　*Ibid.*, p.581.
60)　この草案は共和暦13年に提出された草案とほぼ同じ内容である。
61)　LOCRÉ, *op.cit.*, T.24, p.582.

第 3 章　予審制度の成立過程　　63

セイユ・デタは陪審の存置を決定した。しかし，変化は生じた。起訴陪審が廃止されたのである。

　起訴陪審の廃止論を当初から強力に展開したのはジョベール（Jaubert）である。彼は起訴陪審の欠点として，第 1 に，起訴陪審が被告人を裁判に付する嫌疑の存在を検討するのではなく，被告人が刑罰に価するかどうかという見地から検討している点，第 2 に，陪審員は，証人や被告人の供述を聴くことなく一件記録のみに基づいて判断している点の 2 点を挙げた[62]。さらに彼は，起訴陪審が維持されるためには，少なくとも治安判事，安全の司法官，一般代理官が陪審員の誤りを是正するための十分な権限をもたなければならないとした[63]。実際のところ，起訴陪審については，その存置を支持する者たちの間でも適切には運用されてこなかったという認識があるため，廃止論に対する積極的な反論をなすことができなかったのである。

　トレヤールは，共和暦 8 年の憲法が起訴陪審の設置を定めていると述べたが[64]，ジョベールは，起訴陪審をもってしては社会はもはや保障されないと応じた[65]。

　結局，ナポレオンの意見が決定的な意味を持った。「起訴陪審は裁定人（juge）としての職務に不慣れな人間によって構成されている。しかし，起訴陪審の面前では一件記録を読み上げることしかなされていない。少なくとも，裁判に慣れているということがなければ，こうした読み上げによって自らの見解を形成するのはきわめて困難である。細心の注意をもってその読み上げを聞くことのできる者はほとんどいないであろう。市民の集団として遂行しうる任務のみを彼らに割り当てなければならないのであり，法律家のみが果たしうる職務は法律家に委ねなければならない。起訴する権利を裁判官

---

62)　LOCRÉ, *op.cit.*, T.24, p.605 et suiv.
63)　*Ibid.*, p.610.
64)　J.B.DUVERGIER, *Collection complète des lois, décrets, ordonnances, règlemens, et avis du Conseil-d'État*, T.12, Paris, 1824, p.24. 同憲法62条は次のように規定する。「苦しめる刑および辱める刑をもたらす犯罪に関して，最初の陪審が起訴を承認しあるいは却下する。起訴が承認された場合，第 2 の陪審が事実を認定し，さらに裁判官らが刑事裁判所を構成し刑を適用する。当該判決の上訴は許されない。」
65)　LOCRÉ, *op.cit.*, T.24, p.621.

に委ねることは危険だという意見を聞かない。法律が節度をもって構想されるならば，すなわち法律が必要的規制を確保するならば，その危険性は消えるだろう[66]。」

　陪審制は，口頭，対審，公開という弾劾手続の基本原理と強く結びついている。陪審制は書面審理とは相容れない[67]。どちらかが捨てられなければならない。結局は陪審制の方が放棄された。コンセイユ・デタは起訴陪審の廃止を決定した[68]。

　起訴陪審の廃止に伴い，トレヤールは，予審判事が別の2名の裁判官に事件を報告し，予審判事を含めた3名で訴追の決定をすることを提案している[69]。これが後に評議部（chambre du conseil）として制度化される。

(3) 民事裁判所と刑事裁判所の結合

　司法組織については，数回にわたって審議が行なわれた後，1808年3月5日に，トレヤールによって最終案が提示され結論をみた。トレヤール案の骨子は以下の通りである[70]。

① 民事裁判所と刑事裁判所の区別を廃止し，両者の権限を結合した帝国法院を設ける（1条）。
② 苦しめる刑（peine afflictive）および辱める刑（peine infamante）にかかる犯罪は，指定された場所で開廷される重罪法廷において審議がなされる。ここに判決陪審が招集される（2条）。
③ 浮浪者・再犯者による犯罪，公文書偽造等一定の犯罪については，陪審制を採用しない特別裁判所を設ける（3条）。
④ 重罪法廷の裁判長および陪席判事は帝国法院の裁判官の中から選任される（4条）。

---

66) *Ibid.*
67) 陪審制と口頭弁論主義の関係に関しては，沢登佳人「フランス刑事訴訟法における『判決手続と訴追・予審との機能分離の原則』と『陪審制度・自由心証主義および口頭弁論主義の一体不可分性』」法政理論16巻2号（1984年）151頁以下，梅田豊「フランスにおける自由心証主義の歴史的展開　第1部」法政理論18巻1号（1985年）96頁以下以下参照。
68) LOCRÉ, *op.cit.*, T.24, p.622.
69) HÉLIE, *op.cit.*, T.5, n° 2022, LOCRÉ, *op.cit.*, T.24, p.666.
70) LOCRÉ, *op.cit.*, T.24, p.687.

⑤　被告人を起訴するかどうかは帝国法院によって決定される。起訴陪審は廃止される（5条）。
⑥　各帝国法院内に司法官養成所（aspirans à la magistrature）と称するコレージュを設ける（6条）。

　この最終案をナポレオンが提示した案と比較した場合，重罪法廷が帝国法院には置かれずいわゆる巡回法廷となった点が異なる。これによって，陪審員の実際上の参集が可能となった。すなわち，ナポレオンの中央集権化の構想も陪審制の前では一歩譲らざるを得なかったのである。
　ナポレオンは，以上の法案を基礎として，刑事手続法典全体の法案を作成するように立法部会に命じた[71]。これ以降，コンセイユ・デタの審議はC.I.C.の具体的条項の検討へと移っていった。

4　訴追と予審の分離原則

(1)　審理経過
　最初に，その後のコンセイユ・デタの審議およびC.I.C.制定の経緯の概略を述べる。C.I.C.は全体としては1つの統一法典であるが，法案各条項の審議はいくつかの部分に分けて実施され，それゆえ形式上は9つの単行法律の集積という形態がとられている。
　第1の法律をなす序論および第一部「司法警察およびそれを行なう警察官」に関する立法部会案は1808年5月31日，トレヤールによってコンセイユ・デタの総会に提出された。最終的にコンセイユ・デタで採択されたのは10月4日の審議においてである[72]。
　採択された法案は，10月5日，立法府（Corps législatif）の民事および刑事立法委員会に付託された[73]。委員会は法案の若干の修正を提案した。トレヤールは修正案をコンセイユ・デタに再度諮り，それは新たな論議もなく採択された。

---

71)　*Ibid.*, p.692.
72)　*Ibid.*, T.25, p.206 et suiv.
73)　*Ibid.*, p.215.

11月7日，トレヤールは，レアルおよびフォールとともに，弁士として立法府に法案を提出し，立法府の総会において法案提出理由を説明した[74]。立法府における同日の審議で，法案は178対85の多数をもって可決された。C.I.C.の序則および第一部をなす新法律が公布されたのは1808年11月27日である。

次に，C.I.C.の第二部第1編「違警罪裁判所」の法案は，1808年6月28日にトレヤールによってコンセイユ・デタに提出され，10月4日に採択された。その後は先の法律と同様の経過をたどり，第2法律が1808年11月29日に公布された[75]。

C.I.C.第二部第2編「陪審に付すべき事件」の法案は，1808年7月5日にコンセイユ・デタに提出され，最終的には，12月9日，立法府において181対96の多数をもって採用が決定された。この第3法律は1808年12月19日に公布された[76]。

以下，C.I.C.の第二部第3編「判決に対する上訴方法」は，1808年12月10日に立法府によって採択され，同月20日に公布された。第2部第4編「特別訴訟手続」は，第5，第6番目の法律として12月23日に公布された。第二部第5編「管轄裁判所の指定および管轄の移転」は，第7番目の法律として12月24日に公布された。第二部第6編「特別裁判所」は，第8番目の法律として12月25日に公布された。最後に，第2部第7編「公益および公安に関する事項」は，12月26日に公布された。

以上，C.I.C.の審議の中で，もっとも精力的に審議されたのは「第一部」に関してであり，予審手続の問題もここに含まれる。審議の最終段階において，訴追および予審の構造は重大な修正を受けた。この審議におけるやりとりは，立法者が予審手続に何を求めたのかを明らかにしてくれている。以下では，第一部に関するコンセイユ・デタの審議を若干詳細に検討する。

(2) 第3修正案の提示

1808年3月5日のコンセイユ・デタの審議において刑事手続の大枠が定ま

---

74) *Ibid.*, p.63.トレヤールの法案提出理由説明については次章で取り上げる。
75) *Ibid.*, p.261.
76) *Ibid.*, p.369 et suiv.

り，立法部会はC.I.C.の具体的条文の検討作業を開始した[77]。立法部会の座長であるトレヤールによって示された法案は，基本的には，1804年にコンセイユ・デタに提出された法案および第1・第2修正案と変わらない。

　帝国検事（procureur impérial）は，予審判事に対して事件を移送する以前において，いわゆる予審の範囲に属する強制的証拠収集活動を実施することができる。告発・告訴を受理するのも原則的に帝国検事である（法案29～39条）。予審判事にはその権限が与えられていない[78]。

　証人の聴問を実施するのも帝国検事である。帝国検事は，犯罪もしくはその状況を知る者を呼び出し（51条），証人を呼び出し，各別に聴問することができる（53条）。証人は真実を述べる旨の宣誓をした後に供述する（55条）。供述は供述書に記載され，供述書には帝国検事および証人が署名をする（56条）。さらに帝国検事は勾引状を発する権限を有する。帝国検事は，重罪または軽罪を推認させる嫌疑（présomption）が存在する一切の者を勾引状を発して召喚することができる（74条）。帝国検事は24時間以内に召喚された被告人を尋問する。

　以上のような帝国検事の権限に対して，予審判事は，帝国検事によって進められた予審を補完し，必要がある場合に再びやり直すことをその任務とする（87条）。予審判事は，帝国検事および私訴原告人の請求によってのみ予審を開始するのであるが（88条1項），しかし必要な場合には，帝国検事の申し立てがなくても勾引状を発することができる（88条2項）。この際，予審判事は被告人を尋問することができる（91条）[79]。予審判事独自の権限はほぼそれにとどまる。予審判事は，補充的な予審を行なった後，評議部（chambre du conseil）に事件を報告する（92条）。

　評議部は廃止された起訴陪審を代替するものである。評議部は第1審裁判所に属し，事件を担当した予審判事を含む3名の裁判官によって構成される。評議部は，被告人の嫌疑の有無を審査し，それに応じて被告人を釈放し（93条），または，違警罪裁判所・軽罪裁判所・重罪起訴部に事件を移送する

---

77)　*Ibid.*, p.100.
78)　*Ibid.*, p.105 et suiv.
79)　*Ibid.*, p.116 et suiv.

のである（93，95，100条）[80]。

(3) 分離原則の提示

続く1808年6月4日の審議において，法案第1部第4章「帝国検事およびその代理」が討議に付された。最初に俎上に上がったのは帝国検事の職務に関する22条の規定であった。

　帝国検事および帝国検事が不在の場合はその代理（substituts）は，所属する各第1審裁判所の管轄内において，以下の職務を行なう。
　1　一切の重罪および軽罪に関する告発および告訴を受理すること。
　2　プロセ・ヴェルバルによって犯罪の痕跡を検証すること。
　3　被告人に対する徴憑（indices）および証拠を収集すること。
　4　被告人を予審判事の面前に召喚すること。

まず，宗教大臣ビゴ・プレアムヌウ[81]が口火を切った。「その位置付けからして検察官は当事者である。当事者たる資格において訴追権は検察官に属するのである。しかしそうならば，予審行為を検察官に委ねることは司法（正義）に反するだろう[82]。」

カンバセレスも同意見であった。「実際のところ，この結合（公的当事者と予審官とを同一機関に委ねること－筆者補）は手続を促進する。しかし，この結合は望ましからぬ側面をも生じさせる。なぜなら，訴追をなす者は，予審審理を行なう際にはその公平性を保持することが困難だからである[83]。」カンバセレスは，帝国検事が告発を受理するのはよいとしても，プロセ・ヴェルバルを作成し，証人を聴問し，被告人に逮捕状を発することは認めがたいとした[84]。

トレヤールは，検察官がプロセ・ヴェルバルを作成する点に関して，万が一検察官が事実を捏造するようなことがあっても，公判において一切の口がそれを否定するために開かれるだろうと述べ，公判の役割を強調してこれに反論した。また彼は，証人の聴問について，最初の段階で真実が明らかとなと

---

80) *Ibid.*
81) ビゴ・プレアムヌウは，1804年の刑事法典の起草段階では立法部会の座長を務めていたが，1808年には宗教大臣に就任している。
82) LOCRÉ, *op.cit.*, T.25, p.124, ESMEIN, *op.cit.*, p.530.
83) LOCRÉ, *op.cit.*, T.25, p.124.
84) *Ibid.*, p.125.

きに聴問がなされることは有用である,とした[85]。

　審議の最後にカンバセレスは,このような制度を採用する理由をより詳しく説明するように立法部会に求めて,この日の審議を終えた[86]。

(4) 論点の提示

　次回の審議（1808年6月7日）において,トレヤールは,先のカンバセレスの要求を受けて,22条の立法趣旨を次のように説明した。「帝国検事が犯罪の存在を認知した場合,現場に赴きプロセ・ヴェルバルを作成する点は容易に認められるだろう。しかし,この権限は帝国検事が供述を獲得する権利を持たないとすると,ほとんど無駄で空虚なものでしかない。とりわけ,証人の聴問は,証人が被告人などに丸め込まれてしまう前の最初の時期に行わせる必要がある[87]。」トレヤールは迅速な証言の獲得を強調したのである。

　これに対しカンバセレスは,今はまさに制度を作り替え法典を完璧なものとするときだとした上で,次のように主張した。「被告人の反対当事者がどうして事件の予審官になりうるのか理解できない。かつて検察官は請求を行うことに限定されていたのであり,裁判官が検察官と被告人との間に立って裁定を下したのである。法案では,検察官を訴追の主人とすることが望まれている。検察官は請求を受けることがなくても,いたるところに予審に赴くことができ,さらには非現行犯を検証するために,市民の住居の中にさえ入り込むことが望まれているのだ[88]。」

　さらにカンバセレスは次のように続ける。検察官は訴追者にとどまるべきである。「さもないと,あまり幸福ではない時代の十分に強力とはいえない政府の下においては,帝国検事は一切の都市を震え上がらせる小タイラントと化すであろう。」

　また,帝国検事が誤りを犯したとしても,結局,公判において是正されるという主張に対して,ビゴ・プレアムヌウは次のように反論した。「しかし,被告人に対して,最初の行為のもたらした偏見が影響を与えないということ

---

85) *Ibid.*
86) *Ibid.*, p.126.
87) *Ibid.*, p.127.
88) *Ibid.*, p.128 et suiv.

が有りえようか。イギリス法においても大陪審（grand jury）が介入するのはこのときである。同様に，1790年法も起訴陪審の保障を与えていた。こうした保障はもはや旧法のもとでしか存在しないとしても，少なくとも旧法が保障しようとした中身はふたたび維持されなければならない[89]。」そして，ビゴ・プレアムヌウはあくまで基本理念の貫徹を主張する。「本法案の基本理念は訴追と裁判とを区別すること，すなわち一方を政府の官吏に委ね，他方を政府から独立した者に委ねることにある。われわれはこの区別が事物の本性と自由に関するもっとも純粋な諸原理とに基礎付けられたものであると信じる。公共の秩序の維持を委ねられた政府は，それを侵害する犯罪を探索しかつ処罰するために必要な一切の権限を与えられなければならない。それゆえ，この権限の行使が委ねられなければならないのは，政府によって任命され，もっぱらその監督（impulsion）のもとに置かれた官吏である。しかし，政府の行為はこれにとどまらなければならない。事実問題（question de fait）にせよ法律問題（question de droit）にせよ，裁定に関する一切の事がらは政府の影響を離れ独立した者に委ねられなければならない[90]。」

ただし，訴追する権限と訴追の当否を裁定する権限とを分離すべきだという原則は，当初から起草者の合意事項だったのである。法案においても，起訴は検察官に，訴追の決定は評議部に委ねられている。それゆえ，問題はいかなる行為が訴追官に属し，いかなる行為が裁判官に属するかを具体的に確定することにある。とくに証拠の収集行為をどのように位置付けるかが問題の核心である。

ビゴ・プレアムヌウは，訴追官に属するものとして，犯罪事実・犯罪の原因・理由（causes）・犯罪に関し情報を有する者の探索を挙げ，裁判官に属するものとしては証人の聴問および公判の基礎となるべき行為を挙げる[91]。

さて，カンバセレスおよびビゴ・プレアムヌウは，主として予審行為の公判への影響力を危惧するのだが，それに対してはもっともな反論に遭遇せざるを得ない。ルニョー（Regnaut）は次のように述べる。「帝国検事が事実を

---

89) *Ibid.*, p.131.
90) *Ibid.*, p.132.
91) *Ibid.*, p.134.

取り調べるのでないならば，帝国検事はいかにして訴追をなすことができるのか。さらに，事実を明らかにしうる者を聴問することなくしていかにして事実を取り調べることができるのか。・・・それゆえ，期待しうることは，87条に規定されたように，予審判事が帝国検事によってなされた予審に拘束されずに自ら予審を実施し，新たに聴問を行なうことである[92]｡」

　同様にベルリエも法案を擁護する。彼はまず，法案の反対者が1670年王令に依拠している点を批判する。革命前の糾問手続では最終審理自体が秘密であり，被告人は弁護人の援助を受けられず，陪審制も採用されていなかった。今日では，たとえ予審において被告人の権利が侵害されたとしても，公判審理において被告人にはそれに対抗しうるだけの広範な手段が与えられている，と彼は述べる。さらに，実際上の問題として，予審審理には迅速性が要求される点を指摘する。「迅速に訴追しかつ予審を進めるためには，何者かが必要なのである。これが社会の第1の要請である。ところで，もし裁判官の協力なしには何もなしえないとしたならば，つまり，一切の予審行為が裁判官と帝国検事との間で協議されなければならないとすれば，その結果，一方は請求しかなしえず，他方がもっぱら予審を進め決定を下さなければならない，ということになるのだろうか。遅滞。裁判官が臨検の準備をしている間，帝国検事は何もなすことができない。そして，その間に犯人は逃走し，証拠は散逸してしまうだろう[93]｡」

　証拠収集の迅速性の要求と，証拠収集・確保の公平性の要求との対立がこの問題の基本的構図である。議論は次回の審議に継続された。そして，次回の審議においてこの問題は最終的な決着をみるのである。

(5) 分離原則の完成

　6月11日，具体的修正案が幾人かの委員によって提示された。

　ブレイは次のような修正案を提示した。犯罪が発生した場合，一切の司法警察官は関係者の供述を受け，プロセ・ヴェルバルを作成し，被告人を留置する権限を有する。しかし，司法警察官はただちに事件を検察官に移送しなければならない。安全の司法官は，24時間以内に，予審判事に報告すること

---

92) *Ibid.*, p.135.
93) *Ibid.*, p.137.

を義務付けられる。予審が開始されるのは，予審判事の面前においてである。予審判事は，被告人を尋問し，証人を聴問し，証拠を収集する。臨検が必要な場合でも，検察官はひとりで臨検することはできず，予審判事が同行しなければならない[94]。ブレイはとくに，令状の発付が予審判事によってのみ実施される点および被告人・証人の聴問がもっぱら予審判事にのみ委ねられる点を強調した[95]。

　コルヴェット（Corvetto）もブレイの考え方を支持しそれを補強する。部会も帝国検事が予審行為を進めることの不都合性を認めているのだから，問題は帝国検事によって予審行為が実施される必要性の有無にある。同時に，収集される証拠は，被告人の運命に重大な影響を与えるものであるから，帝国検事の濫用に対しては警戒する必要がある。その結果，それらの行為は一定の公務員の面前で実施されることなどが提案されているが，それならば，予審判事を呼び出しても時間の浪費とはならず，被告人を保障することになろう，と[96]。

　以上のように，修正案が主流を占めるに至って議論の方向性も定まってきた。法案の有力な支持者のひとりであったベルリエも折れた。彼は次のような和解策を提示した。「法案はおそらくその進むべき以上のところまでいってしまっている。なぜならば，公共の秩序の維持のために司法活動が迅速化されなければならず，そしてその利益は擁護される必要があろうとも，基本的に個人の人権の保障は尊重されなければならないからである。それゆえ，帝国検事が訴追者または予審官として行いうる事がらであっても，裁判官によって帝国検事と同様に有効かつ穏当に遂行されうるならば，裁判官に席を譲らなければならない[97]。」

　ベルリエの折衷案は，予審の有用性と人権保障との限界について一定の基準を示そうとしている。しかし，裁判官が検察官と比較して一層穏当に予審活動を行いうる場合とはいかなる場合なのか。また逆に，検察官に予審行為

---

[94]　*Ibid.*, p.141.
[95]　*Ibid.*, p.142.
[96]　*Ibid.*, p.143.
[97]　HÉLIE, *op.cit.*, T.5, n° 459, LOCRÉ, *op.cit.*, T.25, p.144.

を委ねなければならない場合とはいかなる場合か。

　ここでカンバセレスは，ベルリエの折衷案を引き受け，いかなる修正によって市民的自由を保障し，同時に社会に対して必要な保障を与えることが可能となるのかについて，一層具体的に示した。カンバセレスは，重要事項として，告訴（plainte），犯罪の痕跡の検証および令状の3つを挙げる。

　まず，彼は，告訴について，被害者から告訴があった場合または被害者が私訴原告人になった場合，帝国検事はその訴追追行を拒否することができない点を確認した。また彼は，被害者が予審判事に対しても起訴を請求できるものとした。

　次に，カンバセレスは，令状の発付権限を裁判官に委ねるべきことを主張した。ここでは糾問期の制度が参照された。糾問手続下では，身体の拘束は刑事法官による身体拘束令状（décret de prise de corps）[98]によってのみ可能であり，定まった住居をもつ市民（citoyens domicilies）に対して令状は発せられなかった。それゆえ，訴追者である検察官に対して令状の発付権限を与えるべきではないと彼は述べた[99]。

　そして，問題の核心である犯罪の検認に対して次のように述べた。「罪体（corps de délit）を検認する（constater）方法に関して，現行犯（flagrant délit）と非現行犯（délit occulte）とを区別する必要がある。現行犯の場合，誰によって事実が検認されるかはあまり重要ではない。たとえば，死体が発見されたということを帝国検事が検認しても何の不都合もない。しかし，現行犯以外の場合に，同様の権限を帝国検事に付与することは極めて危険であるといわなければならない。たとえば，犯罪に基づく変死体の存在を根拠として，不確実なしばしば想像のみに基づく嫌疑によって住居の中に入り込むこと，事実を検認するために外科医を同伴すること，使用人に申し出て書類や秘密の場所を捜索すること，そして，適当と判断した者に対して令状を発し，被疑者を予審判事の面前に召喚することなどを帝国検事に認めることは，極めて危険であるといわなければならない。自分の家に，糾問的権限を身にまとっ

---

98) 1670年王令は3種類の令状を定めていた。このうち被告人を未決拘禁の状態に置くのが身体拘束令状であった。
99) LOCRÉ, *op.cit.*, T.25, p.148.

た者が不意に入り込むのを見て,震え上がらない者があろうか[100]。」

　以上のカンバセレスの主張は,捜査の迅速性と検察官の権限の抑制とに対する和解案であった。とりわけ,犯罪の検認に関して,現行犯と非現行犯とに分け,現行犯に対しては検察官にも予審権を認めようとする。この考え方は,迅速なる捜査の必要性から法案を支持する者たちをも納得させるものであった。司法大臣,ルニョーが相次いで賛意を表明した。先に法案修正の基本的考え方を示したベルリエはまさにわが意を得たとしてカンバセレスに賛同した[101]。

　ここに至り,部会の代表者のひとりであるトレヤールも,法案の規定に行き過ぎがあるならば,それは削除されなければならないことを認めざるをえなかった[102]。

　以上において,フランスの訴追手続を特徴付ける訴追と予審の分離原則が承認された。従来の法案では,予審の権限は第1次的には検察官にあり,予審判事はそれを補充するものでしかなかったが,ここに至って予審権は基本的に予審判事に帰属することが確認された。この分配の具体的内容については次章において検討する。

(6) **現行犯概念の拡大**

　さて,訴追と予審の分離原則がコンセイユ・デタにおいて承認された理由のひとつは,現行犯の手続に例外が設けられたためであった。それゆえ次の議論は,例外である現行犯の範囲をどのように確定するかという点に移っていった。

　カンバセレスは,この範囲を厳密に捉え,公道上 (grands routes) で行われた犯罪に限定すべきものとした。彼は,もし現行犯の範囲を住居内にまで拡大するならば,市民的自由に対する脅威となるから,住居内に立ち入る場合は,検察官の請求を受けた予審判事が書記官および検察官を同行させて臨検を実施すべきであり,3名の官吏によるならば,市民の保障は一層強固なものとなるだろう,と主張した[103]。

---

100) *Ibid.*, p.147 et suiv.
101) *Ibid.*, p.149.
102) *Ibid.*

メルランは，予審判事の人員の点からこれに懸念を表明した。彼は，帝国検事に委ねられる予審権を現行犯に限定し，その他を予審判事に委ねることにすると，犯罪の大多数は検証不能に陥るだろうと述べた[104]。

　そして，最終案を提示したのはベルリエであった。彼は，現行犯の概念を拡張することにより解決を図ろうとした。「メルラン氏が懸念を表明されるように，非現行犯はその大部分が住居の内部で発生する。住居主または責任者の要請があることを要件として，現行犯の場合と同じ形式による訴追および予審を認めることはできないだろうか。こうした要請はしばしばあるであろう。なぜならば，住居主自身が犯罪を行ったのではない限り，その犯罪を検証させることは住居主にとっても必要なことであろうから。また，予審判事以外の者であっても，住居主の同意を得てその住居に立ち入る場合，市民の住居に対して払われるべき敬意を損なうことにはならないであろう[105]。」

　ベルリエは，住居内で犯罪が行われかつ住居主による捜査の要請がある場合は，現行犯と同じ扱いとすべきことを提案した。この提案はトレヤール，カンバセレスの賛同を得た[106]。

(7) 法典の公布

　ここにおいて，ほぼC.I.Cの基本的考え方は出揃った。カンバセレスは，立法部会に対して具体的な条文の検討を委ね，コンセイユ・デタに報告することを命じた[107]。

　修正案がトレヤールによってコンセイユ・デタに提示されたのは，1808年6月18日の審議においてであった。この修正案は，ほぼ成立したC.I.Cの条文と同内容である。帝国検事の任務については，告発，証人の聴問，勾引状の規定が削除され，それらはそのままの形で「予審判事」の章に移された。

　その後の審議状況を簡単に記す。1808年8月26日の審議で序則および第一部に関し再度修正案が提出された[108]。その後数度の議論の後，1808年10月

---

103) *Ibid.*, p.150.
104) *Ibid.*, p.152.
105) *Ibid.*, p.152 et suiv.
106) *Ibid.*, p.155.
107) *Ibid.*, p.156.
108) *Ibid.*, p.192 et suiv.

4日に若干の修正が施された法案が提出され，コンセイユ・デタの最終案として採択された[109]。カンバセレスは，135条よりなる法案を非公式に立法府の立法委員会に送付することを命じた[110]。

立法府の委員会は基本的な部分の修正を求めることはなかったが，法案の条文について数多くの修正を要求した。とりわけ重要なのは法案46条に関してである。46条とは，先にみた現行犯の範囲を拡大する規定であるが，法案はその対象犯罪を苦しめる刑および辱める刑に該当する場合に限定していた。立法府は，その範囲をすべての重罪および軽罪へ拡大することを求めた。

立法府によって修正を加えられた法案は，1808年11月3日に再びコンセイユ・デタに示され，修正はすべて受け入れられた[111]。コンセイユ・デタの確定案は正式に立法府に送付される。11月7日，トレヤールが立法府において法案提出理由説明をおこなった[112]。続いて，立法府立法委員会の委員長であるドーベルザール（Dhaubersart）によって趣旨報告がなされた[113]。

同日，立法府は178対85の多数をもって法案を可決した。C.I.Cの序則および第1部をなす新法律は1808年11月27日に公布された[114]。新法律は，刑法典の制定（1810年2月2日）および司法組織法典の制定（1810年4月20日）を待って，1811年1月1日に施行された。

5 小括

コンセイユ・デタの審議経過のなかで，訴追の形態は，検察官が訴追権・予審権を有する形態から，訴追権と予審権の分離原則へと大きく修正された。しかもそれは，制定作業も最終段階に入ったところで確定している。こうした展開は偶然だったのだろうか。それとも，革命期以来の立法の流れの

---

109) *Ibid.*, p.215.
110) *Ibid.*, p.220.
111) *Ibid.*, p.231.
112) *Ibid.*
113) *Ibid.*, p.248 et suiv.
114) *Ibid.*, T.1, p.237. なお，本法典は，中村・前掲注(1)44頁以下に全訳されている。

中における必然性があったのでだろうか。本節では，前章で検討した革命期立法の流れの中にC.I.C.の起草作業を位置付けて整理してみたい。

　まず，予審手続が陪審制を規制するものと考えられていたという点は興味深い。1804年にコンセイユ・デタの審議が開始されたとき，中心的論点は陪審制の存廃であった。陪審制は，革命当初は多分に市民的イデオロギーを象徴するという役割を担って主張されたが，実際上の経験を重ね，陪審の意義に対する捉え方は深まっていった。コンセイユ・デタの審議では，陪審はあるべきかという論点から，事実認定のシステムとして陪審制はいかにあるべきかという論点に考察が移り，刑事システム全体への陪審制の組み入れ方が問題とされるようになったのである。コンセイユ・デタでは，陪審員の内的確信に委ねうる範囲には実は限界があり，その範囲を明確にして陪審の役割を限定してこそ，陪審は刑事裁判における役割を全うしうると考えられるようになる。また，ナポレオンは陪審の廃止を強く求めたが，政府の諮問機関であったにもかかわらず，コンセイユ・デタはそれに与することはなかった。

　そして，陪審に対する統制の必要性が予審制度へとつながってゆく。陪審の規制は，一方において，陪審に対して事実問題のみを委ねるという方向でなされ，他方において，公判前の手続を充実させ陪審員の事実認定に必要十分な資料を準備することによって，陪審員による恣意的な判断を防止しようという方向でなされた。後者が予審制度の創設へと結びついてゆく。

　1808年に至り起訴陪審が廃止される。起訴陪審の廃止には，ナポレオンの意向が大きく反映していたことは疑いえない。しかし，起訴陪審を支持した多くのコンセイユ・デタ議員が，積極的な擁護論を展開することができなかった点にも留意する必要がある。つまり，それまで実施されていた起訴陪審が本来の役割を十分に発揮しえなかった点が，廃止の最大の理由であると考えられる。本来の役割を発揮できなかった理由としては，①陪審員がその任務を十分に理解せず，起訴陪審が嫌疑の有無ではなく事実認定の判断をする傾向があったこと，②起訴陪審が書面審理となり，陪審員はまったくの受動的役割しか果たせなかったことが挙げられよう。

　審議の最終段階に至り，予審権の所在が問題として浮上し，検察官と予審

判事との間の権限分配（訴追と予審の分離原則）へと収斂されてゆく。この点を革命期以来の立法の変遷から整理してみよう。

　1791年法は，法定証拠主義の否定という観点から，予審権そのものを認めない立場をとった。しかし，その考え方は実際的ではないことがただちに明らかとなり，罪刑法典は，治安判事に対して証拠収集に関する一定の権限を与えそのための詳細な規定を置いた。また，共和暦9年法は，検察官制度を創設し，結果的に予審権限は検察官（政府委員），治安判事および陪審指導判事によって分掌された。共和暦9年法の立場を受け継いだC.I.C.の第1草案は，検察官に対して予審権を集中する方向で予審権を整理しようとした。

　C.I.C.の制定にいたる以上までの流れが，訴追と予審の分離原則へと導かれていったのはなぜだろう。その答えはすでにC.I.C.までの立法の変遷の中に内在していたと考えられる。1791年法にはじまる捜査・訴追形態の変遷は，一定の強制力をもって証拠を収集する機関と刑事訴追を積極的に推し進める機関との両方の機関の必要性を確認する過程であった。しかし，それと同時に，権力機関による訴追の恣意的運用は立法者のもっとも警戒するところであった。そこで，糾問手続における訴追・審問手続がまったく別の衣をまとって再び登場することになる。革命期における公衆訴追的形態は，大筋において，権限の分割による訴追形態へと組み替えられたと見ることができる。

　以上のように，C.I.C.における予審制度は，陪審制度と検察官制度との存在を前提として，それらの制度との緊張関係のなかでその機能を発揮するものとして創設されたといえるであろう。

第4章　予審手続の機能

　前章では，フランス治罪法典（C.I.C.）の起草作業をたどり，予審制度の立法過程を検討した。本章では，立法段階の議論を踏まえて，C.I.C.の予審手続の構造に関する条文，判例，学説などを考察しながら，いくつかの観点から予審の機能に関してやや詳細に分析を加えてみたい。予審全体の構造に関する分析を現行刑事訴訟法（C.P.P.）ではなく，C.I.C.についておこなうのは，C.I.C.で確立された予審手続の基本構造は現行法でも基本的に維持されており，構造を分析するという点では，起草作業も参考にしうるC.I.C.の方がむしろ適当であると思われるからである。現行フランス刑事訴訟法典の起草者は，起草にあたり，実際上の問題の解決に終始し，理論的問題はC.I.C.を参照している[1]。

　本章における分析は次の3点から行う。(1)公判前の手続の中で，予審手続はどのように位置付けられるか。ここでは，法文に沿って，公判前の手続の構造とりわけ訴追と予審の分離原則がいかに具体化されたのかを検討する。(2)刑事システム全体において予審手続はどのように位置付けられるか。ここでは，予審と公判審理がどのような関係によって結びついているかについて，主として理論的な検討を加える。(3)予審判事の実施する予審審理はいかなる性格をもち，個々の活動にはどんな特徴があるのか。ここでは，予審行為の基本的性格とりわけその書面性の意義について検討する。ただし，C.I.C.以降の法改正の動向，予審対象者の防御権に関する動向の分析については，次章に譲ることにする。

---

[1] B. BOULOC, *L'acte d'instruction*, Paris, L.G.D.J., 1965, n° 28, P. CHAMBON, *Le juge d'instruction face au Code de procédure pénale*, *J.C.P.*, 1959, Ⅰ, 1531bis, chap.1.

1 公判前の手続における予審の位置付け（訴追と予審の分離原則）

(1) 全体構造

　まず本節では，公判前の手続の中で予審審理がどのように位置付けられるのかについて，主として，条文構成の観点から分析する[2]。一般に，予審という用語は，最終審理（公判手続，instruction définitive）との対比において用いられるが[3]，予審は公判前のすべての手続を包含するわけではなく，公判前手続全体の一局面である。前章の整理も兼ね，C.I.C.の条文構成において，立法者が予審をどのように構成したか，また，後の学説・実務によって，それらはどのように解釈されたのかを検討してみたい。

　公判前の手続すなわちC.I.C.の第1部を構成する「司法警察（police judiciare）」の手続は，条文構成を見る限りかなり複雑である。その理由は，司法警察を遂行する司法警察官（officiers de la police judiciaire）が多岐にわたり，しかも，第1部の構成が，司法警察官を列記するという平面的構成にとどまるからである。起草段階において，司法警察の全体構造について簡明に述べたのは，立法部会の座長であったトレヤールであった[4]。彼は，コンセイユ・デタの弁士として，1808年11月7日に，立法府に対して，C.I.C.の序編および第1部に関する法案提出理由の説明を行なったが，その中で次のように述べている。「諸君，われわれが検討を加えてきた手続の全体を把握していただきたい。一見するとそれは複雑なように思われるかもしれないが，実際には極めて単純なものだ。帝国の隅々まで配置された司法警察官は，重罪，軽罪および違警罪の遅滞のない禁圧（répression）という任務を遂行する。各司法警察官はその管轄内において事実を検認する（constater）。帝国検事は一切が到達するセンターだ。予審判事は，それがいかなる性質のものであっても委細の証拠を収集しかつ事件を評議部（chambre du conseil）に委ね

---

2) フランス治罪法典は，中村義孝編訳『ナポレオン刑事法典史料集成』（法律文化社，2006年）44頁以下に全訳されている。
3) R.GARRAUD, *Traité théorique et pratique d'instruction criminelle et de procédure pénale*, S., 1907, T.3, n° 22.
4) 法案提出理由は，報告を行ったトレヤールの見解を反映し，社会秩序重視の傾向は否めないが，基本的にはコンセイユ・デタの見解を代表するものと考えて差し支えないであろう。

る。最後に，最初の裁判所の上位にあり，堅固な構成をとる司法官団，誘惑および恐怖にかられることのない，すなわち最初の司法官たちを惑わしたかもしれない地方的配慮に対する一切の動機付けから一線を画されている司法官団（重罪起訴部－筆者補）が立ち上がる。起訴に理由があるかどうかという重要な宣告をなすのはここにおいてである[5]。」

　トレヤールによれば，C.I.C.の公判前手続は，①司法警察官が事件を検認する，②検察官が一切の情報を掌握する，③予審判事が証拠を収集する，④評議部が起訴すべきかどうか判断する，⑤重罪に関しては，重罪起訴部がいまいちど起訴理由を確認する，という構造をとる。こうした公判前手続の概要を，検察官と予審判事の関係を中心に整理してみることとする。

(2)　検察官[6]

ア．検察官の探索権（情報の集中）　C.I.C.では，検察官（帝国検事）のもとに，様々な形で犯罪に関する情報が集中する。一切の公的機関および公務員は，職務の執行中，重罪・軽罪の存在を知ったならば，管轄内の帝国検事に告発しかつ犯罪に関する一切の情報，プロセ・ヴェルバルおよび文書を送付しなければならない（C.I.C.29条）。また，一般の市民も，公共の安全あるいは個人の生命および財産に対する侵害を目撃した場合，帝国検事に通告しなければならない（同30条）。また帝国検事の補助警察官の受理した告発状，警察官の作成したプロセ・ヴェルバルおよびその他の書類も帝国検事に送付される（同53条）[7]。帝国検事の補助警察官とは，通常の軽罪・重罪の探索に任じる治安判事，憲兵隊士官，警察総委員，警察委員，市長，助役などである。

　この点に関し，法案提出理由説明は次のように解説する。「他の司法警察の官吏たちにより収集された一切の情報が集められるのは，帝国検事の手中である。一切の重罪・軽罪の探索および訴追をかせられているのは，もっぱ

---

5)　J-G LOCRÉ, *La législation civile, commerciale et criminelle de la France*, ou commentaire et complément des codes français, Bruxelles, 1837, T.25, p.237.

6)　検察官の組織については，高内寿夫「フランス検察官の地位とその刑事手続上の機能（2）（完）―同一体の原則と独立の原則に関する考察―」國學院法研論叢14号（1986年）3頁以下参照。

7)　F.HÉLIE, *Traité de l'instruction criminelle ou théorie du Code d'instruction criminelle*, 2 éd., Paris, 1866, T.3, n° 1161.

らこの司法官であって、その他の官吏は帝国検事の補助者に過ぎない[8]」。

　検察官に対する情報の集中は、C.I.C.上は探索権（droit de recherche）という概念で捉えられる活動に由来する。探索とは、一般的には、一切の司法警察官が不断に行使する犯罪に関する調査活動全体であり、告発・告訴・風説などにより特定の犯罪が明らかとなった場合、当該犯罪に関して行う具体的な調査活動である。その中で、検察官による探索権とは、一切の犯罪が訴追を免れることがないようにするため、あるいは認知された犯罪の訴追を確実なものとするために検察官が行使しなければならない一切の警戒的（vigilance）かつ行政的活動の総称とされる[9]。探索活動の特徴は、訴追を行うための情報活動である点にあり[10]、それゆえ、証拠を収集する場合のような強制的な活動ではない点にある。

イ．検察官の訴追権　以上の探索活動に基づいて、検察官は公訴権を行使する。公訴権は2つの権限に区別できる。ひとつは公訴を始動させる権限であり、2つめは裁判所に対する申立て（réquisition）を通じてそれを追行する権限である。前者は、私訴原告人となる申立てを伴う告訴（plainte assortie d'une constitution de partie civile）をした被害者に対しても認められるが、後者は検察官に専属する[11]。そして、予審に関しては、前者は予審の開始請求権として現れ、後者は予審審理の監督権として現れる。

　予審の開始請求権は、先述したように、帝国検事および私訴原告人のみが行使しうる[12]。予審判事は自ら職権で予審を開始することはできない。また、予審判事は、検察官および私訴原告人の予審開始請求を拒否することはできない[13]。判例上争われたのは、私訴原告人が公訴の始動権を有することを明示した点で著名な1906年12月8日のローラン・アタラン判決である[14]。破棄院は、「C.I.C.63条に従って、私訴原告人となる正規の申立てに

---

8)　LOCRÉ, *op.cit.*, T.25, p.327.
9)　HÉLIE, *op.cit.*, T.3, n° 1160.
10)　M.G.BOISSONADE, *Projet de Code procédure criminelle pour l'Empire du Japon accompagne d'un commentaire*, p.210 et suiv.
11)　HÉLIE, *op.cit.*, T.3, n° 1159.
12)　*Ibid.*, n° 1606.
13)　*Ibid.*, T.4, n° 1614.

よって事件を受理しかつ管轄権を有する予審判事は，彼に属する範囲における告訴に関し，予審を進める義務を負う。」と述べて，予審判事に対して予審開始義務を課した[15]。

ウ．検察官の予審監督権　検察官は，予審が開始された後，予審が有効に実施されるように監督し，異議申立てを行う権限を有する。トレヤールは，法案提出理由説明の中で次のように述べている。「もうひとつ別の司法官（予審判事－筆者補）は帝国検事の訴追および請求に基づいて予審を進めるのである。そして，次のことがお分かりいただけたと思う。帝国の当事者（検察官のこと－筆者補）は監督権を失わない。いかなる重罪，いかなる軽罪，いかなる違警罪も訴追されないままであってはならない。さらに，一切を知るこの守護霊（genie）の目は，どんな些細な事情も見逃すことのないように，この大きな機械の全体を見渡すために輝くのである[16]。」

検察官の予審審理の監督権は次の形態をとる。

① 帝国検事は，いつでも予審判事の訴追記録を閲覧することができる。予審判事は，帝国検事に訴訟記録を閲覧させた後でなければいかなる予審行為も行うことはできない（C.I.C.61条）。

② 帝国検事は，予審判事に対して，臨検（同47，87条），証人尋問（同71条），および予審対象者の勾留（同94条）を請求することができる[17]。

③ 帝国検事は，予審判事が臨検を行う場合にそれに立ち会うことができる（同62条）。ただし，帝国検事の立会い義務を求めたものではなく，臨検の実施を事前に帝国検事に通知し，帝国検事が同行できる状態に置けばよく[18]，帝国検事の不在は予審行為の無効をもたらすものではない。

④ 帝国検事は，予審判事および評議部の決定に対して異議申立てを行うことができる。法文上明示されているのは保釈（同135条）および予審判事の管轄

---

14) Cass.crim., 8 décembre 1906, *D.*, 1907, 1, p.215. この判決は私訴原告人の公訴権始動権を最初に認めた重要な判決であるが，当判決については，水谷規男「フランス刑事訴訟法における公訴権と私訴権の史的展開（2・完）」一橋研究12巻3号（1987年）69頁参照。
15) GARRAUD, *op.cit.*, T.3, n° 773.
16) LOCRÉ, *op.cit.*, T.25, p.237.
17) HÉLIE, *op.cit.*, T.3, n° 1162.
18) HÉLIE, *op.cit.*, T.4, n° 1619-1620.

（同539条）に関してである。しかし判例は，1822年8月1日の破棄院判決以来，予審判事の裁量権行使の一切に関し異議申立てができるとした[19]。そして，1856年7月17日の法律は，判例の立場を追認し，帝国検事は，予審判事の一切の決定に対して異議申立てができる旨を規定した（同法35条1項）[20]。

エ．検察官の訴追裁量権と非公式捜査の発生　ところで，検察官および司法警察官の探索的活動は，訴追を行うための情報収集活動であり，強制的な権限を付与された証拠収集活動ではない。しかし，この情報収集活動は，徐々にその性格を変えることになる。C.I.C.の条文上は認められていない検察官・補助警察官による非公式な (officieuse) 捜査活動すなわち証拠を収集する活動が，実務上，慣行化してゆくのである[21]。

非公式捜査の実施は，検察官に対して不起訴処分権を認めたことと関連している。C.I.C.は，条文上，起訴法定主義（règle de la légalité des poursuites）を採用していた。積極的に検察官に訴追裁量を承認した条項は認められない[22]。

ところが，法典施行後，事件数は増加の一途をたどった。その主たる要因は，被害者の損害賠償請求権すなわち私訴権と刑事裁判との結合にあった。犯罪被害者は，損害賠償の請求を民事裁判所に対しても刑事裁判所に対しても行うことができる。被害者にとっては，検察官が主たる訴追当事者になり，自らは付帯当事者として介入する刑事裁判を利用した方が容易に目的を実現することができる。そうしたことから，被害者は，軽微で取るに足らない事件に対しても，検察官に告訴をし，刑事訴追を必要以上に増加させたのである。

刑事司法の適正な運用のために，その数を抑制する必要が生じた。早くも1817年には，検察官の不起訴決定を奨励する司法省の通達が発せられた[23]。1828年1月29日には，次のような通達が出されている。「検察官に提出され

---

19)　Cass.crim., 1 août 1822, B., n° 104.
20)　C.BERGOIGNAN-ESPER, *La séparation des fonctions de justice répressive*, 1973, P.U.F., p.51.
21)　BOULOC, *op.cit.*, n° 268.
22)　M-L.RASSAT, *Le ministère public entre son passé et son avenir*, Paris, 1967, n° 303.
23)　*Ibid.*, n° 305.

た告発が提訴されるべきかどうかを自由に検討するのは検察官の職務である。・・・社会の平和を確保することを任務とする検察官は，公共の秩序または社会の平和が乱されたかどうか，そしてその結果として公訴を提起すべきかどうかを決定する唯一のものである[24]。」

　検察官の不起訴処分は，判例によっても承認される。1828年12月8日，破棄院は，一連の司法省通達の線に沿って，検察官は軽微で取るに足らない告訴に対しても訴追を強要されるわけではない，と判示した[25]。ただし，以上の通達・判例は，告訴・告発があったすべての場合に検察官が訴追する義務があるわけではないということを確認したに過ぎず，検察官に対して一般的裁量権を付与したわけではない[26]。

　ともかく，以上のように検察官が一定の選別機能を行使するようになると，その判断を根拠付ける証拠の存在が不可欠となり，非公式捜査が奨励されるようになった。1817年以来，セーヌ県王国検事は，現行犯以外の場合においても補助警察官にプロセ・ヴェルバルを作成することを命じた[27]。また，司法省の通達（1842年8月16日）によっても司法警察官の活動は推奨された[28]。

　判例は当初，検察官および補助警察官による証拠収集活動には積極的ではなかったが，徐々にそれを承認するようになった。1840年10月8日の破棄院判決は，共和国検事によって獲得された情報を「予審行為」としては認めなかったが，それらが公判へ提出された裁判を無効とはしなかった[29]。1843年11月9日の判決では，共和国検事がいかなる証人を召喚すべきかを判断するために，憲兵隊員によって調査を実施させた事例において，検察官は，補助警察官によって事件の情報を収集させることを禁じられていないと判示した。非公式捜査は，その後，あるいは検察官の用に供する手続として，あるいはひとつの司法手続として，判例上承認されていった[30]。

---

24)　*Ibid*.
25)　Cass.crim., 8 décembre 1826, *B*., n° 250.
26)　RASSAT, *op.cit.*, n° 308.
27)　BOULOC, *op.cit.*, n° 269.
28)　M. BLONDEL, *La légalité de l'enquête officieuse*, J.C.P.1955, 1, 1233, n° 4.
29)　GARRAUD, *op.cit.*, T. I, n° 750.

しかし，その活動は単なる情報として扱われる。この点をはじめて明らかにしたのは，1855年3月9日の破棄院判決である[31]。予審の間には聴問されなかった2名の証人に対して，検察官（一般代理官）が予審終結後に聴問を行った事例において，破棄院は，それらの行為を「予審行為」ではなく「単なる情報」であるとした上で，緊急性を要件としてその有効性を認めたのである。

(3) **予審判事の活動の自由**[32]

前項でみたように，現行犯の場合を除き，予審判事は，検察官（または私訴原告人）の請求がない限り予審行為を開始することはできない。しかし，一旦予審が開始されれば，予審判事のみが予審行為を実施する。予審行為とは，被疑事実を認定するために必要な一切の状況を探索し，一切の証拠資料を収集することを目的とした司法的調査活動（enquête judiciaire）である[33]。予審行為として，C.I.C.では，犯罪現場への臨検（62条），証人の聴問（71条以下），家宅捜索・押収（87条以下）が明文をもって規定されている。このほか，予審行為と考えられるものに，予審対象者の尋問，鑑定等がある。予審対象者の尋問については後述する。

一切の予審行為は，予審判事の自由裁量権に委ねられており，予審判事は，事件の真相を解明するための一切の行為を行うことできる[34]。予審判事の活動の自由に関して，たとえばC.I.C.87条は，「予審判事は，書類，衣類および一般に真実の発見に有用と思われる一切の物件の捜索を行うために，請求があった場合または職権によって，予審対象者の住居を臨検しうるものとする。」と規定している。この規定は，まさに権限付与規定である[35]。この考え方は，一切の予審行為に妥当すると考えられている[36]。

---

30) BLONDEL, *op.cit.*, n° 4.
31) Cass.crim., 9 mars 1855, *B.*, n° 88.
32) BOULOC, *op.cit.*, n° 489.
33) HÉLIE, *op.cit.*, T.4, n° 1593, BOULOC, *op.cit.*, n° 35 et n° 157, G.STEFANI, G.LEVASSEUR et B.BOULOC, *Procédure Pénale*, 14éd., Dalloz, 1990, p.153.
34) HÉLIE, *op.cit.*, T.4, n° 1593.
35) GARRAUD, *op.cit.*, T.3, n° 901.
36) HÉLIE, *op.cit.*, T.4, n° 1833, BOULOC, *op.cit.*, n° 829.

こうした予審判事の裁量権は，判例によっても確認された。1834年11月8日の破棄院刑事部判決は，たとえ検察官の請求があった場合でも，予審対象者に勾引状を発するべきかどうかは，予審判事の見識（lumière）と良心とにのみ委ねられると判示した[37]。1893年8月10日の判決は，予審対象者と証人との間で対質を実施するかどうかは予審判事の判断に委ねられるとした[38]。また，1910年3月10日の判決は，一層一般的に，「手続の指揮権を有する予審判事は，当事者によって請求された予審処分の有用性を評価できる」と述べている[39]。

ところで，予審判事の活動の自由は，積極的側面と保障的側面とから理解することが可能である。

積極的側面からみると，予審判事は，犯罪事実認定に欠くべからざる資料の収集に熱心たれという要請として現れる[40]。立法者はこの立場を強調していた。「犯罪者の発見に資する一切の資料を細心の注意をもって収集することは，予審判事の不可欠の義務である。それゆえ予審判事は請求があった場合はもちろん職権によってさえも，それが有用であると判断したならば，予審対象者の住居であれ，真実の発見に資する証拠物が隠されている可能性のあるその他一切の場所であれ，自ら臨検に赴かなければならない。結局，予審判事は自らに課せられた使命に関係しうる資料を絶対に無視してはならないのである[41]。」

保障的側面から眺めると，予審判事は，予審行為に関して，当事者とりわけ検察官にイニシアティブを与えないという意味において自由である。予審判事は，有罪の方向からも無罪の方向からも証拠を収集しなければならない[42]。

後者は，訴追と予審の分離原則の帰結といえよう。たとえば，証人の聴問に関して，予審判事は，検察官・私訴原告人によって請求された者のみなら

---

37) Cass.crim., 8 novembre 1834, *B.*, n° 364.
38) Cass.crim., 10 août 1893, *B.*, n° 236.
39) Cass.crim., 19 mars 1910, *B.*, n° 150.
40) HÉLIE, *op.cit.*, T.4, n° 1653.
41) LOCRÉ, *op.cit.*, T.25, p.243.
42) HÉLIE, *op.cit.*, T.4, n° 1654.

ず，予審対象者によって請求された者も聴問しなければならない[43]。すなわち，予審判事の自由裁量権は，予審判事の絶対的公平性に対する信頼に支えられているのであり，同時にそれは，予審対象者に対するひとつの保障ともなっているのである[44]。

(4) 評議部

予審判事が一切の予審行為を完了したならば，審判に付すか否かを決定するために，評議部（chambre du conseil）に事件を付さなければならない[45]。評議部は，予審判事の所属する大審裁判所の部局であり，事件を担当した予審判事を含む少なくとも3名の裁判官によって構成される（C.I.C.127条2項）。予審判事は少なくとも1週間に1度，担当する事件を評議部に報告する義務がある（同127条1項）。評議部は，被疑事実が何ら犯罪を構成しない場合または予審対象者に対していかなる嫌疑もない場合，訴追の理由なしとして予審対象者を釈放する（同128条）。事件が違警罪または軽罪に該当する場合は，予審対象者を管轄裁判所に移送する（同129条以下）[46]。

このように評議部は，予審審理は実施せず，予審判事による審理の結果を評価し，公判審理を行うかどうかの裁定を下すものである[47]。すなわち，評議部は，予審段階における予審審理と司法的裁定との分離を実現する方策である[48]。ただし，ここには禁圧的傾向が反映されており，評議部を構成する裁判官の1名でも予審対象者に対する嫌疑が存在すると判断した場合は，その他の裁判官の見解にかかわらず，事件を重罪起訴部に係属するものとされた（同133条）。

また，この評議部は，その後刑事手続の改正が問題となるたびに存置と廃止との中で揺れ動くことになる。その点は第6章で検討する。

---

43) HÉLIE, op.cit., T.4, n° 1833.
44) GARRAUD, op.cit., T.3, n° 767.
45) 評議部は1856年7月17日の法律によって廃止される。その経緯に関しては次章において概述する。
46) HÉLIE, op.cit., T.5, n° 2038.
47) BOULOC, op.cit., n° 489.
48) HÉLIE, op.cit., T.5, n° 2040.

(5) 重罪起訴部

　以上に加え，重罪事件に関しては，公判審理に至る前に，重罪起訴部 (chambre des mises en accusation) の審議に付されなければならない[49]。重罪起訴部は，第2段階の予審裁判所と呼ばれ[50]，重罪における公判前における必要的手続である。先の評議部が予審審理と司法的決定とを分離する機能を有するのに対して，公訴部は直接的に起訴陪審を代替する手続と考えられる。

　重罪起訴部は帝国法院（大審裁判所の上級裁判所）の少なくとも5名の裁判官によって構成される（1810年7月6日のデクレ2，12条）[51]。重罪起訴部の構成員は毎年任命され，任命された裁判官は他の部局と兼任することができない（同15条）[52]。

　起訴部の審理は，まったくの書面審理であって，予審対象者，検察官，証人，私訴原告人さらには書記官の出席も認められていない（C.I.C.223条）。裁判官たちは，予審記録をはじめとする一件記録と私訴原告人によって提出された覚書 (mémoires) とによって審理を行う（同224，225条）。しかし，起訴部はまったくの受動的立場に置かれるのではなく，必要があれば新たな予審審理を命じることができる。起訴部が積極的活動をなしうる根拠に関して，法案起草者は，「一言でいえば，法案は犯罪が処罰されないことを回避するために必要な手段を起訴部に与えているのである」と説明している[53]。

　事件が重罪を構成するものであり，かつ起訴を理由付けるための十分な嫌疑の存在が認められた場合，起訴部は，予審対象者を重罪院に移送する決定を行う（同231条）。この際，一般代理官（法院検事）によって起訴状 (actes d'accusation) が作成されるが，起訴状および移送決定書 (arrêt de renvoi) は予審対象者に示され，全文の写しが交付される（同242条）。予審対象者が正式な

---

49) なお，重罪起訴部 (chambre des mises en accusation) の名称は，後に現行刑事訴訟法によって，重罪公訴部 (chambre d'accusation) に改められる（第6章参照）。
50) G.VIDAL, *Cours de Droit Criminel et de Science pénitentiaire*, 3ᵉ éd, 1906, n° 837.
51) DUVERGIER DE HAURANNE, *Histoire du gouvernement parlementaire en France – 1814-1848* – T.17, Paris, 1867, p.114 et suiv.
52) HÉLIE, *op.cit.*, T.5, n° 2127.
53) LOCRÉ, *op.cit.*, T.25, p.579.

形で被疑事実を知らされるのはこの時点であるといえる。

　ところで，重罪起訴部の創設は，ナポレオンによる司法の中央集権体制への志向の反映でもあった。ナポレオンは，民刑の結合を通じて裁判所の一元化を図ったが，同時に大審裁判所の一部局である予審部を帝国法院の一部局である重罪起訴部によって統制させることを意図したのである[54]。

2　予審と公判審理の関係

(1)　理論的考察—エリの見解を中心に—
ア．陪審の規制　前節では，公判前の手続における予審の位置付けについて検討したが，本節では，公判審理との関係において，一層全体的な観点から予審の機能を考察したい。C.I.C.によって確立されたフランスの刑事手続は，革命期の手続との比較において反動的であったと言われている[55]。予審手続を導入した際，立法者の念頭にあったものは，糾問期の制度であった[56]。しかし，この制度が単なる反動に過ぎないものであったならば，歴史の流れの中で，結局は消滅すべき運命にあったはずである。確かに，予審手続は，さまざまな改正を経験した。しかし，混合システムといわれる刑事手続の基本構造は，2世紀にわたりその命脈を保ち，現在に至るまで維持されている。とすれば，C.I.C.において確立されたフランス刑事手続の新旧混合システムには，手続としての合理性が存在していたと考えざるを得ない。以下，公判手続と関連づけて，予審の機能を検討してみたい。

　大革命以降の刑事手続と糾問手続とを比較した場合，重要な相違点のひとつとして，前者では刑事手続が2部構成をとる点を挙げることができる。1791年法以来，刑事手続は，第1部「警察」および第2部「司法」の2部構成を採用している[57]。この点に関して，C.I.C.の起草作業に中で，立法府立

---

54)　M.GAGNE, *La chambre d'accusation*, Mélanges Patin, 1966, p.529.
55)　H.DONNEDIEU DE VABRES, *Traité de droit criminel et de législation pénale comparée*, 3éd., Paris, 1947, n° 1054.
56)　LOCRÉ, *op.cit.*, T.24, p.28-9.
57)　この点に関しては，平野泰樹『近代フランス刑事法における自由と安全の史的展開』（現代人文社，2002年）334頁以下参照。

法委員会の委員長であったドーベルザール（Dhaubersart）は次のように述べている。「2部に振り分けたこの分割も，同様に中間期の諸法典から取り入れたのである。刑事裁判に関する第2部には，犯罪の証明と予審対象者の裁判とに関する一切の規定が割り当てられている。第1部は，『司法警察』の表題の下，犯罪の消えやすい痕跡を収集し，闇の中に逃れることを切に望んでいる予審対象者に，こうした散在する光明（証拠－筆者補）によって打撃を加えることを目的とする一切の事がらが置かれている。この分割の主たる理由は，わが国の新しい諸法律を特徴付ける審理の中に認めることができる。かつての法律は，書面審理に基礎付けられていたのであり，そこでは，最初の手続を区別する必要性はなかった。しかし，新しいシステムでは，証人による口頭の供述を裁判の基礎に置いているのであって，かつてのように，書面の供述は，決して裁判上の証拠とはなりえない[58]。」つまりドーベルザールによれば，公判手続がそれ以前の手続と分離されなければならない理由は，公判審理が口頭弁論に基づくものであり，予審段階で作成された書面に基づくものではないという点にある。

　それでは，公判手続との関係において，予審はどのように位置付けられるのか。C.I.C.起草段階において，予審を刑事手続全体の中で積極的に位置付けようとしたのは，カンバセレスであった。その主張を簡単に振り返っておこう。彼は，刑事手続の中に，1670年王令の手続を導入しようとした。その意図するところは，主として，陪審による審理に規制を加えることにあった。陪審員による裁判は，自由心証主義と口頭弁論主義とを連動させることによって，事実認定を陪審員の自由な判断に委ねた制度である。糾問期の法定証拠主義は，法定証拠が存在するという理由で，無実の被告人に有罪を認定する危険性を有していたが，同時に，裁判官の判断に対する一定の規制原理でもあった。自由心証主義の下では，糾問期のような不合理な判断を行なう危険性はなくなったが，同時に，陪審員の判断に対する規制が欠如する事態が生じた。そこで持ち出されたのが，1670年王令の考え方である。すなわち，口頭弁論に基づく陪審の判断が恣意に流されないように，事前に予備的

---

58) LOCRÉ, *op.cit.*, T.25, p.251.

審理を実施し，基礎資料を作成し，それに基づいて公判審理を進めてゆくことにより，陪審裁判に一定の実質的な規制をかけてゆくのである。

しかし，その後の立法作業の中において，刑事手続全体における予審手続の役割自体が直接議論されることはなかった。ともかくも，その理論的分析は学説に委ねられたのである。

イ．学説の状況　ところが，ほとんどの学説は，この点について，今日に至るまで極めて一般的なモデル論を提示するに過ぎない。すなわち，C.I.C.は相異なる2つの原理すなわち一切の公判前手続（予審手続）を支配する糾問型（forme inquisitoriale）と公判手続を支配する弾劾型（forme accusatoire）とを結合させた混合システムであるというものである。糾問システムに従う最初の局面は，秘密かつ書面の手続である。第2の局面は，公開，口頭かつ対審の手続である。刑事手続の全体構造に関するこうした考え方は，学説上[59]および実務上[60]，今日に至るまで1つの常識で有り続けている。

確かに，このモデル論は，C.I.C.の構造を象徴的に表現するためにはよいであろう。しかし，こうした捉え方によっては，C.I.C.全体のシステムを統一的有機的に理解したことにはならない。なぜなら，弾劾制および糾問制は，それぞれが自己完結的な体系をもって構築された1つの刑事システムであり，両システムを単に手続の前後関係によって結びつけることは木に竹を接ぐことでしかないからである。それゆえ，混合形態の真の意義を理解するためには，両システムの右のような関係と全体としての機能とを解明すること，言い換えれば，実質的にいかなる理由から両システムが結びつけられたのか，また，いかなる理由からそれが可能なのかを明らかとする必要がある。

もっとも，学説は，その理由として，社会を犯罪から防衛するとともに，訴追された個人の権利および自由を保障するという点を挙げる[61]。しかし，これをもって混合形態を合理的に説明しえたとは言えないだろう。

---

59) VIDAL, *op.cit.*, n° 614, J.A.ROUX, *Cours de droit criminel français*, 2ᵉ éd, 1927, T.2, p.13 et suiv., DONNEDIEU DE VABRES, *op.cit.*, n° 1055, R.MERLE et VITU, *Traité de Droit Criminelle*, 5ᵉ éd, 1984, n° 133.
60) ESMEIN, *op.cit.*, p.539.
61) MERLE et VITU, *op.cit.*, n° 133.

ウ．エリの見解　以上の点に関し，予審の機能の積極的位置付けまで踏み込んだ学説として，エリの見解がある[62]。そこでここでは，エリの予審手続に関する考え方を整理することによって，予審の機能について検討してみたい。

　エリは，まず，C.I.C.が混合システムである点を確認する。「C.I.C.は，2つの相異なる原理すなわちすべての予審審理を支配する糾問型と最終審理を支配する弾劾型とを結合させたシステムである[63]。」そして，弾劾型と糾問型とがそれぞれ排他的に機能していた時代には，守られるべき様々な利益の擁護には十分ではなかったと指摘する[64]。唯一弾劾手続が実施されていた時代には，裁判官の脆弱性および犯罪者の不処罰，換言すれば，司法の無為(inaction) および無秩序がその帰結であった。その上，証拠法の観点からは，予備的な審理を欠く弾劾は，厳密な調査により解明された証拠を欠くために，裁判官を惑わす危険性があり，さらには，裁判不能にまで至らしめる可能性すらあった。他方，糾問手続が唯一のシステムであった時代は，司法上の保障は否定され，被告人は無に帰せしめられ，裁判官の権限は行過ぎて統制が効かず，拷問をはじめとする被告人に対する強制がなされ，残酷なまでの刑罰が科せられた[65]。

　こうした観点から，各システムのみを厳格に適用することは回避すべきであるが，しかし，弾劾制，糾問制は，それぞれが一定の社会状況を基盤として構築された刑事手続の全体システムである。それゆえ，先述したように，両者を結合させることは論理的ではない。

　エリは，この矛盾に対して，法論理によってよりも，事実の論理 (logique des faits) によって正当化を試みようとする[66]。エリはまず，両システムの持つ本質的共通項に着目する。同一の主題に対して適用され同一の目的を追

62）　現代の予審制度について総合的に分析したシャンボンは，エリの著作に関して，「すべてにわたって我々の見本であり，付け加えるべきことろをほとんどない素晴らしい著作」と絶賛している (CHAMBON, *op.cit.*, préface de la première édition.)。
63）　HÉLIE, *op.cit.*, T.4, n° 1553.
64）　*Ibid.*, n° 1556.
65）　*Ibid.*
66）　*Ibid.*, n° 1555.

求する法原理が，何らの共通性を持たないというのは不可能である。たとえば，起訴の形態に関しては，当事者の請求によって開始されることも，司法官の職権によって事件が取り上げられることもいずれも可能である。しかし，起訴を根拠付けるための準備手続の必要性，審理の一般準則および証拠法は，いかなる制度を採用しようとも同一でなければならない。換言すれば，捜査の手続および証明の方法といった刑事手続の本質にかかわる部分は動かしがたいのである[67]。 すなわち，証拠裁判主義を採用する限り，たとえいかなる制度であっても，刑事手続は2つの部分に分割しうる。一方は，起訴のデータ（éléments）を収集する手続であり，他方は，証拠を討議しそれらを評価する手続である[68]。一方は予備的であり，他方は最終的である[69]。

エリは，以上の基本的事実を基礎として，C.I.C.の混合形態を根拠付けようとする。エリは，公判手続について次のように述べる。「確信すなわち真実の内的意識は弁論の中からしか生じない。実際上，弁論の要素とは，被告人の尋問および被告人の防御，証人の聴問とその証言に関する討議，一切の事実に対する審査，一切の証拠の評価よりなる。審判人すなわち裁判官と陪審員とは，こうした事実と供述とに関する対審弁論に立ち会い，不断に衝突する訴追側と防御側との討論の中に身を置いて，その討論を検討し，評価し，自らの見解を決定しなければならない。確かな証拠は，こうした試練にさらされた場合にのみ価値がある。審判人が真実を引き出しうるのは，この討論の中においてである[70]。」

裁判が口頭弁論に基礎を置くべきことは，1791年法以来の基本思想である。エリは，この点について，口頭・対審の手続と自由心証主義とを関連付け，次のようにも述べている。「口頭審理は今日の一切の裁判の基礎をなしている自由心証主義（内的確信の原理 prancipe de l'intime conviction）と合致しうる唯一の手続形態である。なぜならば，この原則は，心理的（内的, moral）

---

67) *Ibid.*, n° 1556.
68) *Ibid.*, n° 1534.
69) *Ibid.*, n° 1557.
70) *Ibid.*, n° 1558.

正確性を前提としているが，真実の唯一の指標（critérium）の正確性は，被告人と証人との間の自由な討議によってのみ獲得されるのである[71]。」以上をもって公判審理の手続は口頭，対審となる[72]。

しかし，口頭・対審の公判手続が実現されるためには，その準備作業が必要である。当該事件およびその状況について詳細に検認し，対審に付すべき証拠が準備されていなければ，裁判はその役割を果たしえない[73]。糾問型は事実の探索，吟味，検証に適っている。ところで，証人，予審対象者および犯罪事実などの調査を基本的活動とする予審は，ただひとりの人間によって実現されなければならない。また，その人間に対して二重の条件すなわち経験と法についての知識とを要求する分析的な作業である[74]。それゆえ，この手続は，ひとりの裁判官によって実施されなければならない。

エリは，この準備手続すなわち予審手続の必要性を，次の2つの観点から説明する。

第1に，予審手続はすべての訴追を厳格なる考察の下に置き，相当の嫌疑がない起訴を排除するという機能を有する[75]。この場合の目的は，被告人の保護である。公判審理はまさに公開の法廷であって，その場で審理の対象とされること自体が被告人の名誉を汚す行為である。それは，被告人に物理的・精神的負担を強いる。被告人には，公判に付される前に嫌疑を晴らす権利が与えられなければならない。

第2に，公判手続は証拠の提出方法として，口頭・対審の形態がとられている。この場合，提出される証拠が不安定で不明瞭な証拠である場合，すなわち厳密な調査によって解明された証拠を欠く場合，審判人を惑わせる危険性がある。たとえば，余計な証人，起訴事実に関連性のない資料，裁判を混乱させる可能性のある資料は公判廷に提出させてはならない[76]。さらには，

---

71) *Ibid.*
72) この点に関して，梅田豊「フランスにおける自由心証主義の歴史的展開（1）（2）」法政理論18巻1号35頁以下，同3号（1985年）132頁以下参照。
73) HÉLIE, *op.cit.*, T.4, n° 1537.
74) *Ibid.*, n° 1558.
75) *Ibid.*, n° 1537.
76) *Ibid.*

証人の道徳性や信頼性も事前にチェックされている必要がある。それゆえ，公判廷に提出される資料は，予審の統制のもとに置かれた後に，つまり当該証拠の性格と形式とを評価された後に公判廷に提出されなければならないのである。

エ．検討 エリの分析の特徴は，フランスの混合型を「事実認定論」として実践的に把握する点である。大革命の所産である自由心証主義は，事実の認定を審判人（とりわけ陪審員）の内的確信に委ねることをもって合理的とする考え方である。エリは，過去の事実に対する確信は，両当事者による口頭弁論の中からしか生じない，と述べる。

しかし，事実を認定する人間は過去の事実そのものを見ることはできず，提出された証拠に基いて過去の事実を推認するしかない。しかし，人間の理性はもともと誤りやすい上に，証拠が口頭弁論を通じて提出されかつ議論される場合には，これを正確に記憶にとどめることは難しい。証拠の提出とこれを巡る弁論とを適切な順序・方法で整然と行わなければ，陪審員は右の仕事をうまく遂行することはできない。他方，生の証拠に代えてその記録書面を提出させれば，当該書面が供述者の事実を伝えているかどうか明らかではなく，また，反対尋問によりその虚構を明らかとすることができない。

それゆえ，確信は口頭弁論からしか生じないという自由心証主義が正しくあるためには，口頭弁論以前において，事実を確信させるだけの資料が十分に用意され，しかも公判を混乱させないように整理されている必要がある。そして，その仕事は，両当事者に対して中立公正な第三者すなわち裁判所が担当することによりはじめて有効に行いうる。すなわち，公判審理の資料は，当事者ではなく，一定の法的資質と公平性とを備えた裁判官が，適正な方法に基づいて収集し，一定の司法的審査を受けた後に，公判の裁判官および両当事者に対して提供される必要がある。この証拠収集と司法的審査の手続が予審にほかならない。

すなわち，陪審公判を前提として，それとの関連において事実認定の全体システムを考えたとき，はじめてそのシステムの不可欠の要素としての予審の意義を理解することができる。口頭・対審の公判審理を実現するためには，その前提として，公判開始以前に，事件が詳細に検証され証拠資料が十

分に収集されていることが必要である。また，提出される証拠が不完全であるならば，それは公判における事実認定に役立つどころか審理を混乱させてしまう。そこで，証拠の収集は，一定の法的資質と公平性とを備えた裁判官によって実施されるべきであると考えられたのである。

(2) **予審記録の利用**[77]

ア．総論 さて，以上のような考え方によって予審手続が組み立てられているとするならば，予審手続の結果が，どのような形でその後の手続に影響を与えるかが，次の問題となる。まず，予審手続が公判審理に直接的影響を及ぼすことは避けなければならないので，予審判事自身が公判審理に加わることは禁じられている（C.I.C.257条）。これは，予審と裁判との分離原則の帰結である[78]。そうであるならば，実際に，予審と公判とを結ぶ手段は，主として予審段階で作成された書面以外にはない[79]。予審記録はどのように公判で利用されるのか。本項では，重罪事件を中心として，予審記録の利用の方法について幾つかの局面に分けて検討してみたい。

イ．評議部・重罪起訴部における予審記録の利用 予審判事が一切の予審活動を終了したならば，訴追する理由があるか否かを裁定するために，事件は評議部に送られる。評議部の審議には予審判事自身が参加するので，予審記録の存在を問題とする以前に，予審審理の直接的影響は避けられない。予審判事は，評議部に対して，予審審理の対象であった犯罪事実，関係する一切の状況，手続に関する附随的事情，および予審判事が予審対象者の人格・徳性・前歴・社会的地位に関して収集した情報についての明確な報告をしなければならない[80]。評議部は，自ら予審審理を実施したり手続記録を作り替えたりすることはできないから[81]，評議部の決定は，予審判事の報告および予審判事によって提示される資料を根拠にする以外にはない。

---

77) 本節に関しては，沢登佳人「フランス刑事訴訟法における『判決手続と訴追・予審との機能分離の原則』と『陪審制度・自由心証主義および口頭弁論主義の一体不可分性』」法政理論16巻2号（1984年）138頁以下参照．
78) BERGOIGNAN-ESPER, *op.cit.*, p.81.
79) HÉLIE, *op.cit.*, T.5, n° 1825.
80) *Ibid.*, n° 2039.
81) *Ibid.*, n° 2040.

評議部において犯罪が重罪を構成すると考えられた場合，帝国法院の一般代理官（検察官）を通じて，事件は，帝国法院の重罪起訴部に送られる。予審の関係資料，罪体を確認するプロセ・ヴェルバルおよび証拠物件の目録も同時に重罪起訴部に送付される。

　重罪起訴部の審理は，訴訟関係記録等のみに基づく点で，まったく書面による審理である[82]。評議には検察官，予審対象者，証人および私訴原告人などは出席しない（C.I.C.223条，224，225条）。判事達は，書記官から一切の訴訟関係記録（pièces du procès）の朗読を受けた後，その訴訟関係記録と私訴原告人によって提出された覚書（mémoires）とにより評議を行う（同222，225条）。重罪起訴部は，予審記録の検討のみを委ねられている[83]。この点は先述した重罪起訴部の役割に関係している。重罪起訴部が審査するのは，「被告人に対して法によって重罪と認定された犯罪の証拠あるいは徴憑が存在するや否や」という点であり（C.I.C.221条），その証拠が何を語るのかという内的確信の問題ではない。その作業は，事件に対する習熟・経験を必要とする技術的作業と考えられる[84]。

　以上のように，評議部・重罪起訴部の審議，すなわち，起訴・不起訴の判定資料としての予審記録の役割は絶対的である。

ウ．被告人・裁判長の利用　重罪起訴部によって事件が重罪院の公判に付することが決定されると，一切の訴訟関係物は重罪院に移送される（C.I.C.291条1項・2項）。被告人が予審記録にアプローチできるのはこの段階である。証拠物件が書記課に移送された時，または，被告人が重罪の未決監に移送された時，重罪院の裁判長またはその委任を受けた判事は，24時間以内に被告人を尋問しなければならないが（同293条），この際，被告人は，自らまたは判事の選任によって必要的に弁護人を付される（同294条）。被告人の弁護人は，一切の訴訟関係記録を閲覧することができる（同302条2項）。弁護人は，防御に有用と思料する一切の訴訟関係記録の写しを被告人の費用をもって受けることができる（同305条）。また，犯罪を検認したプロセ・ヴェルバルの写し

---

82)　*Ibid.*, n° 2133.
83)　*Ibid.*
84)　LOCRÉ, *op. cit.*, T.25, p.595.

1通および証人の供述書は無償で被告人に交付される（同305条2項）。

予審段階にあってはまったくの客体として扱われた被告人も，ここに至り弁護人を通じて訴訟記録の内容を理解し，事件および自らにかけられた嫌疑の全貌を知る。「既知事項が隠されたままになっている事件をいかにして論議するのか？　討議すべきプロセ・ヴェルバルおよび供述が弁護側の手元になかったならば防御側はいかにして準備をなすのか？[85]」こうした配慮が，弁護人に対する一件書類の閲覧および交付の必要性を根拠付けている[86]。

重罪院の裁判長も，公判に先だって予審記録を吟味する。その主たる目的は補充審理（予審の補充）を進めるためである（C.I.C.303条）。補充審理では，新たなデータを収集・検討し，そのデータが公判審理の中でどのように取り入れられ分類されるかを決定する[87]。補充審理を行ないうるのは裁判長に限られる[88]。補充審理の実施は，結局のところ，裁判長が公判において訴訟の指揮を有効に実施するためである。

以上のように，公判審理が開始される以前において，裁判長および当事者は，予審記録に目を通しそれを検討している。これは重要なポイントである。前節で検討したように，予審段階の資料は，公判審理を混乱なく適切に実施させるという目的を持っていた。公判手続が口頭弁論によって進められるものであるならば，弁論を展開する両当事者はそのための十分な資料が与えられている必要があり，裁判長は，訴訟指揮を適切に実施するための資料を与えられている必要がある。予審記録がそれら訴訟関係人の閲覧に付されることによって，訴訟関係者に嫌疑の内容が十分に理解され，公判審理への準備が整うのである。そして，重罪事件は陪審裁判であり，事実認定は12名の陪審員に委ねられている。もちろん陪審員は，事前に予審記録を閲覧することはなく，両当事者の弁論と裁判長の説示に基づいて評決を下すのである。

---

85) HÉLIE, *op.cit.*, T.7, n° 3339.
86) しかしながら，判例は，無償で交付されるプロセ・ヴェルバルの範囲を制限しようとしている。例えば，共同被告人の尋問調書，被告人の有罪性（culpabilité）に関するプロセ・ヴェルバル，鑑定報告書などは無償交付の理由なしとしている（Cass.crim., 4 août 1843, B., n° 192.）。
87) HÉLIE, *op.cit.*, T.7, n° 3362.
88) *Ibid.*, n° 3361.

エ．重罪公判における利用 重罪公判は，口頭審理を原則とする（C.I.C.310条以下）。とりわけ，C.I.C.317条は，一般的に，証人の供述が口頭によるべきことを明示している。証人は記憶を喚起するためにメモを用いることは許されない[89]。裁判長は，供述書を読みあげその後に口頭の供述をさせてはならない[90]。

予審段階の資料の利用に関しては，C.I.C.318条において，公判廷における証人の供述と予審段階でなした供述の間に付加，変更，差異がある場合，裁判長は書記官によってその点を書き留めさせるとのみ規定されている。

しかし，予審記録の一切の利用が否定されるわけではない。C.I.C.は，公判における予審記録の利用を明文をもって禁止してはいない。これは必然的に1つの解決方法へと導いてゆく。すなわち，C.I.C.の公判審理の特徴の1つは，裁判長が絶対的な訴訟指揮権を行使する点にあった。それゆえ，予審記録の利用に関しては，裁判長の裁量において，審理の口頭主義に反しないと裁判長が考える方法によって承認されてゆく。

破棄院刑事部は，1820年6月22日の判決において，在廷する被告人の予審段階の尋問記録の朗読を認めた[91]。また1829年7月30日の判例では，予審免訴となった共犯者の尋問記録の朗読が認められた[92]。また，死亡した被告人の尋問記録の朗読も認められた[93]。予審の間に作成された証言記録の朗読についても肯定された[94]。同様に，破棄院は，予審判事によって作成された検証のプロセ・ヴェルバルを公判で読み上げることを許可し[95]，また鑑定報告書も，鑑定人が出席する場合には，公判廷において供述した後という条件ながら朗読を認めた[96]。

その上，後の判例は，重罪院の裁判長がその自由裁量によって事件の予審

---

89) *Ibid.*, n° 3410.
90) *Ibid.*, n° 3412.
91) Cass.crim., 22 juin 1820, *B.*, n° 92.
92) Cass.crim., 30 juillet 1829, *B.*, n° 168.
93) Cass.crim., 13 mai 1886, *B.*, n° 173.
94) Cass.crim., 8 février 1844, *B.*, n° 42.
95) Cass.crim., 24 juillet 1841, *B.*, n° 219.
96) Cass.crim., 23 janvier 1868, *B.*, n° 19.

審理を進めた予審判事を証人として出廷させ聴問することを承認した。1901年3月16日の判例は，いかなる条項も，裁判長が自らの裁量権によって真実の発見に有用と判断する情報を提供させるために，当該事件の予審を担当した司法官を呼び出すことを禁じてはいないと判示した[97]。学説も，予審判事の証人適格を承認する。なぜなら，在廷する当事者は自由に予審判事に反論することができ，彼の供述を覆すこともできるからであるというのがその理由である[98]。

　以上のように，重罪公判は，原則的に，口頭弁論主義が貫徹され，陪審員に対して予審記録が提示されることはないが[99]，予審記録は，その朗読という形で重要な役割を果たしている。そして，朗読は当事者による自由な論争に付されうるから，口頭主義には反しないと説明されるのである。

オ．陪審評議における利用　重罪公判では，公判における弁論の終結の後，裁判長より陪審員に対して設問が提示され（同337条以下），陪審員のみにより別室で評議（délibération）が行われる。

　この際，陪審員は，訴訟記録を評議室に持ち込むことが許されている。C.I.C.341条1項は次のように規定する。「裁判長は，設問書を読み上げた後に，その設問書を陪審座長に交付する。裁判長は，同時に，起訴状，犯罪を検証するプロセ・ヴェルバル，および証人の供述書以外の訴訟関係記録（pièces du procès）を陪審員に交付する。」この規定は，最も有力な証拠となり得る証人の供述書を排除している点で訴訟記録の利用を限定すると理解することも可能ではある[100]。しかし，評議において予審記録を利用できること自体が，予審記録の影響力を拡大するものと言わなければならないだろう[101]。

カ．軽罪・違警罪裁判所における利用　陪審制を採用する重罪事件に対し，裁判官が事実認定を行なう軽罪・違警罪裁判所ではどうだろか。違警罪に関してC.I.C.154条1項は次のように規定する。「違警罪はプロセ・ヴェルバル

---

97)　Cass.crim., 16 mars 1901, S., 1904, I, p.477.
98)　BERGOIGNAN-ESPER, op.cit., p.101.
99)　Cass.crim., 14 février 1886, B., n° 61.
100)　BERGOIGNAN-ESPER, op.cit., p.87.
101)　判例は，予審段階の供述書のみならず警察および憲兵隊の段階における証人の供述書の評議室への持ちこみも認めなかった（Cass.crim., 20 novembre 1891, D., 1892, I, p.439.）。

または報告書によって立証されるものとする。また，報告書およびプロセ・ヴェルバルが欠如する場合またはそれらを補充するものとして，証人によって立証されるものとする。」同条は軽罪に関しても準用される（189条）。ただし，重罪院の裁判長と異なり，軽罪・違警罪裁判所の裁判官は，事前に予審記録（警察の記録を含め）を閲覧することはない。重罪公判における取り扱いと同様に，裁判官は，公判廷において書記官によるプロセ・ヴェルバルの朗読を聞くのである（153条，190条）。

当初，学説は，公判の口頭性の原則に基づき，軽罪・違警罪の公判審理に，被告人・証人の供述書の提出を禁じる見解が一般的であった[102]。したがって，公判審理は，書記官により供述書を除くプロセ・ヴェルバルの朗読が最初になされ，証人の聴問，私訴原告人の申立て，被告人の答弁，被告人側の証人の尋問，検察官の論告，被告人の弁論へと進んでいく（C.I.C.153，190条）。しかし，実務上，裁判官はしばしば，被告人の尋問や証人の聴問を実際に行なう代りに，一件書類を朗読することで満足した。判例も，「公判は，排他的に口頭の性格を有するのではない」と判示しこれを追認した[103]。

また，軽罪・違警罪の上訴審においても，基本的に，プロセ・ヴェルバルと報告書によって審理が進められた（C.I.C.175条）[104]。

キ．まとめ 以上をまとまると，予審記録は，①起訴・不起訴の裁定においては主たる資料として用いられ，②被告側が公判の準備をするための基礎資料として活用され，訴追側も同一の資料を用いるという点で両当事者の武器対等が実現され，③裁判長が補充審理・訴訟指揮・陪審への説示を行うために利用され，④口頭主義を採用する公判審理に予審記録が直接提出されることはないが，記録の朗読という形で活用されている。

---

[102] HÉLIE, *op.cit.*, T.4, p.610, 614 et 627.
[103] BERGOIGNAN-ESPER, *op.cit.*, p.92.
[104] C.I.C.における上訴審の手続に関しては，後藤昭『刑事控訴立法史の研究』成文堂（1987年）26頁以下参照。

3 予審審理の性格

(1) 予審審理の書面性

ア．書記官の立会い　一般に，予審審理は，公判審理との対比において，非対審・秘密・書面の手続であると言われている。このうち，予審の非対審・秘密の性格については，次章で述べるように，1897法によって，相当の部分において修正が加えられてゆく。しかしながら，予審の書面性という性格だけはまったく無傷のまま残されたのである。この意味では，予審の書面性は，予審審理の最も基本的性格ともいいうる。予審が書面手続であるとは，いったい何を意味するのであろうか。

まず，予審記録を作成する主体は予審判事ではない。その役割は裁判所書記官（greffier）に委ねられている。C.I.C.は一般条項として予審審理における書記官の立会いを規定してはいないが[105]，C.I.C.62条は臨検の際の書記官の立会いを規定し，C.I.C.73条は証人の聴問における書記官の立会いを規定する。書記官の立会いは，臨検および聴問の適法性にとって基本的条件の1つである[106]。それらの規定から，書記官の立会いは，一切の場合において予審行為の適法性についての基本条件の1つであると考えられている[107]。

判例も書記官の立会いの重要性を確認している。少し後の判例になるが，1909年3月12日の破棄院刑事部の判決がある[108]。事案は次の通りである。1907年7月22日，予審判事は，予審対象者の1人であるジョセフ・ムッシの住居を臨検し捜索を実施し帳簿の押収を行なった。その際，予審判事は書記官を立ち会わせることなく以上の行為を実施した。これに対して破棄院は，「C.I.C.の所定の規定によれば，予審判事は，とりわけ臨検を実施する場合，書記官によって立ち会われなければならない。書記官の立会いは書記官が参加しなければならない行為の有効性にとって基本的である。」と判示した。

裁判所書記官が一切の予審行為に立ち会う理由は，一切の予審行為をプロ

---

105) BOULOC, *op.cit.*, n° 785.
106) GARRAUD, *op.cit.*, T.3, n° 767.
107) HÉLIE, *op.cit.*, T.4, n° 1790.
108) Cass.crim., 12 mars 1909, *B.*, n° 160.

セ・ヴェルバル（調書，procès-verbval）によって検認するためである。プロセ・ヴェルバルには，作成地，作成の日時，予審判事・帝国検事・書記官の氏名・職名，立会い人の氏名，場合によっては，臨検の決定または委任についての記載がなされなければならない[109]。さらに，処分の対象が示され，実施された一切の活動が明示され，用いられた手段およびその結果が検証され，検認された一切の事実，検証された一切の状況，観察された一部始終がプロセ・ヴェルバルに記載されなければならない[110]。

プロセ・ヴェルバルは書記官によって作成されるのであり，予審判事が自らプロセ・ヴェルバルを作成することはできない。予審判事が口述し，その通りに書記官は書き取らねばならないのである（1811年6月18日のデクレ63条）[111]。書記官は予審判事が口述するとおりに記載するのであり，予審判事の評価を統制するいかなる権限も有してはいない。

それゆえ書記官は，正確性と明析性とを旨としてプロセ・ヴェルバルを作成しなければならない。それは，一切の客観的事実（faits matériels）が忠実に再現されたと思える程度に，視察官を伴わない予審判事が，まるで証人であったかのように客観的事実を思い出すことができる程度に正確かつ明析で無ければならない。プロセ・ヴェルバル作成の要諦は，簡潔性と明確性とによって事実の刻印を保存することにある[112]。

イ．予審記録の形式　予審記録の作成方法について，証人の聴問を例に見てみよう。証人の聴問に関しC.I.C.76条は次のように規定している。「供述

---

109) HÉLIE, *op.cit.*, T.4, n° 1792. そして予審判事自身はというと，予審判事は正真正銘の証人であると解される。予審判事は，証人・鑑定人によって供述された事実を報告するに留まるのではなく，自ら事実を検証する。エリは，予審判事の証人としての価値に最高の資格を与えている。「この証言は，通常の証言と比べても一層高い権威を有するものであるし，また有するべきである。なぜなら，この証言は経験豊かで，事実を見出す利益以外の何らの利益も有さない裁判官によるものだからである。」

110) *Ibid.*

111) 重罪，軽罪，違警罪に関する裁判の運営に関する準則および罰金表に関するデクレ63条は次のような規定である（DUVERGIER, *op.cit.*, T.16, p.384.）。「書記官は，いかなる行為（証書）の原本作成に関しても，たとえそれが検察官によって請求された単なる情報に関してすらも，司法官の口述に基づきその監督の下で作成しなければならない書面の他には決して書面を作成しないものとする。」

112) HÉLIE, *op.cit.*, T.4, n° 1792.

(déposition)は，これを証人に対して読み上げた上，相違なき旨の明示があったときは，予審判事，書記官および証人によって署名されるものとする。もし証人が署名を望まず，または署名することができない場合は，その旨が記載される。供述書（information）の一葉ごとに予審判事および書記官によって署名されるものとする。」さらに，C.I.C.78条は次のように規定する。「行間の書き込みを行なってはならない。削除および欄外記入の場合は，予審判事，書記官および証人によって検認されかつ署名されるものとする。この規定に反するときは前条の刑を受ける。検認のなされていない行間の書き込み，削除および欄外の記入は無効と見なされるものとする。」

エリは，これらの規定から次の6点が導かれるとしている。①供述はそれが述べられた通りに書記官によって記載されなければならない。②供述書は証人の面前で作成されなければならない。その場でメモを取り，後日，プロセ・ヴェルバルを作成することは認められない。③供述の終了後，証人に対して各供述書が読み上げられなければならない。④予審判事は証人に対して供述書の内容に同意するかどうか，換言すれば，そこには何らかの付加もしくは削除がなされていないか，明確に証人の考えが記載されているかを尋ねなければならない。⑤各供述書は予審判事・書記官・証人によって署名されなければならない。⑥証人が署名を望まず，またはそれができない場合，その旨が記載されなければならない[113]。すなわち，聴問の形式は，証人がありのままの供述をなすための条件作りに奉仕するものである。同時に，C.I.C.は，証人による真摯な供述をできる限りそのまま客観化しうる形でプロセ・ヴェルバルに移すことができるように，その作成方法を規定している。

ウ．予審の書面性の意義 以上のように，予審が書面である（l'instruction est écrite）とは，文字どおり，審理が書面化されるということである。これは，証拠となり得る証人の聴問内容や検証の結果などを書面にまとめるという意味に留まるものではない。予審開始請求のあった時点から評議部に移送されるまでの一切の予審活動，すなわち，予審判事の行った活動のすべてが書面化され，それらの行為全体が予審の一件記録（dossier）を構成するのであ

---

113) *Ibid.*, n° 1872.

る[114]）。公判において，予審のもたらしえた証拠資料を求めなければならないのも唯一，プロセ・ヴェルバルの中なのである[115]）。

エリは，書記官の役割に関して次のように述べた。「裁判官から独立する書記官は特別の使命を有する。すなわち書記官は，裁判官の活動とその結果とを検証する義務を課せられる[116]）。」この指摘は，予審審理の書面性の趣旨を明確に指摘するものである。書記官が検認するのは検証の結果のみではない。書記官は何が検証されたのかという点ばかりではなく，予審判事がいかなる活動を行なったかを記録するのである。それゆえ，書記官は一切の予審判事の活動の必要的証人と言われる[117]）。

(2) 予審対象者の尋問

ア．規定の欠如　なお，予審審理の性格を理解しようとする場合，予審対象者に対する尋問の性格を理解する必要がある。ところが，予審対象者の尋問に関しては，まったく奇妙なことに，その形式に関する明文の規定を欠いている[118]）。C.I.C.では，次の2箇条の規定を置くのみである。

> 第91条1項　予審対象者（inculpé）が住居を有する場合で，かつ事実が軽罪にしか該当しない場合，予審判事は，適当と判断するならば，予審対象者に対して召喚状（mandat de comparution）のみを発することができる。ただし，予審対象者を尋問した後に，予審判事が発することのできる他の令状に切り替えることができる。

> 第93条1項　召喚状による場合，予審判事は，ただちに尋問するものとする。勾引状（mandat d'amener）による場合，遅くとも24時間以内に尋問するものとする[119]）。

そして，両条項の置かれている場所も他の予審行為とは異なる。他の規定が，「予審について（de l'instruction）」の項目にあるのに対して，尋問は「令

---

114) GARRAUD, *op.cit.*, T.3, n° 769.
115) HÉLIE, *op.cit.*, T.4, n° 1553.
116) *Ibid.*, n° 1794.
117) *Ibid.*
118) F.DUVERGER, *Manuel des juges d'instruction*, 1862, T.2, n° 319.
119) この他，C.I.C. 103条は，事件を受理した予審判事の管轄外において予審対象者が発見された場合，発見された地の予審判事に予審対象者を尋問させるために，一件記録を送付することを規定している。

状」の章に埋没している。しかも，前2条の規定は，C.I.C.起草過程におけるコンセイユ・デタの審議でも，何ら論議されることなく通過しているのである[120]。C.I.C.は証人の聴問に関しては，1670年王令の規定を大幅に参照している。そして1670年王令は，被告人尋問に関して詳細な規定を置いていた。にもかかわらず，C.I.C.が予審対象者尋問に対する積極的規定を置かなかったという事実は，立法者が予審対象者尋問を証人の聴問等の予審審理と同様の性格を有するものとは考えていなかったことを示している[121]。

イ．尋問の不可欠性　しかし，ともかくも予審判事が予審対象者を尋問することは必要的であると考えられた。トレラールによる C.I.C.草案起草理由の中でも次のように述べられている。「‥これらの令状によって予審判事の面前に引致される一切の者たちを遅滞なく尋問するという厳格な義務を予審判事に課すということを怠っていない点を指摘しておこう[122]。」

　勾留の際の尋問の不可欠性は，判例によっても確認された。最初にこの点に関して述べたのは1835年2月12日の破棄院刑事部の判決である。事案は単純であって，予審対象者は，予審判事によっても，重罪起訴部によっても呼び出されることなく，それゆえ尋問を受けることもなく重罪院に移送されたというものであった。破棄院は，「申立人（被告人－筆者補）に対していかなる令状も発せられていない場合，申立人は訴えを提起されることはない。申立人による覚書（mémoire）および供述書（pièces）は，令状の欠如および尋問の欠如を補うことはできない。」と述べて，重罪院への移送決定を破棄した[123]。

---

120)　1808年6月21日の審議および24日の審議（LOCRÉ, *op.cit.*, T.25, p.167 et suiv.）。C.I.C.の規定は，直接的には，革命期に取調べ（examen）の名称において規定された予審的尋問を受け継いでいる。そしてむしろ，革命期の法律の方が，捜査段階における被疑者の取調べには積極的である。1791年のデクレは予審対象者が警察官の面前に出頭した時には，ただちに取調べられると規定する（第5編16条）。1791年9月29日の訓令（instruction）は，これに関連して「警察官の取調べに対してなされた予審対象者の返答については，警察官によってプロセ・ヴェルバルが作成されなければならず，警察官および予審対象者によって署名されなければならない。何の準備もなく何の回り道もしないで真実が明らかとなる最初の時点で，真実の痕跡に注目することは貴重である。」と述べている（HÉLIE, *op.cit.*, T.4, n° 1918）。以上の準則は共和暦4年の罪刑法典の64，65，66条に再規定された。
121)　1808年6月21日および24日の審議（LOCRÉ, *op.cit.*, T.25, p.167 et suiv.）
122)　LOCRÉ, *op.cit.*, T.25, p.244.

ウ．尋問の機能　それでは，いかなる理由から予審対象者の尋問が必要とされたのだろうか。尋問は，当初，裁判官による勾留質問としての意義のみが認められていたと考えられる。予審判事が予審対象者の身柄を拘束する場合，予審判事は，予審対象者を予審判事の面前に出頭させるための令状を発する。強制力を用いない場合は，召喚状（mandat de comparution）であり，強制力を用いうる場合は，勾引状（mandat d'amener）である。両令状は，予審判事の面前に予審対象者を連れ出し，予審対象者を予審判事の尋問の下に置くことを目的としている[124]。ただし，両令状の効果はそれに留まる。予審判事は，予審対象者を拘禁する必要ありと判断した場合，更に，勾留状（mandat de dépôt）または勾引勾留状（mandat d'arret）を発するのである。勾留状・勾引勾留状は，予審対象者を留置施設に収監するための命令状である。勾留状・勾引勾留状の発付には必ず召喚状・勾引状の発付が先行していなければならない（C.I.C. 94条）。

さて，予審対象者尋問は，これら2種類の令状の間に実施される。すなわち，尋問は，基本的には，予審判事が当該予審対象者を収監すべきかどうかを決定するために実施されると言えるだろう。予審対象者にまったく嫌疑がないかまたは事実が違警罪にしか該当しない場合，予審判事は予審対象者を釈放することができる。

判例上，尋問の意義について最初に言及したのは，1849年11月16日の破棄院判決である[125]。事案は次の通りである。デュフレーズ（Dufraise）は，出版犯罪の嫌疑を受け訴追された。デュフレーズは国民議会議員であったことから，国民議会の訴追許可（autorisation）を受けたのちに訴追され，予審が開始された。予審判事は，デュフレーズを尋問することなく予審審理を終了し，報告書を評議部へ提出した。評議部はデュフレーズの起訴を決定した。ボルドー控訴院の重罪起訴部は，補充審理（supplément d'instruction）を行なう

---

[123]　Cass.crim., 12 février 1835, S., 1835, I, 459, HÉLIE, op.cit., T.4, n° 1921.
　　本判例は，はじめて予審審理の無効を判示した点においても重要であるが，その点は後述する（本稿第4章4節(2)参照）。
[124]　HÉLIE, op.cit.T.4, n° 1955.
[125]　Cass.crim., 16 novembre 1849, D., 1850, 5, p.381. 同旨の判決として，Cass.crim., 21 mars 1873, D., 1873, I, p.224.がある。

ことなく，それゆえ予審対象者の尋問を行なうことなく予審対象者を重罪院に移送した。これに対して，尋問が行われなかったことを理由として，デュフレーズから破棄申立てがなされた。破棄院は次のような理由から重罪院の移送決定を破棄した。「予審対象者の尋問は，単に予審審理の一手段であるばかりではなく，同時に防御方法 (moyen de défense) であり，かくしてその手続形式は基本的な (substantielle) ものである。‥直接呼出 (citation directe) の際の検察官だけは，この準則の支配を免れるのであるが[126]，評議部および重罪起訴部は，予審対象者が自らを防御する機会を与えられることなくして，出版犯罪の容疑者に対して当該犯罪の起訴を決定することはできない。」

予審対象者の尋問を予審手段でかつ防御方法である，とする判例の立場は，学説によっても支持される。エリは次のように述べる。「尋問は，第1に防御方法をなす。なぜなら，予審の全期間において，予審対象者は尋問以外の防御方法を持たないからである。すなわち，この訴訟の最初の局面では弁護人を欠き，かけられた嫌疑に対して対抗しうるのは，オルドナンスの表現に従えば[127]，予審対象者自身の口による以外にはないのである。予審対象者の尋問は，予審対象者が自らを防御するために予審対象者に与えられた唯一の方法である。同時に尋問は予審方法をなす。なぜならば，予審判事が予審対象者に対してなす一切の質問は，たとえそれが予審対象者の防御を展開させるためのものであっても，あるいは予審対象者の返答の真実性を外側から検討することによって，あるいは予審対象者の反論および虚偽の主張によって，真実の手掛かりを与えることになるかもしれないからである[128]。」

以上のように，予審対象者尋問は，元来，予審判事による勾留質問であり，予審対象者を収監するだけの嫌疑があるかどうかを確認する作業であった。それゆえ，予審対象者にとってみれば，嫌疑を晴らすチャンスであったが，同時に，予審判事に嫌疑を確信させる場でもあった。尋問は本来的予審

---

[126] 軽罪事件においては，帝国検事は，予審請求することもできるが（C.I.C.47条），軽罪裁判所に予審対象者を直接に呼び出すこともできる（182条）。この場合，予審を通さずに裁判所に直接事件が係属されるので，この手続は直接呼出と呼ばれる。
[127] 1670年王令第14章8条を指す。
[128] HÉLIE, op.cit., T.4, n° 1919, GARRAUD, op.cit., T.2, p.219.

行為ではないから，弁護人は立ち会わないが，同時に，検察官の立会いも義務とはされなかったのである[129]。

エ．実務の取扱い　しかし，実務上，予審対象者の尋問は，重要な予審行為と考えられていったのは間違いない。まず，予審対象者は，嫌疑を知らされる前に尋問される[130]。また，予審判事は，いつでも予審対象者を出頭させ尋問することができる。また，予審判事は，予審対象者を拘禁しない場合も，尋問のために勾引状を発することができた[131]。

一般に，取調べの方法は，予審対象者に宣誓させることが許されない以外は，予審判事の自由に委ねられている[132]。後にミッシェル・フーコーによって分析されることになる1835年のピエール・リヴィエール事件では，予審対象者は第1回目の尋問において，予審判事により姓名・年令・職業・住所を尋ねられた後，ただちに，「どんな動機であなたは実の母と妹のヴィクトワールと弟ジェールを殺害したのか」という質問を浴びせかけられている。予審判事は，予審対象者の答弁を聴きそれから生じる疑問についてまったく自由に尋問している。

ところで，予審対象者の尋問に関しては，次章において検討する1897年法によって，様々な保障規定を伴なって明文化される。一般に，1897年法によって，予審対象者尋問の性格が糺問的なものから人権保障的なものへと変わったと理解されるが，その捉え方は，以上の考察から分かるように正確ではないように思われる。尋問は，本来，予審行為ではなく，予審対象者が勾留される際の予審対象者の権利として認識されていた。しかし，実務上，予審的側面が拡大され，それに伴なって保障的側面も強調せざるえなくなったのである。予審対象者の尋問を予審行為とは見なさないという当初の理念が，そ

---

129)　Cass.crim., 1 septembre 1910, S., 1911, I, p.421.
130)　HÉLIE, *op.cit.*, T.4, n° 1922. これも明文の規定があるわけではない。共和暦9年雨月（pluviôse）7日の法律10条は次のように規定していた。「予審対象者は，陪審指導判事の命令によって勾引され，嫌疑および証言を知らされる以前に尋問されるものとする。嫌疑および証言は尋問の後に予審対象者に読み聞かされ，予審対象者が要求するならば，陪審指導判事は続いて再び尋問するものとする。」
131)　*Ibid*.
132)　佐藤美樹「自白と自由心証主義―フランスを中心として」関西大学・法学論集42巻1号（1992年）207頁以下参照。

の性格付けに関する明文規定を欠いたために，逆に，予審対象者の尋問を無法状態に置いてしまったのである[133]。

4　小括

　最後に，第2章および第3章の検討を踏まえて，本章のテーマであった刑事手続全体における予審の機能について整理する。

　まず，近代的な意味における真実発見主義，換言すれば，人間自身が犯罪事実を認識するという意味での真実発見主義は，大革命の刑事改革の所産であるという点を確認したい。初期弾劾手続における刑事手続は，最終的判断を神もしくは超自然的なるものに委ねた。糺問手続における法定証拠主義は，事実認定に対し裁定者としての人間自身の介入を否定もしくは制限しようとした。これに対し，陪審制の導入に伴なう自由心証主義の確立は，犯罪事実の存否の判断を最終的に人間の内的確信に委ねる。事実認定は，宗教的もしくは形式的な頸木から解放されたのである。

　そして自由心証主義の意義は，自由心証主義それ自体にあるというよりは，それを中核とする刑事手続のシステムにあると言えるだろう。陪審員・裁判官の内的確信は，不断に衝突する訴追側と防御側の口頭による弁論の中において形成されるが，このシステムは，事実認定のあり方として眺めるとき，実はそれ以前に，弁論の素材となるべき証拠資料が十分に準備されていることを前提としている。陪審員・裁判官が，公判審理から最大限の判断能力を引き出すためには，そこで用いられる証拠資料が，前もって，公判を指揮する裁判長および弁論を展開する当事者に把握されている必要がある。ここから，公判弁論の基礎資料を収集する手続も，公判審理と同様の重要性を有することになる。

　このため，対審弁論の基礎となるべき資料は，両当事者から中立で，技能的に優れた専門の裁判官によって公正かつ十分に探索され収集されなければならない。この意味において，予審手続は，事実認定の場である公判審理が

---

133)　同上。

その本来の機能（まさに真実の発見）を行使できるようにするための，必要的な前提なのである。この観点から，本章での分析を整理すると，次のように要約することができる。

　まず第1節では，公判前の手続が一定の分業システムによって構成されている点を確認したが，これは，予審判事の証拠収集機能を純化するように働いている。とりわけ，訴追と予審の分離原則に従って，検察官の訴追権と予審判事の予審権とが分離されたことは，証拠資料を収集する予審判事の機能を純化させるように作用している。同時に，公判に付するに足る嫌疑の有無を判断する役割を専ら評議部・重罪起訴部に割り当てたことも，予審判事の証拠収集の機能を純化するように働いている。

　第2節の要点はすでに述べた。当事者の口頭弁論に基づいて陪審が判定を下す当事者主義公判手続が，証拠の収集を当事者に任せず，裁判所の専権とする職権主義予審手続を前提とするという構造は，論理的には英米法・大陸法を問わずおよそ陪審制を有する訴訟手続が本来的に持つべき本質的構造であるが，この論理構造を明快に具現化しているところに，フランス刑事訴訟法の特色があるのである。

　第3節では，予審審理の書面性の意義を取り上げた。予審行為の実施にあたっては，裁判所書記官が必要的に立ち会い，書記官は一切の予審活動を書面化する。書記官は，プロセ・ヴェルバル（調書）を作成するにあたり，犯罪事実に関する部分のみを抽出して記録するのではなく，予審判事の活動全体を記録する。すなわち，予審の書面性とは，予審審理全体の書面化ということである。予審記録が予審判事の活動記録である点は，予審記録を利用する当事者・裁判長からみても好都合である。なぜなら，有罪もしくは無罪の証拠には不可避的に有罪・無罪の評価が附随する傾向があるが，予審活動全体が記録されているならば，記録を見る者すなわち裁判長および当事者が様々な角度から検討し評価することが可能だからである。

　以上のように，刑事手続全体の中において予審手続を眺めるとき，予審は，陪審公判を支え，実質的な意味における当事者主義を実現する役割を果たすものといえる。しかし，C.I.C.は，予審審理中の被告人（予審対象者）の個々的な権利については，何ら規定を置いていなかった。なぜなら，そもそ

も，C.I.C.の規定上，予審対象者は予審行為の客体とは見なされてはいなかったのである。しかし，実務上，予審判事による予審対象者の尋問は重要な予審行為となり，予審段階における予審対象者の権利保障の強化が喫緊の課題となった。次章では，予審段階における被告人（予審対象者）の権利保障へ向けた法改正および判例の動向について検討する。

第5章　権利保障の装置としての予審

　第3章・第4章でみたとおり，予審制度は，予審と判決の分離原則および訴追と予審の分離原則を中核として組み立てられている。予審対象者の立場からみれば，前者の原則は，予審手続が公判を支配することがないようにする機能，換言すれば，裁判が当事者による自由な弁論を基礎としてなされることを確保する機能を有した。また，後者の原則は，いわゆる予審行為が反対当事者である検察官によってではなく中立・公正・有能の第三者である裁判官によって公平に実施されることを保障するものであった。それゆえ，特に後者の原理を中心に据えて見るならば，予審制度は，その主体である予審判事が，能力と倫理的資質を有し偏向なく適切な活動をなしうるという信頼に支えられている。

　しかし，実際に予審制度を運用していくにつれ，とりわけ，フランス治罪法典（C.I.C.）上は明確な規定を持たなかった予審対象者への尋問が予審行為として一般化するに従い，予審判事に対し絶対的権限を付与することは，予審対象者の権利の保護において重大な支障をきたす可能性があるという点が自覚されるようになった。予審判事が予審対象者に対して無意識的反感を抱くことや予審行為の技術とりわけ供述を採る技術に長じるということは避けがたい[1]。これは無経験な予審対象者を不利な状況に追い込むことにもなりうる。予審段階においては予審対象者に対して主体としての地位を認めておらず，防御の権利は認められていない。それゆえ，予審段階においても予審対象者に対して主体的地位を認めるべきだという主張がなされるようになる[2]。

---

1) L. MILHAUT et B. MONTEUX, *L'instruction criminelle, La loi du 8 décembre 1897 sur i'instruction préalable, son historique, son application, son commentaire sa critique*, Paris, 1898, p. 12.
2) J.LEAUTÉ, *Le prancipes généraux relatifs aux droits de la défence*, R.S.C., 1953, p.52.

同時に，C.I.C.の構造は，訴追側と被告側との平等性の観点からの問題も抱えていた。訴追と予審の分離原則は，予審判事を予審行為の主体とする一方，検察官に対して予審判事の行動を監督する権限を与えていた。具体的には，予審判事が検察官に予審行為の実施を通告すること，検察官が予審行為に立ち会うことができること，検察官が訴訟記録を閲覧できることなどが規定されている。一方当事者である検察官にこうした権限を与え，予審対象者に対しては認められないのは，当事者の間の公平に反する。C.I.C.は訴追側と被告側との平等性を放棄したわけではないのである[3]。

以上のような予審対象者の防御権の問題に対して決定的な修正を施したのが，1897年12月8日の法律である。本章では，1897年法の制定過程および予審対象者の防御権に関する判例の展開を検討する。

1　1897年法の制定

(1) 1856年法（評議部の廃止）

フランス治罪法典制定以来，法典の改正は幾度となく繰り返されているが[4]，その中でも，1856年7月17日の法律[5]は予審手続の構造的修正を図った法律として重要である。本法は評議部（chambre du conseil）を廃止し，従来，評議部に委ねられていた予審の終結決定を予審判事に委譲した（C.I.C.新127条以下）。予審判事に対する決定権限の付与は予審（instruction préparatoire）の概念に修正を加えるものであった。元来，予審とは予審判事によって犯罪の証拠および情報を収集する行為のみを意味した。ところが，評議部の廃止に伴って，予審判事自身が嫌疑の有無を評価する司法的機能を行使するに至った。それゆえ，この後，予審という概念には予審審理と司法的決定との両者を含むと解するのが一般的となった。

予審判事に委ねられた司法的決定とは，第1に，予審対象者の保釈の決定

---

[3]　J.-A.ROUX, *Cours de Droit Pénal et Procédure Pénal*, Leon Tenin, 1920, n° 353.
[4]　C.I.C.下における法改正の動向に関しては，平野泰樹『近代フランス刑事法における自由と安全の史的展開』(現代人文社，2002年) 461頁以下参照。
[5]　Loi de 17-31 juillet 1856 qui modifié plusieurs dispositions du code d'instruction crimminelle, *D.*, 1856, IV, p.123 et suiv.

(C.I.C.114条) であり，第２に，訴訟手続に関する決定，たとえば，嫌疑の有無の審査，予審対象者の管轄裁判所の決定などである。

　1858年法のコンセイユ・デタ法案検討委員会は，法案提出理由説明の中で，評議部の制度は司法の適正な運営には奉仕するものではなく，この折衷的な制度を維持する必要はないと結論付け，刑事手続の短縮化と簡素化の要求が優先されるべきであると述べている[6]。委員会は，評議部の廃止により手続が促進され，未決拘禁の期間を減少させ[7]，司法的解決を早めると考えた[8]。また，評議部は当該事件の予審判事を含む3名の裁判官によって構成されたが，実際には，他の２名の裁判官は事件にまったく精通しないために，事件を担当した予審判事が実質的権限を有する傾向があったのである[9]。

　しかし，評議部は予審判事が自由に予審活動を実施できるように設けられた機関に他ならない[10]。評議部の廃止は，捜査権と裁判権との両者を掌握する強力な権限を予審判事に与えたので，予審判事を積極的な司法官から司法的判断を求められる相対的に消極的な司法官へと質的に変化せしめることが要請された。予審判事の立場は微妙になった。

(2) 1897年法の制定過程[11]

　1871年のコミューン壊滅の後，第三共和政 (1870～1940年) が成立する。第三共和政は，フランスの政体の中でとくに寿命の長い政体であると同時に，共和派と王党派との妥協の産物であって，内閣の交代は1940年までの間に

---

6) F.HÉLIE, *Traité de l'instruction criminelle ou théorie du Code d'instruction criminelle*, 2 éd., Paris, 1866, T.5, n° 2025.
7) 法案理由説明の中に，未決拘禁に関する数字が挙げられているので，参考までに紹介する。司法省の統計資料によると，1854年において，その嫌疑が認められなかったにもかかわらず勾留処分を受けた予審対象者は24,347名に達した。その内訳は，免訴となった者18,616名，軽罪裁判所で無罪とされた者4,057名，重罪院で釈放された者は1,883名であった (Loi de 17-31 juillet 1856 qui modifié plusieurs dispositions du code d'instruction crimminelle, D., 1856, IV, p.127.)。
8) HÉLIE, *op.cit.*, T.5, n° 2025, n° 2041 et n° 2042.
9) B.BOULOC, *L'acte d'instruction*, Paris, 1965, n° 502.
10) HÉLIE, *op.cit.*, T.5, n° 2044.
11) 1897年法の制定過程については，白取祐司「予審改革に関するフランス1897年法律の制定過程」札幌学院法学5巻2号 (1989年) 175頁以下，同『フランスの刑事司法』(日本評論社，2011年) 134頁以下参照。

100回以上に達した。自由主義的趨勢の中[12]，共和政政府は，C.I.C.の全面改正に乗り出した。しかしながら，政府の不安定ゆえにこの改革は容易には実現せず，国会審議だけでも17年に渡った。その主たる論点は，予審手続に対審手続を導入するかどうか，具体的には，予審対象者の尋問，証人の聴問に弁護人の立会いを認めるかどうかという点にあった。結局のところC.I.C.の全面改正には至らず，応急処置的改革にとどまった。それが1897年12月8日の法律である。1897年法は，妥協の産物であったが，予審手続に基本的改良を加えたのは事実である。本節では，1897年法の制定過程をたどり，予審手続に関してどのような点が問題とされたのか，またそれはどのように解決されたのかを検討してみたい[13]。

最初に，C.I.C.改正のための委員会が設けられたのは，第二帝政末期の1870年である。しかし，この委員会は結論を出すには至っていない。実際に草案を作成したのは，第三共和政に入って，1878年10月に司法大臣デュフォール（Dufaure）によって主宰された委員会であった。当委員会はフォスタン・エリやアタラン（Atthalin）といった著名な学者や司法官によって構成された。当委員会は，翌年の11月27日，当時の司法大臣ル・ロワイエ（Le Royer）の名において221条よりなる草案を上院に提出した[14]。本草案は，司法警察・予審および重罪起訴部の公判前手続の部分をカバーしている。

ロワイエ法案の特色は，予審手続における予審対象者の権利保障規定を大幅に導入した点に求められる。具体的には法案は以下の改革を提案している。
①予審対象者に対して黙秘権および弁護人を選任する権利を告知する。予審判事は予審対象者の要求があれば弁護人を指名する（法案85条）[15]。
②予審対象者が弁護人を要求した場合，予審判事は，弁護人が立ち会うかまたは正式に呼び出されるのでない限り，予審対象者を尋問することはできない（同119条）。

---

12) MILHAUD et MONTEUX, *op.cit.*, p.14.
13) Annales du Sénat et de la Chambre des députés, Session extraordinaire1879, Annexe n° 7, p. 190.
14) 1879年草案については，平野・前掲注（4）465頁以下参照。
15) A.ESMEIN, *Histoire de la procédure criminelle en France*, Paris, 1882, p.582.

③弁護人，検察官および私訴原告人は予審部（cabinet du juge）における尋問に立ち会うことができる（同127条）。しかし，弁護人は，予審判事の許可を得ないで質問することはできない（同129条）。

④証人の聴問における予審対象者・検察官等の立会いを認めるかどうかは予審判事の裁量に委ねられる。立会いを認めない場合，予審判事は，遅滞なく，供述の記録を予審対象者もしくはその弁護人に閲覧させなければない（同64条）。

⑤拘禁された予審対象者は，予審手続の当初から，弁護人と自由に接見交通することができる（同130条）。

⑥予審対象者は，検察官および私訴原告人同様，一切の予審行為をなすことを予審判事に請求することができる（同37条）。さらに，予審対象者は，予審対象者が立ち会わないで聴問された証人と対質することができる（同124条）。

⑦1856年法によって廃止された評議部を再設置する。予審判事の下した主要な決定に対して，予審対象者・検察官・私訴原告人は評議部に異議申立を行なうことができる（同137条）。

⑧予審審理中に法律違反があった場合は，重罪起訴部にその行為の無効を申し立てることができる（同152条）[16]。

ロワイエ法案は，検察官，予審対象者および私訴原告人が尋問および聴問に立ち会うことを認めることによって，不完全ながらも予審の対審制（contradiction）を実現しようとした[17]。

しかしながら，ロワイエ法案は，上院（Sénat）において大幅な修正を被った[18]。1882年8月5日に上院によって採択された法案では，対審制の導入

---

16) *Ibid.*
17) R.GARRAUD, *Traité théorique et pratique d'instruction criminelle et de procédure pénale*, S., 1907, T.1, n° 61. 対審制とは，元来は，両当事者の口頭弁論によって審理を進める形態である。しかし，ここで採用された形態は，弁護人が予審対象者の尋問に参加できるにとどまり，弁護人が質問するには予審判事の許可が必要とされている。また，証人の聴問に関しては，立会い自体が予審判事の裁量とされている。不完全な対審とはその意味である。
18) 1875年憲法における立法権限は代議院と上院とにある。代議院は600名の議員からなり，直接普通選挙によって選任される。上院は300名の議員で構成され，代議院議員や県会議員の代表者によって選任される。両院は原則的に平等であって，優先議決権はなく意見不一致の場合は可決

は拒否された。すなわち，ロワイエ法案で残されたのは，最初の出頭時の弁護人援助権の告知，予審対象者への一定の予審行為の請求権の付与，弁護人が一件記録を閲覧しうること，そして評議部を再設置することなどであった[19]。この修正案はただちに司法大臣デレ（Déres）によって代議院（chambre des députes）に移送された。

　上院案の検討を委ねられた代議院の立法委員会は，1884年11月の審議において修正案を代議院に提示した。委員会は，先のロワイエ案に沿った線に，すなわち予審対象者の尋問に弁護人の立会いを承認する形に法案を修正した。

　代議院での審議は大幅な遅滞を被った。本修正案は，審議の最中に委員長の交代などがあり，1885年の国会の会期切れによって廃案となってしまった[20]。1886年，新たに，司法大臣ドゥモール（Demole）は，1882年の上院案を代議院に提出した。代議院は立法委員会に法案の検討を委託し，1887年1月20日，再度ボヴィエ・ラピエール（Bovier-Lapierre）によって，代議院での報告がなされたが廃案となる。1889年，司法大臣テヴネ（Thevenet）は，三たび，修正案を代議院に提出したが本国会で審議がなされないまま廃案，1894年2月20日，四たび，司法大臣アントナン・デュボスト（Antonin Dubost）によって，修正案は代議院に移送された[21]。

　こうした中，審議のあまりの遅滞に業を煮やした上院議員コンスタン（Constans）はC.I.C.の全体的改正案が最終的に両院で採択される前に消滅するのではないかという危惧を持った。そこでコンスタンは，1895年4月10日に，C.I.C.の全体的改正を留保して，予審審理における予審対象者の自由の保護に関する部分のみからなる6ヶ条の条項案を作成した[22]。

　コンスタン条項には3つの修正点が含まれていた。すなわち，①予審判事は逮捕された予審対象者を24時間以内に尋問する義務を負い，②予審対象者

　されるまで交互に審議される（山口俊夫『概説フランス法（上）』［東京大学出版会，1978年］93頁参照）。
19)　白取・前掲注（11）184頁以下。
20)　MILHAUD et MONTEUX, *op.cit.*, p.15.
21)　*Ibid.*
22)　*Ibid.*, p.16. コンスタン案については，白取・前掲注（11）202頁以下参照。

の尋問・対質における弁護人の立会いを認め，③最初の出頭の時から，予審対象者は弁護人と自由に接見交通することができる[23]。

　コンスタン条項を検討する任務を課せられた上院の委員会は，コンスタン案に大幅な修正を加えた。1895年11月25日，委員会の報告者であるテザール（Thézard）は，コンスタンの6ヶ条の規定を50条の規定に替えた。この委員会案の大部分は，1882年に上院によって採択された修正案から借用したものであった[24]。委員会案とコンスタンの案との決定的相違は，上院案が予審廷への弁護人の立会いを拒否する点である。上院はあくまで弁護人の立会いを認めなかった。

　コンスタン案が拒否された後，1896年1月28日に，司法大臣リカール（Ricard）は，単に対審であるばかりではなく同時に公開でもある予審を実現しようとする新たな草案を提示した。リカール法案は5編36条よりなる。第1編は，「予審の対審弁論」と題され，弁護人，検察官および私訴原告人の予審審理への立会いを規定する。「予審の公開」と題される第2編は，審理を公開で（publiqument）行うことを規定する[25]。

　上院の委員会はリカール案を躊躇なく退けた。しかしながら，上院委員会は代議院に初めて譲歩した。すなわち，同年3月24日，委員会の報告者であるデュプイ（Dupuy）は，先のコンスタン案を修正したテザール案に対する報告を行ない，尋問における弁護人の立会いを承認したのである。

　こうした状況の中，1896年6月17日，司法大臣ダルラン（Darlan）は，予審改革に対する6つの論点に関し破棄院の意見を求めた。1896年12月23日，破棄院は各論点に関し解答を寄せたが，それは改革に消極的な内容であった。

　破棄院は，予審対象者の最初の出頭の際に予審判事が予審対象者の供述拒否権を告知する点，予審対象者が防御に有用な行為を請求しうる点，予審判事が非協力的である場合，評議部に異議申立てできる点，予審判事の決定に対して評議部に上訴しうる点に関しては改正の必要性を認めた。しかしなが

---

[23] GARRAUD, *op.cit.*, T.1, n° 61.
[24] MILHAUD et MONTEUX, *op.cit.*, p.17.
[25] *Ibid.*, p.20.

ら，従来からの論点については，尋問・対質の際に予審廷に弁護人を立ち会わせることを認めるべきではない，各尋問の前日に弁護人の訴訟記録の閲覧を義務付ける必要はないとして改革を拒否した[26]。破棄院は，予審審理の必要性と弁護人の立会いとは両立しないと考えたのである。

しかし，以上のような破棄院の具申にもかかわらず，上院の委員会は，先に示した立場を堅持した。すなわち，上院委員会は，尋問における弁護人の立会いおよび尋問前日の訴訟記録の閲覧を放棄しなかった。1897年3月19日，デュプイは，2回目の報告を行なった。提示された新たな法案は10条よりなる極めて短い規定にまとめられていた[27]。

デュプイの修正案に基づく討議が，同年5月，上院で進められ，若干の修正の上，1897年6月10日に可決された。法案は，同月15日，代議院に送付された。

代議院は，デュプイ案が尋問における弁護人の立会いを承認したことで満足し，その成功を危険にさらさないために，同年11月12日，上院案を採択した。同法律は，同1897年12月8日に公布された[28]。

(3) 1897年法の内容

以上の制定過程から，次の点を指摘することができる。1897年法は，上院と代議院との妥協の産物であったが，両院が共通して改正すべきだとした点があった。すなわち，予審判事が，最初の出頭の際に，予審対象者に対して黙秘権・弁護人選任権を告知すること，予審対象者と弁護人との接見交通を認めること，弁護人が訴訟記録を閲覧できること，予審対象者・検察官・私訴原告人が評議部に異議申立てを行うことができることである。これらはまさに，予審段階における予審対象者の権利を保障するための規定であって，予審段階における予審対象者の権利保障の規定を置くという点では，上院と代議院との共通認識が存在していたと言えよう。

そして，上院と代議院とが決定的に見解の相違を見せたのは，予審手続の対審化に対してである。代議院は尋問・対質の際の弁護人の立会いを強く主

---

26) *Ibid.*, p.21.
27) *Ibid.*, p.22.
28) *Ibid.*, p.23.

張し，上院はそれに反対した。予審の対審化に関する1897年法の規定はまさに両者の妥協点であった。

本節では，法律制定直後の1897年12月10日に，司法大臣が一般代理官（法院検事長）に対して発した1897年法に関する通達を中心として，1897年法の内容を整理してみよう[29]。

ア．弁護人の選任もしくは指名　予審判事は，予審対象者が最初に予審判事の面前に出頭した際に，予審対象者の身元を確認し，予審対象者に被疑事実を告知し，かつ供述をしない自由を告知した後に，予審対象者の供述を聴く（同法3条1項）。それによっても嫌疑が依然消えないと判断したならば，予審判事は予審対象者が弁護人・代訴人を選任する権利を持つことを告げなければならない。予審対象者が自ら弁護人を選任しない場合でも，予審判事は予審対象者の請求があれば職権で弁護人を指名してやることができる（3条3項）。ただし，弁護人または代訴人の援助を受けることは予審対象者の任意である。何が真の利益であるのか最高の判断を下しうるのは予審対象者であるから，法律は予審対象者に弁護人の援助を強制しようとはしなかった[30]。

イ．尋問および対質における弁護人の立会い　先述したように，予審廷における弁護人の立会いは立法過程における最大の争点であった。結果的に，立法者は弁護人が一切の予審行為に立ち会うことに同意はしなかったが，予審対象者が予審廷に召喚される場合には常に弁護人の立会いを認めた。原則的に，拘禁されているか否かにかかわらず，予審対象者は，弁護人が立ち会うかまたは正式に呼び出されるのでない限り，尋問もしくは対質の処分を受けない（9条2項）。また，予審対象者は弁護人を選任する権利を放棄することができるので（9条2項），尋問・対質は，予審対象者が正式に弁護人の立会いを放棄したならば，弁護人の立会いなくして実施しうる。放棄は明示的になされなければならず，その旨は尋問・対質のプロセ・ヴェルバルに記載される[31]。また，予審対象者は一度放棄しても新たに立会い権を主張するこ

---

29) Collection complète des Lois, décrets, ordonnances, réglements et avis du conseil d'État, par J.-B.DUVERGIER, T.97, année 1897, p.505 et suiv. なお，1897年法の全文は白取・前掲注（11）210頁以下に邦訳されている。
30) MILHAUD et MONTEUX, op.cit., p.XXI.
31) Ibid., p.215.

とができる。

　尋問・対質における弁護人の立会いの意義について，通達は以下のように述べる。「弁護人の役割は9条3項に明確に規定されている。弁護人は，絶えず干渉を繰り返すことによって，依頼を受けた予審対象者・その他の予審対象者または対質された証人の答弁からそれらの者の真摯さ（sincérité）の最高の保証である自発性（spontanéité）を奪う権利を有するのではない。弁護人は，まったくのところ，予審判事によって許可された後だけに，口を差し挟むことができるのである。予審判事が弁護人の発言要求を拒絶した場合，プロヤ・ヴェルバルにその旨の記載がなされる（9条3項，4項－筆者補）。9条3項は，遺憾なことながら，実務上の混乱の原因になるかもしれない。しかし，弁護人と予審判事とが，両者は同一の任務のために協力するものであり，両者の努力は迅速かつ明快な真相の解明を目指すものでなければならない，という考え方に貫かれているならば，そうした混乱は容易に避けうるだろう[32]。」

　以上の説明に，1897年法の基本的立場が鮮明に表明されているといえよう。すなわち，1897年法は，これまで予審判事および書記官のみによって実施された尋問・対質に，弁護人が参加した点にのみ，その意義を求めようとする。予審行為は対審で進められるのではなく，基本的に，予審判事によって実施されるのである。弁護人は，不正確・曖昧と思われる点があれば，誤解を晴らすために介入することができる。ただし，弁護人に発言を許すかどうかは予審判事の裁量に委ねられる。弁護人は完全な弁論の自由を持つわけではないから，防御権の完全な擁護者というよりも予審審理の適正な展開の証人と考えられ，その限りで予審対象者を援助するのである[33]。

ウ．弁護人による訴訟記録の閲覧　予審判事は，予審対象者が尋問を受けるたびに，その前日に訴訟記録をその弁護人の閲覧に付さなければならない（同10条1項）[34]。また，予審判事は自らの決定をただちに弁護人に通知しなければならない。

---

32) *Ibid*.
33) GARRAUD, *op.cit.*, T.3, n° 767, BOULOC, *op.cit.*, n° 813.
34) MILHAUD et MONTEUX, *op.cit.*, p.209.

規定の意図について通達は次のように述べる。「弁護人が予審対象者の防御を有効に準備しかつ真実の発見に有用と思われる措置を請求するために，法は，いうならば予審審理の各段階において弁護人が訴訟手続に通じていることを望んだのである。一般代理官諸君，こうした規定はこの点に関して禁圧 (répression) の必要性と防御権とを和解させるもっとも適切な手段であるように思われる[35]。」

ここでも，禁圧の必要と防御権との調和という定式によって説明がなされている。つまり，訴訟の閲覧には2つの意義があった。第1に，予審対象者は自らにかけられた嫌疑を十分に理解した上で尋問を受けるべきであるとする点の配慮である[36]。予審対象者は最初の出頭の際にすでに被疑事実に関しては知らされているが，訴訟記録の閲覧を通じて自らにかけられた嫌疑の詳細を十分に把握したうえで尋問を受けることができる。第2に，訴追側と被告側との平等性を確保するという配慮がなされている。従来，検察官には訴訟記録を閲覧する権利が与えられていた。この権利を被告側にも与え，被告側の地位を高めようとしたのがこの規定である[37]。

エ．その他の規定　予審判事は自ら予審審理を行なった事件の裁判に参加することはできない（同1条）。本条項は，すでに，重罪事件において規定されていた準則（C.I.C.257条）を軽罪裁判所の訴追に対しても適用したに過ぎない[38]。この規定は予審と裁判の分離を表明したものであって，C.I.C.の精神の確認としての意義がある。

本法の2，4，5および6条は勾引状によって身柄を拘束された予審対象者の処置についてC.I.C.の規定を補強する。勾引状によって拘束された予審対象者が24時間以内に尋問される点ついてはすでにC.I.C.93条によって規定されていたが，その規定がさらに補強された。予審対象者が予審判事によって尋問されることなく，または共和国検事に送致することなく24時間以上留置監に留置されたときは，不法監禁とみなされる（2条3項）。この規定を遵

---

35)　*Ibid.*, p.XXV.
36)　*Ibid.*, p.226.
37)　*Ibid.*, p.216.
38)　*Ibid., op.cit.*, p.XIII.

守しない留置監の看取長および共和国検事は不法監禁罪で罰せられる（同条4項）。被疑者が令状を発付されたカントンの外で，郡庁舎所在地から10キロメートル以上離れた場所で発見された場合，被疑者は発見地の共和国検事の面前に引致される（同4条）。共和国検事は，予審対象者の身元を確認し，予審対象者に供述しない自由があることを告知した後，予審対象者の供述を受け，予審対象者が移送されることに同意するか，発見された場所で事件を付託された予審判事の決定を待つために勾引状を延長することを望むかを知るために，予審対象者に尋ねる（同5条）。事件を付託された予審判事は，この通知を受理した後ただちに，移送を命ずべきか否かを決定する（同6条）。

　さて，1897年法による権利保障の強化は，予審対象者と検察官との間の平等性の確保という観点からも捉えることができる[39]。通達は次のように述べている。「訴追側に認められた過度の特権は濫用の恐れがあり，その結果はしばしば修復困難であり，かつ予審対象者に損害を与えると同時に社会秩序を混乱させて市民社会の脅威となる極めて遺憾な誤判の原因となる危険があった。しかし，一方において，こうした欠点に必要的な救済を施すことにより，禁圧（répression）を弱体化し麻痺させて，全体利益を犠牲にすることは回避しなければならなかった[40]。」

　このように，1897年法は予審段階における訴追側と被告側との権限のバランスを修復しようとしてはいるが，両当事者にまったく同様な権限が与えられたわけではない。検察官は，常にプロセ・ヴェルバル（調書）を閲覧することができ，適当と判断する請求を行なうことができる（C.I.C.61条）。これに対し，予審対象者の弁護人は権利としては予審対象者の尋問の前日にのみ訴訟記録を閲覧しうるに過ぎない。また，検察官には予審判事の臨検に立ち会う権利が認められるが（同62条），予審対象者には認めない。逆に，予審対象者の尋問・対質に予審対象者の弁護人は立ち会うことができるが，検察官には認められていない。当事者間の平等性の確保という点においても不完全である。以上の点の幾つかは，1933年法および現行刑事訴訟法典によって修正が加えられる。

---

39) GARRAUD, *op.cit.*, T.3, n° 766.
40) MILHAUD et MONTEUX, *op.cit.*, p.XIX.

2 予審対象者の防御権と予審の無効理論の展開

(1) C.I.C.における予審手続の無効

　1897年法が規定する予審審理中の予審対象者の権利を実質的に保障するためには，違反が生じた場合にその違反に対して何らかのサンクションが伴われている必要がある。フランス法では，判例上，予審の無効理論（nullités de l'instruction préparatoire）が生みだされ，1897年法において明文をもって規定された。予審行為が無効とされると当該予審行為は手続から排除されるので，公判との関係において，予審の無効は英米法における違法収集証拠の排除と同様の効果を発揮する。本節では，予審の無効理論の展開を通じて，予審段階における権利保障のあり方について，予審の構造と関連付けながら検討してみたい。

　まず，手続の無効とは何だろうか。一切の訴訟行為はその形式および内容に関し法律によって定められた諸準則に従って進められなければならない。この準則に対する違反は一定の場合に一定の範囲の訴訟手続の法的価値および法的効果を剥奪させる。このように，ある行為の瑕疵に基づく訴訟行為の価値剥奪が訴訟手続の無効（nullité）である[41]。1897年法はこの無効理論を予審段階に導入することによって，予審の手続形式の尊重による予審対象者の防御権の保障へ道を開いたのである[42]。

　無効理論に関する一般的な枠組みについては，ガローの分類に従うと次の4つのタイプがある[43]。第1の考え方は，法律によって規定された手続形

---

41) GARRAUD, op.cit., T.3, n° 1099.
42) 予審の無効に関しては主として次の論文を参照した。G.LEVASSEUR, Les nullité s de l'instruction préparatoire, Mélanges Patin, 1966, p.469 et suiv, H.DONNEDIEU DE VABRES, Traité de droit criminel et de législation pénale comparée, 3éd., Paris, 1947, n° 1322 et suiv., G.VIDAL et J. MAGNOL, Cours de droit criminel et de science pénitentiaire, Paris, 1928, T.2, n° 835 bis et suiv., P. CHAMBON, L'isturuction contradictoire et la jurisprudence (Loi du 8 Décembre 1897), 1953, P. CHAMBON, Le juge d'instruction théorie et pratique de la procédure, 3éd., Dalloz, 1985, n° 601 et suiv., C.GOYET, Propos des nullités de l'instruction préparatoire: quelques remarques sur la distanction des nullités textuelles et des nullités substantielles, R. S.C., 1976, p.899 et suiv., B. BOULOC, Observation sur les nullités en matière de procédure pénal, Mélanges P.Couvrat, PUF, 2001.p.417, C. GUÉRY et P. CHAMBON, Droit et pratique de l'instruction préparatoire, 8 éd., Dalloz, 2012. p.931.

式に瑕疵がある場合すべてを無効とするものである（絶対的無効説）。しかし，訴訟手続における形式には様々なものがあり，単なる形式違反などに対して無効の制裁を課すことには実益が乏しい。第2の説は，無効の判断を専ら裁判官の裁量に委ねる立場である（裁判官裁量説）。この立場によると，判断が裁判官の恣意に流されるおそれがあり，同時に適用の基準が統一されない危険がある。第3の説は，当該手続違反が異議申立てをした当事者に何らかの実質的侵害をもたらした場合にのみ無効とする立場である（侵害説）。「侵害なければ無効なし」という標語のもと，民事上の無効に関してはこの立場が採られる。第4は，各条項が明示的に無効の制裁を伴って規定されている場合にのみ，裁判官は無効を宣告することができるとする立場である（明文説）。

　さて，無効理論に関してC.I.C.が採用したのは，上記第4の立場である。C.I.C.408条は，明文上無効の制裁を伴って規定された条項に関してのみ，刑の言渡しを受けた当事者または検察官の請求に基づいて，有罪判決および無効とされた行為以後に進められた行為を無効として排除すると規定した[44]。判例も同様の立場を採った[45]。判例がその根拠としたのは，C.I.C.408条ではなく，その直接の由来となっている民事訴訟法典1030条であった。そこでは，「正式に法律に規定されているのでないならば，いかなる訴訟行為の無効も宣告することはできない。」と規定されている。

　ところで，C.I.C.における明文説の採用は，予審段階における訴訟行為に対して無効の宣告がなしえないことを意味する。C.I.C.408条は，公判審理を対象とするのであって，それ以前の手続を含まない。予審段階において，無効を伴って規定された手続は存在しない。すなわち，明文説を採る限りでは，予審の無効は存在しないのである[46]。

(2) **本質的無効の展開**

　C.I.C.408条1項はなるほど明文上の無効を規定するが，それを補完する第

---

43) GARRAUD, *op.cit.*, T.3, n° 1096.
44) B.BOULOC, *L'acte d'instruction*, Paris, L.G.D.J., 1965, n° 1096 et n° 869.
45) Cass.crim., 29 juillet 1813 et 7 février 1817. (Répertoire Dalloz, Instruction criminelle, n° 1321), HÉLIE, *op.cit.*, T.1, n° 445.
46) GARRAUD, *op.cit.*, T.3, n° 1095.

2項は次のように規定している。「管轄違い（incompétence）の場合，および法律によって認められた権限もしくは権利を用いてなした被告人の請求または検察官の請求に対して，（裁判所が－筆者補）決定を下すことを遺漏しもしくは拒否した場合においては，たとえ請求された手続がなされなかったことに対して，明文上，無効の制裁が伴われていない場合であっても，前項と同様である。」

　判例は，この規定から着想を得て，本質的無効（nullité substantielle）の理論を発展させた[47]。本質的無効とは，明文規定の有無に関わらず，当該訴訟行為の中に法律の目的を侵害するような基本的行為の侵害がある場合に，その侵害から必然的に生ずると考えられる無効である[48]。

　本質的無効の観念は，防御権（droit de la défence）の観念に結び付いている[49]。防御権は，原則的には，弾劾手続の持つ3つの基本原則すなわち公開・口頭・対審の原則，換言すれば公判手続上の予審対象者の自由な弁護権に結び付けられて考えられた[50]。それゆえ，C.I.C.の段階においては，本質的無効は，判決裁判所における公判審理に限定されていたのである[51]。

　ところで，C.I.C.の立法者達が予審段階の無効について無関心であった理由について，後の論者はいくつかの理由を挙げている。ブーロックは，おそらく，予審判事に寄せる信頼が厚かったために，この問題を検討する必要が無かったのであろうと述べている[52]。こうした立場に立つ限り，予審段階における訴訟手続の違反に対して無効を認める実益は乏しいことになる[53]。予審で実施される訴訟行為は，最終審理において決定的な権威を有しているわけではない。予審行為は判決裁判所を拘束するものではなく，判決裁判所は，予審審理にいかなる証明力をも付与しない自由を常に保持しているので

---

47) G.LEVASSEUR, Les nullités de l'instruction préparatoire, Mélanges Patin, 1966, p.477.
48) GARRAUD, op.cit., T.3, n° 1097.
49) Ibid., n° 1096.
50) GARRAUD, op.cit., T.3, n° 1096.
51) P.CHAMBON, Les nullités substantielles ont-elle leur place dans l'instruction préparatoire?, J.C.P., 1954, 1170, n° 2.
52) BOULOC, op.cit., n° 869.
53) CHAMBON, op.cit., n° 16.

ある[54]。

　明文によらない無効の最初の例であるといわれるのは，1825年1月7日の破棄院刑事部（chambre crimnelle de la Cour de cassation）の判決である[55]。Fagi et Ayraud事件において，トゥールーズ国王法院（Cours royale）の重罪起訴部は，予審対象者の氏名を明示しないまま重罪院への移送決定を行なったが，これに対し，破棄院刑事部は，身元不明者に対する移送決定に対して宣告された判決は無効であると判断した。

　「本質的」という言い方が最初に用いられた無効の事例は，1835年7月13日の破棄院判決[56]である。事案は次の通りである。裁判所は，当事者と検察官との同意の下，ポー大学の化学の教授であるメルメ氏を鑑定人として召喚した。この際，裁判所は，鑑定人に事前の宣誓を求めることなく鑑定を実施させた。C.I.C.43および44条によると，鑑定人はその名誉と良心とにおいて報告を行い，意見を述べる旨の宣誓をしなければならない。これに対し，破棄院は，次のように述べて鑑定を無効とし，原判決を破棄した。「証人および鑑定人の宣誓に関する手続形式は本質的（substantielle）なものであり，それらを実施することは真実の発見に関する供述の真摯さ（sincérité）の保証に不可欠であり，個人的な約束（被告側と訴追側の同意－筆者補）は決して社会および裁判の適正な運営の利益のために確立された公序的権利に関する諸準則を変更し修正しえない。」

　手続の無効が予審段階に適用された最初の事例は，すでに前章の予審対象者への尋問の項で取り上げた1835年2月12日の破棄院刑事部判決である[57]。事案は，予審対象者に対していかなる令状も発せられず，それゆえ，予審対象者に対してまったく尋問がなされずに予審対象者が重罪院に移送されたというものであった。破棄院は，「いかなる者も，聴問されもしくは正式に呼び出されることなくして裁判されることはない」と述べて，重罪起訴部の付公判決定を破棄した。

---

54)　1960年3月3日，11月24日および12月27日の破棄院判決に対するM.R.M.P.の註釈（D., 1916, V, p.167.）。
55)　Cass.crim., 7 janvier 1825, B., n° 2.
56)　Cass.crim., 13 juin 1835, B., n° 238.
57)　Cass.crim., 12 février 1835, S., 1835, I, p.459.

1849年11月16日の判決[58]も前章「尋問」の項で取り上げたが，本判決は，予審の段階における「本質的無効」を最初に表明した判例である。結論のみを述べると，破棄院は，「予審対象者の尋問は単に予審審理の一手段であるばかりではなく同様に防御の手段であり，かくして，その手続形式は本質的なものである。」と述べて重罪起訴部への移送決定を破棄した。手続の重要性は予審対象者に対する防御権の保障に結び付けられている。

　また，弁護士事務所の捜索に関して，1886年3月12日の判決[59]がある。事案は，弁護人の住居において，弁護人が予審対象者から受けた書類および書簡が押収され，それらの写しが一件書類の中に加えられ，陪審員の評議の資料とされてしまったというものである。破棄院は，「防御の自由の原則は刑事訴訟を支配しており，この原則は予審対象者とその弁護人との交通を阻害する一切のものから解放することを要求する」と判示して，宣告された有罪判決を無効とした[60]。

　ところで，防御権の考え方については，学説上も明確に意識されていた。オルトランは次のように述べた。「過去および現在まで，防御権が原則として一般的に宣言されたことはないが，しかし，それは弾劾制の魂である。この権利が一切の者に帰属することについて何ら明文規定される必要はない。この権利が広範かつ自由に行使されることなくしては，刑事司法は正義（justice）ではなく禁圧（oppression）となる。わが国の判例実務とりわけ破棄院は他の一切の裁判所に先立ち，防御権を基本権（droit essentiel）とみなすことに躊躇しなかった。その侵害は法律において明示されていない場合においてすら手続の無効をもたらす[61]。」

(3)　**明文上の無効（1897年法）**

　以上のように，判例上培われた理論は，1897年法によって明文化された。同法12条は，以下の場合に，当該行為およびその後の手続は無効の制裁を受けると規定している。

---

58) Cass.crim., 16 novembre 1849; D., 1850, V, p.381.
59) Cass.crim., 12 mars 1886, S., 1887, I, p.89.
60) 弁護士事務所の捜索について，渡辺五三九「弁護士事務所の捜索と秘密の保護破棄院刑事部1960年3月24日判決」野田良之編『フランス判例百選』（1969年）232頁参照。
61) ORTOLAN, Éléments de droit pénal, 1855, n° 1853, HÉLIE, op.cit., T. 8, n° 1858.

まず，予審判事が自ら予審審理を行なった事件の裁判に関与した場合である（1条）。この規定は後述する他の類型と異なり司法の構造に関係しており，公序的無効（nullité d'ordre public）と言われる。無効は裁判官の義務としてなされ，当事者はこの無効を放棄することができない[62]。予審判事の裁判への関与は，前章において繰り返し述べた予審と公判の分離原則に対する違反である。C.I.C.は重罪事件につき予審審理を実施した裁判官が当該事件に関する裁判に参加しえない旨を規定し（C.I.C.257条），判例はこの規定に違反した場合手続の無効を宣告していた[63]。1897年法はこの規定を軽罪事件にまで拡大したのである。

次に，第1類型のようにC.I.C.の基本原則に反するわけではないが，1897年法により予審対象者に与えられた権利のうちとりわけ重要な以下の4つの手続が遵守されない場合に無効の制裁が規定された。これらの無効は，公序的無効に対して，私序的無効（nullité de privé）と総称される。

①予審対象者を予審廷に最初に呼び出した際に，裁判官によって，予審対象者が供述をしない自由を有する旨の告知がなされない場合，当該プロセ・ヴェルバルおよびその後の手続が無効となる（3条2項）。

②尋問・対質の際に，弁護人の立会いが確証されない場合，つまり，弁護人が呼び出され弁護人に選任されたと通知があったことを確認する記載がプロセ・ヴェルバルにない場合，当該手続およびその後の手続は無効となる（9条2項）[64]。ただし，予審判事が適法に弁護人を呼び出していることが確認できる場合には，弁護人が実際に立ち会わなくとも無効とはされない。また，弁護人の呼出の事実に関する書記官による尋問のプロセ・ヴェルバルの記載は虚偽の申立てがあるまで信用される[65]。

---

62) P.CHAMBON, *le juge d'instruction théorie et pratique de la procédure*, 3éd., Dalloz, 1985, n° 632.

63) 例えば，訴外の共犯者を尋問し，その共犯者と予審対象者とを対質させた司法官（Cass.crim., 4 novembre 1830, *B.*, n° 245.），予審対象者に対し勾留状，勾引勾留状を発し，証人の供述を聴くために共助の嘱託をした裁判官は公判審理に参加することはできない（Cass.crim., 16 août 1844, *B.*, n° 291.）。

64) Cass.crim., 13 avril 1911, *B.*, n° 210.

65) Cass.crim., 23 juin 1921, *B.*, n° 264.

③訴訟記録が予審対象者の尋問または私訴原告人の聴聞の前日に弁護人の閲覧に付されたことが記録されていない場合，尋問およびその後の手続は無効となる（10条1項)。記録は完全になされなければならない。単に訴訟記録の閲覧がなされたことばかりではなく，それが尋問の前日になされたことが確認されなければならない。ただし，訴訟記録の閲覧は尋問または対質の前日以外には要求することができない。

④予審判事の一切の決定は，書記官を通じて，弁護人にただちに通知されなければならない（10条2項）。予審判事による司法的決定を弁護人に通知することは防御権を行使するために必要である。また，2つの決定を同時に送付することも防御権を侵害する。

　以上の明文化は，予審段階における予審対象者の権利に実効性を持たせたが，同時に，無効に対する判例上の展開を制限するように働いた。判例は1897年法を生みだす原動力となった類推解釈，拡大解釈に消極的になった。判例は，予審判事による予審審理以外の領域，すなわち，非公式捜査，行政的捜査，現行犯捜査，重罪公訴部における補充審理，判決裁判所による補充審理等にまでに無効の制裁を一般化することを承認しなかった。それゆえ，1897年法は，C.I.C.の中に法定主義（principe de légalité）を導き入れたともいわれる[66]。さらに，無効の規定は弁護人を選任しなかった予審対象者に対しては何らの恩恵も与えなかった。なぜなら，明文上の無効はすべて弁護人の選任に関係しており，予審対象者は無効を自ら主張することができないからである[67]。

(4)　**1897年法以降の本質的無効の展開**
ア．弁護人の選任　1897年法は一切の論争の扉を閉めるために，違反した場合無効となる規定についてのリストを提示する目的を持っていた。それゆえ，この法律に記載されてはいない手続形式は二次的であまり重要ではないと考えねばならなかった。しかし，1897年法12条は無効の制裁を課しうる場合の完全な一覧表を作成したわけではなく，必要であるならば他の事例においても無効排除を承認することが可能であると考えられるようになった[68]。

---

66)　J.LEAUT, *Les principes généraux relatifs aux droits de la défense*, R.S.C., 1953, p.49.
67)　Cass.crim., 2 mai 1903, *D.*, 1905, I, p.23., Cass.crim., 8 décembre 1899, *D.*, 1900, I, p.31.

判例上，1897年法以降初めて12条に記載された以外に無効が存在することを確認したのが，弁護人選任権の告知に関する1898年2月4日の破棄院刑事部判決である[69]。事案は次の通りである。予審対象者通称ボリ（Borie）は，予審審理の際，弁護人の援助を希望するかどうかという点に関して予審判事から告知を受けることなく，1897年12月12日，予審判事によって軽罪裁判所に移送する決定を下された。1897年法12条は，弁護人選任権の告知に関しては無効の制裁を規定していない。しかし，予審対象者は軽罪裁判所においてその決定は無効であると主張し，当該軽罪裁判所は本決定の無効を宣告した。その無効決定に対して検察官は控訴院へ上訴した。控訴院は軽罪裁判所の見解を追認した。これに対してパリ控訴院一般代理官によって破棄申立てがなされたが，破棄院刑事部は，次のとおり検察官の申立てを退けた。「9条および10条によれば，弁護人は予審対象者の尋問・対質に立会い，尋問の前日までに訴訟記録を閲覧することができ，予審判事の決定の通知を受けるものとされる。そして，これら9条および10条の規定は，無効の制裁が伴われている。すなわち，法律は予審の間の弁護人の援助がそれを要求する予審対象者の防御にとって基本的（essentielle）であるとみなしている。それゆえ，予審対象者は3条3項によって保障された権利を行使しうる状態に置かれなければならない。その条項の不遵守に対して無効が明示的に結び付けられていないということはあまり重要ではない。なぜならば，防御権にとって本質的な（substantielle）部分をなす手続形式は厳格であって，その逸脱は当然にそれ自身によって絶対的無効（nullité radicale）を構成するからである。」

　かくして，本質的無効は，予審対象者の防御権に基づくことが確認された[70]。そして，本判例の注釈を担当したルーが述べるように，1897年法に記載された以外に無効が認められる場合を確定するのは判例および学説の仕事となったのである[71]。

イ．遅らされた嫌疑　予審対象者の尋問に対して厳格な形式が求められたこ

---

68) Cass.crim., 4 février 1898, *S.*, 1900, I, p.57 note J.-A.Roux.
69) *Ibid.*
70) GARRAUD, *op.cit.*, T.3, n° 1104.
71) *Ibid.*

とにより，実務上，それを回避するための脱法行為が行なわれることがあった。それは，予審判事が将来予審対象者となると考えられる者を様々な規制のある予審対象者としてではなく証人として聴問し，嫌疑が濃厚となった段階において予審対象者と認定するという方法である。一般に，遅らされた嫌疑（inculpation tardive）といわれるこの問題について初めて手続の無効を明らかにしたのが，1909年11月19日の破棄院判決である[72]。事案は次の通りである。1905年11月14日，ヴェルサイユの予審判事からセーヌの予審判事に対して共助の嘱託がなされた。セーヌの予審判事は捜索を進めさらに捜索を実施した住居の関係者達から供述を獲得した。しかし，嘱託を受けた予審判事は事前に容疑者に関する情報を得ており，捜索現場で供述を求めた者の中にその容疑者がいたことを知りながらその者を証人として聴問した。当事例に対して，破棄院は，「ただちに予審対象者とされるべき証人が損害を受けるような手続形態が，1897年法の保障をまぬかれ，防御権に侵害をもたらすことを目的としてなされる場合，無効が言い渡される。」として，当該手続の無効を言い渡した。

さらに，1923年1月6日の判決[73]において，破棄院は，予審対象者に真実を述べる旨の宣誓をさせて聴問した事案に対して無効を宣告している。しかも，破棄院は，この準則違反は，予審対象者がその無効を放棄しえない種類の無効すなわち公序的な無効であるとした。

ウ．共助の嘱託（司法警察官の予審行為） C.I.C.は，予審判事が予審行為を他の者に対して委任することについて極めて限定的に考えていた[74]。つまり，C.I.C.では，予審廷に出頭できない証人が管轄外に居住する場合および捜索場所が管轄外である場合，予審判事は，かの地の予審判事・治安判事に聴問・捜索を嘱託することができる点のみが規定されていた（C.I.C.83条2項，84条，90条）。しかし，実務は，嘱託の範囲を拡大し，司法官ばかりではなく司法警察官に対しても予審行為の嘱託を行なうようになった[75]。それに伴

---

72) Cass.crim., 19 novembre 1909, *B.*, n°537. 同旨の判例として，Cass crim., 16 juin 1955, *J.C.P.*, 1955, II, 8851, note Vouin.
73) Cass.crim., 6 janvier 1923, *S.*, 1923, I, 185 note Roux.
74) HÉLIE, *op.cit.*, T.4, n°1900.
75) H.DONNEDIEU DE VABRES, *Traité de droit criminel et de législation pénale comparée*, 3éd.,

い，司法警察官による違法の予審行為の実施が問題とされるようになった。

1925年2月14日の判決[76]は，嘱託の対象外の押収行為を無効と判断した。事案は次の通りである。ヌフシャテ・ランブレ（Neufchatel-en-Bray）の予審判事は，不正取引罪およびその未遂罪の嫌疑でドゥ・ジャルダン氏に対する予審を開始した。予審判事は，同氏の住居の捜索を警察署長に命じた。同嘱託の間に，警察署長は，ドゥ・ジャルダン未亡人宅において，不正にフランス国内に運び入れられたと思料される相当数の絹靴下を押収した。絹靴下押収の違法性を主張する予審対象者に対して，破棄院は，「一定の犯罪の際に，予審判事の共助の嘱託によって命ぜられた捜索を住居内で実施した警察署長は，現行犯の場合でかつ体刑もしくは加辱刑が適用される場合を除いて，当所でその他の犯罪に関する押収を実施する権限を有さない」と判示し原判決を破棄した。

1928年12月15日の判決[77]は，現行犯重罪の場合以外において，予審判事の令状なしに実施された捜索を違法と判断した。事案は，フェッズ（Fez）の警察署長が，予審判事の委任を受けることなく，ベン・イズリ・マクルノとフェルナンデツの共同の住居において彼らが所持の嫌疑を掛けられた禁止飲料を押収するために家宅捜索を実施したというものである。フェルナンデツは，最初に捜索を実施しようとした警察吏（agent）に対しては住居への立入を拒否したが，続いて訪れた警察署長から法に基づいて行動すると説得されて，警察署長の捜索にあえて反対しなかった。原審のラバ軽罪裁判所は，彼女の同意は任意になされたものではなく，その捜索は違法であり，その結果は有罪宣告の基礎として用いられてはならないとして予審対象者両名を釈放した。検察側の破棄申立てに対して，破棄院は次のように述べて申立てを棄却した。「法律上，現行犯の場合でかつ事件が体刑もしくは加辱刑をもたらす性質を有する場合を除いて，共和国検事および共和国検事の補助者である司法警察官は，家屋の主人の同意なしには，個人の居所に立ち入り当所において捜索を進めることはできない」。

Paris, 1947, n° 1300.
76) Cass.crim., 14 février 1925, B., n° 57.
77) Cass.crim., 15 décembre 1928, B., n° 308.

1952年6月12日の破棄院判決[78]は，予審活動における「誠実性の原則（principe de loyauté）」を承認したことで著名な判例であるが，ここでは，司法警察官による盗聴が問題とされた。事例は次の通りである。共助の嘱託を受けた司法警察官が，犯罪の嫌疑のある証人に対し証人と面識のある第三者に依頼して電話によって犯罪に関する質問をさせた。司法警察官は当該第三者の電話に第2の受話器をセットして会話を傍受し，証人の返答を記録してプロセ・ヴェルバルを作成した。この盗聴された通話内容は証人の有罪を立証する有力な証拠となり，結局，証人は被告人として起訴され第一審裁判所で有罪が宣告された。これに対し破棄院は，司法警察官が当該盗聴をなしたのは，防御権保障のために予審判事は当該行為を禁じるであろうと予想し，それを回避するための行為であるとして，その手続の無効を宣告した[79]。

(5) 予審行為の適法性の証明（予審の書面性と無効）

前章3節で分析したように，予審の書面性は，予審行為およびそれによって明らかにされた事実が，裁判所書記官によって客観的に書き留められるという点にその意義があった。こうした予審のプロセ・ヴェルバル（調書）の機能は，1897年法によって承認された予審対象者に対する権利保障に対しても同様に妥当する。すなわち，書記官は，予審判事が1897年法によって予審対象者に与えられた権利を保障しているか否かという点も，プロセ・ヴェルバルによって確認しなければならない。言い換えれば，1897年法により書記官には，予審行為の人権保障適合性としての適法性および有効性を書面によって明らかにするという役割が与えられたのである。

この点に関し先駆けとなったのは，弁護人の訴訟記録の閲覧に関する1911年4月13日の判決である。本判決は，「予審対象者の尋問の前日に訴訟記録が弁護人の閲覧に供されたことを証明するいかなる記載も一件書類には認められない場合，当該破棄申立て理由から生じる侵害は，その性質上，当該尋問およびその後の一切の手続の無効排除をもたらすものである」と判示し

---

78) Cass.crim., 12 juin 1952, B., n° 153, J.C.P., 1952, II.7241.
79) P.BOUZAT, La loyauté dans la recherche des preuves, Problèmes contemporains de procédure pénale, Paris, 1964, p.164. また，井上正仁『刑事訴訟における証拠排除』（弘文堂，1985年）319頁参照。

第5章　権利保障の装置としての予審　　137

た80)。

　本判決は，尋問のプロセ・ヴェルバルへの書記官の記載のみが，弁護人に対する訴訟記録の閲覧を証明しうる点を明らかとした81)。一件書類に形式の遵守に対するいかなる記載も認められない場合は訴訟記録は弁護人の閲覧に供されなかったと判断されるのである。それゆえ，逆に，尋問のプロセ・ヴェルバルの書記官による弁護人の呼出に関する記載は，虚偽の申立てがあるまで信用される82)。

　続いて，1911年7月27日の判決は，予審判事の決定の弁護人への通知に関して同様な判断を下した83)。本事例では，弁護人への通知が訴訟記録の中において確認されることができなかったので，予審判事は通知がなされていたことを，通知の際の郵便の受取証をもって証明しようとした。しかし，破棄院刑事部はこれを認めず，弁護人に通知されたことを証明する記載が訴訟記録の中に見出すことができない場合，当該決定およびその後の手続は無効とされると判示した。郵便受領証は，その性質上，郵便物の内容を証明するわけではなく，単に何らかの書留郵便が発送されたことを指摘するに留まるものであるから，この判断は妥当であろう84)。

　一般的な形でこの立場を明示したのは，1924年5月1日の判決である85)。事案は，1897年法の10条1項（弁護人に対する訴訟記録の閲覧の供与）の遂行をプロセ・ヴェルバルによって確認することを怠った予審判事および書記官が，無効の結果を回避するために，適法性を証明する書面を提出したというものであった。しかし，刑事部はこの証明を認めず次のように述べた。「実際のところ，同法10条1項および12条によって無効が規定されているような，防御権にとって基本となる手続形式の遂行は予審審理中に確認されなければならない。それがなされなかった場合，手続形式は遵守されなかったものとみなされる。予審判事も書記官も，予審審理が終了した後に，法律上遂

---

80)　Cass.crim., 13 avril 1911, *B.*, n° 210.
81)　BOULOC, *op.cit.*, n° 875.
82)　CHAMBON, *op.cit.*, n° 355.
83)　Cass.crim., 27 juillet 1911, *D.*, 1912, I, p.253, note LELOIR.
84)　CHAMBON, *op.cit.*, n° 336.
85)　Cass.crim., 1 mai 1924, *S.*, 1924, I, p.187.

行されないとされた手続形式が遂行されたことを確認することはできない。」
　判例は，かくして，予審行為の適法性は各予審行為と同時に作成されるプロセ・ヴェルバルのみをもって判断されなければならない，とする立場を明確にした。そして，弁護人への通知の証明は書記官がその旨をプロセ・ヴェルバルに記載したかどうかによって判断される。この記載は必要十分条件であり，その欠如は当該決定およびその後の手続の無効をもたらすのである[86]。
　以上の諸判例を，前章第3節において指摘した予審の書面的性格と重ね合わせてみよう。予審の書面性とは，予審判事が予審行為を実施する際に常に書記官に立ち会われ，書記官によって一切の行為が書面化されるということであった。書面化されるのはいわゆる証拠資料ではなく，予審判事の活動それ自体であった。それゆえ，1897年法によって認められた予審対象者の権利保障についても，予審判事が権利確保を定めた規定を遵守して行動したことが書記官によって記録されなければならない。予審行為の適法性は常に書記官の記録が証明するのである。1924年5月1日の判例が述べるように，「防御権にとって基本となる手続形式の遂行は予審審理中に確認されなければならない」のである。

3　小括

　フランス治罪法典により創設された予審手続は，1856年法，1897年法によって修正が施され，ほぼ今日の形態が作り上げられた。
　1856年法は，起訴・不起訴を裁定する機能を有する評議部を廃止した。評議部の廃止に伴い，予審判事は，予審審理のみではなく，起訴・不起訴の判断および管轄裁判所の決定という司法的決定権をも行使するようになった。この修正は予審判事の権限を拡大すると同時に，予審判事を積極的な司法官から司法的判断を要求される相対的に消極的な司法官へと変貌させる起縁となった。

86）　Cass.crim., 9 mars 1911, B., n° 136.

1897年法は，予審審理における弁護人の関与を機軸として，予審対象者の防御権を強化し予審判事の司法官的役割を一層強調した。1897年法は，予審審理を特徴付ける書面・非対審・秘密という性格のうち非対審性と秘密性とについては，予審対象者との関係において相当譲歩した。予審対象者の弁護人は，訴訟記録を閲覧し，予審対象者尋問あるいは対質に立ち会うことが承認された。しかし，非対審，秘密という予審の性格が放棄されたわけではない。なぜなら，予審は基本的に予審判事によって証拠を収集する手続であり，その活動に当事者が何らかの形で関与しえたとしても，予審審理それ自体を予審対象者と検察官との間の対審で進めるのではないからである。1897年法において，予審審理が全面的には対審・公開とはならなかったのも，予審手続の機能に内在する限界であったとみるべきであろう。すなわち，1897年法は，C.I.C.の原則に抵触しない範囲において予審対象者の権利を拡大したのである。

　しかし，1897年法による改正は，予審の基本的構造に修正を加えている。C.I.C.は，公判手続における当事者の平等性を確立していたが，予審手続については訴追と予審の分離原則を基本とし，検察官に対しては予審の監督権を付与した反面，予審対象者に対して主体的地位を認めてはいなかった。1897年法は予審段階における予審対象者の権利を強化することによって，完全ではないが，予審審理における訴追者と予審対象者との平等性を実現した。ここに至って，当事者の対等性は予審・公判を通じて一貫するようになった。

　ところで，予審対象者の防御権に関する準則の実質的担保は，この準則に違反する予審手続を無効とする理論の展開として跡付けられた。予審行為の無効手続は，一切の予審行為がプロセ・ヴェルバル（調書）として書面化されており，それによって準則違反をいつでもプロセ・ヴェルバルによって確認しうるという条件において可能であった。換言すれば，予審行為の適法性は，常に記録によって確認されなければ無効とされるのである。無効になるのは証拠資料ではなく，予審行為自体なのである。すなわち，1897年法においてもまったく修正を受けなかった予審の書面的性格は，予審行為の適法性を担保するという新たな役割を付け加えられたことになる。

第6章　予審の現代的課題

　前章までは、主として、刑事手続における予審の機能という観点から考察を加えてきた。ところで、こうした機能を果たすことによって、逆に予審手続はいかなる問題を抱えることになったのか。とりわけ、1970年代以降、フランスの予審制度は、法改正の動きの中で大きく揺れ動いている。本章では、現行刑事訴訟法典の制定からその後の予審手続に関する法改革の動向を整理することによって、フランス予審制度が抱えている課題とその解決の方向性について眺めてみたい。

1　現行刑事訴訟法典の制定

(1)　治罪法典下における法改正
ア．1933年法（勾留評議部の創設）　1897年法は、予審段階における予審対象者の権利保障を強化したが、反面において、警察・検察による「非公式」捜査を拡大させた。非公式捜査は、予審審理以前に証拠収集行為が実施されることであり、訴追と予審の分離原則に反する。もはや警察捜査は無視しえないものとなり[1]、これをどのように統制するかが立法上の課題となった。

　まず、1878年にデュフォールによって開始されたC.I.C.の全面改正作業が、紆余曲折を経て1897年法に結実したのは前章でみたとおりである。しかし、1897年法は暫定規定に留まったため、捜索・押収手続や勾留手続に関しては手付かずであった。1907年に、個人の自由に関する法案が司法大臣ギヨ・デセージュ（Guyot-Dessainge）によって提出されたが、第1次大戦の勃発によって廃案となった。戦争終結後の1918年、先に上院において採択されていた改正案が再び上院に提出され、1932年12月に至ってやっと成立したのが、

---

1) M.BLONDEL, *La légalité de l'enquête officieuse*, J.C.P., 1955, I, 1233, M.BLONDEL, *L'utilisation par les juridictions répressives des procès-verbaux d'enquête officieuse*, J.C.P., 1955, I, 1267.

1933年2月7日の法律である[2]。

　本法は，1897年法を補完し，個人の自由をより一層有効に保障することを目的としている。法律の内容を整理すると，①知事に与えられた司法警察権限の廃止，②勾留に関する準則の改正，③予審判事の決定に対する上訴権の修正，④捜索・押収手続の改正，⑤共助の嘱託（予審判事が予審行為を他の裁判官・司法警察官等に依頼すること）規定の拡張（C.I.C.90条），⑥破棄申立ての改正などが含まれている。その中で，予審手続に関係する改正は，以下のとおりである。

　まず，現行犯の場合を例外として，捜索は，予審手続が開始された後に予審判事によって実施される予審行為（actes d'instruction）である点が明示された（C.I.C.87条1項）。この規定は，知事や補助警察官による非公式な捜索・押収行為を排除することを目的とするものである[3]。予審判事による捜索・押収手続に対しては，一定の形式が要求される（C.I.C.87, 88条）。加えて，予審判事は，押収物の封印を開披する権限を有するが，その場合，予審判事は予審対象者もしくは弁護人を立ち会わせまたは受取証付き文書によって正式に召喚しなければならない。第三者の住居の押収物の場合は，その住居者も召喚して立ち会わせる（同89条2項）。

　次に，勾留は例外的処分であることが明示された。予審対象者が定まった住所を有し，犯罪が1年未満の拘禁刑にあたる場合，予審対象者は，予審判事の面前で最初の尋問を受けた後，釈放される（C.I.C.113条1項）。その他，一切の重罪および軽罪についても，原則上は，尋問後5日で釈放される（同条2項）。

　そして，勾留の継続を決定する部局として勾留評議部（chambre du conseil）が設けられた。評議部は，第一審裁判所の裁判所長または裁判所長によって代理を命じられた1名の裁判官によって構成される部局である。事件の予審を担当した裁判官は評議部を構成することはできない（C.I.C.新117条）。予審対象者は，勾留および釈放に関する一切の決定に対して評議部に異議申立て

---

2) Loi du 7 février 1933 sur les garanties de la liberté individuelle, *D.*, 1933, 4 partie, p.65.
3) H.DONNEDIEU DE VABRES, *Traité de droit criminel et de législation pénale comparée*, 3éd., Paris, 1947, n° 1295.

することができる（同116条）。評議部は，検察官・予審対象者・その弁護人および私訴原告人の出席の下で審問を実施する（同117条）。評議部は，検察官・予審対象者およびその弁護人に意見を聴き，1ヶ月以下の期間で勾留を継続することができる（同114条2項）。

イ．1935年法（勾留評議部の廃止）[4]　1933年によって実現された予審対象者の勾留と釈放とに関する画期的改革は，ただちにその行き過ぎが指摘され，1935年3月25日の法律によって修正された。

　勾留については，予審対象者の最初の尋問の後の身柄拘束期間が総じて延長された。予審対象者が定まった住所を有し犯罪が1年未満の拘禁刑にあたる場合でも，予審判事は予審対象者を5日間拘禁することができる（C.I.C.113条1項）。その他一切の重罪および軽罪について，予審対象者は尋問後14日間拘禁されうる（同条2項）。勾留事由に該当し勾留が継続される場合，その期間は1ヶ月とされた。

　また，勾留評議部が廃止された。勾留の延長が必要と判断された場合，予審判事は，共和国検事，予審対象者およびその弁護人の意見を聴いた後，さらに1ヶ月の勾留を命じることができる（C.I.C.114条）。その上さらに勾留を延長する場合は，控訴院の重罪起訴部がその裁定を下す（同116条1項）。重罪起訴部は，裁定を下す前に，一般代理官・予審対象者およびその弁護人の意見を聴かなければならない（同116条5項）。

(2)　**ドンヌデュ・ド・ヴァーブルによる予審改革案**

ア．法案の思想　C.I.C.の全面改革に関しては，1930年12月23日に一般代理官（法院検事）マッテ（Matter）の主宰する委員会が設けられている[5]。マッテ委員会は，刑法の改正案に続いて，1938年6月17日に刑事訴訟法の改正草案を発表したが，その法案は第2次世界大戦の勃発のために国会上程には至らなかった[6]。

　戦後の刑事手続法の全面改正は，ド・ゴール将軍により臨時政府が設けら

---

4)　Loi du 25 mars 1935, *G.P.*, 1935, 1472.
5)　マッテ委員会は刑法典，刑訴法法典の全面改正を目指していた（BESSON, *Esquisse d'une renovation de notre procédure pénal*, D., 1955, chronique, p.55.）。
6)　A.COLONBINI, *Considérations sur le projet de code d'instruction criminelle*, J.C.P., 1950, I, 854.

第6章　予審の現代的課題　143

れた後,1944年11月にドンヌデュ・ド・ヴァーブル（Donnedieu de Vabres）を委員長として開始され[7],委員会の改正草案が1949年に公表された[8]。

改革の骨子は,予審判事に属している司法警察の諸権能すなわち予審審理の権限を,共和国検事に委譲するという点にある。これは,ドンヌデュ・ド・ヴァーブルの予審手続に対する次のような問題認識に基づいている[9]。すなわち,①予審判事は,嫌疑を確定するためと同時に嫌疑を晴らすためにも予審行為を進めなければならず,公平で,検察官から独立していなければならない。しかしながら,実際には,予審判事は,一般代理官の統制の下に置かれ,ひいては,共和国検事の統制の下にある。また,予審判事は,裁判官でありながら,同時に司法警察官でもある。②予審対象者の尋問および対質には予審対象者の弁護人が立ち会うが,予審判事の主導性に対して弁護人によって行使される無言の統制は,予審判事の取調べを窮屈なものとする。③予審対象者の自由保護のための1897年法,1933年法および1935年法は,個人主義の行き過ぎから,結局,司法警察官による非公式な予審行為の濫用をもたらした。この実務は,自白の獲得を目的としている。予審判事は,こうした法律に基づかない司法警察のプロセ・ヴェルバルの結果を書き留めるに留まってしまった。

こうした現状認識のもと,ドンヌデュ・ド・ヴァーブルは以下の改正を主張した。

イ．共和国検事に対する予審権の付与　司法警察の諸権能,すなわち,犯罪の検認,犯罪者の捜索と発見および事件の一件書類の作成は,共和国検事の手中に集中する。

司法警察官は,犯罪事実の存在を知ったときには,ただちに共和国検事へ通知し（草案16条）,被疑者を逮捕した場合は,24時間以内に共和国検事の面前に当該予審対象者を出頭させる（19条）。事件を受理した共和国検事は,不起訴処分（classement sans suite）,軽罪裁判所への直接召喚または予審開始の

---

[7] H.DONNEDIEU DE VABRES, *La reforme de l'instruction préparatoire, Conference faite au Mouvement National Judiciaire le 20 mai 1949, R.S.C.*, 1949, p.499 et suiv.
[8] 本草案に関しては,岩井昇二「フランスにおける刑事訴追（6）」警察研究36巻9号（1965年）93頁以下参照。
[9] DONNEDIEU DE VABRES, *op.cit.*, p.500.

決定をする。

　予審が開始される場合，一切の予審行為は，共和国検事が行使する。すなわち，臨検，捜索および押収（66～71条），証人の聴問（72～86条），予審対象者尋問および対質（87～94条）などの強制的な予審審理は，共和国検事に委ねられる。この際，予審対象者の権利を保障するための1897年法，1933年2月7日法，1935年3月24日法の諸規定は草案にも引き継がれる。

　勾引状および勾留状を発する権限も，共和国検事に与えられる（95条）。さらに，共助の嘱託（122条），鑑定人の委託（123条）などの権限も検察官に与えられる[10]。

　しかし，共和国検事は，いかなる裁判権（pouvoir de juridiction）も有さない。予審審理が終結した後，共和国検事は各当事者に一件記録を閲覧させた後，事件を予審判事に移送する（139条）[11]。

ウ．予審判事の役割　予審段階における裁判権は，予審判事に委ねられる。保釈の請求に対して裁定を下し，予審の終結に際して，免訴もしくは公判への移送を宣告するのは予審判事である[12]。

　まず，予審判事には，共和国検事による予審審理中，被告側と訴追側で生じた様々な問題を調整する任務が与えられている。例えば，予審判事は，所有者より押収物の返還請求があった場合，それについて決定を下し（70条），理由なく出頭しない証人に罰金を科し（79条），鑑定人の指名に関する争いが生じた場合，それを裁定する（126条3項）。また，未決拘禁の最大期間は20日であるが，期間の延長は予審判事の決定によって認められる（90条）。さらに，予審判事は，予審行為の無効の請求を受理し，その結果について裁定を下す（134，135条）。

　事件が予審判事に移送された後，予審判事は，必要な場合自ら補充審理をして予審終結決定を下す（139条）。予審判事はその状況に応じて，免訴（non-lieu），軽罪裁判所または違警罪裁判所への移送，重罪起訴部への一件記録の送付を命じる（145条）。

---

10)　DONNEDIEU DE VABRES, *op.cit.*, p.508.
11)　DONNEDIEU DE VABRES, *op.cit.*, p.501.
12)　*Ibid.*

以上を総括し，ドンヌデュ・ド・ヴァーブルは，現在予審手続を支配する訴追と予審との分離原則（prancipe de la séparation de la poursuite et de l'instruction）を廃し，それに代わって司法警察と裁判の分離原則（prancipe de la séparation ed la police judiciare et de la juridiction）を置くのだとした[13]。ドンヌデュ・ド・ヴァーブルの改正草案は，C.I.C.の起草の際，コンセイユ・デタに最初に提示された草案に酷似している[14]。C.I.C.の第1草案も，検察官に対して証拠の収集および令状を発する権限を認めていた。第1草案の支持者が手続の迅速性・禁圧の強化を主張したように，ドンヌデュ・ド・ヴァーブルの改正草案にも同様の傾向が認められる。

エ．法案の撤回　本法案は，法案に対する意見を求められた法学部および控訴院の一致した反対に遭遇した。反論は，①予審対象者の防禦権が十分に保障されるとはいえないこと，②訴追と予審とを同一人の手中に集中させることによっては，警察官による非公式捜査と予審との明確な分離を実現できないこと，③当改革は検事局の司法官の大幅な増員を予定するものであるが，それは財政的に困難があることの3点に集約される[15]。委員会はもはや法案に固執することができなかった。委員会は，1951年11月19日および1952年1月21日の会合において，伝統的原則に復帰することを決定した[16]。

(3) 現行刑事訴訟法典の制定過程[17]

　ドンヌデュ・ド・ヴァーブル法案頓挫の後，1952年12月6日，破棄院検事長ベッソン（Antonin Besson）の主宰する刑事立法研究委員会（Commission pénale d'Études législatives）が組織され，翌1953年5月，刑事手続の改正作業を引き継いだ[18]。同委員会は，1955年7月5日，序則「公訴権と私訴権」および第1部「公訴と予審の遂行」に関する草案を作成した[19]。同草案は，

---

13)　Ibid., p.502.
14)　本書第1部第3章参照。
15)　COLOMBINI, op.cit., n° 12-14.
16)　BESSON, op.cit., p.55.
17)　刑事訴訟法典の制定経過に関しては，吉川経夫訳『フランス刑事訴訟法典』法務資料437号（1978年）の前書「フランスの刑事訴訟法典について」（この解説は，法務資料367号『1959年フランス刑事訴訟法典』の前書を転載したものである），および岩井・前掲注（8）94頁以下によってその概略を知ることができる。
18)　A.BESSON, op.cit., p.55.

1957年12月27日に国民議会を通過し，同年12月31日に公布された。同法律は，翌58年4月から施行されることになっていたが，施行期日は，1958年12月31日まで延期された。ところが局面が変った。アルジェリア問題を契機として，ド・ゴールが国民の圧倒的な支持を得て政権の座に復帰したのである。1958年10月4日に発布された第5共和国憲法は，大統領に極めて強力な権限を付与した。さらに同憲法は，行政立法（pouvoir réglementaire）の優位を確立し，政府が自由に立法上の政策を実施できるように配慮した。1958年憲法92条に基づく緊急政令（ordonnance）によって，同年12月23日，政府は，刑事訴訟法の全面改正を一挙に断行してしまった。この改正は，第1部について1957年に成立した法律を若干修正して採用した上に，第2部以下についてもいまだ国民議会を通過していなかった刑事立法研究委員会の草案に基づいて改正し，文字通り刑事訴訟法の全面改正を実現したのである。

2　現行刑事訴訟法典における予審手続

ア．予審改革の構造　現行刑事訴訟法典（Code de procédure pénal，以下，C.P.P.と略称する）は，予審手続に大きな変更をもたらすものではない。C.P.P.は，予審審理の進行，予審判事の役割，訴追と予審との分離原則，予審判事の事件受理等に関して，C.I.C.の思想を継承する[20]。C.P.P.は，むしろ，C.I.C.の諸原則を一層明確・完全にした点に意義が認められる。C.P.P.の起草委員会の委員長だったベッソンは，刑事訴訟法典の基本的特徴を，次の5点にまとめている。

①その活動が同一の次元に置かれている検察官と予審判事とを明確に区別する。

②検察官は，新たな状況に適合し，最良の条件において彼らの社会的使命を果たすための諸手段を持つ。

---

19) A.BESSON, *Le projet de reforme de la procédure pénale*, Dalloz, 1956, p.52 et suiv. 本草案の邦訳として，青柳文雄＝宮沢浩一「フランス刑事訴訟法改正草案（1），（2・完）」法学研究31巻9号（1958年）85頁以下，同10号（1958年）76頁以下がある。

20) P.CHAMBON, *Le juge d'instruction face au Code de procédure pénale*, J.C.P., 1959, I, 1531 bis, chap.1.

③予審判事は，完全な独立性を獲得する。
④司法警察活動に対して責任を有する検察官は，警察活動に実質的な統制をなす権限を与えられる。
⑤重罪公訴部の手続は対審で進められる。また重罪公訴部は，司法警察官に対して懲罰権を有する[21]。

上述の諸点のうち，①と③および②と④とは表裏の関係にあるから，C.P.P.の特徴としては，検察官と予審判事の分離の明確化，検察官による司法警察官の統制，重罪公訴部の対審化・権限強化の3点に集約することができる。

イ．訴追と予審の分離原則の明確化　訴追と予審との分離原則は，訴追手続の中核をなす思想としてC.I.C.によって創設されたが，C.P.P.はこの関係を一層明確化した。

第1に，予審判事は司法警察の一員たることを止めた。C.I.C.では予審判事は司法警察官（officiers de police judiciaire）の一員として（C.I.C. 9条），控訴院の法院検事の監督下に置かれていた（C.I.C.57条）。C.P.P.は，予審判事を司法警察官から除外し，共和国検事の制約と法院検事の統制の外に置いた（C.P.P. 16条）[22]。予審の監督は，控訴院の重罪公訴部長が担当する（同220条）[23]。C.P.P.は，そのため，審査部（cabinet d'instruction）に対して，四半期ごとに，係属中の全事件の目録を作成し，目録には事件ごとに実施された最後の予審審理の日付を記載する義務を課した。

---

[21]　BESSON, op.cit., p.12.
[22]　1955年草案とC.P.P.の最終稿の内容はほとんど同じであるが，条文番号は一致しない部分がある。ここでは，便宜上，1955年の草案について述べている場合も，条文は現行刑事訴訟法の条文番号に合せることにする。
[23]　重罪公訴部長の監督権を規定した理由は興味深い。ベッソンは，委員会の会合において，職階制を持つ検察官に対して，予審判事が孤立している点でコンプレックスを感じていることを確認した，という。そこで，委員会は，適当な権限を付与された重罪公訴部が，予審判事が必要とする精神的激励を与えることができると考えたのだ，と述べている（BESSON, op.cit., p.17.）。この点は，予審判事と検察官の機構上の相違と彼らの機能の相違を浮彫りにしている。予審判事は，元来無組織性をもって予審権の公正な行使を実現できると考えられてきた。予審審理に予審判事の上位機関が介入することは予審の独立を侵害し，予審と裁判との分離を危険にさらす。しかし，予審判事と検察官との関係で考えた場合，階層的構造によって積極的活動を行なう検察官に対して予審判事は自らの対等性を維持しえない。ここに予審判事の立場のジレンマがある。

第2に，共和国検事は予審判事を指名することはできない。C.I.C.では，明文の規定はないが，予審判事が裁判所に複数人存在する場合は，共和国検事が担当の予審判事を決めて，その予審判事に一件記録を送付する実務が一般化していた[24]。この実務は，予審判事の独立性を侵害するとして批判されていた[25]。C.P.P.はこれを否定して，裁判所長が予審判事を指名する点を明示した（C.P.P.83条）。同様に，検察官は，もはや予審判事を解任し，予審審理を他の裁判官に委ねることはできない。その決定権は，裁判所長に委ねられる（C.P.P.84条）[26]。さらに，現行犯に関し予審判事が捜査を実施した場合も，予審を続行することはできず，一件記録を共和国検事に送付し，共和国検事の予審請求を待たなければならない。

ウ．検察官による司法警察官の統制（予備捜査の明文化）　C.P.P.は，従来から法律上の明文規定なしに事実上行われていた，司法警察官による非公式捜査を，予備捜査（l'enquête préliminaire）として法的根拠を与えると同時に，その実施に対して法的規制を加えた（C.P.P.75～78条）。

　予備捜査を行うのに必要であれば，司法警察官は，関係者を24時間留置することができる。警察留置（garde à vue）と呼ばれるこの身柄拘束は，もっとも濫用の危険性のある手続であるが，C.P.P.は以下の要件を定めた。司法警察官がさらに24時間留置を延長する場合は，共和国検事の面前にその者を出頭させなければならない。共和国検事は，その者を尋問したのち，書面によって許可を与える（C.P.P.77条）。警察留置に付された者のプロセ・ヴェルバル（調書）には，その者に対して尋問を行った期間，尋問中の休憩時間，警察留置の開始された日時，終了した日時が記載されなければならない（C.P.P.78条による64条の準用）。

　またC.P.P.は，予備捜査の一環として，司法警察官等に，住居への立入り・押収を認めた。ただし，それは強制処分ではない。捜索，住居への立入りおよび押収は，その処置を受ける者の明示の同意がなければ行うことがで

---

24) 1875年4月22日の破棄院刑事部の判決は，検察官のみが予審開始請求をすることができる結果，裁判所に複数の予審判事が存在する場合，検察官が事件を扱う予審判事を指名する権利を有する旨判示している（Cass.crim., 22 avril 1875, D., 1876, I, p.43.）。
25) CHAMBON, op.cit., chap.II, IV.
26) CHAMBON, op.cit., cha., 2.

きないからである（C.P.P.76条1項）。その同意は，関係者の自署した書面によってなされなければならない（同条2項）。また押収の形式は，現行犯の手続が準用される。

　予備捜査の明文化に関し，ベッソンは，検察官による司法警察官の統制という点にその意義を求めている。検察官は，事件およびその解明に関して綿密な報告を受けることで，捜査の進展状況を理解することができると同時に，警察留置の適法性を保障するために介入することができる[27]。この点も，C.I.C.の理念の具体化といえよう。C.I.C.の法案理由説明において，トレラールは，帝国検事を，司法警察官によって収集された一切の情報を集約させるセンターと位置付けていた[28]。司法警察官は，帝国検事の補助者に過ぎない。検察官による司法警察の統制はこの関係を強化している。

エ．重罪公訴部の対審化・権限強化　控訴院の重罪起訴部（chambre des mises en accusation）の名称は，重罪公訴部（弾劾部，chambre d'accusation）に改められた。

　重罪公訴部は，任期1年で任命される1名の部長と2名の裁判官とによって構成される。重罪公訴部の手続には口頭，対審の弁論手続が導入される。これもC.P.P.の新機軸の1つである。当事者は，事件が重罪公訴部に係属中，一件書類を閲覧することができ（C.P.P.196，197条），また重罪公訴部の一切の決定の通知を受ける（同217条）。さらに，検察官および予審対象者・私訴原告人の弁護人は，対審弁論に参加し自らの意見を表明することができる（同198，199条）。重罪公訴部は，有用と判断した場合，当事者の出頭を命じることができる（同199条）[29]。

　重罪公訴部は，元来，革命期の起訴陪審を代替する制度であったが，C.P.P.は，重罪公訴部の対審化によって，重罪公訴部の有していた保障的機能を一層明確化したといえよう。

　重罪公訴部の権限拡大も，C.P.P.によってもたらされた際立った改革の一

---

27) BESSON, *op.cit.*, p.20.
28) J-G LOCRÉ, *La législation civile, commerciale et criminelle de la France, ou commentaire et complément des codes français*, T.25, Bruxelles, 1837, p.247-248.
29) A.BESSON, *Le projet de réforme de la procédure pénale*, Dalloz, 1956, p.32.

つである[30]。重罪公訴部は，司法警察官に対して懲戒権を行使する（C.P.P. 224条）。重罪公訴部は，予審判事の決定に対する異議申立てを受理した場合，予審審理を検討する権利と義務とがある（同206条）。

また，重罪公訴部部長には重罪公訴部の運営を監督する機能が与えられた（C.P.P.220条〜223条）。審査部は，四半期ごとに，継続中の全事件の目録を作成し最後に行われた予審行為の日付を記載し，重罪公訴部部長および一般代理官（検察官）に提出する。また重罪公訴部部長は，被勾留者の状況を視察し，勾留の継続について重罪公訴部に裁定を仰ぐことができる（同223条）。

重罪公訴部部長の予審統制権は，予審審理の遅滞を防止することを第1の目的としていた。しかし具体的な統制権限が重罪公訴部部長に与えられているわけではない。それは，重罪公訴部が第2段階の予審裁判所であって，重罪公訴郡部長の介入は予審の独立性に反するからである。この点は，予審手続の迅速化と予審判事の独立性との対抗関係の中で，1975年法以降，立法上の争点となってゆく。

3　近時における予審改革の動向

(1)　改革の背景

ア．過剰拘禁　フランスの犯罪状況を長いスパンで眺めた場合，統計をとりはじめた1830年以来，一貫した増加傾向にある[31]。そして，犯罪の増加傾向は，1960年半ば以降その速度を増している。検事局によって受理された事件数で比較すると，1972年には964万9000件であったものが，1980年には1540万2000件まで増大している[32]。とくに，1970年以降，持凶器窃盗や強盗などいわゆる暴力犯罪の増加が顕著であった。暴力犯罪の増加は市民の社会的不安感を増幅させた。

ところで，一貫して減少傾向にあった未決拘禁者の数は1950年を境にして

---

30)　P.MIMIN, *Vue d'ensemble sur les caractères généraux du Code de procédure pénale*, S., 1959, chronique, p.19.
31)　A.DAVIDOVITCH et BOUDON, *Les mécanismes sociaux des abandons de poursuites, Analyse expérimentale par simulation, L'année sociologique*, 1965, p.123 et suiv.
32)　Annuaire statistique de la justice, République Française Minisitere de la Justice, 1982, p.107.

増加の一途をたどった。1970年に9097人であったものが，1984年には1万9575人まで増加した[33]。既決・未決を含む被拘禁者総数に対する未決拘禁者の占める割合も，1972年は40％であったが，1984年には52％に達していた[34]。被収容者の増大は過剰拘禁の問題を生じさせる。1970年の「暑い夏」を頂点とする刑務所暴動はこうした状況において引き起こされたのである[35]。

イ．予審審理の長期化　さて，未決拘禁者の増大の原因は何であろうか。これを犯罪の増加と直接結びつけるわけにはいかない。なぜなら，フランスの勾留は予審審理の開始と結び付いているが，犯罪の増加傾向に反し，検察官から予審請求された事件数は，1972年が7万1045件であったのに対し，1982年は6万3747件でありむしろ減少しているのである[36]。未決拘禁者数を増大させている理由として，まず，予審判事が勾留決定を多用する傾向が見られるようになった点を挙げることができる。マスコミにセンセーショナルに取り上げられ市民に不安感をもたらすような犯罪の増加によって予審判事の禁圧的傾向が助長されたのである。また，概して経験の浅い若い裁判官が予審判事になる傾向にあり，彼の昇進がその勾留決定の数によって判断されるという事情もその勾留増加を後押ししたといわれている[37]。

　しかし，未決拘禁者を増大させている最大の原因は，予審審理の長期化である。予審審理の平均審理期間は1968年には5.94ヶ月であったが，1981年には9.18ヶ月に増加している[38]。多くの場合，予審審理の長期化は，勾留の長期化と直接結び付いている。予審の遅滞の原因としては，警察官に対する共助の嘱託の遅滞および鑑定の遅滞などが挙げられるが，それと共に，予審判事および検察官の慎重さや怠慢によって，実質的に終了した予審の決着を

---

33) D.PERIER-DAVILLE, *La détention provisoire, G.P.*, 1984, p.391.
34) J.PRADEL, *La détention provisoire selon le droit français contemporain, R.D.P.C.*, 1987, p.107.
35) 赤池一将「近時のフランスにおける過剰拘禁をめぐる政策展開の質と量(1)—刑事施設における暴動と行刑政策の二極化—」JCCD44号（1988年）20頁。
36) Annuaire statistique de la justice, *op.cit.*, p.107.
37) 赤池一将「近時のフランスにおける拘置所増設と予審改革」自由と正義39巻1号（1988年）54頁。
38) 澤登俊雄＝高内寿夫「フランスにおける未決拘禁法の動向」ジュリスト808号（1984年）97頁。

不当に引き伸ばす点などが指摘されている[39]。

こうした現状の中，手続の迅速化と未決拘禁の制限を目指した予審手続改革案が，矢継ぎ早に提出されていったのである。

(2) ポンピドゥー政権下（1969年～1974年）の予審改革

ア．1970年法（勾留の制限と司法統制処分）　現行刑事訴訟法の制定以降，C.P.P.の改正には主として2つの傾向が認められる。ひとつは，1897年法以来の自由主義的潮流，言い換えれば，個人の権利強化の流れであり，もうひとつは，手続の迅速化，捜査の充実という流れである[40]。ド・ゴール大統領の下で首相であったポンピドゥー（G. J. Raymond Pompidou）が第5共和政第2代大統領に就任した後，前者の方向において未決拘禁を制限しようとしたのが，1970年7月17日の法律である[41]。本法は，勾留を例外的な処分とし勾留に付しうる範囲と期間とを制限する。勾留の名称は従来のdétention préventive（予防拘禁）からdétention provisoire（仮拘禁）に変えられ，2年以上の拘禁刑に該当する犯罪の場合に限定された（C.P.P.144条）。

また，この法律は，未決拘禁を制限するために司法統制処分（contrôle judiciaire）を新設した。司法統制処分は，予審対象者の身柄を拘束しないで従来の勾留の効果を発揮させようとする趣旨から設けられたものである。予審対象者は，一定の社会活動が制限される。その制限の大半は移動の自由に関するものであり，たとえば，予審判事は，予審対象者に一定の区域外への移動を禁じ（C.P.P.183条），また身分証明書，運転免許証などを預かることができる。予審判事は，予審対象者がこれらの義務に違反した場合，勾留を命じることができる（同141-2条）。

(3) ジスカールデスタン政権下（1974年～1981年）の予審改革

ア．1975年法　司法統制処分の新設にもかかわらず，被勾留者の数は減少するどころかむしろ増加した。犯罪の増加と予審判事の過重な負担が，その主たる要因である。ジスカールデスタンが大統領に就任した後の1975年8月6

---

39) PRADEL, op.cit., p.273.
40) なお，現行フランス法の国家体制については，滝沢正『フランス法（第4版）』（三省堂，2010年）123頁以下参照。
41) Loi n° 70-643 du 17 juillet 1970, D., 1970, lég., p.200 et suiv.

日の法律は，勾留期間の短縮を図ったものである[42]。予審対象者が予審判事の面前に出頭してから4ヶ月を経過したにもかかわらず予審終結決定がなされない場合，予審対象者またはその弁護人は，重罪公訴部に釈放請求を行うことができることになった（C.P.P.148-4条）。

また，同法は，軽罪事件の現行犯について特別手続を設けた。共和国検事は，軽罪現行犯で逮捕された者を尋問し，予審審理が不要であると判断した場合，共和国検事自ら勾留状を発して被疑者の身柄を拘束し，即日，裁判所に事件を係属させることが可能となった（C.P.P.71-1条）。この手続は次にみるように，1981年の「安全と自由」法によってさらにその範囲が拡大される。

イ.「安全と自由」法（重罪公訴部による予審の統制）　先述したように，戦後のフランスの犯罪状況は年々悪化を続けていたが[43]，とくに暴力犯罪の事件解決率は低く（たとえば，1981年における強盗・侵入盗の解決率は15～16％），この点が社会的不安感を高めていた。こうした状況の中，1978年にペルフィット（Alain Peyrefite）が司法大臣に就任するに至り，刑事司法は，犯罪者の迅速確実な処罰によって市民の不安感を静める方向に大きな転換を遂げた[44]。ペルフィットは，刑事法全体の改革を企図し，1981年2月2日，いわゆる「安全と自由」法を成立させた[45]。

暴力犯罪の抑止を主たる目的とするこの法律は，次の3つの方向からその目的を達しようとした。まず，暴力犯罪を行った者に対して確実かつ厳格な刑罰を要求し，次に，訴訟手続を促進することにより裁判に対する信頼性を高め，第3に，被害者の損害賠償請求を容易にすることにより市民の社会的不安感を軽減し，同時に，私訴権の行使により犯罪の禁圧を図ろうとした。

---

42)　Loi n° 75-701 du 6 août 1975, D., 1975, lég., p.295 et suiv.
43)　J.VAUJOUR, *La sécurité du citoyen*, que sais-je?, 1980, p.15 et suiv.
44)　恒光徹「フランスにおける刑事政策の新たな展開―自由と連帯の刑事政策の終わりと，市民の安全（感）重視の刑事政策への復帰」法律時報55巻12号（1986年）47頁。
45)　Loi n° 81-82 du 2 février 1981, D., 1981, lég., p.86 et suiv. なお，本法律を含め，主要な法律については，フランス政府のウェッブサイト（http://legifrance.gouv.fr/）で閲覧することができる。また，本法律については，森下忠「フランスのいわゆる治安と自由法―刑法刑事訴訟法等の一部第改正―」ジュリスト740号（1981年）106頁以下，白取祐司「『安全と自由』法と刑事上の人権」莊子邦雄先生古稀祝賀『刑事法の思想と理論』（第一法規，1992年）519頁参照。

第2の点については，軽罪事件に関して，予審対象者の勾留を求めるためだけの無用な予審の開始を回避し，同時に，予審対象者の防御権を強化するために，直接係属（saisine directe）と総称される手続を置いた。すなわち，①プロセ・ヴェルバルによる召喚（convocation par procès-verbal）（C.P.P.394条），②裁判所への即時出頭（saisine immédiate）（同395条），③裁判所所長または受命裁判官への事前係属（saisine préalable）である（同397-1条）。

　「安全と自由」法は，予審手続に関してみれば，重罪公訴部長に重罪事件の予審統制権を付与することによって予審の迅速化を図ろうとしている[46]。すなわち，①重罪公訴部長は，予審判事に対して審理状況に関する報告を要求し，予審判事を呼び出し，また審査部に赴いて事件記録を閲覧することができ（C.P.P.196-1〜196-6条），②予審審理が開始から6ヶ月を超えている場合，公訴部長は，検察官，被疑者および私訴原告人の請求に基づいて，または職権で，重罪公訴部に事件を付託することができる（同56条），③最初の嫌疑から1年を超えても予審審理が終結しない場合，事件の一件記録は義務的に重罪公訴部に移送される（同56条）。重罪公訴部長は，予審を継続するか重罪公訴部に事件を付託するかの決定を下す。

　しかし，原理的側面から見ると，重罪公訴部長による予審統制権は，予審の二審制に反する[47]。この点の改良は，バダンテール司法大臣のもとで行われる。

(4) ミッテラン政権下（1981年〜1995年）の予審改革

ア．1983年法　1981年5月，社会党のミッテランが大統領に就任したことにより，司法改革もあらたな展開をみせる。ミッテランは，「安全と自由」法の廃止を政治公約のひとつに掲げていた。国民議会選挙でも社会党が過半数を獲得し，第2次モーロア内閣が発足，司法大臣には弁護士のロベール・バダンテール（Robert Badinter）が任命された。バダンテールは，新社会防衛運動の継承者として，刑事法全体にわたる改革に着手した[48]。

---

46) J.PRADEL, *La loi du 2 février 1981, dite,*〈*Sécurité et Liberté*〉*, et ses dispositions de procédure pénale,* D., 1981, Chron., p.101.
47) J.PRADEL et P. LEGER, *Pour procès pénal dans un délai raisonnable. Suggestions pour ne réglement plus rapide de l'instruction préparatoire,* D., 1982, Chron., p.106.
48) 恒光・前掲注（44）69頁。

予審手続に関しては，未決拘禁者を減少させるための勾留制度の抜本的改革が目指された。しかし，その方向性はペルフィットとは異なり，予審対象者の権利を強化する方向において実施された。それが，1983年法，1984年法および1985年法である。

まず，安全と自由法を改廃する1983年6月10日の法律が制定された[49]。「安全と自由」法が，犯罪の禁圧と刑事手続の迅速化を目指したのに対して，本法は，処遇の個別化および個人の自由の保障という，従来の刑事政策の潮流に沿った改革を実施した。その主眼点は次のようにまとめられる[50]。第1に，安全と自由法によって設けられた暴力犯罪に対する刑の適用およびその執行において，裁判官の裁量権を制限する規定を廃止し，代わって刑の個別化を促進するための代替刑を新設する。第2に，訴訟の促進を図った刑事訴訟法の規定はその対象を限定し，防御権を十分に保障した形態に修正する。また，予備捜査の一環として身元確認（contrôle d'identité）を新設する。

以上のうち，予審手続に関する改正点は次の2点である。

まず，重罪公訴部長による予審統制権に関する規定を廃止した。その理由は2つある[51]。まず，重罪公訴部長による統制権は予審判事の独立性と予審の二審制という予審手続を支えている基本原則と抵触すると考えられたからである。第2に，重罪公訴部の裁判官たちは他の業務を兼任している上に予審審理を有効に進行させる物的・人的手段を欠いていたからである。

次に，「安全と自由」法によって拡大された軽罪事件に関する迅速手続は，従来どおり現行犯の場合に限定された。具体的には，即時係属および事前係属は廃止され，「即時出頭（comparution immédiate）」と呼ばれる手続に替えられた。即時出頭の特色は次の5点である。①被疑者は共和国検事の面前に出

---

49) Loi n° 83-466 du juin 1983 portant abrogation ou révision de certaines dispositions de la loi n° 8182 du 2 février 1981 et completant certaines disposition du code pénal et du code de procédure pénale, A.L.D., 1983, p.282. 本法については，新倉修「立法紹介：『安全と自由』法の改廃―1981年2月2日の法律第82号の若干の条文の廃止または改正をもたらし，かつ，刑法典および刑事訴訟法典の若干の条文を補充する1983年6月10日の法律第466号」日仏法学13号（1985年）151頁参照。
50) 本法の刑事手続法に関する改正に関しては，澤登＝髙内・前掲注（38）95頁参照。
51) M.PUECH, Commentaire de la loi n° 83-466 du juin 1983, A.L.D., 1983, p.108.

頭した時点で弁護人の援助を受けることができる（C.P.P.393条）。②即時出頭を利用できるのは，法定刑が1年から5年の拘禁刑にあたる軽罪でかつ現行犯の場合に限られる（同395条）。③即日公判を開くことができない場合は，裁判所長または受命裁判官の命令によって勾留することができるが，勾留が命じられたときには，被告人を勾留された日に続く最初の平日に裁判所に出頭させなければならない（同396条）。④裁判所は，弁護人立会いのもとで被告人が同意するのでなければ，即日公判を開くことはできない（同397条）。被告人が不同意である場合には，裁判所は，5日から30日の間で定められた次回公判に審理を延期する（同397-1条）。⑤裁判所は出頭した被告人を勾留することができるが，予審におけるのと同様の要件と形式とに従わなければならない。また，勾留を認めた場合，2ヶ月以内に本案に関する判決を行わなければならない（同397-3条）。

「プロセ・ヴェルバルによる召喚」は残されたが，共和国検事による決定に際し弁護人の立会いが必要とされるなどの修正が加えられた。

イ．**1984年法**　「安全と自由」法を改廃した後，バダンテールは，予審審理の長期化および過剰拘禁問題に対して新たな解決策を講じた。それが1984年7月9日の法律である[52]。

本法の目玉は，勾留決定に対して対審弁論を導入し，予審対象者の権利保障を強化した点にある。重罪・軽罪事件において，予審判事は，勾留決定に際して予審対象者に対し弁護人選任権を告知すると同時に，防御の準備を行うための期間を要求する権利を告知する（C.P.P.145条3項）。予審判事は，勾留決定を行う前に，審査部において対審弁論（débat contradictoire）を開き，検察官の意見，予審対象者・弁護人の意見を聞かなければならない（同条5項）。予審対象者・弁護人が準備期間を要求した場合，予審判事は勾留決定を延期し，その間，5日を限度として予審対象者を仮収監（incarcération provisoire）することができる（同条6，7項）。

また，軽罪事件では勾留期間は4ヶ月以内とし，延長も4ヶ月を限度とし

---

[52]　Loi n° 84-576 du 9 juillet 1984 tendant à renforcer les droits des personnes en matière de placement en détention provisoire et d'execution d'un mandat de justice, *A.L.D.*, 1984, p.417 et suiv.

た (C.P.P.145-1条)。重罪事件の場合，勾留は1年以内とされ，例外的に更新可能な4ヶ月の延長を認めることとした (同条3項)。

　バダンテールは，本法によって個人の自由に対する保障が改善され，勾留は例外であるとする原則が明確化されると考えた[53]。しかし，本法に対する学会の反応は冷淡であり，対審弁論は勾留の数を減らすことにはならないだろうし，勾留の制限は例外である勾留延長が原則化するとの予想がなされた[54]。

ウ．1985年法（合議制の導入）とその廃止　続いて，バダンテールは，さらに大きな予審改革を断行した。1985年12月10日の法律[55]により，勾留決定などに合議制を導入することによって，勾留を制限しようとしたのである[56]。

　1985年法は，大審裁判所に3名の裁判官よりなる合議部 (chambre de l'instruction) を創設した (C.P.P.49条)[57]。合議部は，予審と司法的決定機能を明確に分離するために設けられたものであり，予審開始請求を受理し，予審を開始すべきか否かを決定し，開始する場合，担当する予審判事を指名する。

　合議部には，予審審理を監督する権限が与えられる。6ヶ月を超えてもいかなる予審行為も実施されない場合，予審対象者，私訴原告人およびそれらの弁護人には，合議部の聴聞を受ける権利が与えられる。合議部には，私訴原告人となる申立ての裁定，予審行為の無効を重罪公訴部に請求する権限などが与えられる。令状の発付のうち，勾留状および勾引勾留状など強制力の強い令状の発付は予審部が決定する。また，「安全と自由」法によって重罪公訴部長に与えられた予審の統制権は，合議部に与えられることになった[58]。

---

53)　D.PERIER-DAVILLE, *La détention provisoire*, G.P., 1984, p.390-392.
54)　ROUJOU de BOUBEE, *La placement et détention provisoire*, A.L.D., 1985, p.85.
55)　Loi n° 85-1303 du 10 décembre 1985, A.L.D., 1986, p.32 et suiv.
56)　赤池一将「近時のフランスにおける過剰拘禁をめぐる政策展開の質と量(3)―刑事施設における暴動と行刑政策の二極化―」JCCD46号（1988年）160頁。
57)　合議部 (chambre de l'instruction) の名称は，後に2000年法によって設けられた予審部 (chambre de l'instruction) と同一であるので注意を要する。1985年法による合議部は，予審判事と同じ大審裁判所中に設けられた組織であるのに対して，2000年法によって創設される予審部は，控訴院に設けられ，重罪公訴部 (chambre d'accusation) に代替する組織である。

しかし，本法律は，裁判官の大幅な増員が必要となることから，1988年の施行とされ，結局のところ，1987年法によって廃止されることになる。

エ．1987年法（勾留請求部の創設）　バダンテールによる司法改革も揺り戻しを受ける。1986年3月，国民議会選挙が実施され保守連合が過半数を獲得したことにより，ミッテラン大統領は，保守党の共和国連合総裁でありパリ市長でもあったジャック・シラクを首相に指名し組閣を要請した。いわゆるコアビタシオン（cohabitation）のはじまりである。司法大臣にはアルバン・シャランドン（Albin Chalandon）が任命され，司法改革もまた揺り戻しをみせる[59]。シャランドンは財務官僚出身の政治家でかつ実業家であり，それゆえ彼は，実務的で中道的な司法改革を標榜した。先のペルフィットおよびバダンテールの政策が両端に寄り過ぎていたという反省から，シャランドンは，中道的な立場から最小限の司法改革を進めようとした。しかし，実際にシャランドンが提出した改革法は，ペルフィットへの回帰という傾向が顕著である。

　シャランドンは，1986年に4つの司法改革案を相次いで立法化したが，総じて迅速・確実な処罰という「安全と自由」法への復帰が認められる。1986年の4つの法律とは，①犯罪および違反行為の対策に関する9月9日の法律，②刑罰の執行に関する9月9日の法律，③テロリズムおよび国家の安全に対する侵害の対策に関する9月9日の法律，④身元確認手続に関する9月3日の法律である。

　先のバダンテールは，1985年法において合議部を創設し，予審決定に合議制を導入した。しかし，予審判事および書記官の大幅増員を前提とするものであったため，その施行は1988年とされていた。しかし，増員はままならず，実務家はこの改革を辛辣に批判していた[60]。シャランドンは同法の施行にストップをかけ，一層現実的な，一面一層画期的な改革案を提示した。それが1987年12月30日の法律である[61]。

---

58) J.LEMOULAND, *La réforme de la procédure d'instruction en matière pénal(Loi n° 85-1303 du 10 décembre 1985)*, A.L.D., 1987, n° 7.
59) 恒光・前掲注（44）52頁。
60) LEMOULAND, *op.cit.*, p.47.
61) Loi n° 87-1062 du 30 décembre 1987, A.L.D., 1988, n° 2.

1987年法は，勾留を命じる機関として，軽罪裁判所内に勾留請求部 (chambre des demandes de mise en détention provisoire) を設けた。この部局は，事件に関与した予審判事を含まない大審裁判所裁判官3名によって構成される (C.P.P.137条2項)。1985年法が予審決定の大部分を合議制にしたのに対して，1987年法は勾留決定に限って合議制とする点で一歩後退し，勾留決定に予審審理を実施した予審判事を含まない点で新規性を示している。その他の決定権は予審判事に保持された[62]。

　その手続は次のように進められる。予審判事が予審対象者を勾留する必要ありと判断した場合，予審判事は，事件を勾留請求部に移送する（同144-1条）。勾留請求部は予審対象者を尋問した後，勾留を命じることができる（同145条）。予審判事は，勾留請求部に移送する前に，予審対象者に対して，弁護人の援助を受けられることおよび防御のための準備期間を要求できることを告げなければならない。選任された弁護人はただちに一件記録を閲覧し，予審対象者と自由に接見することができる（同条4項）。勾留請求部が決定を行うにあたっては，検察官，予審対象者，弁護人などが出席する対審弁論が実施されなければならない（同条5項）。予審対象者は勾留請求部の決定に対して重罪公訴部に異議申立てをすることができる（同186条）。

　また，重罪公訴部長の予審統制権に関して，「安全と自由」法の復活が図られた。すなわち，4ヶ月の間，予審判事による予審行為が実施されていない場合，検察官などの請求により重罪公訴部がその事件の裁判権を引き取ることができる（同221-1条）。

　勾留請求部の設置に関してはただちに批判的論稿が見られた。たとえばプラーデルは，勾留請求部が予審対象者の利益にならない点，手続が煩雑になる点，多くの裁判官の増員を必要とする点を挙げ批判している[63]。

オ．1989年法（勾留請求部の廃止）　1988年5月8日，ミッテランが大統領に再選され，アルパイヤンジュ（Pierre Arpaillange）が司法大臣に就任した。アルパイヤンジュは，先のシャランドン司法大臣の改革を，予審判事に捜査

---

62) J.PRADEL, *Chambre du conseil et instruction préparatoire(Remarques suggérées par la loi du 30 décembre 1987 relative à la procédure pénal)*, D., 1987, chro., p.149 et suiv.
63) PRADEL, *op.cit.*, p.152.

権限と司法保障機能を併有させた1856年法以前の手続への逆行と批判し，バダンテールの考え方への復帰を表明した[64]。

まず，アルパイヤンジュは，シャランドンによる1987年法の「勾留請求部」に関する規定を廃止した。それが1989年7月6日の法律である[65]。1987年法では，勾留の決定に対して，事件に関与した予審判事を含まない3名の裁判官によってなされるべきこととされていたが，1989年法では，勾留の権限を予審判事に復帰させている。同時に，勾留件数を制限するために，勾留前の人格調査制度による勾留決定の厳格化，勾留決定理由開示の義務化による勾留制限，勾留期限の短縮化および延長手続の厳格化を図った規定を盛り込んでいる[66]。

カ．「刑事司法と人権委員会」　アルパイヤンジュは，これに先立ち，1988年8月，公判前手続の全面的改革を目指し，デルマス・マルティ（M. Delmas-Marty）を委員長とする「刑事司法と人権委員会（Commission Justice pénale et droits de l'homme）」を設置している。同委員会は，1989年11月の予備報告を経て，1990年6月に最終報告書を提出した[67]。

予備報告書では，予審制度が，1808年のフランス治罪法典制定後，1897年法による予審段階への弁護人の導入，1958年の現行刑事訴訟法典による検察官からの予審判事の独立という展開をみた点を確認した後，依然として，予審対象者に対する司法的保障が不十分な点を指摘する。すなわち，①予備捜査，警察留置等を通じて作成されるプロセ・ヴェルバル（調書，procès-verbal）の際に弁護人の援助を受けることができない点，弁護人による一件記録

64）　赤池一将「現代フランスにおける公判前手続改革の指標―『刑事司法と人権委員会』の提言」朝倉京一ほか編『八木國之先生古稀祝賀論文集：刑事法学の現代的展開（上巻）』（法学書院，1992年）439頁以下。

65）　Loi n° 87-1062 du 30 décembre 1987, A.L.D., 1988, n° 2.

66）　赤池一将「立法紹介：予審勾留―刑事訴訟法の一部改正と予審勾留に関する1989年7月6日の法律第461号」日仏法学17号（1991年）175頁以下，水谷規男「フランスの未決拘禁と欧州人権規約―『人権国際化』の観点からの素描」三重法経92号（1992年）236頁。

67）　Commission justice pénale et droits de l'homme, La mise en état des affaires pénales, La Documentation Française. 同報告書については，白取祐司『フランスの刑事司法』（日本評論社，2011年）21頁，白取祐司＝赤池一将「フランス改正刑事訴訟法の現況」ジュリスト1029号（1993年）49頁，赤池・前掲注（64）436頁参照。

の閲覧が時間的に制約されている点，不服申立てが限定されている点，②予審判事の被疑事実の告知（inculpation）および判決裁判所への移送決定が，被疑事実についての事前の対審弁論を経ずに行われる点，③公判では口頭弁論がまったく重視されていない点である[68]。

続いて，委員会は，1990年6月に提出された最終報告書において，「司法的保障」の充実に向けた公判前手続の抜本的改革を主張する。それは，検察官への予審権限の委譲である。すなわち，委員会は，予審権限と司法的保障権限を分離すべきであるという観点から，両権限の予審判事への併有を問題とし，裁判官のコントロールの下において，検察官に捜査指揮権限を認める方向を提案する。委員会は，現在の予備捜査（警察捜査）を「初期捜査」とし，検察官の統制のもと司法警察が行ない，予審審理を「対審的捜査」とし，裁判官の統制のもと検察官が実施することとした。すなわち，裁判官は，検察官が個人的自由の侵害を伴う捜査活動を行なう場合に，その許可を与える立場に後退する[69]。

委員会の提示する公判前手続の構造は，基本的に，1949年に公表されたドンヌデュ・ド・ヴァーブルの改正案と同様である。すなわち，委員会は，中立な立場にある予審判事に予審権を委ねることによって予審活動の公平性・適法性を確保するよりも，予審権限を検察官に委ね，裁判官によってそれをコントロールすることによって「司法的保障」を確保しようとしたのである。

キ．1993年1月法（勾留審査部の創設） クレッソン内閣への移行後，「刑事司法と人権委員会」の提案に対し，政府は消極的立場をとる。1992年2月26日，司法大臣サパン（Sapin）は，現在の予審制度を前提とし，警察留置の改善，勾留決定における合議制の導入，防御権の強化等を盛り込んだ刑事訴訟法の改正案を提示した。改正案は，審議の過程において刑事手続全般にわたる改正案に拡充され，1993年1月4日，刑事手続改革に関する法律として公布された[70]。

---

[68] 赤池・前掲注（64）449頁以下。
[69] 赤池・前掲注（64）455頁以下。
[70] Loi n° 93-2 du 4 janvier 1993 portant réforme de la procédure pénale, J.O., 5 janvier 1993. なお，

新法では，警察留置（ガルダ・ヴュ）における弁護人との接見交通権をはじめとする被留置者の権利拡充，人権宣言9条に規定された「無罪推定」法理の法文上への明示，公判の弁論における当事者の権限強化等，主として，被疑者・予審対象者の権利強化の方向において改革がなされた[71]。

この中で，予審に関する改正の主眼は2点である。第1に，予審段階の防御権の強化であり，第2に，勾留審査部の創設である。

まず，弁護人は，予審対象者が最初に予審判事の面前へ出頭する以前において，事件記録を閲覧し，予審対象者と自由に接見することができるようになった。すなわち，弁護人は，予審対象者の第1回出頭期日の5日前に召喚を受け，出頭期日までの間自由に事件記録を閲覧することができ，予審対象者と接見することができる（C.P.P.114条）。

第1回出頭以降，弁護人は，防御にとって必要がある場合，予審判事に，人格調査・社会調査の申立て（同81条），尋問・対質，現場検証および書類の提出の申立て（同82-1条），鑑定または対立鑑定の申立て（同156条）ができるようになった。

勾留決定については，勾留審査部（chambre d'examen des mises en détention provisoire）を新設した（同137-1条）。この改正は段階的である。まず，93年3月1日以降は，勾留の決定および延長は，予審判事に代わり裁判所長または裁判長に委嘱された裁判官（juge délégu）が行なう（同137-1条）。94年1月1日からは，裁判官1名と市民2名の合議制とする。市民は毎年裁判所合同会議が作成する名簿の中から裁判所長が依頼する（同）。すなわち，予審権限と勾留決定権との分離が3たび提案されたことになる。

しかし，同法に対しては，まず，予審判事が勾留審査部の構想に反発した[72]。とりわけ，予審判事が勾留を請求する場合，勾留審査部に申し立て，

　この時点におけるフランス刑事訴訟法典は，法務大臣官房司法法制調査部編『フランス刑事訴訟法典』（法曹会，1999年）に全訳されている。
71)　1993年法の全体像については，白取祐司＝赤池一将『フランス改正刑事訴訟法の現況』ジュリスト1029号（1993年）51頁以下，白取祐司「フランスにおける起訴前弁護をめぐる最近の動向」自由と正義44巻7号（1993年）53頁参照。また，とくに警察留置（ガルダ・ヴュ）の改正点に関しては，平野泰樹『近代フランス刑事法における自由と安全の史的展開』（現代人文社，2002年）507頁以下参照。

資料を送付し，審査を待たなければならず，手続が煩雑になる点，および，裁判官の増員について具体的なプランが提示されていない点が批判された。

ク．1993年 8 月法（勾留審査部の廃止）　こうした中，1993年 3 月28日，社会党は総選挙で歴史的敗北を喫する。バラデュール首相のもと，メニュリ（Pierre Méhaignerie）が司法大臣に就任した。新内閣は，刑事手続改革法の再度の改正を重要政策課題のひとつに掲げ，1993年法の目玉であった勾留審査部の創設，警察留置開始時からの弁護人の接見，公判審理への当事者主義の導入について撤回の意向を表明した[73]。早速，改正のための法律委員会が設けられ，同年 5 月に，ジャン－マリ・ジロー（Jean-Marie Girault）委員長の名において，報告書が作成された。法案は，国会での審議の後，1993年 8 月24日に成立した[74]。

本法は，警察留置開始時から弁護人に与えた接見交通権，公判手続における当事者主義の強化などを撤回している。勾留決定に関しては，すでに 3 月 1 日より実施されていた委嘱裁判官（juge délégu）の制度は廃止され，1994年 1 月 1 日から実施される予定であった裁判官 1 名と非専門家 2 名の合議制も見送られた。勾留決定は，従来通り，予審判事によって実施されることになった。ただし，予審段階における予審対象者の権利拡充の部分は基本的に維持された。すなわち，弁護人は，予審対象者の第 1 回出頭期日の 5 日前に召喚を受け，出頭期日までの間自由に事件記録を閲覧することができ，予審対象者と接見することができる[75]。

(5) シラク政権下（1995年～2007年）の予審改革
ア．2000年無罪推定法（「自由と勾留判事」の創設および「重罪公訴部」から「予審部」への名称変更）　シラク大統領下における刑事司法改革は，その前半は自由と人権の保障を追求し，後半は捜査の効率化の方向に舵を切っている。これは，前半は1997年国民議会選挙で左翼が勝利しコアビタシオン

---

72) 白取＝赤池・前掲注（67）54頁。
73) 同上。
74) Loi n° 93-1013 du 24 août 1993 modifiant la loi n° 93-2 du 4 janvier 1993 portant réforme de la procédure pénale.
75) Circulaire du 24 août 1993, relative la loi n° 93-1013 modifiant la loi n° 93-2 du 4 janvier 1993 portant réforme de la procédure pénale.

（保革共存）が再登場したこと，後半は2度目の大統領選後の国民議会選挙で与党連合が圧勝したことと対応している。前半を代表するのが2000年に成立した無罪推定法であり，後半を象徴するのが2004年のいわゆるペルベンⅡ法である。

1997年6月，社会党のジョスパン首相の下でエリザベス・ギグ（Elisabeth Guigou）が司法大臣に任命された。ギグは，自由と権利を保障する観点から新法案を提出した。法案は，議会において大幅な修正を受けた後，無罪推定と被害者の権利の擁護を強化する2000年6月15日の法律（無罪推定法）として成立した[76]。

無罪推定法を象徴するのは，C.P.P.1条の前に，9項目の前置条項（art. préliminaire）が置かれた点である。その9項目とは，①刑事訴訟法は公正かつ対審的でなければならず，当事者の権利の均衡を保持するものではならないこと，②公訴権を付託された機関と裁判機関の分離，③被疑者・被告人の手続上の平等，④被害者情報と被害者の権利保護に関する配慮，⑤無罪推定の法理，⑥弁護人の援助を受ける権利，⑦被疑者・被告人に対する身柄拘束処分は司法機関の決定によるべきこと，⑧迅速な裁判の実現，⑨上訴権の保障である。

次に，未決勾留の抑制という見地から，自由と勾留判事（juge des libertés et de la détention）が創設された。勾留の決定権限は予審判事から自由と勾留判事に移され，勾留に付す決定，その延長および保釈の決定は，自由と勾留判事が行うこととなった（C.P.P.137-1条1項）。自由と勾留判事は大審裁判所所長によって任命されるが，所長，第一副所長，副所長のいずれかの身分の者でなければならない（同）。

また，2000年法は，控訴院の重罪公訴部（chambre d'accusation）を予審部（審査部，chambre de l'instruction）の名称に改めた[77]。予審部は，控訴院に置か

---

[76] Loi n° 2000-516 du 15 juin 2000 renforçant la protection de la présonption d'innocence et le droit des victims.無罪推定法については，白取・前掲注（67）55頁，同「フランス刑事訴訟法の改正について（1）（2）（3）（4・完）」現代刑事法23号（2001年）75頁，27号（2001年）90頁，37号（2002年）68頁，48号（2003年）77頁，島岡まな「フランスにおける無罪推定保護と被害者の権利強化に関する法律」捜査研究586号（2000年）72頁参照。

[77] 中村義孝『概説フランスの裁判制度』（阿吽社，2013年）80頁。

れ，予審部部長と控訴院の2名の裁判官によって構成される（C.P.P.191条1項，2項）。従来，予審判事は，事件が重罪に該当すると認めた場合，重罪公訴部の判断を仰ぐために，必ず事件を，検察官に送致する必要があった。しかし，2000年法は，予審判事に対して，自ら事件を重罪公判に付す決定を行う権限を与えた（C.P.P.181条1項）。これによって，予審部は，すべての重罪について，予審対象者に嫌疑があるか否かを判断するのではなく，検事長（procureur général）から，事件を送致された場合にのみ，事件の審理を行うことになった（C.P.P.194条1項）。また，予審部は，検察官，予審対象者，私訴原告人によってなされる，予審判事のすべての決定に対する異議申立てに関して裁定を下す抗告審としての役割をはたす（C.P.P. 148条，148条の1，173条，185条，186条など）[78]。

イ．2004年ペルベンⅡ法　シラクは2002年5月の大統領選で再選され，同年6月の国民議会選挙で与党連合が圧勝したことから，刑事司法にはまた呼び戻しがあった。それが，犯罪増加への司法的対応に関する2004年3月4日の法律であり，司法大臣の名をとってペルベンⅡ法（Loi Perben Ⅱ）とも呼ばれる[79]。本法は，組織犯罪などを念頭に置いた刑事訴訟法全体にわたる改正であり，司法警察職員が，共和国検事の事前許可を条件として参考人を強制的に呼び出す規定（C.P.P.78条1項）などが置かれたが，予審制度に関する重要な改革は含まれていない。

ウ．2007年法　フランス北部のウトゥロ町で発生した冤罪事件（affaire d'Outreau）に対して，国民議会の調査委員会が設置され，委員会は，2006年6月に調査報告書を提出した。この報告書を受けて，2007年3月5日に複数の法律が制定されたが[80]，同法には予審に関係する改正も多く含まれてい

---

[78] J.PRADEL, *Procédure pénale*, 17éd., CUJAS, 2013, n° 37. なお，予審処分に無効とされるべきものがある場合は，予審判事自身が，予審部にそれらの排除を請求することができる（C.P.P.173条1項）。

[79] Loi n° 2004-204 du 9 mars 2004 portant adaptation de la justice aux évolutions de la criminalité. 本法については，白取・前掲注（66）91頁，末道康之「フランスの刑事立法の動向——Loi Perben Ⅱについて」南山法学29巻2号（2006年）123頁参照。

[80] Loi n° 2007-291 du 5 mars 2007 tendant à renforçant l'équilibre de la procédure pénale, Loi organique n° 2007-287 du 5 mars 2007 relative au recrutemant, à la formation et à la responsabilité des magistrats et Loi n° 2007-297 du 5 mars 2007 relative à la prévention de la

る[81]。

　まず，警察留置に付された重罪の被疑者の取調べについては，録音・録画することが規定された（C.P.P.64-1条1項）。

　次に，未決勾留については，2000年法によって自由と勾留判事にその権限が与えられることになったが，本法では，その審理は対審で行われ，必ず弁護人が立ち会わなければならないこと，弁護人がないときは国選弁護人が付されることが規定された（C.P.P.145条6項）。

　また，予審対象者を勾留に付する決定を行ってから3ヶ月が経過したときは，予審部（審査部, chambre de l'instruction）の裁判長は，職権で，あるいは検察官または予審対象者の請求により，事件を予審部に係属させることができることとした（C.P.P.221-3条）。

(6)　サルコジ政権下（2007年〜2012年）の予審改革

ア．2010年「未来の刑事訴訟法草案」　ニコラ・サルコジが新自由主義の経済政策を掲げて大統領となったことに伴い，刑事司法についても，捜査の効率化の方向性がさらに進められた。2008年10月，元EU司法裁判所検事長フィリップ・レジェ（Philippe Léger）を委員長とする「刑事司法検討委員会（comité de réflexion sur la justice pénal）」が設置され，同委員会は，2009年9月に，最終報告書を公表した[82]。ここでは12の提案がなされているが，その第1の提案が，現在の予審判事を廃止して，捜査と自由判事（juge de l'enquête et des libertés）に代えるというものである[83]。

　レジェ委員会の報告書を受理した，司法大臣アリオ・マリ（Michèle Alliot-Marie）は，ただちに法案の策定作業に入り，2010年3月，「協議のための未来の刑事訴訟法草案」を公表した[84]。草案は先の最終報告書を受け，予審判事の廃止を提言している。草案は，予審を含めた捜査全体の名称を「刑事司法捜査（enquête judiciaire pénale）」とし，これを行使するのは共和国

---

　　délinquance.
81)　2007年法制定の経緯およびその内容については，白取・前掲注（67）99頁以下参照。
82)　Rapport du comité de réflexion sur la justice pénal. 本草案については，白取・前掲注（67）117頁参照。
83)　Rapport du comité de réflexion sur la justice pénal, p.6.
84)　Avant-projet du future code de procédure pénale soumis à concertation.

検事であるとしている（草案331-1条）。一方で，刑事司法捜査は，捜査と自由判事，捜査と自由裁判所またその上訴審としての捜査と自由部（chambre de l'enquête et des libertés）の統制の下で行使される。捜査と自由判事は，予審判事と自由と勾留判事との機能を果たすものとして構想されており，予審判事と同様に，大審裁判所の裁判官の中から選任される。

　しかし，この提案とくに予審判事の廃止は，司法界の強い批判を呼び起こした[85]。この改革は，1949年のドンヌデュ・ド・ヴァーブルの改革案，1990年のデルマス・マルティの改革案と同じ方向性を有している。フランスでは，何度もこのような流産の改革（réforme mort-née）が繰り返されているのである[86]。2012年5月，社会党のフランソワ・オランドが大統領に就任し，この改革案も日の目を見ることはなかった。

4　小括

(1)　現行刑事訴訟法典における予審

　1897年法は，予審段階における予審対象者の権利保障を強化したが，同法の規定が予審手続のみを対象としたため，このことが逆に裁判所をして警察捜査の規制に消極的な態度をとらせ，その結果，警察捜査は正当化され拡大する傾向が生じた。「非公式」捜査はもはや既成事実となり，改革課題は，それを否定するのではなく，いかに規制するかという点に移っていった。戦後，この問題について，相次いで解決策が提示される。

　ドンヌデュ・ド・ヴァーブルは，司法警察官の「非公式捜査」を直接的に統制しうる立場にある検察官に予審権を集中させることによって，警察捜査を統制し，予審判事を完全な司法機関とする案を発表した。しかし，この案は，C.P.P.が確立した訴追と予審の分離原則に抵触し，訴追者が強制的捜査権限を有することになり，予審対象者に対する保障が十分ではないとして学界・実務の批判を浴びた。

　ベッソンは，従来の予審と訴追の分離原則を一層明確にしながら，同時

---

85) L.SCHENIQUE, *La réforme de la phase préparatoire du procès pénal*, L'Harmattan, 2014, p.147.
86) *Ibid.*, p.144.

に、警察捜査を「予備捜査」として法律上承認しそれを検察官の統制の下におく改正案を提示した。この改正案が1959年の現行刑事訴訟法典（C.P.P.）として結実する。C.P.P.は予審に関するC.I.C.の原則に修正を加えてはいない。しかし、警察捜査を承認することによって、C.P.P.は、実質的な証拠的収集権限が検察官の統制の下にある司法警察官にも帰属することを法律上明示したことになる。

その一方で、予審判事の独立性は明確化され、重罪公訴部のちの予審部の審理は対審化された。すなわち、実際上の証拠収集に関する予審判事の比重が相対的に低下した反面、予審手続は、予審対象者に対する保障的側面を一層強化した。

前章および本章において眺めた、C.I.C.以降の予審手続の改正の流れは、常に、予審手続における予審対象者の権利保障強化の方向を向いている。

(2) 予審改革を巡るその後の状況

フランスにおける1970年以降の予審改革は、過剰拘禁、予審の長期化という事態と結び付いている。すなわち、予審判事は、司法的決定権のひとつとして予審対象者の勾留決定権を有していたが、勾留の権限が予審判事にのみに委ねられているために、予審が開始されない限り予審対象者を勾留することができない。他方、予審審理は予審判事すなわち裁判官によって行われるために、審理期間の長期化はある程度避けられない。審理が長期化すれば、それに伴い予審対象者の勾留期間も長期化する。ここに、予審の構造的とも言い得る欠陥がある。

その是正に向けて、1981年以降、目まぐるしいばかりの予審改革案が提出され、その一部は実現された。そして、こうした予審改革の動向は、先のドンヌデュ・ド・ヴァーブル案とベッソン案との構図が（これはC.I.C.制定以来繰り返されているものであるが）、そのまま繰り返されている。すなわち、立法者は、この問題を、迅速な手続の実現（捜査の充実化）と予審対象者の権利保障との対抗という構図において解決しようとしている。この構図の中で、予審対象者の権利保障とは、予審手続をC.I.C.以来の原則に忠実に保持すること、換言すれば、検察官の権限を抑制しかつ予審判事の独立性を保持することにあった。

しかし，そうした予審の性格は，一方において，予審審理を長期化させる契機を内包させている。予審判事は，その独立性・司法官性によって公平に予審審理を実施する者でありえたが，それは同時に，予審活動の機能的・集中的行使を妨げている。予審判事の負担が加重であることは，予審審理を遅滞させる原因となった。

　実は，この問題は，フランス治罪法典によって予審制度が創設された当初より予想されていた（第3章）。近時の事態は，刑事施設の過剰収容と結び付いたために喫緊の解決が迫られているのである。予審審理の長期化に関しては，いまだ抜本的な解決策は提示されてはいない。

　しかし，他方，これまでの予審制度の歴史的経緯に照らすと，予審権限を検察官に委ねるという公判前手続の構造的改革も難しいように思われる。なぜなら，予審手続は，その成立過程からして，適切な公判審理を実現するために設けられたものである。そして，それは公正・中立な裁判官が予審を実施することによって実現されると考えられたのである。それを，一方当事者に委ねるためには，検察官による証拠収集が，裁判官によるそれと同様に，公正・中立であることが担保されなければならない。

　フランスの予審手続は，予審対象者の権利保障と迅速な手続・捜査の効率化との対立という，C.I.C.以来の図式の中で常に揺れ動きながら，200年あまりの間その命脈を保っている。

第 2 部 公判審理から見た捜査

第1章 「捜査活動の記録」という視点

　第1部におけるフランス予審制度の歴史的分析は，わが国の捜査のあり方にいかなる示唆を与えるものだろうか。第2部では，第1部におけるフランス予審制度の歴史的検討を踏まえて，予審的視点を再評価し，その視点から具体的に，わが国の捜査手続のあり方を検討していきたい。予審的視点とは，捜査段階を公判審理の準備手続と位置付ける視点であるから，この視点は，結局のところ，公判審理の充実という見地から捜査活動を再検討する視点ということになる。

　充実した公判審理を実現するためには，予備的な審理が必要である。このことは，いみじくも，司法制度改革審議会による司法改革に基づく公判前整理手続の創設によって明らかとなった。2001年6月に公表された司法制度改革審議会意見書では，「審理の充実・迅速化のためには，早期に事件の争点を明確化することが不可欠である」「第一回公判期日の前から，十分な争点整理を行い，明確な審理の計画を立てられるよう，裁判所の主宰による新たな準備手続を創設すべきである。」と述べられている。また，これを具体化した刑事訴訟法316条の3第1項は，「裁判所は，充実した公判の審理を継続的，計画的かつ迅速に行うことができるよう，公判前整理手続において，十分な準備が行われるようにする」と規定している。

　ただし，公判前整理手続は，本書で検討してきた予審（裁判官によって実施される真相解明のための諸活動）を行うものではない。また，予審判事は当該事件の公判審理には関わらないが，公判前整理手続を主宰する裁判官は，公判審理を主宰し，また判決にも関与する。

　こうしたわが国の現状を前提として，捜査の予審的視点は，わが国の刑事手続にどのように寄与しうるだろうか。第2部では，この視点を「捜査活動の記録」の視点として捉え直し，わが国の捜査の問題について，一層具体的に検討していきたい。

1 フランスの予審と戦前におけるわが国の予審の相違点

(1) 予審手続自体の相違点

　まず，予審制度は，わが国においても戦前まで，刑事手続の重要な一局面として存在していたことから，フランスの予審制度とわが国の戦前の予審制度との異同について簡単に整理しておきたい[1]。

　わが国最初の刑事訴訟法典である明治13年布告の治罪法は，フランス治罪法典（C.I.C.）を手本としてボアソナードによって草案が作成されたものであり，治罪法における予審手続それ自体はフランス法のそれと基本的相違はないと言えよう[2]。主たる相違点を挙げると，①被告人尋問（訊問）および対質を予審行為として明確に規定した点（治罪法149条以下），②予審判事は，被告人に対して，「密室監禁」という他人との接見を認めない糺問的な身柄拘束を行うことができる点（同143条以下）の2点である。

　フランス治罪法典において，被告人に対する尋問は，当初，勾留質問としてのみ規定されたのであり，1897年に予審審理のひとつとして明文化されたときには，被告人に対する権利保障という意義をもって登場した（第1部第4章）。これに対して，わが国の予審手続は，当初より被告人に対する取調べという糺問的性格（被疑者に対する強制的色彩の強い取調べという性格）を持っていたと言えよう。しかし，わが国において拷問が禁止されたのが，治罪法布告の前年（明治12年の大政官布告）であったことを考慮すると，この時代においては，被告人尋問の形式を定めた諸規定は，被告人の権利保障に配慮した規定であったと評価して差支えないものと思われる。

---

1) わが国における治罪法から大正刑事訴訟法に至る経緯に関しては，小田中聰樹『刑事訴訟法の歴史的分析』（日本評論社，1976年），垂水克己『明治大正刑事訴訟法史』（法曹会，1940年），団藤重光『刑法の近代的展開』（1948年），内田一郎「刑事裁判の近代化―明治初期から旧刑訴法まで―」比較法学3巻2号（1967年）1頁以下，刑事訴訟法制定過程研究会「刑事訴訟法の制定過程（1），（2）」法学協会雑誌91巻7号（1974年）82頁以下，同8号（1974年）97頁以下参照。

2) 治罪法に関しては，沢登佳人＝中川宇志「明治治罪法の精神」法政理論19巻3号（1987年）1頁以下，青柳文雄「明治期におけるフランス刑訴の受容と修正」法学研究50巻2号（1977年）369頁以下，同「フランス刑訴，ドイツ刑訴の特色―治罪法典，明治刑訴，大正刑訴への影響を通じて―」上智法学論集20巻3号（1977年）55頁以下，横山晃一郎「明治五年後の刑事手続改革と治罪法」法政研究51巻3・4合併号（1985年）217頁以下参照。

また、以上の糺問的規定は、後の立法によって改正されていく。「密室監禁」は、明治33年の明治刑事訴訟法の一部改正に際して廃止された[3]。また、被告人尋問については、大正11年の大正刑事訴訟法の制定によって、被告人に対して被疑事件を告知するなど被告人の人権保障規定が盛り込まれた（大正刑事訴訟法133条以下）[4]。

しかしながら、以上のような予審手続自体の共通性にもかかわらず、一旦、予審手続を刑事手続全体の中で位置付けたとき、フランスの手続とわが国の手続との間には、大きな相違が存在したと言わざるを得ない。その相違点とは、予審手続自体の相違ではなく、公判手続および訴追手続との関連において予審に担わされた機能に関する相違である。第1部において検討したように、フランスの予審手続は、予審と裁判の分離原則および訴追と予審の分離原則を基軸として創設された。予審手続は、公判手続および訴追手続との関係の中で、その機能を発揮するものであった。この点からわが国の予審制度を検討すると、予審は一方において結果的に行き過ぎた役割を果たし、さらに他方では、その機能を十分に発揮しえなかったという状況が見えてくる。

(2) 公判手続との関係における相違点

まず、公判審理との関係では、予審はその本来の役割を超えて公判に影響力を行使した。その主たる原因は、公判手続における陪審制の不存在である。すなわち、公判審理に陪審制を欠いたにもかかわらず、治罪法における公判裁判官は、予審調書の一切を精査し、それに基づいて訴訟指揮を実施した上で、自らのそうした積極的活動に基づいて判決を言い渡す役割を与えられた。この形態は、必然的に予審調書の重要性を高める結果になった。

元来、わが国の治罪法は、C.I.C.に倣い、検証調書以外の予審調書を原則として証拠として公判に提出することを許さず（治罪法285条1項）、予審における証人の陳述書は、証人を呼び出さない場合、証人が公判に出廷せずまたは調書の記載と異なる供述をした場合に、例外的にその朗読が許されると規定していた（同286条2項）[5]。しかし、実務上、次第にこれに反する慣行が

---

3) 小田中・前掲注（1）154頁以下。
4) 大正刑事訴訟法の立法経過については、小田中・前掲注（1）407頁以下参照。

形成され，予審調書が犯罪事実の存否を証明するための直接の証拠として一般的に公判に提出され，公判審理は予審調書を巡って展開されるようになる[6]。そして，大正刑事訴訟法はこれを正面から認めるかのような規定となった（大正刑事訴訟法340条，343条１項）[7]。すなわち，判決を下すべき者によって予審調書が直接的に検討されたために，予審の嫌疑が直接，公判の裁判官の嫌疑として引き継がれ，予審調書記載の証人の証言や被告人の供述の意味内容そのものが犯罪事実の直接の証拠とされるに至ったのである。この結果，わが国の公判手続は，フランス治罪法典が克服しようとした糺問手続の形態，すなわち裁判所が予審調書を中心として審理を行うという形態に接近した。

(3) 訴追手続との関係における相違点

次に，予審判事と検察官との関係であるが，わが国の治罪法の規定はほぼ完全にフランス治罪法典に従っている。すなわち，予審判事は，検事または民事原告人の請求が無ければ予審を開始することはできず（治罪法113条），他方，現行犯の場合以外，強制捜査権の一切は予審判事に集中する（同118条以下）。訴追権と予審権とは，規定上，完全に分離されている。

しかしながら，フランス法においても見られた現象が，わが国の場合，さらに強力に訴追手続を支配することになった。司法警察官による非公式な捜査活動が実施されたのである。当初，大審院は，司法警察官作成にかかる被告人や証人の「訊問調書」は無効であるとしていたが，その後，司法警察官

---

5) 治罪法283条は，「公判ニ於テ用フ可キ証拠ハ予審ニ於テ用フ可キ証拠ニ同ジ」と規定しているが，これは，公判廷に予審調書を提出できるという意味ではなく，予審で取り調べられた同じ証人や物証などが公判においても証拠調べされるという意味である（沢登＝中川・前掲注（２）30頁以下）。

6) 明治刑事訴訟法189条２項は，「予審ニ於ケル証人ノ供述書又ハ鑑定人ノ鑑定書ハ更ニ其証人，鑑定人ヲ呼出ササルトキ，証人，鑑定人呼出ヲ受ケ出頭セサルトキ又ハ予審及ヒ公判ニ於ケル供述，鑑定ヲ比較ス可キトキハ検事其他訴訟関係人ノ請求ニ因リ又ハ裁判長ノ職権ヲ以テ之ヲ朗読セシムルコトヲ得」と規定する。明治刑訴法は，公判における予審調書の利用について，一層，裁判長の職権に委ねる規定ぶりとなっている（小田中・前掲注（１）139頁以下）。

7) 大正刑事訴訟法343条1項は，被告人や参考人の供述録取書の証拠能力を，供述者が死亡した場合などに限定する規定であるが，その限定は，「法令ニ依リ作成シタル訊問調書ニ非サルモノ」とされており，予審で作成された証人訊問調書などは，一般的に，証拠能力が認められるかのような規定となっている。

は「聴取書」という名称に変え，公判の証拠として提出されるようになる[8]。裁判所もその後聴取書の証拠能力を認めていくようになる[9]。「糺問的検察官司法」と呼ばれるこの傾向は，司法警察官に対して一定の強制処分権を与えた大正刑事訴訟法によってわが国の刑事手続の構造的特質となった（大正刑事訴訟法246条以下）[10]。こうした傾向は，さらに，1928年の治安維持法改正以降顕著となり，司法警察官吏は，行政検束や違警罪即決例による身柄拘束を犯罪捜査に流用し，承諾留置，承諾捜索，承諾差押えなどが活用された[11]。検察官は司法警察官を指揮することで捜査の権限を掌握し，予審判事は，検察官に指揮される捜査の上塗りをするに過ぎないという傾向が生じた。それゆえ，先に挙げた公判審理の実体と関連付けると，公判審理は検察官の嫌疑を直接に受け継ぐという傾向性が現われた。

以上のように，刑事手続全体の中で予審手続を位置付けた場合，わが国の予審手続は，フランス法が与えようとした本来的機能を十分に果たし得たとはいえないのではなかろうか。その原因は，フランスの予審制度が，先の糺問手続と革命期の手続との反省に基づいて創設された制度であったのに対して，わが国の制度はフランス法の制度を，その柱の一つともいうべき陪審制を削除して採用したものであること，また，予審手続が手続全体の中でいかなる機能を果たすべきものかという点に関して，立法者にも裁判所・検察官にも，十分な理解がなかったことにあるように思われる。

しかし，以上の欠陥があったものの，予審制度が検察官の権限を抑制する役割を果たしていた点を見逃すことはできない。第1部第1章で指摘したとおり，戦前における予審改革の議論および戦後における刑事手続改革の議論に際して，予審廃止の提案は，主として，検察・警察の捜査権限を強化しようとする側から上がり，予審の存置論は，権力の集中を危惧する側から主張されたのである[12]。

---

8) 小田中・前掲注（1）140頁以下参照。
9) 同書150頁注（31）に示された判例を参照。
10) 小田中・前掲注（1）456頁以下。
11) 小田中聰樹『刑事訴訟法の史的構造』（有斐閣，1986年）4頁以下。
12) 1930年代における司法制度改革の動き，とくに，予審制度存廃の議論については，小田中・前掲注（11）47頁以下参照。

2 捜査における「予審的視点」

(1) 公判審理と予審

次に，第1部で検討したフランス予審制度の検討を振り返りながら，捜査における「予審的視点」とは何かを今一度まとめておきたい。

いかなる刑事システムを採用するにせよ，現代の刑事裁判が，その多くを捜査段階に依存する点は異論がないだろう。これには様々な理由が考えられるだろうが，そもそも近代的刑事手続はその出発点においてすでに，捜査手続の意義を重からしめる要因をその内に持っていたと言えるのではなかろうか。フランスにおける刑事手続の歴史的展開を見ると，犯罪事実の認識方法として，神判から法定証拠主義，そして自由心証主義への展開が認められるが，最終段階の自由心証主義は，もっとも充実した証拠資料を要求する原理である。なぜなら，法定証拠主義では，有罪無罪の判決を下すためには，単に一定の証拠が収集されているかどうかだけが問題であったが，自由心証主義では，裁判所（審判人）が事実を確信するに十分と思われる程度にまで証拠が収集されていなければならないからである（第1部第2章）。

ここで前提とされているのは，自由心証主義に基づいて事実認定を行うためには，公判審理以前に，事実を確信させるだけの資料が十分に用意されていなければならないということである。過去の事実に対する内的確信は，両当事者による口頭弁論の中からしか生じないとしても，両当事者による証拠の提出とこれをめぐる弁論とが適切な方法・順序で行われなければ，裁判所（審判人）は適切な判断を行うことができない。この場合，証拠資料の収集は，両当事者に委ねられるのではなく，一定の法的資質と公平性とを備えた裁判官によって実施され，公判審理を指揮する裁判長および両当事者に提供される必要がある。ここに予審制度の意義がある（第1部第3章）。

ところで，現代社会では，交通の発達・都市化などにより犯人を発見し証拠を収集する作業は容易ではない。同時に，地域共同体の崩壊・社会の機能分化などから，個人や地域社会が捜査活動を展開することが不可能になってきている。それゆえ，捜査・訴追機能は，一般に，公的な機関に委ねられるようになる。そして，捜査活動の専門化は，捜査機関の活動をさらに強力な

ものとしていったと言うことができる。

　しかしながら，捜査活動の充実は，もろ刃の剣である。捜査活動が裁判活動を支える構造では，どうしても裁判は，捜査手続に依存する傾向が現われる。わが国の地方裁判所における通常第一審の終局処理人員中，実体判決を受けた被告人のうち，有罪判決を受けた者の割合は99.8％程度である[13]。この事実は，実際上，事実認定がすでに捜査の段階で完了していることを示しているといっても過言ではないだろう。これを評して，「精密司法」とも言われる。しかし，この数字は公判審理の精密性の反映ではないから，より正確には，精密捜査もしくは精密訴追と言うべきだろう。緻密な捜査，適格な起訴が実施されることは歓迎されるべきことである。不当な起訴によって裁判が開始されることは，被告人にとって著しい不利益である。しかし他方，こうした状況は，警察・検察の捜査手続が公判審理を直接的に支配することでもあり，公判中心主義を有名無実化する危険性をも有する。

　公判の活動が捜査活動に依存し，それが現在の訴訟体系上やむをえないことであるという点に同意できるならば，翻って，捜査の段階を事実認定にとっても重要な場として位置付け，そうした観点から統制する必要があるのではないか。捜査手続の準司法化は，むしろ現在において要請されているのではなかろうか。

(2) 訴追と予審の分離原則

　また，第1部第3章におけるフランス治罪法典の制定過程の分析から，予審制度の創設には，陪審制度の創設と検察官制度の創設という2つの要因が関係していた点を指摘することができる。

　フランス治罪法典の審議において，真っ先に論じられたのは陪審制であった。コンセイユ・デタ（Conseil d'État）は，陪審制維持の立場を堅持し，その議論の中心的な論点は，陪審の判断をどのように規制するかにあった。予審制度の問題は，この流れの中で登場する。すなわち，検察側・被告側の口頭弁論によって，陪審員が適切な事実認定を行うためには，それ以前に事実を

---

[13]　平成26年度版司法統計年報によれば，平成25年度の地方裁判所における通常第一審の終局処理人員中，有罪判決を受けた者は51,177人であるのに対し（99.8％），無罪の判決を受けた者は110人（0.2％）であった。

確信させるだけの資料が十分に用意され，しかも，公判を混乱させないように整理されていなければならない。そこで，大書記長カンバセレスは，糺問手続の時代に行われていた予審を再び導入して，まず予備的な審理を行い，その資料をもとにして，公判審理を進めるという形態を提案したのである（第3章第1節）。つまり，予審手続は，陪審制を規制するものとして，換言すれば，公判における自由心証主義・口頭弁論主義を支えるものとして構想されたのである。

予審創設の第2のポイントは検察官制度の存在である。検察官制度は，訴追権の集中と訴追官の組織化を図るために，すでに，1801年に設けられていた（第1部第2章）。フランス治罪法典の制定の際に最初に提示された法案では，予審の主体は，検察官であった。検察官が告訴告発を受理し，証人を尋問し，家宅捜索を実施し，被告人を尋問した。一方，予審判事の職務は，検察官による予審行為を補充し，嫌疑の有無を判断し，起訴陪審を主宰することにあった。

コンセイユ・デタは，1808年に至り，起訴陪審の廃止を決定する。起訴陪審の廃止は，検察官に対する予審権と訴追権との集中の問題性を浮かび上がらせることになる。コンセイユ・デタは，結局，予審は両当事者にとって中立・公平な者が行うべきだと考え，現行犯の場合を例外として，訴追を行う権限は検察官に，予審を行う権限は予審判事に与えることにした。

以上のように，予審制度は，陪審制度と検察官制度との存在を前提として，それらの制度との緊張関係の中においてその機能を発揮するものとして創設されている。翻って，わが国においても，国家機関として強力な訴追権限を有する検察官制度が存在する。また，2009年から裁判員制度も開始された。これは，制度上，わが国の刑事訴訟システムも，フランス同様に，予審制度が果たしている役割を果たす仕組みが必要であり，捜査を予審的な視点から考える必要があることを示している。

(3) 予審の書面性

フランスにおける予審制度を支える基本的な性格のひとつは，予審の書面性であった（第1部第4章）。書面性の意義は，予審における予審処分（証拠収集活動）が裁判所書記官によって，プロセ・ヴェルバル（調書）に記録化され

るということにあった（C.P.P.81条2項）。この書面は，その名称が示すように客観性と形式性とが求められる。たとえば，予審手続における証人尋問の場合，証人尋問には必ず裁判所書記官が立会い（C.P.P.102条1項），予審判事の質問および証人の答弁はそのまま裁判所書記官によって，プロセ・ヴェルバル（調書）に記載される（C.P.P.103条）。調書には，一葉ごとに，予審判事，書記官，証人が署名をする（C.P.P.106条）。書記官は，予審判事が，いつ，どこで，いかなる質問を行い，それに対して証人がいかなる回答をしたのか，また，弁護人・検察官は立ち会ったのか等を記録する。つまり，書記官は，予審判事による尋問活動の全体を記録するものであり，書記官は，予審判事よって遂行される活動の適法性を担保する必要的な証人である[14]。

現在，わが国では予審制度は存在しておらず，捜査記録は裁判所書記官によって客観的に記録されるわけではない。しかし，予審制度を支えている考え方は参考とすべきである。すなわち，当事者主義に基づく充実した公判審理を実現するためには，捜査活動は客観的に記録されるべきであり，また，両当事者が共通して利用できるものである必要がある。

(4) 証拠開示の徹底

フランス治罪法典において，弁護人は，予審対象者の尋問に先立ち，訴訟記録を閲覧することが可能であり，写しの交付を受けることができた（第1部第5章第1節）。また，事件が重罪院の公判に付することが決定されると，弁護人は，一切の訴訟関係記録を閲覧し，防御に有用と思料する一切の訴訟関係記録の謄本を受けることができ，被告人には，その犯罪を検証するプロセ・ヴェルバル（調書），証人の供述書の写しを無償で交付された（第1部第4章第2節）。この点は，現行のフランス刑事訴訟法典でも引き継がれている（C.P.P.114条2項，4項，5項，278条2項，279条，280条）[15]。

---

[14] F.HÉLIE, *Traité d'instruction criminelle ou théorie du code d'instruction criminelle*, T.4, 2 éd., Paris, 1866, n° 1794, P.CHAMBON, *Le juge d'instruction Théorie et pratique de la procédure*, 3 éd, Dalloz, 1985, n° 300, R.MERLE et A.VITU, *Traité de droit criminel*, T.2, procédure pénal, 4éd., 1989, n° 348, B.BOULOC, *Procédure pénale*, 24éd., Dalloz, 2014, n° 777.

[15] 戦前の大正刑事訴訟法においても，弁護人は，被告事件が公判に付された後，裁判所において，一切の訴訟に関する書類および証拠物を閲覧，謄写することができた（大正刑事訴訟法44条1項，3項）。また，予審において，弁護人の立ち会うことができる予審処分に関する証拠書類，

全面的証拠開示を支えているのは，予審は「公判審理の準備手続」であるという認識である。捜査を訴追当事者の公判準備と解すると，原則的に捜査活動から得られた資料は各当事者それぞれの資料であるということなる。そうではなく，捜査の一件記録は公判審理の基礎資料であり，その基礎資料を両当事者が各々分析して公判廷で弁論を展開するものと考えれば，証拠開示は徹底する[16]。この場合，予審的視点の要点は，両当事者にまったく同じ素材が与えられる点にあり，その素材をいかに料理するかは両当事者の力量に委ねられるということである。

(5)　**証拠能力の事前処理**

　また，フランスには証拠能力の観念がない。この理由のひとつは，証拠能力の問題が予審審理の中で，予審の無効（nullités de l'instruction préparatoire）という形で解決されているからである（第1部第5章）。とりわけ，予審対象者の防御権に関する準則違反は，本質的無効の展開として跡付けられた。予審行為の無効手続は，一切の予審行為がプロセ・ヴェルバル（予審調書）によって書面化されており，準則違反をいつでも予審調書によって確認しうるという条件において可能であった。換言すれば，予審行為は，記録によってその適法性が確認されなければ無効とされるのである。無効になるのは証拠資料ではなく，予審行為自体なのである。すなわち，予審の書面性は，予審行為の適法性を担保する役割を担っている。

　　証拠物を閲覧，謄写することができた（同条2項，3項）。
[16]　それゆえ，ワーク・プロダクト理論による証拠開示制限を，検察官の法的問題に関する解釈・理論，意見，結論や事案の分析，公判戦術など検察官としての知的活動の成果に限定するならば（オピニオン・ワーク・プロダクト），本稿の考え方と同様になる（酒巻匡『刑事証拠開示の研究』［弘文堂，1988年］174頁以下参照）。また，英米法でありながら，カナダでは，裁判の公正さと真実の発見という目的を掲げ，被告人に十分な答弁と防御の機会を提供するために検察官の全面開示を要求した点について，指宿信「カナダ刑事手続における証拠開示」ジュリスト1062号（1995年）98頁以下参照。

3 「捜査活動の記録」という視点

(1) 「捜査活動の記録」とは

　以上に示した「予審的視点」は、裁判官による予審という制度を持たず、また、公判前整理手続を主宰する裁判官が公判審理をも主宰するというわが国の刑事システムにおいて、どのように活用することができるだろうか。本節では、予審の機能を、わが国の捜査手続を検討する見方として捉え直し、「捜査活動の記録」という視点を提示したい。

　「捜査活動の記録」とは、公判審理から捜査活動を捉え直し、捜査記録の作成の仕方および公判段階における利用の仕方についてのひとつの見方を示したものである。要約すれば、捜査段階において、捜査活動を客観的に記録するという視点（捜査活動の記録化）が重要であり、こうして作成された捜査記録は、公判準備段階における両当事者の資料として活用されるべきであり、また、公判段階において、「捜査段階でしかじかの捜査活動が実施された」ということ自体が証拠として利用されるべきである（捜査活動の証拠化）という視点である。

　なお、「捜査活動の記録」という視点は、いわゆる捜査の構造を論じたものではない。平野龍一博士は、捜査の構造について、糾問的捜査観と弾劾的捜査観とを対比させ、糾問的捜査観によれば、捜査は、本来、捜査機関が被疑者を取り調べるための手続であって、強制が認められるのもそのためであるとし、これに対し、弾劾的捜査観では、捜査は捜査機関が単独で行う準備活動にすぎず、強制は、将来行われる裁判のために（すなわち被告人・証拠の保全のために）、裁判所が行うだけであると述べた[17]。この観点からみれば、本書は、弾劾的捜査観を前提としている。「捜査活動の記録」という視点は、捜査における当事者主義を前提とした上で、現行刑事訴訟法が、捜査・訴追機関に法律上大きな権限を与えていることに着目し、捜査機関による捜査活動のあり方および公判段階における捜査記録の利用の仕方について、ひとつの見方を示したものである。

---

17) 平野龍一『刑事訴訟法』（有斐閣、1958年）83頁。

また，この視点を考えるにあたり参考となるのは，ドイツの議論である。ドイツでは，捜査手続の過程はすべて記録化されるべきであるとする「記録の完全性の原則（Grundsatz der Aktenvollständigkeit）」という考え方がある[18]。これは，ドイツ刑訴法168条b第1項が，「検察官による捜査行為の結果は，これを記録に記載するものとする。」と規定することなどを根拠としている。この場合の記録とは，捜査手続の経過において，検察官またはその補助官によって作成された捜査結果をすべて具体化したもの，および，公訴提起後に裁判所によって作成された審理結果のすべてを具体化したものである[19]。警察における最初の介入から，捜査手続の過程や結果はすべて記録化されなければならない。記録の完全性の原則は，検察官・警察官が主体となって証拠を収集する捜査手続を採用しながら，被疑者の記録閲覧権を保障し，公平な公判手続を保障するための必然的な帰結と考えられている[20]。

　記録の完全性の原則の根拠とされるドイツ刑訴法168条b第1項が，ドイツにおいて，予審を廃止した1974年の改正法によって新設されたものである点は示唆的である。「記録の完全性の原則」は，従来予審が果たしてきた機能の一部を代替するという意義を有していると思われるのである[21]。

(2)　「捜査活動の記録」の視点の内容

　本書において主張する「捜査活動の記録」の視点は，主として，以下の5つの観点の総体である。①捜査過程において作成される捜査記録は，証拠資料をまとめるという観点から作成されるべきではなく，捜査機関が自ら実施した捜査活動を客観的に記録するという観点から作成されるべきであること，②捜査記録は，充実した公判審理の実現を図るために，原則的に，両当事者の公判審理の準備として活用されるべきものであり，この観点からも，捜査記録は「捜査活動の記録」であることが必要であること，③公判前整理手続および公判審理において，捜査活動の適法性が問題となる場合，できるかぎり，捜査活動の記録それ自体により，その適法性は判断されるべきであ

---

18)　斎藤司『公正な刑事手続と証拠開示請求権』（法律文化社，2015年）331頁以下参照。なお，松代剛枝『刑事証拠開示の分析』（日本評論社，2004年）145頁以下も参照。
19)　斎藤・前掲注（18）324頁。
20)　同333頁。
21)　斎藤司「捜査過程を示す記録と刑事証拠開示」刑法雑誌52巻2号（2013年）97頁。

り，この点からも，捜査記録は「捜査活動の記録」であることが必要であること，④公判前整理手続および公判審理においてとりわけ供述調書の証拠能力が問題となる場合，当該供述調書の特信性や任意性は，できる限り捜査記録から判断すべきであり，この点からも，捜査記録は「捜査活動の記録」であることが必要であること，⑤公判審理において，捜査記録が証拠採用された場合，その証明力は，捜査過程を客観的に記録した捜査記録全体から評価されるべきであり，捜査過程が客観的に記録されているほど，その証明力は高いと考えるべきであることである。以下，それぞれの観点について説明する。

(3) **捜査活動は客観的に記録されるべきであること―捜査活動の記録化―**

　まず，捜査過程において作成される捜査記録は，証拠資料をまとめるという観点から作成されるべきではなく，捜査機関が自ら実施した捜査活動を客観的に記録するという観点から作成されるべきである（捜査活動の記録化）。これは，本書の核となる考え方である。

　捜査記録は，一般的に，捜査機関の捜査活動を客観的に記録するという観点から作成されている。たとえば，殺人被疑事件において，警察官が犯行現場において実況見分を実施し，実況見分調書が作成されたとしよう。実況見分調書は，捜査機関が五官の作用によって認識した犯行現場の状況を書き留めた書面である。実際の実況見分調書においても，実況見分の実施者，日時，場所，目的，立会人，実況見分の経緯，現場の状況，現場の見取り図などが記載される。この意味において，実況見分調書は，捜査機関による「捜査活動の記録」たる性質を有する。この際，捜査機関による実況見分の状況およびその結果について，写真撮影やビデオ録画などが行われれば，「捜査活動の記録」としての客観性をさらに増すことができるであろう。

　この点は，証拠物についても同様である。たとえば，犯行現場で発見されたナイフについてみれば，ナイフのみで証拠価値があるわけではなく，当該ナイフがいつ，どこで，どのような状況で発見されたのか，また，ナイフには指紋や血痕などが付着していなかったかなどの情報も加えて，その証拠価値が判断されるものである。それゆえ，捜査官は，犯行現場において，遺留されたナイフを領置した場合，遺留品を領置した日時，場所，立会人の氏

名，領置した警察官名などを記載した領置調書を作成する。場合によっては，上記の実況見分調書に，ナイフが発見された状況を写した写真が添付されている。また，ナイフに付着した血痕や指紋について，鑑定を嘱託し，鑑定書を作成させる。公判においては，領置した証拠物のみではなく，これらの書面（または捜査官，鑑定受託者の供述）を含めて証拠としての価値がある。この意味において，証拠物の場合も，捜査機関による証拠収集過程が客観的に記録されているということが重要である。

　問題は供述調書である。供述調書は，被疑者調書であっても参考人調書であっても，その多くは，直接，公訴犯罪事実の立証に用いられる可能性のある証拠であるが，必ずしも取調べの状況（捜査活動）をそのまま記録したものとは言えない。実際のところ，供述調書は，被疑者・参考人の供述を記録したというよりも，被疑者の供述を取調官がまとめ直したものを，被疑者の同意を得て記録した書面と呼んだ方がよい。供述調書を作成するとしても，その取調べ状況が客観的に記録されることが必要である。このために最も有効な手段は，取調べの録音・録画である。この点は，第3章および第5章で検討する。

　ところで，捜査機関にとって，すべての捜査活動を客観的に記録化することは容易ではない。本書は，すべての捜査活動について，「捜査活動の記録」を残すべきであると主張するものであるが，それを完全に実施しようとすると，捜査機関に対し，いたずらに煩雑な事務を要求することになりかねない。当然，そこには，必要性に応じた濃淡がある。本書では，とくに，捜査機関が，証拠物や捜査記録を，公判における証拠資料として用いる意思があるならば，当該捜査活動はできるだけ客観的に記録すべきであり，そうでなければ，公判審理において，当該捜査記録の証拠能力は否定的な方向で判断されるべきであり，また，証明力は低く見積もられるべきであることを主張するものである。「捜査活動の記録化」は，捜査記録の公判における証拠の許容性および証明力と連動したものである。

(4)　捜査記録と両当事者の公判準備

　検察官，被告人・弁護人は，当事者主義に基づき，適正かつ充実した公判審理を実現するために，十分な準備活動を行う必要がある。両当事者は，公

判前整理手続などにおいて，どの点を争点として設定するか，どのような証拠の証拠調べを請求するか，また，どのように主尋問，反対尋問を組み立てていくかなどを事前に検討しておく必要がある[22]。

このために，捜査記録は，公判審理の準備として両当事者に全面的に開示され，活用されることが求められる。フランス法は，予審の一件記録を公判に先だって裁判所書記局に提出し，裁判長および当事者（検察官，予審対象者，私訴原告人）に十分に把握させることによって公判審理の充実を図った。この点に関しては，わが国の旧法でも同様の扱いがなされていた。これに対して，現行刑事訴訟法では，捜査（証拠収集）は両当事者それぞれの公判準備だという建前であるので，捜査資料は公判審理における両当事者共通の資料とは考えられていなかったが，この点は，公判前整理手続の創設によって大幅に改善されている。

この際，検察官，被告人・弁護人にとって，捜査活動自体が記録化されていれば，公判の準備を有効に行うことができる。たとえば，検察官，弁護人などが証人尋問を実施するかどうか，また，実施する場合どのように主尋問，反対尋問を行うかという点を検討しようとすると，参考人段階の供述調書を分析することになるが，この場合，参考人が捜査段階でどのような質問に対してどのように答えたのか，それはどのような状況の中で答えたものなのか，供述調書には参考人の供述が正確に記載されているのかなどの情報が必要であろう。この点において，取調べ状況それ自体が録音・録画されていれば，公判準備は一層有効に行うことができる。

(5) 捜査記録と捜査活動の適法性

公判前整理手続および公判審理において，捜査活動の適法性が問題となる場合は，可能な限り，捜査活動の記録それ自体により，その適法性が立証されるべきである。

たとえば，実務において，捜索・差押えを実施するにあたり，その様子を写真撮影することがある。後藤昭教授の整理によれば，その態様は，①処分

---

22) ドイツでは，被疑者・被告人に記録閲覧権を認めることによって，両当事者間の捜査手続に関する「知識の平等」が保障され，被疑者は手続に影響力を及ぼすことができる「訴訟主体」の地位へと昇格すると説明される（斎藤・前掲注（18）321頁）。

の執行方法の適法性の証明のために撮影する場合，②差押物の証拠価値を保全する目的で，発見時の状況・状態を撮影する場合，③捜索の現場にあったが差押えの対象とならない物について，その内容・形状等を記録するために撮影する場合に区分される[23]。このうち，処分の執行方法の適法性の証明のために撮影する場合については，写真撮影による利益侵害が，捜索・差押えの実施に必然的に伴うプライバシーの侵害にとどまる限り，写真撮影は許されると考えられる[24]。日付と時間とが自動的に印字される写真が，捜索調書に添付されていれば，その記録によって，令状呈示の適法性は立証されるであろう。

証拠収集過程のすべてを記録化することはできないとしても，捜索差押調書への記載（実施者，日時，場所，目的物，立会人，捜索・差押えの経緯など），収集状況の写真撮影，ビデオ録画などによって，一定の範囲で，捜査活動を客観化することは可能である。また，被疑者や参考人の取調べについては，その全過程を録音・録画することによって，取調べの適法性を確認することができる。たとえば，被疑者取調べに際して，被疑者に対して，あらかじめ，自己の意思に反して供述をする必要がない旨を告げられていたか否か（刑訴法198条2項）は，取調べが録音・録画されていれば，取調べ録音・録画記録によって確認することができる。

(6) **捜査記録と証拠能力**

公判前整理手続および公判審理において証拠能力が問題となる場合も，捜査記録は「捜査活動の記録」である必要がある。

たとえば，先に述べた差押え時の写真撮影であるが，発見時の状況・状態を撮影・記録しておけば，差押物の関連性を立証する証拠のひとつとなりうる。証拠物は，それがどんな場所で，どのような状態で発見されたかが問題となるから，その自然的関連性を立証するためには，写真撮影なども含め，差押え活動の記録化は重要である。

また，違法収集証拠排除の判断について，令状主義の精神を没却する重大

---

23) 後藤昭『捜査法の論理』（岩波書店，2001年）18頁。
24) 同書19頁。また，東京地判平成4年7月24日（判例タイムズ832号153頁，判例時報1450号92頁），名古屋地決昭和54年3月30日（判例タイムズ389号157頁）も参照。

な違法に該当するか否かについても，当該証拠収集にいかなる違法があるかが前提となり，写真や記録によって，その適法性が認められる部分があれば，その違法性は重大ではないという判断につながる。

　被疑者調書はその任意性が問題となるが，被疑者取調べの過程が客観的に記録されている場合とりわけ被疑者取調べの全過程が録音・録画されている場合は，その任意性を判断するための重要な資料となることは疑いえない。同様に，参考人の供述調書の証拠能力についてはとくにその特信性が問題となるが，取調べの過程が客観的に記録されている場合すなわち取調べの全過程が録音・録画されていれば特信性判断の重要な資料となりうる。

(7)　**捜査記録と証明力**

　捜査記録の証拠能力が認められた後，当該証拠の証明力は，裁判官・裁判員の自由な心証に委ねられるが（刑訴法318条，裁判員法62条），その収集過程が客観的に記録されている方が，その証明力は一層高く見積もられると考えるべきである。

　たとえば，証拠物の証拠価値は，先述したように，その証拠物が，いつ，どこで，どのような状態において発見されたのか，またその証拠物にはどのような痕跡が付着していたかという情報と一体として認められるものである。そして，それらの情報は，多くは，捜査機関が当該証拠を発見するに至るまでの手順，発見した際の状況（を記載した書面），鑑定報告書等によって得られる。つまり，物的証拠の証拠としての価値は，証拠物自体と，捜査官等による捜査活動の記録（もしくは捜査官・鑑定人の供述）との両者相まって形作られる。そうすると，証拠物の証拠価値は，捜査機関による収集過程の記録の適格性，客観性，正確性などが認められれば，一層高いものとなるであろう。

　同様のことは，捜査段階において作成された，参考人の供述調書についても当てはまる。供述調書は，いつ，どこで，どのような状況において取調べが実施されたのか，どのような質問がなされ，それに対してどのように回答されたのか，書面への記載はどのようになされたか等が，当該証拠の証拠価値に大きく影響を与える種類の証拠である。この点において，取調べ自体が客観的に記録される取調べ録音・録画記録の方が，取調官の質問，被疑者・

参考人の供述状況，供述態度などが分かり，その証拠価値は高いといえる。参考人の場合は，取調べ録音・録画記録が伝聞例外の要件を具備するならば，参考人調書を証拠とするのではなく，取調べ録音・録画記録自体を実質証拠とすることを考えてよいように思う。

　しかし，被疑者の取調べ録音・録画記録については，被告人が不同意であれば，原則として，実質証拠として用いるべきではない。なぜなら，被疑者には黙秘権があるので，被疑者の自白は，その供述内容について，被疑者が誤りがないことを確認し，誤りがあれば該当部分を訂正した上で証拠となしうるものと考えるべきだからである（刑訴法198条2項，4項，5項）。被疑者は，取調べの中で，言い間違いがあったり，話すべきと思っていなかった供述も話してしまうこともある。取調べ録音・録画記録はその全部が記録されている。それゆえ，被疑者取調べ録音・録画記録を証拠となしうるのは，原則的には，被告人が証拠とすることに同意している場合に限られると考えるべきである。

(8)　捜査記録目録の作成

　2015年に国会に提出された刑事訴訟法の改正法案では，公判前整理手続において，被告人・弁護人から請求があったときは，検察官が保管する証拠の一覧表を交付しなければならないと規定されている（刑訴法316条の14第2項）。この証拠の一覧表には，証拠物，供述調書の標目・作成年月日・供述者の氏名，証拠書類の標目・作成年月日・作成者の氏名が記載されなければならない（同条3項）。法制審議会・新時代の刑事司法制度特別部会は，その趣旨について，被告人・弁護人が証拠開示を請求するにあたり，証拠の全体像が分からないと，どのような証拠の開示を求めていくかの判断が困難であるなどの指摘を受け，証拠開示の適正な運用に資するために必要であると述べている[25]。証拠一覧表の交付は，被告人・弁護人の公判準備活動の充実にとって大きな前進である。

　ところで，日本弁護士連合会は，2014年5月8日，「犯罪捜査の記録に関

---

25)　法制審議会・新時代の刑事司法制度特別部会が，2013年1月に公表した，「時代に即した新たな刑事司法制度の基本構想」22頁。同基本構想については，法務省ウェブサイト（http://www.moj.go.jp/shingi1/shingi03500012.html）参照。

する法律の制定を求める意見書」をまとめ，関係機関に提出している[26]。本意見書は，昨今，証拠の捏造，証拠物の紛失および供述調書の改ざんなどが問題となる事件が相次ぎ，捜査機関による杜撰な捜査記録の作成・管理が問題となっている状況を受け，捜査過程の適正化と証拠の適正管理のために，捜査手続の全過程の記録化のための基本事項を法律で定めることを提案するものである。

　とくに，同意見書では，捜査過程の検証のために，捜査過程の進行状況を正確に反映した捜査記録の目録化・リスト化を提言している。意見書に付された法律案によれば，捜査機関は，捜査の端緒に関する記録にはじまり，立件に至る経緯に関する記録，基本的捜査方針に関する記録，捜査資料の収集過程および収集した資料の検査，保管および利用に関する記録など，犯罪捜査の全過程について必ず捜査に関する記録を作成しなければならず，また，すべての捜査に関する記録の目録を作成しなければならないとされている。目録には，記録ごとに書類の標目，作成年月日，作成者，供述者，丁数および要旨を記載しなければならない。

　本書の立場からも，「捜査活動の記録」をリスト化した一覧表は，被告人・弁護人の公判準備にとって極めて有用である。そして，本書の視点からみれば，2015年法案が認めた保管証拠の一覧表よりも，日弁連案が示す捜査の端緒から捜査経過に沿って正確に記録した一覧表の方が，一層望ましいということになる。

(9) 捜査記録

　なお，本書では，捜査機関が捜査活動をまとめた記録（捜査機関に提出された記録なども含む）一切を「捜査記録」と呼ぶ。「捜査記録」は，刑事訴訟法上の用語では，書類（捜査書類）（刑訴法246条）とされているものである。捜査書類と同義であれば，刑事訴訟法の用語によるべきだとも考えられるが，今日，捜査活動の記録方法は，書面に限られず，写真，電磁的記録媒体，録音・録画記録媒体などの場合があり，本書は，むしろ後者を活用すべきだという立場をとることから，あえて「捜査記録」という用語を用いることとす

26）本意見書については，日本弁護士連合会のウェブサイト（http://www.nichibenren.or.jp/activity/document/opinion/year/2014/140508.html）参照。

る。

　また，捜査とは，捜査機関によって行われる被疑者の身柄の確保と証拠の収集・保全活動であるが（刑訴法189条2項），本書で取り上げるのは，このうち，証拠の収集・保全の活動についてであり，本書で取り扱う捜査記録は，主として，証拠の収集・保全活動を対象とする捜査記録である。

　以下，参考までに，現在の実務において捜査機関が作成する，主な捜査記録を列記する。捜査記録の名称は，主として，昭和36年に最高検察庁で制定された「司法警察職員捜査書類基本書式例」に従った[27]。

　検視調書，鑑定嘱託書，鑑定処分許可請求書，鑑定処分許可状，鑑定留置請求書，鑑定留置状，鑑定留置期間延長請求書，鑑定結果報告書，鑑定書，実況見分調書，捜査報告書，見分結果報告書，写真撮影報告書，任意提出書，領置調書，診断書，捜査嘱託書，酒酔い・酒気帯び鑑識カード，死亡診断書，死体見分調書，告訴状，告発状，告訴調書，告発調書，被害届，答申書，始末書，示談書，上申書，嘆願書，被害品確認書，身上調査表，自首調書，道路交通法違反事件迅速処理のための共用書式，捜査関係事項照会書・回答書，前科照会書・回答書，前科調書，犯罪歴照会結果報告書，身上調査照会書・回答書，電話聴取書，指紋等照会回答書，指紋等確認通知書，供述調書（被疑者），供述調書（参考人），取調べ状況報告書，取調べ録音・録画状況等報告書（取調べの録音・録画記録媒体添付），証人尋問請求方連絡書，証人尋問調書，逮捕状請求書，逮捕状，引致場所変更請求書，通常逮捕手続書，緊急逮捕手続書，現行犯人逮捕手続書，弁解録取書，勾留請求書，勾留状，勾留質問調書，勾留期間延長請求書，接見等の指定に関する通知書，指定書，接見等に関する照会書，捜索差押許可状請求書，検証許可状請求書，捜索差押許可状，記録命令付差押許可状，検証許可状，捜索調書，被疑者捜索調書，捜索証明書，差押調書，記録命令付差押調書，捜索差押調書，押収品目録，押収品目録交付書，所有権放棄書，還付請求書，仮還付請求書，保管請書，廃棄処分書，検証調書，身体検査令状請求書，身体検査調書，傍受令状請求

---

27) 司法警察職員捜査書類基本書式例については，刑事法令研究会編『新版記載要領　捜査書類基本書式例［改訂第3版］』（立花書房，2012年）など参照。また，前掲注（24）の日弁連意見書も参照。

書，傍受令状，傍受日誌，他犯罪通信該当書，傍受実施状況書，傍受調書，通信記録物等作成報告書，傍受記録管理簿，過料処分等請求書，証拠金品総目録，書類目録，送致書，追送致書，少年事件送致書，遅延事由報告書，関係書類追送書，被疑者引渡書，微罪処分事件報告書，少年事件簡易送致書，児童通告書，など。

第2章　裁判員裁判における検察官面前調書の取扱い

1　はじめに

(1)　裁判員制度における検面調書の利用

　裁判員の参加する刑事裁判に関する法律が2009年5月21日から施行されることが決定され，裁判員裁判の実施に向けた法曹三者の取組みも大詰めを迎えている[1]。このうち，裁判員の参加する公判審理をどのように進めるかという点が法曹三者にとって最大の課題であり，法曹三者は，裁判員裁判における公判審理，評議のあり方に関して，具体的な検討を進めているところである[2]。裁判員制度が，司法制度改革審議会が掲げた「広く一般の国民が，裁判官とともに責任を分担しつつ協働し，裁判内容の決定に主体的，実質的に関与することができる」という趣旨を実現できるかどうかは，公判審理の進め方如何にかかっている[3]。

　裁判員裁判における公判審理は，従来の公判審理に比べ，公判中心主義，口頭主義，直接主義を徹底した分かりやすい審理を行うべきであるという点に関し法曹三者の認識は一致している[4]。その理由を裁判員との関係でみれ

---

[1]　裁判所，検察庁，日本弁護士連合会の取組み状況については，最高裁判所（http://www.saiba-nin.courts.go.jp/），法務省（http://www.moj.go.jp/SAIBANIN/seido/index.html），日本弁護士連合会（http://www.nichibenren.or.jp/ja/citizen_judge/index.html）それぞれのウェッブサイトを参照。また，齊藤啓昭「裁判員制度導入に向けた取組の現状①裁判所」法律のひろば2007年12月号21頁以下，髙崎秀雄「裁判員制度導入に向けた取組の現状②検察庁」同28頁以下，小野正典「裁判員制度導入に向けた取組の現状③弁護士会」同35頁以下参照。

[2]　その中でも，「共同研究　裁判員裁判における審理等の在り方（1）〜（5）」ジュリスト1320号（2006年）159頁以下，同1323号（2006年）100頁以下，同1326号（2007年）142頁以下，同1328号（2007年）80頁以下，同1338号（2007年）154頁以下および司法研修所編『裁判員制度の下における大型否認事件の審理の在り方』（法曹会，2008年）は，裁判員の参加する新たな審理の問題点について，法曹実務家による緻密な議論，分析がなされている。

[3]　司法制度改革審議会『司法制度改革審議会意見書』（2001年6月12日）102頁。

[4]　前掲注（2）「裁判員裁判における審理等の在り方（2）」ジュリスト1323号100頁以下，今崎

ば，裁判員に法廷外で訴訟記録を読んで心証を形成してもらうことはできないので，裁判員が法廷において，目で見て耳で聴いて判断できるような証拠調べにする必要があること，公判の証言に加えて供述調書を事実認定の資料としなければならないとすることは裁判員にとって大きな負担となることなどを挙げることができよう[5]。

こうした中，とくに問題となるのは，被告人が公訴事実を争った場合において，伝聞例外として証拠調べ請求される自白調書と検察官面前調書とをどのように取り扱うかという点である。これらの証拠は，それが証拠として採用されれば，有罪・無罪の認定に決定的な役割を果す場合があり，その取扱いにはとくに慎重さが要求される。

このうち，本稿では，被告人以外の者の検察官面前調書（2号書面）の証拠能力の問題に限定して検討する[6]。被告人の自白調書については，任意性の問題など被疑者・被告人特有の論点を含んでいるので，本稿での考察も踏まえた上で別に論じる予定である。共犯者の供述調書については取調べ過程における任意性の問題も関係するので，その問題全体については別稿で論ずることにするが，刑訴法321条1項2号の解釈問題の範囲では本稿でも検討することとしたい。

幸彦「共同研究『裁判員制度導入と刑事裁判』の概要　裁判員制度にふさわしい裁判プラクティスの確立を目指して」判例タイムズ1188号（2005年）8頁以下，長谷川充弘「裁判員裁判の下における捜査・公判遂行の在り方に関する検察試案について」ジュリスト1310号（2006年）110頁など参照。

5) 佐藤文哉「裁判員裁判にふさわしい証拠調べと合議について」判例タイムズ1110号（2003年）5頁，吉丸眞「裁判員制度の下における公判審理及び評議のプラクティス」ジュリスト1322号（2006年）110頁，村瀬均＝河本雅也「裁判員裁判の審理等について─模擬裁判をふりかえって」ジュリスト1358号（2008年）89頁。

6) 被告人以外の者の供述録取書の伝聞例外に関しては，司法警察員の面前調書の問題もあるが，本稿では検察官面前調書に限定して考察する。刑訴法321条1項3号の要件が厳格であるので，現在の実務においても員面調書は伝聞例外として用いられることが稀であり，裁判員裁判においても同様と考えられるからである。また，検察庁試案では，捜査は，そもそも，犯人や犯行態様等が明らかな状況の下で開始されるものとは限らず，地道な努力を積み重ねつつ，紆余曲折もたどりながら証拠を発見・確保してゆく過程であり，このような捜査の流動性にかんがみると，警察官調書については，公判での争点を意識した内容の供述調書を作成するには一定の限界があることはやむを得ない，と指摘されている（最高検察庁「裁判員裁判の下における捜査・公判遂行の在り方に関する試案」［平成18年3月］33頁［http://www.kensatsu.go.jp/oshirase/00111200603310/saibaninsaiban.pdf］参照）。

(2) 論点の整理

　この問題を考えるにあたって検討すべき論点は主として3つある。

　まず，検面調書の証拠能力に関する審理に裁判員が参加すべきか否かという点である。検面調書の刑訴法321条1項2号該当性を判断する場合，供述不能，相反性，特信性が検討されなければならない。この中でとくに特信性の判断は，検面調書が証拠採用された後の信用性の判断と重なる。まったくの素人である裁判員に対して，証拠能力の問題と証明力の問題とを区別して検討させることは困難であろう。しかし他方，検面調書の採否の問題が公訴事実の認定にとって決定的な意味を持つ場合が考えられ，この判断に裁判員を参加させないことが適切といえるのかは検討の余地がある。

　次に，検面調書の証拠調べが決定された場合，証拠調べの方法は「全文朗読」によるべきか，「要旨の告知」とすべきかという問題である。書面の証拠調べの方法は原則として「全文朗読」によることとされているが（法305条1項），検面調書の分量が膨大でかつ一貫した供述でない場合などに裁判員にすべて朗読することが適当とは思われない場合もありうる。こうした場合，裁判長が相当と認めるときには，「要旨の告知」による方法も認められている（規則203条の2第1項）。さて，裁判員裁判ではいずれによるべきか。

　3番目に，検面調書を評議の場でどのように取り扱うべきかという問題である。裁判員が検面調書を読み直したいと要求した場合，検面調書の閲読を認めるのか。これを認めた場合，検面調書を読む裁判員と読まない裁判員とが出てしまうことになるがそれでよいのか。

　以上3つの問題は，実は，裁判員裁判によらない現在の実務における伝聞証拠の取扱いの問題でもある。裁判員制度の実施は，裁判官による裁判実務のなかで完全に埋もれてしまい，長年にわたるホコリが何層にも降り積もってしまっている伝聞法則の本来の意義を，裁判員の参加によってそのホコリを払い，生き生きと蘇らせるまたとない機会である。本稿では，裁判員裁判における書証の取扱いを検討することによって，本来の伝聞証拠の取扱いはどうあるべきかという点に着目して検討をしてみたい。

　なお，この他にいわゆる「争いのない事件」について，必ず証人尋問を行うべきか，検面調書を活用すべきかという問題がある。現在の実務では，弁

護人が一部の書面について不同意の意見を述べると，何か無用の争いをするような雰囲気が法廷に醸し出されるなどと言われている[7]。裁判員の参加する法廷では，直接主義，口頭主義の要請から，できるだけ検面調書には頼らずに証人尋問によるという考え方と，書証を適宜活用するという考え方とがありうる[8]。規則198条の2では，「訴訟関係人は，争いのない事実については，誘導尋問，法第326条第1項の書面又は供述及び法第327条の書面の活用を検討するなどして，当該事実及び証拠の内容及び性質に応じた適切な証拠調べが行われるよう努めなければならない。」と規定されている。裁判員裁判では，裁判員にとっての分かりやすさという観点が重視されるべきであり，この観点から見れば，人の話は誰かを介してではなく，直接本人から話を聞く方が分かりやすいので，人証を原則とすべきということになろう[9]。しかし，重要な証人については証人尋問を実施することとしても，証人が多数になる場合も考えられ，比較的重要性の低い証人について検面調書を活用することにも利点がある。なお，この場合，合意書面を活用するという方策も考えられる[10]。いずれにせよ，この問題は，被告人・弁護人の対応の問題であるので，ここでは直接取り上げない。しかし，被告人・弁護人によって同意された検面調書を裁判員の加わる公判審理でどのように取り扱うかは，伝聞例外として証拠能力が認められた場合と同様であるので，その範囲で検討を加える。

---

[7] 山室恵編『改訂版 刑事尋問技術』（ぎょうせい，2006年）119頁［寺島秀昭］。

[8] 争いのない事件における書証の取扱いについては，前掲注（2）「裁判員裁判における審理等の在り方（2）」ジュリスト1323号100頁以下参照。

[9] 岡慎一「検察官請求『書証』に弁護人はどのように対応すべきか『裁判員裁判における証拠調べのあり方と留意点』」季刊刑事弁護54号（2008年）28頁，前掲注（2）「裁判員裁判における審理等の在り方（2）」ジュリスト1323号106頁［中里智美発言］。

[10] 杉田宗久「合意書面を活用した『動かし難い事実』の形成―裁判員制度の導入を見据えて」小林充先生佐藤文哉先生古稀祝賀刑事裁判論集刊行会編『小林充先生・佐藤文哉先生古稀祝賀刑事裁判論集・下巻』（判例タイムズ，2006年）661頁以下，森下弘「裁判員裁判における書面の取扱い 合意書面を中心にして」季刊刑事弁護54号（2008年）55頁以下など参照。なお，合意書面については，それを証拠と考えてよいかどうかという理論上の問題がある。一般的にいえば，事実の存否についての合意自体は証拠とはいえないが，証拠の抜粋をまとめたもの，証拠内容を要約してまとめたものは証拠となると考えられる。この点については，前掲注（2）「裁判員裁判における審理等の在り方（3）」ジュリスト1326号159頁以下参照。

2　証人尋問のあり方

(1)　証人尋問の中での解決

　まず，検面調書の審理の問題に入る前に，証人尋問における問題の解決，とりわけ証人が捜査段階の供述と異なる証言をした場合の証人尋問のあり方を検討する。先述したように，証人が公判廷で検面調書と異なる供述をしたからといって，検察官はただちに321条1項2号後段に基づく証拠調べ請求を行うべきではない。検察官は，記憶喚起のための誘導尋問などを活用しながら，証言の不合理性，不自然性，客観的証拠と矛盾する点などを指摘し，証人から真実を引き出すように努力すべきである。公判の証言に加えて供述調書をも認定の資料としなければならない事態は，一般的には，裁判員にとって大きな負担となり，審理の分かりやすさという観点からすると，可能な限り回避されなければならない[11]。

　また，そもそも証人の証言が弁護人の反対尋問によって相反性を帯びるのは当然であり，この点が交互尋問を行う意義でもある。相反供述と思われる証言がなされた場合，検察官は，証人と被告人とが特別な関係にあるなど証人が公判廷で真実を述べられない事情があること，検察段階の取調べが記憶の鮮明な段階で行われたものであること，検察段階の供述には信用性があること，調書の内容に間違いがない点を確認して署名・押印をしたことなどを証人から引き出しながら，いずれの供述が真実であるのかについて証人に説明を求め，証人の記憶を確認していくであろう[12]。また，証人が被告人に有利な相反供述をした場合，弁護人は，公判供述に信用性を失わせる情況がないこと，証人の記憶が維持されていること，被告人に不利益な供述を回避する意思のないことなどを証人から具体的に引き出していくであろう[13]。

---

[11]　司法研修所・前掲注（2）85～86頁，91頁，最高検察庁・前掲注（6）60頁，佐藤・前掲注（5）8頁，小島吉晴「裁判員制度と事実認定の課題」刑事法ジャーナル第4号（2006年）27頁，今崎幸彦「裁判員裁判における複雑困難事件の審理についての一試論」小林充先生佐藤文哉先生古稀祝賀刑事裁判論集刊行会編『小林充先生・佐藤文哉先生古稀祝賀　刑事裁判論集・下巻』（判例タイムズ社，2006年）643頁など参照。

[12]　三井誠＝馬場義宜＝佐藤博史＝植村立郎編『新刑事手続Ⅲ』（悠々社，2002年）99頁［稲田伸夫］，山室・前掲注（7）136頁［土持敏裕］。

このように，検察官，弁護人が証人尋問を行う中で，捜査段階の供述との相違を指摘しながら尋問を進めることによって真相を浮かび上がらせ，そこから構成裁判官および裁判員に心証を形成してもらうことこそが交互尋問の目的である[14]。

吉丸眞元裁判官は，こうした検察官の尋問にもかかわらず検面調書の取調べが請求されるのは，実務経験上，おおむね，①証人と被告人とが共犯若しくはそれに準ずる関係，②親族その他の特に親密な関係，③暴力団その他の組織で上下関係にある場合などに限られていた，と述べている[15]。

(2) 証人尋問における誘導尋問の活用

さて，ここで問題となるのは，証人尋問の中で，検察官，被告人，弁護人は，法廷における証言と検面調書との内容が異なることを，どの程度，裁判員に対して示すことができるかという点である。換言すれば，両当事者が誘導尋問を行うにあたり，証人の捜査段階に行った供述をどの範囲まで裁判員に伝えることが許されるかという点である。

まず，誘導尋問に関する刑事訴訟規則の条文を整理しておく。反対当事者が反対尋問を行う際には，必要があるときは，誘導尋問をすることができる（規則199条の4第3項）。主尋問・再主尋問においては原則的に誘導尋問を行うことはできないが（同199条の3第3項，199条の7第2項），一定の事項に関しては誘導尋問を行うことができる（同199条の3第3項）。この中で，捜査段階の証人の供述に関係するものとしては，①証人の記憶が明らかでない事項についてその記憶を喚起するため必要があるとき（3号），②証人が主尋問者に対して敵意又は反感を示すとき（4号），③証人が証言を避けようとする事項に関するとき（5号），④証人が前の供述と相反するか又は実質的に異なる供述をした場合において，その供述した事項に関するとき（6号），⑤その他誘導尋問を必要とする特別の事情があるとき（7号）に誘導尋問が可能である。規則条文のなかではとくに第6号の解釈が問題となるが，一般には，「前の

---

13) 岡慎一「刑訴法321条1項2号後段書面として証拠請求された場合への対応」季刊刑事弁護54号（2008年）41頁。
14) 吉丸・前掲注（5）115頁，山室・前掲注（7）136頁［土持敏裕］。
15) 吉丸眞「刑事裁判を考える」司法研修所論集100号（1998年）16頁。

供述」とは，当該証人として供述する以前の一切の供述を含み，裁判官の面前における供述には限られないと解されている[16]。それゆえ，検察段階の供述もこの中に含まれる。ただし，以上の誘導尋問を行うについては，書面の朗読その他証人の供述に不当な影響を及ぼすおそれのある方法を避けるように注意しなければならない（同199条の3第4項）。また，訴訟関係人は，検面調書自体を証人に示して尋問することはできない（同199条の11）。従って，供述録取書を全面的に朗読する方法による尋問や，証人に供述録取書を示して，それに対して肯定または否定を求める尋問などは許されない[17]。

　以上の刑訴規則の規定に従えば，一般的には，捜査段階の供述を前提とした誘導尋問を行うことは許されるが，検面調書自体を証人に示すことはできず，書面の全面的な朗読も許されないということになる。とすると，どの程度，捜査段階の供述調書の内容を指摘しながら尋問することが可能だろうか。

　この点，現在の実務ではかなり広範囲に捜査段階の供述内容の紹介を認めているといえよう。たとえば，『改訂版刑事尋問技術』では，検察官は，公判供述と検面調書との内容の相反性を明確にするために証人に対して，「あなたは，検察官に対して・・・の趣旨のことを述べていますが，そうではないですか。」と尋問したり，検面調書の該当部分を読み聞かせて，「あなたは，前に検察官に対してこのような供述をしたのではないですか。」と尋問することが許されるとしている。後者の尋問は刑訴規則199条の3第4項に反する可能性があるが，同条は検察官の部分的読み聞けまで禁止する趣旨ではないと解釈されている[18]。また，弁護人も，強盗致傷の被害者に対して，「証人の捜査段階の調書ですと，殴られたときそのまま仰向けに倒れたとなっているのですが，どちらがほんとうですか。」「証人は，捜査段階で，警察官や検察官に，殴られたときそのまま仰向けに倒れたと説明しませんでした

---

16) 藤永幸治＝河上和雄＝中山善房編『大コンメンタール刑事訴訟法第4巻』（青林書院，1995年）653頁［高橋省吾］。
17) 同654頁。
18) 山室・前掲注（7）134頁，横川敏雄「刑事訴訟規則の一部改正（証人の尋問方法等に関する改正）について」法曹時報9巻2号（1957年）13頁，伊藤栄樹他代表『新版注釈刑事訴訟法第4巻』（立花書房，1997年）280頁［小林充］。

か。」という誘導尋問ができるとされている[19]。

　誘導尋問のあり方としては，できる限り証人の記憶を喚起させるように努めるべきであり，尋問を行う者が検面調書の内容を示すことは望ましいことではない。しかし，証人が捜査段階でどのような供述を行ったかについて記憶が十分ではないという場合も多いであろう。それゆえ，裁判員裁判においても，検察官，弁護人が，検面調書の内容を要約して示すことは認めてよいと思われる。なぜなら，裁判員は，捜査段階の供述内容が示されない限り公判段階の供述との対比ができず，公判段階の証言の信用性を判断できないと考えるだろうからである。証人尋問ではこうした裁判員の真実を追求したいという欲求に答えるべきであると思われる。その上で，公判供述の信用性について，交互尋問の中で吟味していけばよい。ただし，誘導尋問の仕方には注意が必要である。先に示した例では，検察官に対してある供述をしたことを前提として尋問がなされているが，この質問をする前に，「あなたは○月○日，検察官から取調べを受けましたか。」「その際，検察官に対してどのように供述しましたか。」などの質問を行い，その後で自己矛盾供述の部分を示すなどの配慮が必要であろう[20]。

　それでは，誘導尋問の限界をどこに設定すべきであろうか。私見としては，この限界は，誘導尋問が裁判員に与える影響ではなく，証人に対して与える影響の観点から画されるべきではないかと考える。なぜなら，裁判員は真実を追求するという目的をもって，証人が尋問に対してどのように答えるかに注視して証人尋問の様子を見ているので，誘導尋問自体に惑わされることは少ないであろう。一方，誘導尋問は証人に対しては直接的な影響を与える。なぜなら，証人は尋問者の発する問いに答えなければならないからである。とくに，証人に対して捜査段階で行った供述を示すことは，証人が自らの記憶を積極的に吟味する方向で作用する場合と，捜査段階の供述が正しいとして証人に記憶の吟味をやめさせる方向で作用する場合とが考えられる。誘導尋問は，証人自身の記憶を喚起し元来の記憶を引き出す方向においてなされるべきものであり，証人に記憶の喚起をやめさせ，証言を諦めさせる方

---

19)　山室・前掲注（7）270，271頁。
20)　日本弁護士連合会編『法廷弁護技術』（日本評論社，2007年）145頁［高野隆］。

向では許されない。こうした観点からみると，先に指摘した，「書面の朗読」は認めない，検面調書の証人への提示は認めないという刑訴規則の規定が最低限必要になるであろう。なぜなら，検面調書自体が示されると，証人は捜査過程において録取された供述内容を既定のものとして受容し，証人が正確な供述を試みることをあきらめ，安易に書面の内容を承認するようになる危険性があるからである[21]。すなわち，誘導尋問は，公判廷における証人の証言の呼び水である範囲において許されると考えるべきである。

　さて，以上の誘導尋問の性格に照らし，関連する留意点を2点ばかり指摘したい。

　まず，訴訟関係人とくに弁護人は，相手方の誘導尋問が不適切であると考えた場合，証拠調べに関する異議申立て（刑訴法309条1項）を活用して，誘導尋問の範囲について適正化に努める必要がある。裁判員裁判にあっては，誘導尋問の仕方が裁判員に不適切な心証を与える危険性が常に存在する。この危険性はまず当事者によって是正されるべきである。異議申立ては誘導尋問がなされた際にただちに行わなければならず（刑訴規則205条の2），当事者に迅速かつ臨機応変な対応を要求する。この点は従来の公判審理では当事者に必ずしも強く求められるものではなかったが，口頭主義，直接主義が貫徹される裁判員裁判においては，証人尋問の際の異議申立ては，弁護人が磨くべき尋問技術のひとつとして重要なものとなろう。

　次に，裁判長は，中間評議，最終評議の中で，裁判員に対して，検察官，弁護人が誘導尋問の中で述べた捜査段階における証人の供述内容が「証拠」ではないという点について十分説明し，注意を喚起すべきである。検面調書の証拠能力が認められていない以上，いくら訴訟関係人によって検面調書の内容が示唆されたとしても，あくまで証拠となるのは，証人が公判廷で述べた証言のみである。検面調書の示唆はあくまで証人の証言を引き出す呼び水に過ぎない。裁判員にはこの区別は十分にはつかない場合が考えられる。そこで，訴訟指揮を行う裁判長は，証拠としての価値を有するのは証人尋問における証人の供述であることについて裁判員によく理解してもらいながら証

---

21) 法曹会編『刑事訴訟規則逐条説明第2編第3章公判』（法曹会，1989年）107頁。

人尋問を進めるべきである。
　このようにまず，証人の証人尋問の中で，証人が「相反供述」を行ったと考えられる場合，誘導尋問などを活用しながら，尋問者が捜査段階の供述と公判廷における供述との相違を指摘し，どうして検察官に対する供述と公判廷における供述とが相反することになったのかについて，交互尋問のなかで明らかにしていくべきであろう。これが問題とされれば，公判廷の供述の信用性および検察段階の供述の信用性などが検討される。そして，こうした検討を十分に行っていれば，実質的に，検面調書の伝聞例外の要件である供述不能，相反性，特信性に関する議論も証人尋問の中で相当程度実施されることになろう[22]。

3　検面調書の証拠能力に関する審理

(1) 問題の所在

　続いて，検察官が検面調書の証拠調べ請求をした場合における，証拠能力に関する審理のあり方を検討する。証人が公判での証人尋問において捜査段階での供述と相反する供述をし，検察官が検面調書の証拠調べ請求をした場合，現在の実務では，裁判所は，規則192条に基づき検察官に検面調書の提示を命じ，それを熟読した上，供述経過・供述内容自体の合理性，体験供述か否か，秘密の暴露があるか，他の物的証拠と供述との符合・弁解の時期や一貫性といった多くの観点を検討して検面調書の証拠能力を判断する[23]。こうした審理を裁判員に行わせるのは不可能である。また，裁判員に証拠能力についての審議と証明力の審議との区別をつけさせるのも困難である[24]。
　さらに，供述調書の様式にも問題がある。検面調書は，取調べ側の取調べ態度や，事件に対する先入観の程度，供述者側の健康状態，心理状態など，供述の信用性判断に必要不可欠な事情が，あたかも参考人が独白をしたよう

---

22) 司法研修所・前掲注（2）93頁，三井＝馬場＝佐藤＝植村・前掲注（12）99頁，田中康郎「刑事裁判実務の課題」ジュリスト1148号（1999年）269頁。
23) 酒巻匡＝河本雅也「〈対談〉裁判員制度実施に向けた新たな刑事裁判の在り方」法学教室308号（2006年）23頁。
24) 今崎・前掲注（4）17頁。

に取調官が再構成した流暢な文章に要約されている。取調べの実情，実態についての知識のない裁判員がこの点を理解して検面調書を読むことは難しい[25]。

他方，検面調書の採否が事実認定の判断の決め手となる事件においては，この採否に裁判員が関わらないことになると，裁判員は，事実認定の前提となる重要な手続に参加していない，裁判官のお膳立てをした資料で判断させられているといった不全感が残る可能性がある。さて，検面調書の証拠能力の審理はどのように進められるべきであり，とくにこの審理に裁判員は加わるべきか。

まず，裁判員法の条文を確認する。裁判員法 6 条 1 項によれば，裁判所の判断のうち，構成裁判官と裁判員との合議によるのは，事実の認定，法令の適用，刑の量定であり，同条 2 項によれば，法令の解釈に係る判断，訴訟手続に関する判断などは構成裁判官の合議によるとされている。検面調書の証拠能力に関する判断は，「訴訟手続に関する判断」であるから，この判断は構成裁判官の合議による[26]。また，構成裁判官の合議によるべき判断のための評議は，構成裁判官のみが行うと規定されている（裁判員法68条 1 項）。この評議は裁判長が主宰する（裁判員法68条 2 項，裁判所法75条 2 項）。

一方，裁判員法60条は，「裁判所は，裁判員の関与する判断をするための審理以外の審理についても，裁判員及び補充裁判員の立会いを許すことができる。」と規定し，同法68条 3 項は，「構成裁判官は，その合議により，裁判員に第 1 項の評議の傍聴を許し，第 6 条第 2 項各号に掲げる判断について裁

---

25) 守屋克彦「取調べの録音・録画と裁判員裁判」法律時報80巻 2 号（2008年） 3 頁，今崎・前掲注（4） 6 頁。なお，この点は，同時に，裁判員制度の長所でもある。裁判員には，なるほど書面に関する微に入り細にわたる分析は期待できないが，その反面，当事者の真実を求めようとする姿に敏感に反応し，あるいは自己の法感覚に忠実に判断を行うことが期待できる（田淵浩二「裁判員裁判と伝聞証拠」季刊刑事弁護54号［2008年］18頁）。
26) 証拠能力の判断は，訴訟法上の事実とはいえ，有罪，無罪の認定に関して重要な判断であるから，厳格な証明によるべきだとの主張も有力であり，また，実務上も厳格な証明によることが多い。ただし，裁判官と裁判員との合議によるか，構成裁判官の合議によるかという点に関しては，上記問題は残るとしても，裁判員法 6 条 2 項における「訴訟手続に関する判断」であることは間違いないから，検面調書の証拠能力の判断は構成裁判官の合議によるものと考えられる（後藤昭＝四宮啓＝西村健＝工藤美香『実務家のための裁判員法入門』［現代人文社，2004年］119頁）。

判員の意見を聴くことができる。」と規定する。すなわち，問題は，構成裁判官のみによって行われる評議に裁判員の立会いを許すべきかどうか，また，検面調書の採否に関して裁判員の意見を聴くべきかどうかという点にある。

(2) 公判前整理手続

なお，裁判員裁判では公判前整理手続が義務付けられていることから（裁判員法49条），原則的に，証拠調べの請求，証拠調べの決定は，公判前整理手続において実施される（刑訴法316条の5）。しかし，検察官が公判前整理手続において検面調書の取調べを請求したとしても，被告人・弁護人が不同意の意見を述べれば，検察官は請求を撤回し，証人尋問を請求することになる[27]。その場合，もし，証人が公判廷で供述を覆す可能性があることが分かれば，公判廷で検面調書の採否を決定するための審理を見込んで公判の審理計画を立てることは可能であろう。しかし，それにとどまるのであり，公判前整理手続の中で検面調書の証拠決定を行えるわけではない[28]。また，公判審理において，証人が相反供述を述べるか，述べるとするとどのような相反供述を述べるかを想定することは難しいので，あらかじめ検面調書の内容と異なる内容を述べることを想定できない場合も多いであろう[29]。

一方，公判前整理手続が終了した後には，原則的に検察官は，新たな証拠調べを請求することはできないが，法316条の32第1項によれば，「やむをえない事由によって公判前整理手続又は期日間整理手続において請求することができなかったもの」に関しては，例外的に，証拠調べ請求が認められている。また，同条2項によれば，裁判所が，必要と認めるときに，職権で証拠調べをすることができる。また逆に，公判前整理手続において検面調書の証拠採用が決定されていても，被告人・弁護人が公判廷において，検察官面前調書の証拠能力を争うことが禁じられているわけではない。いずれの場合であっても，検面調書については，裁判員の参加する公判廷において，その証拠能力が問題となる事態が生じうるのである。

---

27) 渡辺修「裁判員裁判と証拠法　調書裁判から公判裁判へ」季刊刑事弁護49号（2007年）46頁。
28) 司法研修所・前掲注（2）84頁。
29) 今崎・前掲注（4）9頁。

被告人・弁護人にとって，公判前整理手続は，証拠開示の場である。検察官が証人として尋問を請求した者の供述調書はいわゆる類型証拠であるから，原則的に，被告人・弁護人に開示される（刑訴法316条の15）。被告人・弁護人は，公判における証人尋問を有効に実施するために，また，「相反供述」として検面調書が証拠調べ請求された場合に備えて，検面調書を十分に検討することが求められる。

　なお，検察官は，証人尋問を行うにあたって，証人が体験した事実，記憶情況，表現能力などに関して一般に「証人テスト」といわれる事前面接を複数回実施している。この「証人テスト」は証言内容の変容をもたらす可能性があり，そのあり方は今後検討していく必要がある[30]。同時に，被告人，弁護人も，必要があれば，証人の事前面接をすることも考慮していくべきではないか[31]。検察側証人との事前面接は認められないとする説もあるが，規則178条の2，同178条の6第2項1号などから，被告人・弁護人の検察側証人との事前面接については積極的に解するべきである[32]。

(3) 証人尋問請求

　また，証人が公判廷で供述を変える可能性がある場合，検察官による証人尋問請求（法227条1項）を活用すべきである点が指摘されている[33]。証人尋問請求の利点としては，①裁判官による証人尋問が実施されていれば証人が公判廷で供述を覆す事例が減る，②証人が公判で供述を覆した場合，裁判官面前調書であれば伝聞例外として特信性の要件がなくなるので，証拠能力の審理に裁判員が参加する場合であっても裁判員の負担は軽減される，などが挙げられている[34]。

　しかし，証人尋問請求を活用する場合には，被告人の反対尋問権の保障の

---

30) 検察官が実施する「証人テスト」において，質問のみならず答えの要旨を書き込んだ尋問事項書をあらかじめ交付して「特訓」が行われることがあるという点が指摘されている（佐藤博史「『裁判員制度と事実認定』の課題」刑事法ジャーナル4号［2006年］33頁）。
31) 田淵浩二「刑事公判手続の課題」法律時報79巻12号（2007年）69頁。
32) 北山六郎監修『実務刑事弁護』（三省堂，1991年）296頁［丹治初彦］。
33) 酒巻＝河本・前掲注（23）23頁，佐藤・前掲注（5）8頁，吉丸・前掲注（5）115頁，今崎・前掲注（11）646頁，司法研修所・前掲注（2）86頁。
34) 司法研修所・前掲注（2）86頁。

観点から，次の2点を留意すべきである。

　まず，裁判官が証人尋問を実施した場合であっても，あくまで証人尋問調書（裁判官面前調書）は伝聞証拠であるので，前章で述べたように，原則的には公判廷に提出されるべきものではなく，両当事者が公判での証人尋問を行う際の手持ち資料として活用すべきである。たとえ，公判廷で証人の供述が覆ったとしても，基本的には，証人尋問の中で両当事者が反対尋問を活用しながら吟味すべきであり，安易に裁判官面前調書の証拠能力を認めるべきではない。

　次に，227条に基づく証人尋問には，被告人・弁護人の立会いが権利として認められていない点に留意しなければならない（法228条2項）[35]。証人は警察段階で取調べられ，検察段階でも同様の取調べを受けていることを考えると，裁判官の面前でも同じ内容の証言を行う可能性が高い。すなわち，捜査段階における供述の誤りが，裁判官による証人尋問でも改まらずに引き継がれる危険性がある。これが公判廷において裁判員の面前で朗読されれば，検面調書の場合と同様の問題を生じさせる。これを是正するのが被告人・弁護人による反対尋問である。三井誠教授は，法228条は捜査の一環とはいえ証人尋問の形態を持つものであり，捜査への支障が懸念されない以上，少なくとも運用面では，実質的に憲法37条2項の審問権保障の趣旨はこの手続にも推及されるべきであると指摘されている[36]。とくに裁判員の参加する証拠調べにおいて当該証人尋問調書が取り調べられれば，裁判官の面前における証言であるということが裁判員の心証に及ぼす影響は大きいであろうから，法227条1項に基づく証人尋問には，被告人・弁護人の立会いを要件とすべきであろう[37]。

---

[35]　判例は，弁護人の立会いは任意であり，立会いの有無は裁判所の裁量としている（最大判昭和27年6月18日刑集6巻6号800頁）。

[36]　三井誠『刑事手続法（1）［新版］』（有斐閣，1997年）140頁，同『刑事手続法Ⅲ』（有斐閣，2004年）324頁。

[37]　なお，刑訴法300条は，「第321条第2号後段の規定により証拠とすることができる書面については，検察官は，必ずその取調べを請求しなければならない。」と規定することから，検察官は，裁判官面前調書がある場合でも，検面調書の請求を行なうことも予想される。しかし，後者は重複証拠であるので，原則としては，必要性を欠くと考えられる（司法研修所・前掲注（2）89頁）。

また，同様に，被告人・弁護人は，検面調書などに表れた被告人に有利な供述が公判廷で覆る可能性がある場合は，証拠保全手続（法179条1項）を活用すべきである。この場合の証人尋問には，検察官，被告人，弁護人の立会い権の規定が準用されると解されるので（179条2項，157条），法227条に見られる問題は生じない[38]。

(4) 「供述不能」の審理

　それでは，321条1項2号の要件ごとに一層詳細に検討してみよう。まず，証人尋問が実施されたにも関わらず，証人は公判廷においてほとんど内容ある証言を行なうことができず，また反対尋問もできないという場合に，「供述不能」該当性が問題となりうる。こうした事態は極めて例外に属するとはいえ，公判廷という極度に緊張を強いる状況の中では，はじめてその場に立つ証人からまったく供述が引き出せないということもありえないわけではない。「供述不能」の要件については，「その供述者が死亡，精神若しくは身体の故障，所在不明若しくは国外にいるため公判準備若しくは公判期日において供述することができないとき」と規定され，この事由について通説・判例は例示列挙であると解している[39]。判例は，証人が証言を拒絶した場合，記憶喪失の場合（最決昭和29年7月29日刑集8巻7号1217頁。ただし，3号書面の事案である）なども供述不能事由に該当するとしている[40]。裁判例の中には，強姦の被害者が泣いて証言できない場合に「供述不能」を認めた事案もある（札幌高裁函館支部判昭和26年7月30日高刑集4巻7号36頁）[41]。ただし，部分的な供述不能に関しては，次の相反性の問題として考えるべきであり，証人尋問が実施された場合において供述不能にあたるとされる事案は極めて限定されるであろう[42]。

---

[38] 藤永幸治＝河上和雄＝中山善房編『大コンメンタール刑事訴訟法　第2巻』（青林書院，1994年）799頁［藤本幸治］。

[39] 最大判昭和27年4月9日刑集6巻4号584頁。

[40] 藤永幸治＝河上和雄＝中山善房編『大コンメンタール刑事訴訟法　第5巻I』248頁以下（青林書院，1999年）［中山善房］。

[41] 「供述不能」に関する学説については，的場純男「検察官面前調書」松尾浩也＝井上正仁編『刑事訴訟法の争点［第3版］』（有斐閣，2002年）186頁参照。

[42] 石井一正『刑事実務証拠法［第4版］』（判例タイムズ社，2007年）143頁。

いずれにしても,「供述不能」の要件については,証人尋問における証人の証言内容および公判廷における証人の様子に基づいて判断されるものであるから,構成裁判官の合議をどこで行うかはともかく,実質的判断は裁判員の在席する公判廷で行われることになる[43]。

なお,重要な目撃証人が幼児である場合,日常とまったくの異空間である公判廷で,供述不能の事態に至ることは大いに考えられるし,さらに,幼児が強制わいせつ事件の被害者である場合などは,法廷での証言によって深い心の傷を受けたり,大人への不信感を募らせたりする可能性がある。こうした場合,証人尋問請求,証拠保全請求により裁判官による証人尋問を実施して,裁判員の参加する公判審理では証人尋問調書を提出する方法,または,その様子を録画した記録媒体の再生という方法で証拠調べをおこなうことも検討すべきであろう[44]。また,はじめから「供述不能」が想定される場合は,公判期日外の証人尋問を行うことやビデオリング方式など証人保護の規定を活用することなども検討に値しよう。

(5) 「相反性」の審理その1

次に,「相反性」に関する審理について検討する[45]。相反性が明確であればこの点の問題はないが,証人が公判廷におけるストレスから検察段階に比べると内容貧弱な証言しか行わず,検面調書の方がより詳細な供述である場合が考えられる。こうした場合,「供述不能」とは言えないが,「相反供述」に該当する可能性がある。判例はこの場合についても,実質的に異なった供述にあたるとしている(最決昭和32年9月30日刑集11巻9号2403号)[46]。条文解釈

---

[43] なお,「供述不能」の場合は特信性の要件を必要としないのが実務である。なるほど,相対的特信性は公判における供述がない以上認めることはできないが,多くの学説が主張するように,伝聞法則の趣旨からすれば伝聞例外を認める情況の保障としての「信用性」は必要であると考えるべきである(田宮裕『刑事訴訟法[新版]』[有斐閣,1996年]381頁など参照)。

[44] この点で,公判前における子どものビデオ録画面接に関するイギリスの取組みを紹介する,英国内務省・英国保険省編/仲真紀子=田中周子訳『子どもの司法面接—ビデオ録画面接のためのガイドライン』(誠信書房・2007年)が参考になる。また,北山・前掲注(32)318頁以下[高野嘉雄]も参照。

[45] 刑訴法321条1項2号は,「前の供述と相反する」場合と「実質的に異なった供述をした」場合とを区別して規定しているが,両者を区別する実益は乏しいので,ここでは「相反供述」で代表させることとする。

[46] 相反供述の範囲については,小山雅亀「伝聞法則の再構築」村井敏邦=川崎英明=白取祐司

からいえば，検面調書の内容が詳細であるから相反供述に該当すると考えるべきではなく，あくまで両者の「相反性」を問題とすべきであろう[47]。しかし，そうであっても，大筋において共通しているが，用いている文言などが異なり，「相反供述」と言えるかどうかが問題となる事例も考えられる。また，証人によっては，主尋問による証言と反対尋問による証言とが異なり，さらなる交互尋問によってもいずれとも決しない支離滅裂な証言内容に終始するという場合も考えられる[48]。

こうした場合も，原則的には，証人尋問の中で，検察官が誘導尋問を行いながら，証人に確認すべきである点は同様である。反対尋問は原則的に証言および証人の信用性を減弱させるものであるから，供述の曖昧さをもって「相反供述」とはいえない。すなわち，証人尋問において証人が相反供述を行ったとしても，ただちに検面調書の証拠調べの問題となるのではなく，本来は，公判廷における証言の信用性の吟味の枠内で処理されるべき問題である。そして，検察官が，公判供述とは異なる検察官の取調べ段階の供述が存在することを証人尋問において確認し，検察段階の供述内容を証人が認めれば検面調書を提出する必要はない。検察官が検面調書の証拠調べ請求を必要とするのは，証人が検察段階の供述の存在および内容を否定した場合である[49]。なお，証人尋問の中でこうした検討を十分に行なっていれば，検面調書の「相反性」も明確にされるであろう[50]。

相反性については，最終的には証人尋問における証言と検面調書の供述とを比較をしなければならないので，構成裁判官が検面調書の該当部分を確認

編『刑事司法改革と刑事訴訟法　下巻』（日本評論社，2007年）835頁参照。
47）　藤永ほか・前掲注（40）257頁以下［中山善房］，吉丸・前掲注（15）19頁，石井一正『刑事実務証拠法［第4版］』（判例タイムズ社，2007年）147頁。裁判員裁判に関して，司法研修所・前掲注（2）85乃至94頁。
48）　的場・前掲注（41）187頁，松浦繁「刑事訴訟法321条1項2号をめぐる問題」龍岡資晃編『現代裁判法大系（30）』（新日本法規出版，1999年）438頁。
49）　渡辺・前掲注（27）47頁。
50）　山室・前掲注（7）134頁［土持敏裕］。なお，裁判官としては，検面調書を採用しておいた方が後で判決書を書きやすいというメリットがあるようであるが，法廷における生き生きとした証人の供述を捨てて，検面調書に頼ることは本末転倒であるという指摘がある（吉丸・前掲注（15）19頁）。

するために検面調書を読むことが必要となる。ただし，これは時間を要することではない。構成裁判官の合議が必要であったとしても，裁判官は，裁判員の在廷する公判廷の中においてまたは短時間の休廷をして検面調書を検討し，合議を行うことが可能である。

そして，これらの交互尋問によって，実質的には，相反部分を明らかにすることができるとともに，証人自身に対して，当該相反部分についての前の供述をした理由を説明する機会を与え，いずれの供述が真実であるかについて直接説明を求めることができることとなり，いわゆる特信性の判断材料として重要な資料を提供することができる[51]。

(6) 「相反性」の審理その2──反対尋問権のパラドックス──

ところで，「相反性」に関しては，反対尋問権の保障と法321条1項2号書面との関係について，反対尋問権のパラドックスとも言いうる状況が指摘されている。すなわち，検察官の主尋問では証人は検面調書と同一内容の供述をしたが，弁護人の反対尋問によって証人の証言が覆り，検面調書と相反することになった場合，検面調書に「相反性」を認めてよいかという問題である。検察官によって証人に対する事前テストがなされていれば，証人は主尋問においては検面調書に忠実に証言し，別の切り口から弁護人によって反対尋問がなされた場合，証人は自らの記憶をたどることになるので，結局，証人の供述が検面調書の内容と異なるという事態は大いに考えられる。これは裁判員裁判においても常に起こりうる事態である。こうした場合をどのように考えるべきか[52]。

問題となるのは，反対尋問により証人が相反供述をはじめたので，検察官が再主尋問を行ったが，結局，相反供述は覆らず，証人の相反供述のみが残った場合である。従来，こうした場合においても「相反供述」と認められてきた。321条1項3号後段の「前の供述と相反するか若しくは実質的に異なった供述」の文理解釈として，主尋問に対する供述に限定して解釈するのは

---

51) 三井＝馬場＝佐藤＝植村・前掲注（12）99頁［稲田伸夫］。
52) 検察官による検面調書の請求は，検察官立証が失敗したことも示している。これは弁護側にとっても「危機」だが，検察側にとっても「危機」である（佐藤博史「刑事訴訟法第321条とどう戦うか──刑事裁判の活性化とパソコンを利用した反対尋問の技術」日本弁護士連合会編『日弁連研修叢書・現代法律実務の諸問題［平成11年版］』［第一法規出版，2000年］601頁）。

難しいからである。こうした実情を受け，弁護人の実践的対応として，「検察官調書を生かしつつ殺す」という手法なども提唱された。これは，検察官調書の特信性に関し弾劾することが困難であると予想される場合，証人の検察官に対する供述を一応前提としながら，むしろ，その供述の持つ意味や形成過程を掘り下げて尋問をし，法廷証言が調書と相反する範囲をなるべく狭めつつ，被告人に有利な証言を引き出してゆく手法である[53]。なかなか高度な法廷戦術であるが，裁判員に対して分かりづらい方法であるのは否めない。

　検察官の主尋問による証人の証言は，反対尋問によって弾劾されることが当然に予定されているのであるから，反対尋問で主尋問に対する証人の証言が覆ったからといって，伝聞例外として検面調書の証拠能力が認められるというのは，伝聞法則の趣旨および交互尋問の趣旨に反する[54]。伝聞法則の意義は，当事者とくに被告人側の反対尋問権を保障することにある。反対尋問が的確に行われれば行われるほど，伝聞法則の例外が認められるというのは，伝聞法則を無意味にしてしまう。これはまず，証人の主尋問における供述および捜査段階の供述に一定のバイアスがかかっていたことが示されたのである。前の供述の信用性が揺らいだのである。そうであれば，検察官は再主尋問によって前の供述が証人の体験に基づくものであることを証人に気付かせ，裁判員に印象付けるべきである。当事者主義においては，交互尋問の中で真相は究明されるべきなのである。交互尋問において，反対尋問によって証言が覆り，それによって検面調書の証拠調べを請求するのは検察側の敗北である。

　このように，321条1項2号後段は，条文の文理解釈と伝聞法則の趣旨とが齟齬をきたす場面と言えるだろう。そうした場合は，伝聞法則の趣旨からの解釈，換言すれば，被告人の防御権の観点からの解釈が優越されるべきである。とくに，裁判員の参加する公判審理では，口頭主義，直接主義を徹底することが求められている。交互尋問の中で，捜査段階における供述と異な

53）　北山・前掲注（32）217頁［丹治初彦］。
54）　佐藤博史『刑事弁護の技術と倫理―刑事弁護の心・技・体』（有斐閣，2007年）215頁，北山・前掲注（32）225頁以下。

る供述が引き出されたということは，交互尋問のシステムが機能したということである。こうした事態は伝聞例外として検面調書が認められる場合と考えるべきではない。裁判員は，検察官の主尋問による証言と弁護人の反対尋問による証言との全体から心証を取ればよいのであり，それは交互尋問方式が予定した心証の取り方である。システムが機能したことをもってその例外が認められるのは本末転倒である。裁判員裁判が始まることをきっかけに，この点は純化して考えるべきである。すなわち，「相反供述」とは主尋問に対するものであり，反対尋問によって供述が相反した場合を含まないと考えるべきである。

(7) 特信性の審理

従来，検面調書の伝聞例外の要件としてもっとも問題とされてきたのは，特信性の要件である。実務に従えば，特信性の審理は，裁判所が検察官に検面調書の提示を命じ（規則192条），検面調書を精査し，必要であれば証人に対して特信性に対する証人尋問をし，さらに必要があれば，取調べ検察官などの証人尋問を行うことによって進められる[55]。なお，刑訴規則198条の4は，「検察官は，被告人又は被告人以外の者の供述に関し，その取調べの状況を立証しようとするときは，できる限り，取調べの状況を記録した書面その他の取調べ状況に関する資料を用いるなどして，迅速かつ的確な立証に努めなければならない。」と規定している。

また，法321条1項2号の特信性は相対的特信性と呼ばれ，これを判断する際には，証人の公判供述を信用しうる事情および信用性を疑わせる事情と，検察官に対する供述を信用しうる事情および信用性を疑わせる事情とが検討されなければならない。現在の実務においては，公判供述の信用性を疑わせる事情が強調され，相対的特信性ありと判断される理由としては，①検面調書では新鮮な記憶に基づいてありのままを述べたが，時の経過により，公判期日等においては記憶の低下・変化・喪失等により相反する供述をするに至る場合，②検面調書作成後に新たな情報に接し，記憶が混乱している場合，③供述者と被告人との身分等の特別な関係から，公判期日等において供

---

[55] 森下・前掲注（10）35頁。

述者が意識的に被告人に対する不利益な供述を回避する場合，④検面調書作成後，供述者が被告人側の買収・誘惑・威迫などにより意識的に被告人に対する不利益な供述を回避するに至る場合，⑤供述者自身のその後の心境の変化により被告人側に不利益な供述を回避するに至る場合などが挙げられている[56]。しかし，2号の特信性が相対的特信性であったとしても，公判供述の信用性に疑いがあるという理由のみで検面調書が信用できるということにはならない。検面調書自体に反対尋問に代わる信用性の情況的保障が必要であると考えるべきである[57]。

さて，裁判員裁判においては，特信性を判断するために，構成裁判官が検面調書を精査する必要はあるだろうか。判例は，特信性の判断は主として外部的な事情によってなされるべきだが，「必ずしも外部的な特別の事情でなくても，その供述の内容自体によってそれが信用性ある情況の存在を推知せしめる事由となると解すべきものである」としている（最判昭和30年1月11日刑集9巻1号14頁）。これを前提とすれば，裁判員裁判にあっても，構成裁判官は，特信性を推認する資料として検面調書自体を考慮できることになる。

しかし，私はこの点に疑問を持つ。というのは，公判廷における証人の証言と検察段階における参考人の供述とを比較することは可能であろうが，検面調書は，参考人の供述そのものではなく，取調官が独白調の文章に構成し直した供述録取書だからである。証人自身による証言と供述録取書の内容とを比較して，その信用性の優劣を判断することは困難といわざるを得ないのではなかろうか。これがある程度可能なのは，第3章で検討するように，参考人の取調べの様子が録音・録画されている場合である。とくに裁判員裁判では，裁判員に対して，証拠能力を判断する要件としての「特信性」の判断と証拠能力が認められ検面調書が朗読された場合の「信用性」の判断との区別を理解させることは難しいのであるから，たとえ証拠能力の合議に裁判員

---

56) 藤永ほか・前掲注（40）262頁以下［中山善房］，石井・前掲注（47）150頁，吉丸・前掲注（5）114頁，松浦・前掲注（48）439頁など参照。
57) この点において，特信性を，調書の作成における外的状況ではなく，「他の物的証拠との全面的かつ厳密な一致」とする沢登佳人名誉教授の示唆に富む考え方がある（沢登佳人「伝聞法則とその例外規定との，および刑事訴訟法328条の新解釈，『全訴訟関係人を人格として取扱え』『疑わしきは罰せず』の法理を証拠法に貫徹する道」法政理論9巻3号［1977年］59頁以下）。

が参加しないとしても，なぜ検面調書に特信性が認められるのかについて裁判員には理解できない形で判断がなされることは望ましいことではない。それゆえ，特信性については外部的事情のみによって判断する方向で純化させるべきであると思われる[58]。

　次に，特信性を判断するために，取調べにあたった検察官を証人尋問する必要はあるか。検察官の証人尋問は，取調べに信用性を疑わせる事情があるかどうかを判断するために行われるのであるが，実務では，検察官の取調べに格別信用性を疑わせる情況がないと認められる場合には，信用性が肯定されることが多い[59]。しかし，証人は検察官と対立関係にあるわけではないから，この事情については証人から直接聞き出すことが可能であり，あえて検察官の証人尋問をする実益に乏しいのではなかろうか[60]。また，証人尋問は裁判員の参加する法廷でなされることになるが，上述したように，証拠能力の判断と証明力の判断との区別が難しい裁判員の面前において，特信性判断のための証人尋問を実施することは，裁判員に混乱をもたらす可能性がある。それゆえ，検察官の証人尋問は原則的には否定されるべきである。

(8) **裁判員の参加**

　以上の考察を踏まえて，検面調書の証拠能力判断に関する審理に，裁判員は立ち会うべきか，また，裁判員はその評議を傍聴し，意見を聴取されるべきか。

　検面調書の証拠調べが決定されるか請求が却下されるかは，公訴犯罪事実の認定に一定の影響を与えうるものである以上，被告人・弁護人は，防御権保障の観点から，公訴事実の認定に関わるすべての事項について，裁判員も含めた事実認定者全員に対して，十分な主張を行なう機会が与えられるべき

---

[58] 司法研修所・前掲注（2）94頁，前掲注（2）「裁判員裁判における審理等の在り方（4）」ジュリスト1328号100頁（小島吉晴発言）。

[59] 千葉和郎「前の供述を信用すべき特別の情況」平野龍一＝松尾浩也編『刑事訴訟法〔新版〕』（青林書院，1977年）332頁，石井・前掲注（47）134頁。

[60] 捜査官の証人尋問は，捜査段階で当該証人に対して面通し，写真面割りなどが実施された場合に，それがどのような形態で実施されたのかを検討するために必要となる場合がある。被告人と犯人との同一性の識別に関しては，B・L・カトラー著／浅井千絵＝菅原郁夫訳『目撃証人への反対尋問　証言心理学からのアプローチ』北大路書房（2007年）71頁以下参照。

であり，それを前提として，検面調書の採否に関する合議が進められるべきである。この点において，裁判所が証拠決定を行うにあたっては，検察官，被告人・弁護人による意見（刑訴規則190条2項）は，裁判員の参加する公判廷で行なわれるべきである。また，裁判員にとっては，証拠能力の問題と証明力の問題とを切り分けることが難しいのであるから，主としてこの説明は裁判官が行うにしても，被告人・弁護人も，裁判員に対して説明を行う機会が与えられるべきである[61]。すなわち，検面調書の証拠能力判断の審理に裁判員は立ち会うべきである。

次に，裁判員は，検面調書の証拠能力判断についての評議に参加し，裁判員は意見を聴取されるべきか（裁判所法68条3項）。私見としては，裁判員の意見が聴取されることがあってもよいが，基本的には，評議に裁判員を参加させる必要まではないものと思う。その理由は，裁判員が証拠能力に関する評議に加わることは，最終評議における裁判員の事実認定にとって足枷となると考えられるからである。裁判員が検面調書の証拠能力判断の評議に関与するということは，当該検面調書が2号書面として証拠能力が認められた場合，裁判員自身が検面調書の「特信性」を認めたことに関わったということである。これは結局のところ，証拠能力と証明力との区別がつかない裁判員にとっては，最終評議において，事実上，検面調書に記載された内容が信用できることを前提として評議が進められることとほぼ同じ意味を持つ可能性が高い。自らが行った特信性の判断に拘束されるのである。

すなわち，裁判員を証拠能力の評議に参加させることによって，裁判員の権限を拡大させているように見えながら，実際上は逆に，裁判員の事実認定における判断を拘束することになる。公訴犯罪事実の認定に関しては，裁判員の自由な判断に委ねられるべきであり（裁判員法62条），そのためには，裁判員はすべての証拠から自由であるべきである。裁判員は，検面調書が裁判官によって証拠採用された場合であっても，証人の証人尋問の内容，検面調書の「朗読」の内容などを自由にまた総合的に判断して，自らの心証を形成していくべきである。

---

61) 弁護人の対応に関しては，岡慎一「刑訴法321条1項2号後段書面として証拠請求された場合への対応」季刊刑事弁護54号（2008年）39頁以下参照。

以上のように，この問題のポイントは，裁判員が検面調書採否のための評議に加わるかどうかという点にあるのではなく，被告人・弁護人が，裁判員の面前で，検面調書の証拠能力に関して主張，反論を行なう機会を十分に与えられるか否かにある。被告人の防御権の観点からみれば，当該調書が提出される場合と提出されない場合とで事実認定の判断が変りうる以上，被告人・弁護人は当然証拠の採否に関して十分に主張できる機会を設けられていることが被告人の防御権の保障であり，被告人・弁護人は，事実認定を行う構成員のすべてに対して防御権の行使を行う権利があると考えられる。
　また，裁判員制度は，裁判官に対しても，証拠能力と証明力とを截然と分ける思考を求めているのではなかろうか。従来の裁判では，証拠能力の問題と証明力の問題との区別は，裁判官自らの内的論理の問題として処理することが可能であった。しかし，裁判員が参加することによって，証拠能力の問題と証明力の問題とは完全に切り分けられる。換言すれば，構成裁判官が「特信性あり」として証拠採用した検面調書が，評議の場において，裁判員から「信用性なし」と評価される可能性がある。
　裁判員制度における公判審理のあり方をもっとも緻密に分析した『裁判員制度の下における大型否認事件の審理の在り方』では，裁判員との中間評議において，裁判官と裁判員とは，特信性について十分な議論を行い，裁判官は，その結果を踏まえて，特信性の判断をすべきであると述べられている[62]。そして同書では，この議論を前提として，裁判官が特信性を肯定すれば，検察官調書を取り調べることとなり，その上で，最終評議において信用性を議論することになるが，事実上，その重要部分の検討は終えていることになるのではなかろうか，と述べられている[63]。裁判官が検面調書の証拠能力の合議に裁判員にも参加してもらいたい思う意識の裏には，最終評議の場においても，裁判員には検面調書の信用性を認めたことを前提として事実認定を行なってもらいたいという心理が働いている可能性はないだろうか。
　しかしながら，証拠能力と証明力の判断はまったく異なるものである。裁

---

[62] 司法研修所・前掲注（2）95頁。
[63] 同96頁。

判官が特信性を認めた証拠について裁判員がその信用性を否定することは当然前提とされている。裁判員制度は，証拠能力の判断と証明力の判断とがまったく別の判断であるということを，裁判官の意識の上からも求めるものである。

4 検面調書の証拠調べ方法

(1) 問題の所在

さて，検察官面前調書の証拠調べが決定された場合，証拠調べ方法は「朗読」である（刑訴法305条1項）。ただし，裁判長は，訴訟関係人の意見を聴き，相当と認めるときは，朗読に代えて，その取調べを請求した者などに「要旨」を告げさせることができる（規則203条の2第1項）[64]。現在の実務では要旨の告知によることが一般的である[65]。さて，裁判員が参加する公判審理では，検面調書は全文朗読されるべきか，要旨が告知されるべきか。

検面調書の証拠調べ方法をどのように考えるかという問題は，裁判員裁判にあっては，これまで以上の重要性を持つ。従来の公判審理は証拠を資料化する場という側面があった。つまり，裁判官は供述調書にしろ速記録にしろ，家に持ち帰って，じっくり読み込んで検討をし，詳細な心証は法廷の外で形成することを前提に，公判廷は，そのための情報を記録に残す場になっていた[66]。しかし，裁判員裁判の場合，証拠書類を後で読み返すことは原則的にできないから，公判廷で「朗読」や「要旨の告知」によって提供された証拠資料により心証を形成しなければならない[67]。

---

64) 判例は，刑訴規則203条の2は，刑訴法305条の定める証拠調べの方法を合目的的に簡易化したにとどまり，本条に反しない，としている（最二小決昭和29年6月19日刑集96号335頁）。
65) 長谷川・前掲注（4）113頁。
66) 前掲注（2）「裁判員裁判における審理等の在り方（2）」ジュリスト1323号105頁［遠藤邦彦発言］。
67) これに加えて第1審と控訴審との乖離の問題も指摘されている。すなわち，第1審で要旨の告知によって取り調べると，検面調書を含めすべての訴訟記録を検討する控訴審との間で証拠の乖離が生じ，要旨の告知に現れない部分について審理不尽を控訴審で指摘される可能性がある，という問題である（前掲注（2）「裁判員裁判における審理等の在り方（2）」ジュリスト1323号107，115頁参照）。

法曹実務家のうち，裁判官，弁護士は全文朗読を支持する者が多い。その理由としては，①現在の裁判では法廷外で書証を読み返すことにより心証を形成することが可能であったが，裁判員に評議の場面で書証を読み返してもらうことは期待できないので，全文朗読すべきであること，②「要旨の告知」方式が行われると，心証形成の基礎となる情報は告知された「要旨」となるが，証拠となるのは元来「証拠書類に含まれているすべての情報」であるから，裁判員は証拠の一部を認識しないままに判断することになってしまうこと，③要旨の告知の場合，告知された部分が明示されないため，裁判員の心証形成資料が特定されず，控訴審で問題が出る可能性があること，などが指摘されている[68]。また，弁護士会は合意書面の活用も指摘している[69]。

　これに対し検察官は，事案や書類の内容や分量に応じ，全文朗読と要旨の告知とを適宜併用することが現実的であるとする。その理由としては，①調書を朗読したのでは裁判員は集中力が切れてしまうこと，②全文朗読が要旨の告知より分かりやすいとは一概に言い難いこと[70]，③全文朗読すると長時間を要する場合が少なくないこと，などを挙げる[71]。

　問題の構図は明快であろう。書面証拠の証拠としての価値を考えれば，理論的には，後で検面調書の全文を読み込むことを想定していない以上，全文朗読すべきである。他方，素人たる裁判員が公判廷で心証を得なければならないということを考えれば，できる限り分かりやすいことが必要であり，そのためには，事案や調書の内容に応じて，全文朗読と要旨の告知とを併用することが適切と言えよう。それゆえ，この問題は両者の調整をどのように図

68）「裁判員制度座談会　法曹三者の構想」法学セミナー623号（2006年）16頁［岡慎一発言］，今崎・前掲注（4）10頁，長沼範良「裁判員制度の下における公判の在り方」司法研修所論集116号（2006年）94頁など参照。

69）日本弁護士連合会裁判員制度実施本部「裁判員裁判における審理のあり方についての提言案（討議資料）」(http://www.nichibenren.or.jp/ja/citizen_judge/saibanin_teigen.html) 8頁。また，村岡啓一「合意書面の功罪」季刊刑事弁護46号（2006年）33頁，杉田・前掲注（10）661頁も参照。

70）この点に関して，岡慎一弁護士は，全文朗読で分かりやすくないのであれば，別の立証方法が模索されるべきであると批判する（前掲注（68）「裁判員制度座談会　法曹3者の構想」16頁）。

71）最高検察庁・前掲注（6）48頁，長谷川・前掲注（4）113頁，小島吉晴「裁判員制度と事実認定の課題」刑事法ジャーナル第4号（2006年）28頁。

(2) 「一部朗読」か「全部朗読」か

　「全文朗読」か「要旨の告知」かを検討する前に，証拠調べの方法に関するもうひとつの問題から先に検討しておきたい。それは，公判廷の供述と相反しているのが検面調書の一部である場合，2号書面として採用できるのは検面調書全体か（無制限説），相反部分に限られるのか（制限説）という問題である。従来の実務は，部分を分けると趣旨が理解しにくくなるなどの理由から無制限説に立つ取扱いがなされることが多い[72]。いずれにせよ裁判官が公判調書などとともに検面調書を自室に持ち帰り読み込むという作業を行うので，証拠採用されたのが検面調書の全部か一部かという点はあまり重要性を持たない。しかし，裁判員の参加する裁判にあっては，公判廷で朗読されるのは相反部分に限定されると考えるべきである。というのは，裁判員裁判では，公判廷における検面調書の朗読によって心証を取らなければならないので，裁判員に対して争点を分かりやすく提示する必要があり，そのためには，相反部分を明確に示した形での朗読が望ましいからである。これは「前の供述と相反するか若しくは実質的に異なった供述をしたとき」とする刑訴法321条1項2号の条文解釈としても妥当である[73]。

　この場合，裁判員に対してどの部分を朗読するかは極めて重要であるが，該当部分を決定することは必ずしも容易ではない。なぜなら，検面調書における相反供述は検面調書全体の中で意味をなすものであり，裁判員の心証形成上，相反部分だけを朗読してもその意味を十分に理解することができないという場合もあるからである。それゆえ，一部朗読であっても，相反部分のみに限定するか，これと密接に関連する部分をも含むのかによって，朗読される範囲は相当に異なる可能性がある[74]。

　検面調書のどの部分に証拠能力を認め朗読させるかは検面調書の証拠能力

---

[72] 松浦・前掲注（48）438頁以下。
[73] なお，中山善房元裁判官は，裁判官のみによる裁判であっても，もともと相反しない部分については伝聞証拠として採用する必要がないのであるから，制限説が理論的であり，実務上も制限説に立って運用されるべきであると指摘されている（藤永ほか・前掲注（40）257頁）。
[74] 北山・前掲注（32）231頁［丹治初彦］，金山薫「刑訴法321条1項2号書面」大阪刑事実務研究会編『刑事公判の諸問題』（判例タイムズ社，1989年）272頁。

の判断の中に含まれると考えられるので，最終的には，構成裁判官の合議によって決定される事項である（裁判員法6条2項）。この際重要な点は，前節で指摘した証拠能力の判断同様，被告人の防御権の保障の観点に立って，朗読部分に関する両当事者の意見（刑訴規則190条2項）を裁判員の面前で表明させ，また，構成裁判官の決定に対する検察官，被告人，弁護人の異議申立てを裁判員の参加する法廷で行うことである（刑訴法309条1項，刑訴規則205条1項）。ただし，両当事者の意見は対立することが多いと考えられるので，最終的な判断は構成裁判官に委ねられることになろう。

(3) 「全文朗読」か「要旨の告知」か

さて，「全文朗読」か「要旨の告知」かの問題に戻ろう。「全文朗読」とするか「要旨の告知」を行うかは，条文解釈としては，裁判長の訴訟指揮権の一環として裁判長の裁量に属する事項と解される（刑訴規則203条の2）。それゆえ，問題は，裁判員の参加する公判審理において，裁判長は「全文朗読」と「要旨の告知」とのいずれを選ぶべきか，ということである。また，前項で指摘したように，裁判長がこの選択をする際には，訴訟関係人の意見を聞かなければならないが（刑訴規則203条の2第1項，2項），この意見陳述は裁判員の面前で行われるべきである。また，この措置に対して，検察官，被告人，弁護人は異議申立てが可能であるが（刑訴法309条1項，刑訴規則205条1項），異議申立ても裁判員の面前でなされるべきである。

ところで，この問題を検討するためには，その前提として，書証の証拠調べの本旨について，今一度考え直す必要があると思う。現在の実務では，書証について，全文朗読であるにせよ，要旨の告知であるにせよ，証拠資料はあくまで書面の内容である考えられてきている[75]。それゆえ，裁判官は供述調書にしろ，速記録にしろ，家に持ち帰って，じっくり読み込んで検討をし，詳細な心証は法廷の外で形成する。平野博士はこの現状を「自室証拠調べ主義」と喝破された[76]。

---

75) 前掲注（2）「裁判員裁判における審理等の在り方（2）」ジュリスト1323号109，111頁，長沼範良「裁判員裁判における審理の在り方」法律のひろば2007年12月号8頁参照。

76) 平野龍一「現行刑事訴訟の診断」平場安治ほか編『団藤重光博士古稀祝賀論文集第4巻』（有斐閣，1985年）418頁。

しかし，刑事訴訟法は，供述書の証拠調べ方法に関して，「朗読」によると規定しているのみであり，それを自宅に持ち帰って熟読すべきとは規定していない。元来，証拠調べの方法が「朗読」であるならば，心証は公判廷における「朗読」から得るべきであり，それ以外の場所で心証をとることは許されないはずである。

これまでの実務では，裁判官が事実認定を行い，また，公判審理も数ヶ月にわたることが多いので，公判調書や供述調書を読み返すという作業が不可欠であった。しかし，裁判員裁判では，書証を家に持ち帰ってじっくり検討するということは，現実的に不可能である。それゆえ，裁判員裁判では，証拠調べの原点に立ち戻り，書証の心証形成に関しては，「朗読」のみによってなされるべきであり，書面を読み込むことによってなすべきものではない，という点を再確認すべきである[77]。構成裁判官および裁判員が証拠調べの後に検面調書を読むことができるとしたら，朗読によって心証を形成したことにはならないし，証人尋問の際行った反対尋問の様子を超えて心証が形成されるので，反対尋問の効果が十分に及ばなくなってしまう。

さて，このように考えた場合，理論上，「要旨の告知」は認められないのだろうか。「要旨の告知」はその後で裁判官が検面調書の全文を詳細に検討することを念頭に置いた制度であって，公判での証拠調べから心証をとらなければならない裁判員裁判にあっては，全文朗読のみが許されるとも考えられる。しかし，私は，この点についてはそこまで厳密になる必要はないと思う。なぜなら，当事者主義の下にあっては，検面調書に記載された内容を変えるものでなければ，両当事者が検面調書を要約することは許されると思われるからである。この点は，公判廷における証人尋問を考えれば理解が容易ではないだろうか。すなわち，証人尋問の場合，両当事者が必要だと考える証言を証人から引き出せるかどうかは，尋問者の質問の仕方に依存する。尋

---

[77] これは裁判員のみならず裁判官にとっても大変な作業である。訴訟当事者が証人から供述を引き出し，裁判所側がそのような情報があると認識するだけではなく，裁判員や裁判官が頭の中で，供述相互の関連性，情報の持つ意味合いを考える作業を法廷でしなければならない。ある証言の意味合いを考えているうちに，どんどん尋問が先に進んでいくということが実際起こり得る（前掲注（2）「裁判員裁判における審理等の在り方（2）」ジュリスト1323号105頁［遠藤邦彦発言］）。

問の仕方が悪ければ、十分な証言を引き出せずに終わってしまうこともある。同様に、両当事者は、検面調書の内容を変更しない範囲で、検面調書の中のどの部分をピックアップするかは両当事者の意向に委ねてよいのではなかろうか。もちろん、このように考えた場合、「要旨の告知」はそれをまとめる者の一定のバイアスがかかる。このバイアスについては、反対当事者が異議申立てをすることによって、また、反対当事者にも補充の「要旨の告知」を認めることによって解決することが可能ではなかろうか。

　本来、検面調書は参考人の供述をそのまま録取すべきものであるから、分かりやすくまとめられるかどうかは供述者次第である。逆にあまり分かりやすくまとめられている検面調書は「検察官の作文」である疑いが残る。また、冗長な検面調書の全文朗読は裁判員には耐え難いものであろうし、要点の理解もおぼつかないであろう。とすれば、全文朗読が望ましいか要旨の告知が望ましいかは検面調書の内容によるということになる。全文朗読と要旨の告知のいずれとするかは裁判長の裁量に委ねられるものであるが、当事者主義を採用する現行法においては、「全文朗読」か「要旨の告知」かの決定は両当事者の意向に沿って決定すべきである。また、要旨の告知は証拠調べを請求した者が行うとしても、反対当事者は、それに対して異議申立てをし、補充の要旨の告知を行うことができると考えるべきである。

　なお、朗読はその取調べを請求した者にさせるのが原則であるが（刑訴法305条1項本文）、裁判員裁判における朗読の重要性に鑑み、また、読み上げ方が裁判員の心証に影響を与えることを考慮し、全文朗読の場合は、裁判所書記官などに朗読させることも検討すべきであろう（同項但書）。

(4) 検面調書に対する反対尋問権の保障について

　さて、検面調書の証拠調べが決定され、検面調書が公判廷で朗読された場合（刑訴法305条）、裁判員は、公判廷における証人の供述と捜査段階の供述とのいずれを信用すればよいのか、その判断に迷うことになろう。ただし、この問題は、公判廷において相異なる2名の証人がまったく異なる供述を行った場合においても同様に生じることであり、その信用性判断は裁判員の自由心証に委ねられる（裁判員法62条）。また、裁判員裁判においては、公判審理の後に評議の場が設けられており、これは裁判官のみによる合議体の評議

（同75条）に比べ丁寧に実施されることが予定されているので（同66条5項），信用性判断はこの場において吟味することができる。

　とすれば，事の本質はそこにあるのではなく，問題は，法廷における証人尋問が被告人・弁護人の反対尋問の洗礼を受けているのに対して，検面調書は伝聞証拠であるから反対尋問を受けておらず，反対尋問の洗礼を受けている証拠と受けていない証拠とが同列に並べられ，裁判員によって信用性が判断されるということにある。それゆえ，検面調書についても，実質的に反対尋問権の実を挙げる方策が考えられなければならない。

　この方法としてはまず，先に指摘した証拠調べ決定の際における意見および証拠調べ決定に対する異議申し立ての中で，被告人・弁護人が検面調書の作成方法，捜査段階における取調べの実情などについて裁判員に注意を喚起することが考えられる。また，弁護人は，証拠調べが終了した後，最終弁論の中でこうした点について主張することができる。

　これに加えて，裁判員裁判では，検面調書に対する反対尋問権を保障すべきではなかろうか。理論的には検面調書に対する反対尋問はできない。しかし，検面調書の証拠調べを証人の証人尋問直後に行い，その後で再度証人の証人尋問を行うことによって，実質的に検面調書に対する反対尋問の実を挙げることは可能である。裁判長は，両当事者に対して，検面調書の朗読を踏まえてあらためて証人に対する尋問を行う機会を与えるべきである。かつて，検面調書に対して被告人側に反対尋問の機会を与えるべきかどうかについて争いがあった[78]。検面調書は供述録取書であり一般の素人にとっては特殊な証拠である。検面調書は元来1問1答型であった参考人の供述を取調官が参考人の独白型の文章に再構成している。6節で指摘するように，供述が変容している可能性がある。こうした参考人取調べの実情を理解した上で扱わなければならない証拠である。こうした点については，裁判長が裁判員に説明する必要があるが，当事者主義の下では，被告人・弁護人が防御権の行使の一環として，被告人・弁護人に対して，裁判員に注意を喚起する機会が設けられなければならない。これを直接アピールできる場は証人尋問であ

---

[78]　金山・前掲注（74）26頁。

る。以上の理由から，検面調書の証拠調べは証人の証人尋問の間に行われることとすべきである。

5 評議における検面調書の取扱い

(1) 問題の所在

次に，公判審理が終了し，裁判員法2条1項の判断のための評議に入った段階における検面調書の取扱いについて検討する。前章で考察したとおり，元来，証拠調べが朗読によるということは，それ以外の方法によって心証を形成してはならないことを意味している。裁判員が評議室で検面調書を読むことになると，公判廷における証拠調べの中で心証を形成したことにはならない[79]。この点を貫けば，検面調書の証拠調べは朗読のみによってなされるべきであり，構成裁判官および裁判員が評議の場面でそれを読むことは許されないことになる。しかし他方，裁判員は公判審理において膨大な情報を与えられ，その情報を正確に記憶して評議に臨むことは不可能である。評議の場で検面調書の内容をあらためて確認したいという場合は当然あろう。また，裁判員がその職責を誠実に果そうとして検面調書の閲読を求めたときに，裁判長がそれを拒絶することが妥当なのかという点も検討に値する。この点，検察庁試案では，裁判員に書証を読むことは強制できないが，このことは裁判員に書証を読ませてはならないということを意味するわけではなく，たとえば，裁判員が書証を読みたいと言ったときには当然読ませなければならないし，評議中に，裁判官はもちろん，裁判員も議論と関連する部分の記録や証人尋問調書を読み返し得ることも当然である，としている[80]。

しかし，裁判員裁判において，従来の実務をそのまま踏襲することには，先に示した原理上の問題に加え，裁判員が参加することに伴ういくつかの問題点も存在する。

まず，裁判員が多様な者の中から無作為に抽出されることから，裁判員の中に検面調書を読む者と読まない者（読んでもよく理解できない者）などがラン

---

79) 前掲注 (68)「裁判員制度座談会　法曹三者の構想」17頁［岡慎一発言］。
80) 同17頁，最高検察庁・前掲注 (6) 53頁。

ダムに存在する点である。他方，裁判員が望めば何度も検面調書を読み込むことが可能となり，検面調書が裁判員に対して確定的な心証を与えてしまう危険性がある。

次に，次節で検討するように，供述心理学の観点からみれば，検面調書は当初の証人（参考人）の記憶，叙述そのものから相当に変容している可能性があり，それが反対尋問によって吟味されていない点，また，検面調書の多くは取調官によって供述者の独白型の文章にまとめ直されている点（または，員面調書の独白型の文章を確認する形でまとめられている点）を挙げることができる。裁判員は，検面調書を，証人（参考人）が述べた内容をそのままに記載したものであると単純に理解する可能性がある。予備知識なく検面調書が読まれることは相当に危険である。

3番目に，技術的な問題であるが，検面調書の証拠能力が認められるのが検面調書の一部である場合，裁判員に閲読を許すのは該当部分のみということになるが，そのためには該当部分に関する抄本が作成されていなければならない。評議の段階でこの抄本を作成できるかという問題がある。

(2) **私見**

まず，評議の段階における検面調書の取扱いについては，明文規定はないが，最終的には裁判長の判断に委ねられると考えるべきであろう。裁判員法66条5項は，「裁判長は，第1項の評議において，裁判員に対して必要な法令に関する説明を丁寧に行なうとともに，評議を裁判員に分かりやすいものとなるように整理し，裁判員が発言する機会を十分に設けるなど，裁判員がその職責を十分に果すことができるように配慮しなければならない。」と規定する[81]。

しかしながら，裁判長は裁判員に対して検面調書の閲読を許すべきではないと思われる。その理由としては上述した諸点が挙げられるが，とくに，検面調書は供述録取書であり，特殊なまとめ方をされている文書であることを

---

[81] 構成裁判官のみによる評議については，裁判所法68条2項により，裁判長が主宰すべきことが明示されているが（裁判員法68条2項による裁判所法75条2項の準用），裁判官と裁判員の評議の場合は明示されていない。この場合も，裁判所法75条2項が適用され，裁判長が評議を主宰すると考えられる（後藤＝四宮＝西村＝工藤・前掲注（26）129頁）。

裁判員が認識して読むことが困難である点を強調したい。しかし，それならば，検面調書の確認作業はどのように行なうべきか。以下，私見を述べたい。

　評議の場において証拠調べの内容を確認したいという点に関しては，必ずしも検面調書に限られるわけではなく，証人尋問での証人・鑑定証人の発言，被告人質問における被告人の発言などの場合も同様である。しかし，評議の段階では公判調書（証人尋問調書など）はいまだ作成されていない。そこで，裁判員法が2007年に改正され（2007年5月30日公布），裁判員の参加する刑事裁判における充実した評議等を可能とするため，その裁判の審理において，証人尋問等を記録媒体に記録することができることとした。すなわち，裁判員法65条1項は，「裁判所は，対象事件（第5条本文の規定により第2条第1項の合議体で取り扱うものとされた事件を含む。）及び第4条第1項の決定に係る事件の審理における裁判官，裁判員又は訴訟関係人の尋問及び証人，鑑定人，通訳人又は翻訳人の供述，刑事訴訟法第292条の2第1項の規定による意見の陳述並びに裁判官，裁判員又は訴訟関係人による被告人の供述を求める行為及び被告人の供述並びにこれらの状況（以下「訴訟関係人の尋問及び供述等」という。）について，審理又は評議における裁判員の職務の的確な遂行を確保するため必要があると認めるときは，検察官及び被告人又は弁護人の意見を聴き，これを記録媒体（映像及び音声を同時に記録することができる物をいう。以下同じ。）に記録することができる。ただし，事案の内容，審理の状況，供述又は陳述をする者に与える心理的な負担その他の事情を考慮し，記録媒体に記録することが相当でないと認めるときは，この限りでない。」と規定する。

　証人尋問をデジタル情報として記録し，公判活動の確認ツールとして，検索が容易な形で目次などを付けてあれば，評議の場で大いに活用できるだろう[82]。同様の事がらは，検面調書の朗読にもあてはまる。朗読については記録媒体に記録することが相当でないという状況は考えにくい。公判における証言が評議の場面で記録媒体の再生によって確認作業が行われるのであれ

---

82)　前掲注（2）「裁判員裁判における審理等の在り方（4）」ジュリスト1328号91，92頁［河本雅也発言］。

ば，検面調書についても同様の形態において記録媒体の再生によって確認されるべきである。

　この方法によるメリットは，先に示した裁判員が検面調書を読み込むことによる問題点，とくに，公判廷における証拠調べを尊重する形で確認できる点，裁判員および構成裁判官全員が平等の権利をもって内容を確認することができる点，公判廷における証人の証言と同じ形で確認することができる点などを挙げることができる。

　なお，やむを得ない場合は，より簡便な方法として構成裁判官によって検面調書の該当部分を読み上げるという方法も許されるのではなかろうか。この方法をとると，公判廷での証言などの確認と確認方法が異なるという問題があるが，簡便にかつ正確に検面調書の内容を伝えるというメリットもある。

　いずれにせよ，裁判長は裁判員に対して直接，検面調書の閲覧を許すのではなく，記録媒体の再生または裁判官による読み上げという方法によって，「朗読」されたものを聴取させることとすべきである[83]。これが，公判廷における証拠調べを尊重し，裁判員間の平等性を確保する方策としてもっとも適当である。

6　まとめと展望

(1)　憲法37条2項の視点

　以上，裁判員裁判における検面調書の取扱いに関して，主として，刑事訴訟法および裁判員法の条文に照らして分析を行なった。最後に，検面調書の取扱いについて今後検討すべきと思われる3つの観点を指摘することによって，本稿のまとめに代えることにしたい。

　まず，本文中でも指摘したように，裁判員裁判における伝聞証拠の取扱いについては，主として，被告人の防御権保障の観点から検討すべきであると思われる。反対尋問権を行使することのできない伝聞証拠の証拠能力を否定

---

83)　評議室への証拠の持込みに関しては，訴訟当事者の意見を聴くべきだという見解もある（森下・前掲注(10) 59頁）。

することが，原則的には，被告人の防御に資することになるが，伝聞法則の例外が詳細に規定されている以上，それと共に，伝聞証拠の証拠決定に際して，被告人・弁護人には，裁判員に対しても，十分に意見を述べ，主張を行う機会が与えられるべきである。

こうした観点に立てば，本稿で指摘したように，検察官が検面調書の証拠調べ請求を行なった場合は，被告人・弁護人には，検面調書の証拠能力に対する意見，主張を裁判員の前で明らかにする機会が与えられるべきであり，また，検面調書が証拠採用され，検察官によって要旨が告知された場合は，被告人・弁護人による異議申立てまたは補充の要旨の告知を認めるべきである。さらに，検面調書の朗読の後に，被告人・弁護人にはその内容に関して再度の証人尋問の機会が認められるべきである。

ところで，以上の観点は，伝聞証拠をめぐる問題を憲法論として考察することに他ならない。憲法37条2項は，「刑事被告人は，すべての証人に対して審問する機会を充分に与えられ，又，公費で自己のために強制的手続により証人を求める権利を有する。」と規定する[84]。証人審問権の規定は，誤りの混入する可能性の高い供述証拠に対して，被告人・弁護人に供述内容の正確性を吟味する機会を与えることによって，被告人の防御権の行使を保障したものと解される[85]。判例は憲法37条の規定と刑訴法320条以下の規定とを直接には結び付けてはいないが（最大判昭和24年5月18日刑集3巻6号789頁）[86]，

---

[84] 裁判所職員総合研修所監修『刑事訴訟法講義案（3訂版）』（司法協会，2007年）282頁。

[85] 現行法の立法過程をみると，刑訴法304条の証人尋問の規定は，当事者主義に基づく交互尋問形式であることに意義があるわけではなく，憲法37条2項の具体化である点に意義があったことが分かる（三井・前掲注（36）『刑事手続法Ⅲ』293頁以下）。

[86] 憲法論とする見解として，田宮・前掲注（43）366頁，田口守一『刑事訴訟法［第4版］』（弘文堂，2005年）392頁，白取祐司『刑事訴訟法［第5版］』（日本評論社，2008年）375頁，福井厚『刑事訴訟法講義［第2版］』（法律文化社，2003年）324頁など参照。また，証人審問権と伝聞法則との関係については，田口守一「証人審問・喚問権と伝聞法則」現代刑事法16号（2000年）4頁以下，伊藤博路「伝聞法則の適用範囲に関する一試論（1）～（5・完）」北大法学論集48巻4号（1997年）721頁以下，5号991頁以下，49巻1号（1998年）123頁以下，2号349頁以下，3号537頁以下など参照。さらに，証人審問権の意義に関しては，堀江慎司「証人審問権の本質について―アメリカにおける議論を中心に（1）～（6）・完」法学論叢141巻1号（1997年）1頁以下，2号1頁以下，3号1頁以下，4号1頁以下，5号1頁以下，142巻2号（1998年）1頁以下など参照。

証人審問権の保障とは，単に法廷にあらわれた証人に対する反対尋問権を保障したものではなく，およそ供述証拠を提供する者一般に対して被告人・弁護人の審問権を保障したものと解すべきである[87]。憲法37条2項は，被告人・弁護人が直接反対尋問を行使できない伝聞証拠を原則的に排除する根拠であり，また，伝聞例外として伝聞証拠の証拠採用を行うに際して，被告人・弁護人が意見を述べ，異議を申し立てる機会を保障する根拠である。

伝聞証拠の問題は，伝聞例外が相当詳細に規定されていることもあり，解釈論としては，伝聞例外の条文解釈の隘路へと迷い込んでしまう危険性がある。しかし，裁判員裁判が始まることをきっかけとして，今一度，この問題は憲法論として再構築されるべきである。

(2) 供述心理学の知見

次に，裁判員裁判では，法曹三者は，供述心理学について十分な理解をもった上で公判審理に臨むべきであり，伝聞証拠の取扱いについても，供述心理学が明らかにする供述の変容可能性を慎重に検討すべきであると思う。

これまでも目撃証言には誤謬が入りやすく，誤判の原因になりやすい点が指摘されてきたが[88]，近時，実際の裁判の現場に心理学者が入り込み，自白および証言に関する心理学的考察を加え，その特質を分析しようとする研究が進展をみせている[89]。供述に対する心理学的アプローチの方法論は必ずしも固まってはいないようであるが[90]，供述に与えうる心理学的要因については，ほぼ共通した見方が確立している。供述証拠は，知覚（符号化），記憶（貯蔵），叙述（検索）の各段階で誤りが入り込む可能性があるが，ここではとりあえず，供述が変容する要因について，捜査機関による取調べとの関係で概論的に指摘してみたい[91]。

---

87) 鈴木茂嗣『刑事訴訟法［改訂版］』（青林書院，1990年）203頁。
88) 渡部保夫『無罪の発見―証拠の分析と判断基準―』（勁草書房，1992年）83頁。
89) わが国における刑事司法分野での心理学研究の経緯については，村井敏邦編『刑事司法と心理学―法と心理学の新たな地平を求めて』日本評論社（2005年）3頁以下［村井敏邦］参照。
90) 髙木光太郎『証言の心理学』中公新書―847（2006年）123頁以下。
91) とくに目撃者の供述に影響を与える諸要因については，エリザベスF・ロフタス／西村武彦訳『目撃者の証言』（誠信書房，1987年），渡部保夫監修『目撃証言の研究―法と心理学の架け橋をもとめて―』（北大路書房，2001年），厳島行雄＝仲真知子＝原聰『目撃証言の心理学』（北大路書房，2003年），S・L・Sporerほか編／箱田裕司＝伊東裕司監訳『目撃者の心理学』（ブレーン

まず，捜査機関による取調べの中で供述の変容をもたらす要因としてとくに注目すべき点は，「語法効果」「事後情報効果」と呼ばれる要因である。取調官が質問に使用する表現をほんの少し変えただけで，参考人（とくに目撃者）の反応，表現に影響が現れ，その事件の主観的側面ばかりではなく，客観的側面の記憶も変えてしまう可能性がある。有名なロフタスとパルマーの実験では，交通事故の映画を見た後で，「2台の車が激突したときのスピードは何マイルぐらいだったか」と聞かれた被験者と「2台の車がぶつかったときのスピードは何マイルぐらいだったか」と聞かれた被験者に対して，1週間後に「あなたはガラスの破片を見ましたか」という質問をしたところ，「激突」という強い言い方で質問をしたグループの16パーセントが見たと答え，「ぶつかった」という質問のグループでは7％が見たと答えた。実際の映画にはガラスの破片はなかったのであるが，質問の仕方が被験者の記憶を変容させる危険性を増大させることが示されている[92]。捜査機関が，被疑者の犯行を裏付けたいという目的をもって参考人に質問するならば，その質問は誘導質問，誤導質問的なものとなり，参考人の供述のニュアンスを変えるばかりではなく，記憶それ自体を変容させる危険性が常にある[93]。

　次に，取調官の参考人に対する「期待・権力」の要因も看過できない。面接者が勢力的に上位の者である場合（取調官と参考人とはそうした関係にあるが），参考人は面接者の期待に応えようとする傾向が生じ，面接者にとって意味のある情報，受け入れられる情報を提供してしまう傾向が見られる。また，面接者が「あなたはよい参考人だ」または「悪い参考人だ」というフィードバックを与えると，悪い参考人とラベル付けされた者は，次の取調べにおいて答えを変化させ，面接者の誘導質問に従うことが多くなる。さらに，目撃体験は瞬時の体験であるので，記憶が事実であるかどうか確信が持てない場合が多いが，取調官がそれに同意した場合，参考人は自分の意見に確信を持つ

　　出版，2003年）など参照。
92) ロフタス・前掲注（91）79頁。
93) 渡部・前掲注（88）185頁以下，厳島＝仲＝原・前掲注（91）1頁以下。この問題を供述者の側から眺めれば，供述者の「被暗示性」の問題となる。被暗示性については，ギスリー・グッドジョンソン著／庭山英雄ほか訳『取調べ・自白・証言の心理学』（酒井書店，1994年）181頁以下参照。

傾向が生じる[94]。また，主として知覚段階の問題であるが，取調官への供述の段階でも「予期」「ステレオタイプ」といった要因が影響を与える。人は文化的予断，過去の経験から来る予断，個人的偏見，一時的バイアスなどによって記憶が変容する。たとえば，中年サラリーマンを目撃したという場合，本当にそれを見て記憶しているかどうかは不確かであるものの，「髪型は七三分け，やや丸みを帯びた輪郭，眼鏡をかけていて，グレーの背広，腹が出ている」などと供述する傾向が生じるのである[95]。

　加えて，検察段階の取調べについては，「凍結効果」も影響を与える。これは，以前に経験したことを再生するように求められたとき，はじめの想起にあらわれた表現が再びあらわれることである[96]。参考人が警察段階で取調べを受け，検察官によって同じ内容の取調べを受ければ，参考人はもともとの記憶ではなく，警察段階でどのように供述したのかを想起して質問に答える傾向が生じる。もし，警察段階で記憶の変容があれば，参考人は変容したままの内容を検察官に供述することになろう。

　以上は参考人の供述の変容に影響を与える一般的な要因であるが，検察官面前調書については，それが録取書であることによって，これにさらに供述内容を変容させる別の要因が付け加えられる。

　まず，検面調書の多くは取調官によって独白型の文章にまとめ直されるので，供述者の供述そのものではなく，取調官の頭で再構成されており，そこには取調官の予断，予備知識などによる変形などが入り込んでいる。また，取調官の質問に使用される微妙な表現方法の相違によって，供述者の反応，供述に影響を与えるはずであるが，検面調書の供述はどのような質問にどのように答えたものかが分からない形でまとめられる。さらに，書面化されることによって，実は供述者にとっても自信のない記憶に基づくものであったものが確定的な供述として記載される（また記載されることによって，本人にとっても確定的な記憶となる）。さらに先述したように，情報の保持（記憶）には事後情報が記憶に影響を与えるが，取調官から事後情報が与えられた可能性お

94）　ロフタス・前掲注（91）100頁。
95）　渡部・前掲注（88）52頁以下。
96）　ロフタス・前掲注（91）86頁。

よびどのような事後情報がいつ与えられたかが明らかではない[97]。

　このように，供述心理学の知見からみれば，供述者が供述をするにあたり，尋問者の態度および尋問内容，供述の状況，供述録取書の作成方法などによって，その供述内容が変容するということはごく当たり前の事がらとして起こる。心理学の実験では常に正解があって，その正解との相違から記憶の誤り，変容を検証することができる。しかし，実際の裁判では確実なことは何もない。供述がどのように変容をしたのかそれすらも確かな事がらとして述べることはできない[98]。供述証拠というのは供述者の知覚，記憶，叙述の過程を経たものであるから，その過程で様々な影響，変容を受けており，ある意味で，限りなく供述者の「意見」に近いものとも言いうる[99]。

　以上の諸点を考慮すれば，検面調書は，変容の可能性を十分に認識して取り扱わなければならない証拠であることが分かる[100]。裁判員裁判にあっては，検面調書がこうした性質を有するものであることを裁判官，検察官，弁護人が十分に理解し，裁判員に対して適切に指摘することが必要となろう[101]。

(3) 参考人の取調べ録音・録画について

　最後に，現在，被疑者の取調べに関して一部具体化されている取調べの録音・録画は，参考人の取調べにおいて一層有効な手段である点を指摘したい。

　事案の真相を解明するという観点からみれば，できるだけ早い段階で犯行の目撃者などが見聞きした状況を客観的に記録しておくことが重要である。この場合，先述した供述心理学の知見によれば，取調官の質問の仕方などによって参考人の供述は影響を受けるものであるから，この供述は取調官の質

---

97)　渡部・前掲注（88）238頁。
98)　大橋靖史ほか『心理学者，裁判と出会う―供述心理学のフィールド』（北大路書房，2002年）159頁。
99)　この点はすでに，沢登佳人名誉教授によって30年以上前に指摘されている（沢登佳人『刑事法における人間の虚像と実像』[大成出版社，1976年] 220頁)。
100)　高木・前掲注（90）194頁。
101)　なお，証人への反対尋問のあり方については，B・L・カトラー・前掲注（60）63頁以下参照。

問と一体のものとして記録されなければならない。この観点から，取調べの全過程の録音・録画は極めて有効である。参考人は原則的には供述拒絶権を与えられておらず，また，供述を躊躇する理由がある場合も少ないから，被疑者に比べ，取調べの全過程の録音・録画が容易であろう。さらに，被疑者に関しては，当事者としての立場から弁護人の立会いなどを今後は積極的に検討すべきであり，取調べの録音・録画が活用されるのはむしろ参考人についてであると思われる。

現在，参考人の取調べについては，詳細な供述録取書が作成されており，本稿でもその証拠能力を検討してきたのであるが，今後，参考人の供述の記録は録音・録画を主とし，取調官の作成する書面は取調官の手控えとして，また，検察官への伝達の弁に供するためのメモ程度にすべきである[102]。

なお，取調べの録音・録画については，検察官から次のような反論が出されている。「そもそも，人間は，話す内容が録音・録画されるとなると，いわば身構えてしまって，どうしてもきれいごとのみを話すようになる傾向があって，真実や本音を話すには，かなりの支障があると思います。今お話したような事件では，仮にすべての取調べの録音・録画を実施しますと，後日，その録音・録画されたものが，そのまま公開されるおそれがあるわけですから，被疑者は，なおさら，本当のことをなかなか供述しないと考えられます。このことは，捜査を経験した者であれば，全員が実感として感じていることと言って間違いないと思います[103]。」これは，被疑者取調べについて述べられたものであるが，参考人の取調べについても同様に考えられよう。人間は一般に肩苦しい雰囲気の中ではなかなか本音が出てこない。とくに，取調官との間に「ラポール」が形成されなければ，気を許して話すことができない。他方，この考え方を徹底すれば，極めて肩苦しい法廷の場面で，しかも傍聴人の面前で証言することになる証人尋問制度は，真実や本音

---

102) 被疑者取調べについてであるが，アメリカ諸州では，取調べ録画録音を実施した場合，供述調書は作成されない。その理由は，調書の内容と録画・録音には相違する場合があり，これが公判で紛糾の元になりかねないためだとされる（金山泰介「米国における取調べの録画・録音について（下）」警察論集第60巻第2号［2007年］134頁）。
103) 前掲注（2）「裁判員裁判における審理等の在り方（4）」ジュリ1328号99頁［小島吉晴発言］。

を語るには著しく不適切な場面と言わざるをえず，現行法の前提とする制度を全面的に否定することにもなりかねない。また，上述の見解は，まさに糾問主義的捜査の発想である。これは取調べの主体が裁判官（予審判事）であるとか，弁護人が立ち会う中での供述である場合は理解できるが，取調べの主体が被疑者を起訴する方向での予断を強く有する検察官である場合，訴追当事者に迎合した形の供述であると批判されても致し方ないであろう。

　真実はやはりその中間にあるのであって，非公式な場というのは，供述者の本音が出やすいとともに，責任感を持たない状態で話すので，いい加減なことを話したり，相手に迎合して話したりもしやすい。他方，録音・録画がなされた場では，供述者も身構えて話すのでいわゆるなかなか自由に話せないという側面があるが，同時に自分の発言に責任をもって気を付けながら話すので「真実」に近づけるということにもなる。この点で，取調べの録音・録画はその客観性を担保する。

　最後に，取調べ録音・録画ビデオの刑事手続上の取扱いについて，その方向性を概観しておきたい。

　まず，参考人（とくに目撃者）の取調べ（供述聴取）および録音・録画をどのような手続で行なうかが重要なポイントとなるが，この点に関し，法と心理学会・目撃ガイドライン作成委員会が「目撃供述・識別手続に関するガイドライン」を策定しており参考になる[104]。ガイドラインでは，供述聴取手続，供述聴取過程の記録，識別手続に関し，基本的方向性が示されており，詳細は同書に譲りたい。同書でも指摘されているが，目撃した時点にもっとも近接した時点の供述が重要であるから，参考人の取調べの録音・録画は，警察段階の，しかも，目撃した時からできる限り近接した時点でなされるべきである[105]。検察段階の取調べが員面調書の確認という形で実施されるならば，それを録音・録画することにはあまり意味はない。また，先述したように，取調べの全過程の録音録画を原則とすべきである。

　次に，公判前整理手続では，録音・録画された記録媒体は，弁護人にその

---

[104]　法と心理学会・目撃ガイドライン作成委員会＝編『目撃供述・識別手続に関するガイドライン』現代人文社（2005年）21頁以下。

[105]　同22頁。

複製が証拠開示されることになる（法316条の15第1項第5号，6号）。弁護人はこれを事前に十分に分析しておくことが求められる。その上で，裁判員公判では，両当事者が証人尋問を行うにあたって活用すべきである。すなわち，取調べ録音・録画は，原則としては，法廷で再生視聴するために利用するのではなく，両当事者が事前に検討をしておき，証人尋問を行う際の基礎資料として利用すべきである。なお，被告人に対しては，法316条の23で規定された証人等への加害行為の防止および被害者特定事項の秘匿要請に配慮した取扱いが必要となろう。また，取調べ録画・録音の記録媒体を公判廷で再生するについては，参考人のプライバシーの問題があるので，公判廷での再生は供述者の承諾またはプライバシーへの配慮が必要となるであろう。

　さて，検面調書の特信性を判断するために，公判廷において，裁判員に対して記録媒体を再生，視聴させることは許されるか。本稿では，検面調書については，被告人の同意がない限り，裁判員に読み込みを認めない立場をとった。しかし，取調べの録音・録画は，取調べの状況すなわち特信性判断のための外部的事情を示すものでもある。また，記録媒体の再生によって，裁判員は目で見て耳で聴いて理解することができる。この観点からは，裁判員に取り調べの記録媒体を視聴してもらうメリットがある[106]。

　しかしながら，ここまでくれば，もはや検面調書自体が不要になっていくであろう。また，先述したように，参考人の取調べは録音・録画による記録が主流となるべきである。すなわち，取調べの記録媒体は，検面調書の特信性判断のためではなく，直接，法321条1項2号書面として許容されるかどうかという問題として捉えられていくべきである。原則的には，被告人の同意が得られた場合にのみ証拠調べが実施されることになろうが，現行法上，被告人の同意がなくても，伝聞例外の要件を具備すれば証拠能力は認められる。録音・録画が機械的正確性をもって記録され，変造の可能性がない限り，この記録媒体は供述録取書に準じるものと解され，参考人の署名・押印は必要ない。そうすると，検面調書同様，供述不能，相反性，特信性が問題となる。

---

[106]　後藤＝四宮＝西村＝工藤・前掲注（26）120頁［四宮啓］。

ただし，先述したように，参考人の取調べ録音・録画は，目撃直後の警察段階に実施される方が証拠価値は高く，質問が反復されればされるほど記憶の変容の可能性も高まる[107]。一方，現行法における伝聞法則の例外規定は，警察段階より検察段階の方が，要件が緩和されている。これは，法321条1項が，供述を行った相手方が法律家か否か，公正性への義務を負う立場にあるかどうかという観点から書面の信用性を判断しているからである[108]。取調べ録音・録画の場合であっても，この側面を否定することはできないが，しかし，録音・録画は参考人の生の供述を再現できるものであり，取調官の質問内容も確認できるものである。供述録取書の信用性と取調べの録音・録画の信用性とは性格を異にする部分がある。

　この点は今後，警察段階における参考人の取調べ録音・録画をどのような手続で実施していくかという点と関わってくるが，録音・録画が適正に実施されるならば，むしろ目撃直後の，最初の取調べこそ録音・録画すべきであり，また，証拠として優先されるべきある。すなわち，取調べ録音・録画の記録媒体が，伝聞法則の例外として許容される要件については，捜査段階における取調べ録音・録画の手続とともに，刑事訴訟法および刑事訴訟規則の改正を視野に入れて検討されるべき課題である。

---

107)　同24頁。
108)　藤永ほか・前掲注（40）241頁以下［中山善房］，田宮・前掲注（43）381頁。

第 3 章　参考人取調べの録音・録画について

1　はじめに

　法務大臣からの諮問を受け，新たな刑事司法制度の構築に向けて議論を進めてきた法制審議会・新時代の刑事司法制度特別部会は，平成25年1月に，「時代に即した新たな刑事司法制度の基本構想」を公表している（以下，「基本構想」という）[1]。「基本構想」では，取調べへの過度の依存からの脱却と証拠収集手段の適正化・多様化が主要論点のひとつとされ，両論併記という形ながらも被疑者取調べの録音・録画制度の導入が明記された[2]。
　しかし，「基本構想」では，参考人の取調べの録音・録画については，「被疑者取調べの録音・録画制度についての具体的な検討結果を踏まえつつ，必要に応じて更に当部会で検討を加えることとする。」として，その検討は先送りされている。特別部会設置のきっかけとなったいわゆる厚労省元局長無罪事件において，大阪地判平成22年9月10日は，障害保健福祉部長など関係者の検察官調書について，客観的証拠や証拠上明らかに認められる事実にそれぞれ符合しない点があり十分な信用性があると認定することはできないと判示していた[3]。この事件では，被疑者取調べのあり方とともに，参考人調

---

1)　法制審議会・新時代の刑事司法制度特別部会「時代に即した新たな刑事司法制度の基本構想」については，法務省ウェブサイト（http://www.moj.go.jp/shingi1/shingi03500012.html）を参照。

2)　被疑者取調べの可視化の経緯については，正木祐史「被疑者取調べの『可視化』―録画DVDの証拠利用の是非」法律時報84巻9号（2012年）10頁以下，小特集「被疑者取調べの適正化の現在」法律時報85巻9号（2013年）56頁以下掲載の諸論文，小坂井久『取調べ可視化論の展開』（現代人文社，2013年）48頁以下などを参照。

3)　また，厚労省元局長無罪事件において，大阪地裁は，8名の関係者の検察官面前調書のうち3名の検察官面前調書についてその証拠能力を否定している。この点は，最高検察庁『いわゆる厚労省元局長無罪事件における捜査・公判活動の問題点等について（公表版）』（2010年12月）14頁以下（本報告書については，法務省ウェブサイト［http://www.moj.go.jp/content/000061293.pdf］参照）。

書の信用性および参考人取調べのあり方も重要な問題点のひとつだったのである[4]。

また,「基本構想」では,参考人の取調べ録音・録画を進めるべき意見として,不適正な取調べがなされるおそれがある点および刑事訴訟法321条1項2号後段の相対的特信情況の立証の適正な運用を担保する必要がある点が指摘されている。これは被疑者の取調べに関する議論に合わせた論点を指摘したものであるが,参考人取調べの録音・録画が必要である理由としてはむしろ付随的なものであると思われるのである。本稿は,充実した公判審理を実現するために,とりわけ,「被告人側において,必要かつ十分な防御活動ができる活発で充実した公判審理を実現する」(「基本構想」5頁)ためにこそ参考人取調べの録音・録画が必要であるという立場をとる。

こうした視点から,本章では,従来あまり焦点の当てられてこなかった参考人取調べの録音・録画について,その有用性を指摘し,併せて各手続段階における録音・録画記録の取扱いについて検討したい。

2 捜査段階における参考人取調べの録音・録画の実施

(1) 参考人取調べの問題点

裁判員裁判を念頭に置いた場合,起訴から判決の宣告までの所要期間は平均で8.8ヶ月にも及ぶ[5]。事件発生から起訴までに相当に時間を要する事件もあることから,目撃者などがいる場合,事件を目撃した時点から公判で証人として尋問を受けるまでには8ヶ月を相当に超える場合もある。厚生省元局長無罪事件では,事件発生から起訴まで5年以上が経過していた。そこで,事件の目撃者などがいる場合は,捜査機関は,犯行直後に目撃者から事情を聞いておく必要がある[6]。しかしながら,供述心理学に関する実証研究

---

[4] 松田岳士「参考人取調べの録画・録音,2号書面制度の在り方」季刊刑事弁護75号(2013年)44頁。
[5] 「裁判員裁判の実施状況について(制度施行~平成25年8月末・速報)」は,最高裁判所・裁判員制度のウェッブサイト(http://www.saibanin.courts.go.jp/index.html)参照。
[6] 法と心理学会・目撃ガイドライン作成委員会=編『目撃供述・識別手続に関するガイドライン』現代人文社(2005年)79頁,司法研修所編『犯人識別供述の信用性』(法曹会,1999年)92

などから，捜査機関による参考人取調べのあり方には，様々な問題があることが明らかとなっている。

一般的に，目撃供述には誤謬が入りやすく，誤判の原因になりやすい点は従来から指摘されている[7]。供述証拠は，知覚（符号化，記銘），記憶（貯蔵，保持），叙述（検索，想起）の各段階で誤りが入り込む可能性がある[8]。そこで，当事者主義の訴訟形態においては，知覚，記憶，叙述の過程において入り込んだ誤りを当事者の反対尋問によって吟味することが求められる。伝聞法則とは，これができない伝聞証拠を排除する原則にほかならない。そして，参考人の取調べにおいてとくに問題となるのは，取調官の質問などが参考人の記憶および供述に影響を与える点である。

まず，「語法効果」と呼ばれる要因がある。語法効果とは，取調官が質問に使用する微妙な言葉（語法）によって，参考人の反応，供述に影響があらわれることである[9]。たとえば，「彼は，そのバック（the bag）を右腕に抱えていましたか？」と質問するのと，「彼は，バック（a bag）を右腕に抱えていましたか？」と質問するのとでは質問内容としての相違は小さいが，目撃者にとっては，抱えていたものがバックであったことに対する想起に大きな影響を与えると言われる[10]。誘導尋問の危険性は公判における証人尋問ではつとに指摘されているところであるが（刑訴規則119条の3第3項，同199条の4第4項），誘導質問の可能性は捜査段階でも常に存在する。有名なロフタスとパルマーの実験は，質問の仕方が客観的記憶をも変えてしまう危険性があることをよく示している[11]。捜査機関が，被疑者の犯行を裏付けたいとい

頁．
[7] 司法研修所編『供述心理』（法曹会，1969年）35頁以下，渡部保夫『無罪の発見—証拠の分析と判断基準—』（勁草書房，1992年）82頁以下，高木光太郎『証言の心理学』（中央公論新社，2006年）17頁以下など．
[8] 犯人識別供述の場合は，さらに，犯人像の記憶を再生し，実物ないし写真と比較対象の上，目撃者自身が目撃した犯人と被疑者・被告人とを同定するという過程が加わり，そこに誤りが介在する可能性がある（木山暢郎「犯人識別供述の信用性と裁判員裁判におけるその審理—『危険な証拠』と裁判員制度—」木谷明編『刑事事実認定の基本問題』［成文堂，2008年］213頁）．
[9] エリザベスF・ロフタス（西本武彦訳）『目撃者の証言』（誠信書房，1987年）96頁，厳島行雄＝仲真知子＝原聰『目撃証言の心理学』（北大路書房，2003年）47頁．
[10] ロナルド・フィッシャー＝エドワード・ガイゼルマン（宮田洋監訳）『認知面接　目撃者の記憶想起を促す心理学的テクニック』（関西学院大学出版会，2012年）80頁．

う目的をもって参考人に質問するならば，その質問は無意識的に誘導質問，誤導質問的なものとなり，目撃者の供述のニュアンスを変えるばかりではなく，記憶それ自体を変容させる危険性をはらんでいるのである[12]。

　次に，「事後情報効果」と呼ばれる要因がある[13]。事後情報効果とは，何らかの出来事を経験した後に，その出来事に関連した情報に接すると，最初の出来事の記憶と事後に与えられた情報とを混合した内容を想起する現象をいう[14]。たとえば，交通事故の現場を目撃した後に，当該事故に関する新聞記事に接し，運転手は酒飲み運転であったという記事を読んだ場合，目撃者は，当初の記憶にはなかったにもかかわらず，「運転席から出てきた運転者は赤ら顔をしていた。」などと供述することがある。取調べの過程でみると，取調官が，実況見分の際の犯行現場の状況や他の目撃者の供述に関する情報を参考人に伝えれば，参考人は取調官から聞いた事後情報を加味して記憶を整理し直し，供述を行う可能性があるということである。事後情報効果は先の語法効果と重なる部分も多いが，出来事に関する新たな情報への接触という観点からみた記憶変容の要因である。

　また，取調官が参考人に対して示す態度または期待という要因も重要である。例えば，参考人の供述に対して，取調官が大きくうなずいたり，「他の目撃者も同じことを言っていましたよ。」と言えば，参考人は自分の供述に確信を持つ。逆に，取調官が，首を傾けたり，「本当にそうでしたか。」と尋ねれば，参考人は自分の供述に自信が持てず，「そうではなかったかもしれません。」などと供述を覆すことがある。とくに面接者が勢力的に上位の者である場合（取調官と参考人とはそうした関係にあるが），参考人は面接者の期待に応えようとする傾向が生じ，面接者にとって意味のある情報，受け入れや

---

11)　ロフタス（西本訳）・前掲注（9）79頁以下，96頁以下。
12)　渡部保夫監修『目撃証言の研究―法と心理学の架け橋をもとめて―』（北大路書房，2001年）185頁以下，厳島＝仲＝原・前掲注（9）1頁以下。この問題を供述者の側から眺めれば，「被暗示性」の問題となる。被暗示性からの分析については，ギスリー・グッドジョンソン（庭山英雄ほか訳）『取調べ・自白・証言の心理学』（酒井書店，1994年）181頁以下参照。
13)　語法効果と事後情報効果との誤誘導の側面を捉えて，誤情報効果とも言われる（渡部・前掲注（12）186頁）。
14)　厳島＝仲＝原・前掲注（9）54頁，ロフタス（西本訳）・前掲注（9）116頁。

すい情報を提供してしまう傾向が見られる[15]。

　加えて，検察段階の取調べにおいては，「凍結効果」も影響を与える。これは，以前に経験したことを再生するように求められたとき，はじめの想起にあらわれた表現が再びあらわれることである[16]。参考人が警察段階で取調べを受け，検察官によって同じ内容の取調べを受ければ，参考人はもともとの記憶ではなく，警察官にどのように供述したのかを想起して質問に答える傾向が生じる。もし，警察段階で上述したような記憶の変容があれば，参考人は変容したままの内容を検察官に供述することになる。

(2)　**供述録取書の問題点**

　次に，取調べにおける参考人の供述は，取調官または補助官によって供述調書にまとめられる。供述調書はいわゆる録取書であるから，取調官などが供述調書を作成する過程において，参考人の供述はさらなる変容を受ける可能性がある。

　まず，参考人の供述は取調官の質問に対する回答であるはずだが，多くの場合，取調官の質問の方は調書には表れない。先に語法効果について指摘したが，取調官の質問に使用される微妙な表現方法の相違は，参考人の反応，供述に影響を与えているはずである。しかし，供述調書の供述はどのような質問に対して回答されたものなのかが分からない形でまとめられている。また，事後情報が記憶，叙述に影響を与える可能性があるが，取調官から事後情報が与えられたか否か，与えられたとするとどのような事後情報がいつ与えられたかなども明らかではない[17]。

　関連して，取調官には，犯罪（構成要件）適合的な形でまとめたいという意思が働くので，たとえば，「犯人は犯行の直前に『殺してやる』と言っていませんでしたか。」と参考人に確かめ，参考人が「そのような事を言ったかもしれません。」と述べれば，調書には，「犯人は『殺してやる』と言ってナイフで刺しました。」と参考人の供述として記載される場合がありうる。

---

15)　ロフタス（西本訳）・前掲注（9）100頁以下，厳島＝仲＝原・前掲注（9）68頁，グッドジョンソン（庭山ほか訳）・前掲注（12）160頁以下。
16)　ロフタス（西本訳）・前掲注（9）86頁。
17)　渡部・前掲注（12）238頁。

すなわち，当該供述の出所が参考人ではなく尋問している捜査官である場合がある[18]。この場合であっても，それが参考人の供述としてまとめられる[19]。

次に，供述調書の多くは，参考人の供述がそのまま記載されるのではない。取調官などによって1人称（独白型）の文章にまとめ直されている。たとえば，傷害事件の目撃者である参考人に対して，取調官は，犯人の年齢，体格，服装，眼鏡の有無などについて複数回質問し，そのたびに参考人が回答したとしても，供述調書には，「犯人は30歳くらいの男で，白っぽいＴシャツ，黒のズボンを履いていました。また，黒い縁の眼鏡をかけていました。」などという取調官の文章としてまとめられる。この場合，取調官の頭で再構成がなされているので，そこには取調官の有する偏見などによる変形が入り込む可能性がある。

加えて，書面化されることによって，実際には供述者にとって自信のない曖昧な記憶に基づくものであったものが，参考人の確定的な記憶であるかのような印象を与えるという問題もある。参考人は目撃した犯罪者が誰であったのかはっきりと認識していない場合，取調官には明確に犯人を述べることはできず逡巡していたはずであるが，最終的結論として「犯人は甲であった。」と供述調書に記載されれば，調書にはそうした逡巡はあらわれず，あたかも参考人は自信をもって「犯人は甲である。」と述べたように記載される。そして，そのように記載されると，参考人自身にとっても，確定的な記憶として定着する可能性がある[20]。

---

18) 大橋靖史「供述調書の法と心理」法と心理8号（2009年）80頁［奥田雄一郎］，高木・前掲注（7）126頁。
19) 厚労省元局長無罪事件において，裁判所からその証拠能力を否定された参考人調書の中には，「検察官から，『Ｃさんの記憶があやふやであるなら，関係者の意見を総合するのが一番合理的じゃないか。言わば，多数決のようなものだから，私に任せてくれ。』と言われた。」とする参考人の公判供述を否定できず，検察官が想定していた内容の検察官調書を作成した疑いを排斥できないという理由から証拠能力を否定されたものがある（最高検察庁・前掲注（3）14頁）。
20) 一般に証人の確定的態度は証言の信用性を高める効果を持つが，証人の確信度と証言の正確性との間の相関は強くはなく，また，確信度はたいへん変わりやすいという点が指摘されている（スティーブン・Ｄ・ペンロッド＝黒沢香「目撃証言のエラー──問題の深刻さ，原因，そして対策を探る」法と心理7巻1号［2008年］53頁）。

供述調書は，参考人に閲覧させまたは取調官によって読み聞かせがなされ，誤りがないかどうかを問われる（刑訴法223条2項，198条4項）。しかし，参考人は若干あいまいな部分があったとしても大筋において記憶と異なっていなければ，署名押印をするであろう（刑訴法223条2項，198条5項）。

以上のように，供述調書とは，「ある犯罪事実の立証を念頭に供述を録取する側とその立場を理解した上で供述を録取される側の微妙な共同作業の産物」と言ってもよいものである[21]。

(3) **取調べ録音・録画の趣旨について**

ア．**当事者の活用**　以上のように，供述調書は，事実認定の資料として捉えた場合，様々な形で変容している可能性がある。こうした課題に対処する方策には主として2つの方向性がある。ひとつは，取調官が，参考人の記憶喚起を促すにあたって，細心の注意をはらって適切に行うための技法に習熟することによって，参考人の記憶，叙述の変容を減じ，事案の真相に迫るという方向性である。このところ，適切な取調べ方法，面接技法に関する研究が進んでいる[22]。もうひとつは，取調べを可視化することによって，検察官，被告人・弁護人が取調べの状況を，事後的・客観的に把握し，参考人がどのような脈絡で供述を行ったのかを理解し，供述の変容の可能性を認識した上で公判の証人尋問に活用する方向性である。本稿で主張する取調べの録音・録画は主として後者に資するものであるが，取調官の質問，取調べ方法の適切性を事後的に判断できるという利点もあり，取調べ技法の適正化にも資す

---

21) 青木孝之『刑事司法改革と裁判員制度』（日本評論社，2013年）128頁。
22) フィッシャー＝ガイゼルマン（宮田訳）・前掲注（10）79頁以下，S・L・Sporerほか編（箱田裕司＝伊東裕司監訳）『目撃者の心理学』（ブレーン出版，2003年）271頁以下，グッドジョンソン（庭山ほか訳）・前掲注（12）225頁以下，仲真紀子＝安原浩＝高木光太郎＝指宿信「特集・エビデンスにもとづく取調べの科学化」法と心理12巻1号（2012年）10頁以下，田崎仁一「心理学的知見に基づく取調べ技術」警察学論集66巻4号（2013年）37頁，厳島＝仲＝原・前掲注（9）106頁，日本学術会議・心理学・教育学委員会・法と心理学分科会「科学的根拠にもとづく事情聴取・取調べの高度化」（2011年）6頁以下（本報告書については，日本学術会議のウェブサイト［http://www.scj.go.jp/ja/info/kohyo/pdf/kohyo-21-t133-9.pdf］を参照），「捜査手法，取調べの高度化を図るための研究会最終報告」（2012年2月）25頁以下（本報告書については，警察庁のウェブサイト［http://www.npa.go.jp/shintyaku/keiki/saisyuu.pdf］を参照），警察庁刑事局刑事企画課『取調べ（基礎編）』（2012年12月）（本書については，警察庁ウェブサイト［http://www.npa.go.jp/sousa/kikaku/20121213/shiryou.pdf］を参照）など。

るものである[23]。

　参考人取調べ録音・録画の趣旨を，刑事手続における事実認定の観点から見ると次のようになる。裁判員裁判の場合，少なくとも犯行から8ヶ月以上経過した段階で参考人は証人として証言台に立つ。証人が証言をする際の証人の記憶とは，実際のところ，証人が出来事を知覚・記憶し，捜査機関の取調べに対して回答し，検察官による事前面接を受け，また，ことあるごとに記憶の呼び戻しなどをした，証言に至るまでの当該出来事に対する記憶，再生，叙述の総体としてある。証人が出来事の記憶と信じているものであっても，事後情報，取調官の示唆などによって変容している可能性がある。こうした点について，取調べが録音・録画されていれば，両当事者は，取調官のどのような質問に対して参考人がどのように答えたのか，取調官から事後情報は与えられなかったか，供述の出所は取調官ではなかったか，参考人は実際には曖昧な返答をしていなかったかなどを分析し，証人尋問の場において，一層，証人自身の元来の記憶に肉薄することができる。

　このように，参考人取調べの録音・録画を必要とする最大の理由は，参考人が証人尋問を受けることを前提として，当事者による充実した証人尋問を行うためである。

イ．取調べの適正確保　次に，参考人取調べの録音・録画には，被疑者取調べにおいて問題となっている「取調べの適正確保」という目的もある。厚生省元局長無罪事件において，裁判所が検察官調書の証拠調べ請求を却下した中で，その理由として，参考人に対して検察官が机を叩き怒ったことなどの理由が示されている[24]。参考人の取調べにおいても適正を欠く取調べがなされることは否定できず，この観点からも取調べの録音・録画は有用である[25]。とりわけ，参考人が会社関係者，家族など被疑者の関係者である場

23）　取調べ録音・録画の意義について，岡慎一は，①正確な記録作成により検証が可能になること，②不当な取調べの抑制に有効であること，③検察官調書に関し特信情況が争点になった場合に客観的記録による判断が可能となること，④参考人の記憶喚起や取調官の働きかけ等のプロセスが記録されることが当該参考人の公判供述の信用性吟味のための重要な資料となる点を挙げている（岡慎一「取調べ（被疑者・参考人）の在り方」刑法雑誌52巻3号［2013年］392頁）。
24）　最高検察庁・前掲注（3）86頁。
25）　松田・前掲注（4）44頁。

合，被疑者取調べと同様の強制的取調べ，執拗な取調べがなされる危険性がある[26]。また，参考人の中には，その後の捜査の進展により被疑者となる者がおり，黙秘権の告知を免れるために参考人として取り調べられる場合もある。違法な取調べが行われたことを事後的に検証するために，取調べの録音・録画は必要である。

また逆に，公判の証人尋問において，証人が捜査機関から不当な取調べを受けたので捜査段階では虚偽の供述をしたなどと述べた場合，録音・録画記録は取調べが適正であることを明らかとすることができる[27]。

ウ．参考人の負担の軽減　また，取調べの録音・録画は，参考人の負担軽減の方向で活用すべきである。捜査段階における参考人の取調べは，その録音・録画が実施されるならば，原則として1回でよいはずである[28]。現在の実務では，刑訴法321条1項との関係で検察官調書が重要視されるという事情があり，少なくとも警察段階で1回，検察段階で1回の計2回以上の参考人取調べが実施されている。警察段階で取調べが録音・録画され，検察官がその内容を確認して十分であると考えれば，検察官がさらに同じ内容について参考人の取調べを行う必要性はないものと思われる。とりわけ，性犯罪の被害者などの場合，2次被害の可能性があるので，取調べは少なければ少ないほどよい[29]。

なお，参考人が証人として公判に出廷できない事情が捜査段階において明らかであれば，検察官による証人尋問請求（刑訴法226条以下）および証拠保

---

[26] 岡・前掲注（23）391頁。岡弁護士は，参考人取調べを，被告人の防御の観点から，追及的な取調べが行われる可能性のある被疑者の関係者に対する取調べと，暗示や誘導によって供述が影響を受ける可能性のある目撃者や被害者等に対する取調べとに分類している。この区分は，参考人取調べの問題点を把握するのに有用と思われる。

[27] 吉丸眞「裁判員制度の下における公判手続の在り方に関する若干の問題」判例時報1807号（2003年）10頁。

[28] もっとも，新たな情報が得られる可能性があれば，さらなるフォロー・アップのための取調べを行わなければならない（フィッシャー＝ガイゼルマン［宮田訳］・前掲注（10）71頁）。捜査活動は「生もの」であるから，本稿でも，必要な場合における複数回の取調べを否定するわけではない。

[29] なお，事件直後，目撃者が強い不安状態にある場合があり，こうした場合は，落ち着いて思い出すまで一定の時間がかかる場合もある（フィッシャー＝ガイゼルマン［宮田訳］・前掲注（10）70頁）。

全手続（同179条）を活用すべきである。

エ．捜査の効率化　参考人取調べの録音・録画を実施する場合，捜査機関は，原則的に，現在のような供述調書は作成しないという方向性を検討すべきである。現在，参考人の取調べについては，詳細な供述録取書が作成されているが，今後，録音・録画が実施される場合においては，参考人の供述の記録は取調べの録音・録画を主とし，取調官の作成する書面は，参考人に要点を確認し，検察官への連絡用とするための取調べメモ程度にすべきである[30]。これを実現するためには，供述録取書に代わり取調べ録音・録画記録自体が公判廷における実質証拠として用いられることが必要となるが，第5節で検討するとおり，伝聞例外としては，取調官の質問と参考人の回答とがありのままに記録されている録音・録画記録の方が証拠としての適格性を有していると思われる。また，供述調書を作成しないことによって，取調官は供述調書の作成にとらわれることがないので，参考人の反応に集中し，より徹底した取調べを行うことができるという利点もある[31]。

取調べメモについては，犯罪捜査規範13条が，「警察官は，捜査を行うに当り，当該事件の公判の審理に証人として出頭する場合を考慮し，および将来の捜査に資するため，その経過その他参考となるべき事項を明細に記録しておかなければならない。」と規定している点が参考となる。

また，現在，参考人の取調べは，取調官と補助官の2名体制で行われているが，場合によっては，取調べの録音・録画を条件として，取調官1名で行うことも検討してよいと思われる。

なお，**ウ**で述べたように警察段階の取調べにおいて録音・録画が実施され，検察官がそれを確認して適切であると判断すれば，検察段階で改めて取調べは実施しないということが実現すれば，それは捜査の効率化にも資することになろう。

---

30)　被疑者取調べについてであるが，アメリカ諸州では，取調べの録音・録画を実施した場合，供述調書は作成されない。その理由は，調書の内容と録音・録画記録とが相違する場合があり，これが公判で紛争の元になりかねないためだとされる（金山泰介「米国における取調べの録画録音について（下）」警察論集60巻2号［2007年］134頁）。
31)　フィッシャー＝ガイゼルマン（宮田訳）・前掲（10）99頁。

(4) 導入への課題と解決の方向性

　以上のように，参考人取調べの録音・録画が充実した公判審理に有益であって，現行法上，実施への障害はないとしても，現在の実務を前提とすれば，導入の可能性は皆無と言ってよいであろう。なぜならば，現在の実務では，検察官面前調書が公判で大きな役割を果たしており，検察官は検察官調書の作成を捜査の核心と位置付けているからである[32]。こうした中で，警察段階における参考人の取調べを録音・録画すべきであると主張しても，捜査機関には録音・録画を行うインセンティブはまったく存在しない。また，後述するように，参考人に対して取調べの録音・録画を強制することはできないから，この点からも参考人の取調べ録音・録画を強く要請することは難しい。

　そこで，現行法の枠内において可能と思われる1つの方策を示してみたい。検察官が検察官面前調書の作成を重視するのは，検察官調書が，刑訴法321条1項2号によって警察官調書に比べて伝聞例外の要件が緩和されており，実際上裁判所は証拠能力を認める傾向にあり，また，事実認定において検察官調書が重要な役割を果たしているからである。検察官調書が公判審理において重視されるならば，検察官が検察官調書の作成にこだわるのは当然である。この点において，取調べの録音・録画は，検察官調書の信用性を揺るがす可能性のあるものであるから，捜査機関が警察段階，検察段階において取調べの録音・録画をすることには何らのメリットも存在しない。

　こうしてみると，現在の実務を前提として，捜査機関に取調べの録音・録画を促進するためには，検察官調書の証拠能力と警察，検察段階の参考人取調べ録音・録画とを結び付けるということが効果的である。すなわち，証拠調べ請求された検察官調書の「特信性」を判断する際に，裁判所は，警察段階とくに初期段階の参考人の取調べを録音・録画している点を重視する姿勢をとることである。一層具体的に述べれば，裁判所は，刑訴法321条1項2号の適用をする場合に，警察段階において取調べの録音・録画がなされており，その取調べが適正で，かつ，参考人の警察段階の供述と検察段階の供述

---

[32]　青木・前掲注(21) 128頁。

が大きく異ならなければ，特信性を認める方向で判断し，取調べの録音・録画がなされていない場合は，原則的に，検察官調書の特信性を認めないという方向で判断していくということである。これは突飛な考え方ではない。なぜなら，先に「凍結効果」について言及したが，参考人は，警察段階で自分がどのように答えたのかを念頭に置いて検察官の質問に回答し，検察官は警察官調書を前提として参考人の取調べを行うので，検察段階における参考人の供述の特信性は，警察段階における取調べのあり方を加味して検討されなければならないものだからである。裁判所が，警察段階の取調べの録音・録画によって警察段階の参考人の取調べが適正に進められていることを確認し，その内容と検察官調書の内容との間に大きなずれがないことは，裁判所が検察官調書の特信性を判断する際の重要な要件としてよいものである。このような立場に立って裁判所が検察官調書の証拠能力の判断をしていくならば，捜査機関による参考人の録音・録画は促進されよう。

　なお，本稿は，供述調書に代わって参考人取調べの録音・録画記録自体を実質証拠として用いてよいという立場をとる。この点は第5節で検討する。

(5) 録音・録画の手続

　録音・録画の手続に関しては，今後立法化が予定されている被疑者取調べの録音・録画の手続に準じる形で考えるべきものと思われる[33]。参考人の取調べ録音・録画においてとくに問題となる点を指摘したい[34]。

　録音・録画の実施は取調べの全過程において行うべきである。参考人の取調べについては，取調官から事後情報を与えられなかったかなどを検証する必要があり，取調べ全過程の録音・録画が不可欠である。参考人の取調べは目的も明確であり，長時間を要する理由も少ないから，被疑者の場合と比べて，全過程の録音・録画は容易なはずである。また，先述のとおり取調官の質問内容も重要であるから，録音・録画を実施するにあたっては，取調官と参考人の両方が録音・録画される形でなされるべきである[35]。

---

33)　被疑者取調べの録音・録画手続については，吉丸眞「録音・録画記録制度について（上）」判例時報1913号（2006年）21頁参照。

34)　供述聴取全体に関する留意点については，法と心理学会・目撃ガイドライン作成委員会・前掲注（6）21頁以下を参照。

35)　なお，撮影方法の差異が当該供述の任意性判断や信用性判断に影響を与える点について，指

取調べの年月日，時間などが重要であるから，録音・録画は，巻き戻しが不可能で，年月日および時刻が自動的に記録されるものであるべきである[36]。

　機材の関係から録音はできても録画はできないという場合も考えられる。参考人の取調べについては，取調べ内容の確認という観点から，録音だけでも大きな効果が期待できる。設備の問題などで録画が行えない場合であっても，録音だけでも行うべきである。

　子どもや知的障害者などの取調べにあたっては特別の配慮が必要である。たとえば，子どもについては，取調べにあたる者の選定，付き添いの者を付すこと，子どもがリラックスできる環境整備，取調べのペース，質問の仕方，取調後のアフターケアなどについて配慮しなければならない[37]。

　録音・録画記録の保管・管理等に関しては，事件関係者の名誉・プライバシーの保護の観点や証拠隠滅，情報流出，不適切な2次利用の防止の観点を踏まえた制度設計が不可欠である[38]。取調べ録音・録画記録の作成，録音・録画状況を記載した書面の作成，記録媒体の封印等については，通信傍受法の諸規定（同法19条，20条，21条，22条など）が参考となろう。

　ところで，録音・録画の場合，参考人に閲覧させまたは取調官によって読み聞かせがなされ，誤りがないかどうかを問う手続をどうすべきだろうか（刑訴法223条2項，198条4項）。また，参考人が録音・録画記録に署名押印できない点をどう考えるべきだろうか（刑訴法223条2項，198条5項）。参考人が勘違いや言い間違いをしていることもあるから，参考人に供述内容を確認させることは必要である。たとえば，刑訴法198条4項の趣旨に従って，取調官は取調べメモなどに基づいて，重要事項を復唱して参考人に確認するな

　　宿信『被疑者取調べと録画制度―取調べの録画が日本の刑事司法を変える』（商事法務，2010年）241頁以下参照。
36)　同29頁，95頁。
37)　子どもの取調べについての全体的留意点について，英国内務省・英国保健省編（仲真紀子＝田中周子訳）『子どもの司法面接―ビデオ録画面接のためのガイドライン』（誠信書房，2007年）参照。
38)　「捜査手法，取調べの高度化を図るための研究会最終報告」・前掲注（22）22頁，指宿・前掲注（35）265頁以下参照。

どの措置が必要であり，これも録音・録画されるべきだと思われる。しかし，被疑者の取調べ録音・録画記録については，黙秘権との関係において署名押印が問題となりうるが[39]，参考人の場合は，内容の確認がなされていれば，署名押印の欠如を大きな問題とする必要はないと思われる。

(6) 録音・録画の任意性

参考人の取調べは，刑訴法223条の解釈の枠内で行われるもの，すなわち，あくまで任意捜査の一環として実施されるものであるから，参考人取調べの録音・録画についてもこれを参考人に強制することはできない。公判段階における証人はひとつの証拠方法であるから，証人の出頭（刑訴法150条，151条，162条）や真実を述べる旨の宣誓（刑訴法154条，160条，161条，刑訴規則118条）に一定の義務的性格があり，また，捜査段階であっても，検察官の請求による証人尋問および証拠保全請求に基づく証人尋問の場合も同様の性格を有する（刑訴法179条2項，228条1項）。しかし，捜査機関による参考人の取調べは任意処分であるから，取調べの録音・録画はあくまで参考人の協力のもとで実施されるものである。

関連して，参考人の側から録音・録画を要求できるか，また，参考人自身がボイスレコーダーなどによって録音・録画することは認められるかという問題がある。これも任意性の意義から，原則的に，肯定されるであろう。任意捜査であるから，「録音を認めない限り，供述しません。」という参考人の対応が否定されることはないであろう[40]。捜査機関がこれを無視して取調べを継続すれば，任意捜査の範囲を逸脱したものとして違法の可能性がある。なお，参考人が自ら録音・録画した場合，記録媒体の保管に関しては，関係者のプライバシーおよび捜査上の必要性の観点から，取調べ録音・録画記録と同じ配慮が必要である。

ところで，参考人の取調べ録音・録画の実施を参考人の任意に委ねると，重要な取調べが録音・録画されないという問題が生じうる。しかしこれは多くの場合，参考人が録音・録画の意義を理解していないこと，刑事訴訟法に

---

39) 伊藤睦「取調べ可視化と証拠法」法律時報85巻9号（2013年）73頁，正木・前掲注（2）16頁。
40) 松田・前掲注（4）46頁。

おける証人の地位を理解していないことに起因する問題であると思われる。取調べにあたる捜査機関は、録音・録画記録が適正に管理され目的外の使用はなされないこと、いずれにせよ参考人は公判において証人として召喚されることなどを説明することによって、参考人の納得を得て録音・録画に応じてもらうことが重要になるであろう。

　立法論としては、参考人取調べにおける録音・録画を行うことを明文で規定し、取調べにあたる捜査機関に対して、参考人に録音・録画をする趣旨を分かりやすく説明すること、録音・録画記録は適正に管理し目的外の使用はなされないこと、録音・録画は任意であるので拒否することができること、しかし、公判廷に証人として召喚を受けた場合は正当な理由なく出頭を拒否することはできないことなどの告知を義務付けることが考えられる[41]。なお、録音・録画の目的は、取調べの適正化、公判審理の充実（事案の真相の解明）などにあり、捜査機関の捜査の便宜にあるわけではないから、「検察官、司法警察員は、録音・録画をすることができる。」として、捜査機関の裁量に委ねる規定は適切ではない。これを条文化する場合は、「検察官、司法警察員は、参考人の同意が得られれば、録音・録画をするものとする。」などとすべきであろう。

(7)　**録音・録画の範囲について**

　録音・録画の対象は広い方がよいとしても、録音・録画機材の関係や捜査機関の負担などから、すべての参考人取調べで実施することは難しい。そこで、原則的に、公訴事実およびそれに密接に関連する事実に関する取調べに限ってよいと思われる。当初は、裁判員裁判対象犯罪に限定してもよいであろう。なお、この範囲については、現在の取調べ実務を前提として考えるべきだと思われる。すなわち、その範囲は、①公訴事実に関する参考人の取調べであり、②警察署および検察庁内において取調べが実施されたもの、すなわちこれまで「供述調書」として調書が作成された場合をその対象とすると考えるのが最も自然である[42]。

---

41)　録音・録画の告知については、吉丸・前掲注（33）22頁参照。
42)　岡・前掲注（23）392頁。なお、犯罪現場での取調べはコントロール不能な妨害にさらされるため適切ではない点が指摘されている（フィッシャー＝ガイゼルマン［宮田訳］・前掲注（10）

(8) 被害者等の取調べの録音・録画

なお,「基本構想」において興味深い点は,被害者供述の録音・録画を積極的に提言していることである（25頁）。これはイギリス,ドイツ,オランダなどの制度が参照されている[43]。「基本構想」では,「性犯罪の被害者等について,一定の要件の下で,捜査段階での供述の録音・録画媒体を公判での主尋問に対する証言に代えて証拠とすることができるようにする制度を設けることについて,指摘される懸念をも踏まえ,その採否も含めた具体的検討を行う。」とされている。

この提案の趣旨について,「基本構想」では,「捜査機関に対し又は公判廷で繰り返し供述を求められ,それによる2次被害が生じることをできる限り回避し,その負担を緩和・軽減するとともに,このような2次被害を恐れて被害者が被害申告を躊躇することのないよう」にすることが挙げられている。

この制度の趣旨と本稿の録音・録画の趣旨とは重なりあう部分があるが,主たる趣旨が異なるので,本稿の提言とは一応分けて考えた方がよいであろう。

この制度の焦点は,被害者の録音・録画記録を公判での証言に代替させる点にあると思われる。公判での証言に代替させるのであれば,原則的には,検察官の証人尋問請求（刑訴法226条以下）,証拠保全手続（同179条）が活用されるべきであろう。「基本構想」でも主尋問に代えて用いることが想定されているようであるが,弁護人も立会う形での証人尋問が実施されるならば,

---

64頁)。
43) イギリスでは,1999年の少年司法及び刑事証拠法27条により,ぜい弱な証人（17歳未満の者のほか,一定の精神障害,知的・社会的機能が著しく損なわれるなどを考慮して認定される。）について,取調べ録画記録を,当該証人に対する主尋問に代わる証拠として用いることができる（法務省「取調べの録音・録画制度等に関する国外調査結果報告書」[2011年8月] 38頁。本報告書については,法務省のウェッブサイト [http://www.moj.go.jp/content/000077969.pdf] を参照)。ドイツでは,参考人の取調べは,画像・音声を記録する媒体に記録することができるとされ,①犯罪による被害を受けた18歳未満の者の利益の保護に必要であるとき,②証人を公判において尋問することができず,画像・音声の記録が真相究明のために不可欠となるおそれのあるときは,記録媒体に記録すべきとされている（ドイツ刑事訴訟法58条a第1項）(同80頁）。オランダでは,一定の犯罪について,取調べを受ける者がぜい弱である場合などに,被疑者・参考人の取調べを録音・録画することが義務付けられている（同104頁）。

主尋問に代替することは可能と思われる[44]。しかし，被告人・弁護人が公判廷において反対尋問権を行使する権利は保障されるべきであり，裁判員の尋問も認められるべきであるから，ビデオリンク方式によるにせよ，公判において尋問ができる状況は確保されていなければならない。

3　公判前整理手続

(1) 証拠開示

　参考人の取調べ録音・録画記録は，適正かつ充実した公判審理を実現するために活用されるべきものである。両当事者は，公判前整理手続などにおいて，公判審理に向けて，どのような証人を申請するか，また，実施する場合，どのように主尋問，反対尋問を行うかなどを検討することになるが，その前提として，参考人の取調べ録音・録画記録は両当事者に証拠開示されていなければならない（なお，本稿では，参考人取調べの映像若しくは音声を記録した記録媒体であってその供述を記録したものを「取調べ録音・録画記録」という）。以下，公判前整理手続における取調べ録音・録画記録の証拠開示について検討する。

　公判前整理手続では，まず，検察官が当該参考人の証人尋問を請求する場合は，刑訴法316条の14第2号に基づいて，参考人取調べ録音・録画記録は，被告人に対しては閲覧する機会が与えられ，弁護人に対しては，閲覧しかつ謄写をする機会が与えられる。同条第2項では，供述録取書等について，「映像若しくは音声を記録することができる記録媒体であって供述を記録したもの」を含むことが明示されている。なお，同号では，「その者が公判期日において供述すると思料する内容が明らかになるもの」という限定があり，証人の供述録取書が開示されていれば，取調べ録音・録画記録まで開示する必要はないという解釈がありうる。しかし，本稿で主張するように，録音・録画記録は取調べ状況を客観的に記録し，証人が供述すると思料する内

44）　現行法上，検察官による証人尋問請求の場合，被告人，弁護人の立会いは権利としては認められていないが（刑訴法228条2項），被告人または弁護人が立ち会わなければ，主尋問に代えることは許されないであろう。

容に関し一層踏み込んだ分析を可能とするものであるから，同号に含まれると解するべきである。

次に，証人尋問が請求されない場合または請求されても刑訴法316条の14第２号には該当しないとされた場合は，刑訴法316条の15によって，参考人取調べ録音・録画記録は開示される。まず，検察官が当該参考人の証人尋問を請求した場合は，第１項第５号イに基づいて，参考人取調べ録音・録画記録は開示されなければならない。検察官が証人尋問を請求しない場合であっても，「検察官が特定の検察官証拠により直接証明しようとする事実の有無に関する供述を内容とするもの」については，参考人取調べ録音・録画記録は開示される（刑訴法316条の15第１項第６号）。

なお，同条第１項柱書では，開示の要件として，①被告人または弁護人からの開示請求が必要であること，②特定の検察官請求証拠の証明力を判断するために重要であると認められるもの，③その重要性の程度その他の被告人の防御の準備のために当該開示をすることの必要性の程度並びに当該開示によって生じるおそれのある弊害の内容及び程度を考慮し，相当と認めるときという要件が示されている。要件については，③が問題となるが，それが公訴犯罪事実に関連する供述の録音・録画である限り防御の準備のために開示する必要性は高く，上記の要件は満たしているものと思われる。

また，上記いずれにも該当しない場合であっても，被告人・弁護人は，刑訴法316条の20に基づいて，その開示を請求することができる。この場合の要件として，同条は，①第316条の17第１項の主張に関連すると認められるもの，②被告人または弁護人から開示の請求があること，③その関連性の程度その他の被告人の防御の準備のために当該開示をすることの必要性の程度並びに当該開示によって生じるおそれのある弊害の内容及び程度を考慮し，相当と認めるときを挙げている。被告人・弁護人の主張としては，当該参考人の検察官調書の信用性あるいは証人となった際の予定証言の信用性などが考えられるが，公訴事実を争うのであれば，公訴事実の存否に関連する限りにおいて，主張関連証拠と認められるであろう。ちなみに，最決小一平成20年９月30日（刑集62巻８号2753頁）は，参考人の検察官調書あるいは予定証言の信用性を争う旨の弁護人の主張と警察段階における警察官の取調べメモの

記載との間には一定の関連性を認めることができるとしており参考となる。

参考人取調べ録音・録画記録はすべて検察官に送致されるべきであるが，万が一警察にとどまっていても，最決小三平成19年12月25日（刑集61巻9号895頁）および上記平成20年判例により，警察官手持ち証拠の開示が認められる。また，参考人の取調べ録音・録画が実現した場合，取調官の取調べメモは，参考人取調べの内容を簡便に理解しうる貴重な資料であるから，これは弁護人に開示されるべきである。

また，「基本構想」では，被告人側の請求に応じて検察官が保管する証拠の標目等を記載した一覧表を交付する仕組みを設けることが提案されている（23頁，刑訴法316条の27第2項）。一覧表交付は，被告人・弁護人が参考人の取調べ録音・録画記録の開示を請求する上で有効であると思われる。

なお，公判前整理手続に付されない場合の取調べ録音・録画記録の開示についても，公判前整理手続に準じて取り扱われるべきであろう（刑訴規則178条の6第1項1号）。

(2) 関係者のプライバシーへの配慮

関係者の名誉・プライバシーの保護の観点から，取調べ録音・録画記録の公判前整理手続における開示のあり方については，一定の配慮が必要である。被告人に対しては，検察官請求証拠の開示に関する刑訴法316条の14第2号で規定されているように，複写を認めず，閲覧（視聴）のみを認めるという取扱いも必要となろう。また，刑訴法316条の23で規定された，証人等の安全が脅かされないように配慮する義務（刑訴法299条の2）および被害者特定事項の秘匿要請（刑訴法299条の3）に配慮した取扱いは，当然，取調べ録音・録画記録にも妥当するものである。

4 証人尋問

(1) 証人尋問における活用

参考人の取調べ録音・録画記録は，基本的には，証人尋問をどのように進めるかを検討するために，公判審理の準備資料として活用されるべきものである。刑訴規則191条の3は，「証人の尋問を請求した検察官又は弁護人は，

証人その他の関係者に事実を確かめる等の方法によって，適切な尋問をすることができるように準備しなければならない。」と規定する[45]。この準備のために，また，反対尋問の準備のために，参考人取調べ録音・録画記録は極めて有用である。

　刑訴規則199条の3第2項は，主尋問について，「証人の供述の証明力を争うために必要な事項についても尋問することができる」と規定し，同199条の4第1項は，反対尋問について，同様の規定を置いている。そして，「証人の供述の証明力を争うために必要な事項の尋問は，証人の観察，記憶又は表現の正確性等証言の信用性に関する事項及び証人の利害関係，偏見，予断等証人の信用性に関する事項について行う。」とされている（刑訴規則199条の6）[46]。このうち，参考人の取調べ録音・録画記録は，証人の記憶または表現の正確性等証言の信用性に関する事項を検討する際の重要な資料となりうる。検察官，被告人・弁護人は，取調べ録音・録画記録を分析することによって，証人の元来の記憶がどのようなものであったか，取調べ過程で記憶の変容，叙述の変容が生じている可能性はないかなどを検討し[47]，それを基にして，証人尋問のなかで，証人の観察，記憶又は表現の正確性などを確認することができる。

　ただし，録音・録画記録の場合，検察官，被告人・弁護人は，供述録取書のようにそれを手元に置いて確認しながら尋問することはできない。参考人調書の方が，当事者にとっても扱いやすいのは事実である。当事者は，争点に関係する部分については，録音記録の反訳を作成しておく必要があろう。

　他方，反対尋問の方法として，従来，証言と捜査段階の供述調書との矛盾を突く方法が効果的とされているが，取調べ録音・録画記録であれば，取調官の質問などを含め取調べ状況を把握した上での尋問が可能であるから，証人の証言が捜査段階と同一であったとしても，捜査官の質問，証人の供述の

---

[45]　事前準備の重要性については，山室恵編『改訂版　刑事尋問技術』（ぎょうせい，2006年）59頁以下。

[46]　河上和雄ほか編『大コンメンタール刑事訴訟法［第2版］第6巻』（青林書院，2011年）295頁［髙橋省吾］。

[47]　B・L・カトラー（浅井千絵・菅原郁夫訳）『目撃証人への反対尋問　犯罪心理学からのアプローチ』（北大路書房，2007年）65頁。

様子などを示唆しながら，証人の元来の記憶を想起させるための尋問を実施することができる。

(2) 取調官の質問の提示

証人尋問の中で具体的に問題となるのは，法廷における証言と取調べ段階の供述とが異なる場合に，検察官，弁護人は，証人尋問において，捜査段階の取調べのやりとりの中身をどの程度明らかとすることができるかということである。この点，従来の実務では，参考人調書に関して，かなり広範囲に捜査段階の供述内容の紹介を認めている。たとえば，検察官，弁護人は，証人に対して，「あなたは，検察官に対して・・・の趣旨のことを述べていますが，そうではないですか。」と尋問したり，「あなたは，前に検察官に対して・・・と説明しませんでしたか。」と尋問することが許されるとされている[48]。この点は取調べ録音・録画記録についても同様である。

以上のやりとりに加えて，録音・録画記録を事前に分析していれば，検察官，弁護人は，「警察官からどのように質問されたのですか。」「警察官は・・・と質問したのではないですか。」「・・・と言ったのは取調官ではありませんでしたか。」「取調べを記録したDVDを見ますと，取調官は，・・・と質問しています。あなたは，これにどのように答えたのですか。」などの尋問が可能となろう。

しかし，取調官の質問を摘示することは適正な尋問の範囲を逸脱することにはならないだろうか。この尋問は誘導尋問にあたるものである。裁判長は，誘導尋問を相当でないと認めるときは，これを制限することができる（刑訴規則199条の3第5項，同199条の4第4項）。主尋問において，原則として誘導尋問が許されないのは，誘導尋問は証人を暗示にかけ虚偽の供述に導く危険性があるからである[49]。誘導尋問は証人自身の記憶を喚起させる範囲で認められるものであり，記憶の喚起をあきらめさせる方法では許されない。記憶喚起のために書面の提示が認められているが，そこから供述録取書が除かれている（刑訴規則199条の11第1項）のは，証人が供述録取書の記載に頼り，

---

[48] 本書194頁以下，山室・前掲注（45）134頁，270頁，伊藤栄樹ほか代表『新版注釈刑事訴訟法［第4巻］』（立花書房，1997年）281頁［小林充］。

[49] 河上ほか・前掲注（46）296頁。

本来の記憶の喚起をしなくなる危険性があるからである。

　この点，供述録取書における参考人の供述を示すのではなく，取調官の質問を示すことは，参考人の記憶を呼び覚ますために有効であり，証人を誤導する危険性は低いと言えよう。捜査段階の取調べでは，なぜ証言と異なった供述をしたのかを証人自身に想起してもらうために，その呼び水として，取調官の質問を示すことは効果的である。これはまさに証人の記憶を喚起しようとするものであるから，誘導尋問の範囲を逸脱することにはならないと思われる。むしろ，こうした尋問によって，捜査段階における供述と公判段階の証言とが異なる理由などが証人尋問の中で生き生きと明らかとされていくであろう。

　なお，捜査段階における取調官の質問および証人（参考人）の供述が，公判廷において検察官，弁護人が指摘したとおりの内容ではないこともありうる。その場合は，反対当事者は異議申立てを行うべきである（刑訴法309条1項）。裁判長は当該尋問を相当でないと認めるときは，これを制限することができる（刑訴規則199条の3第5項，199条の4第4項）。また，裁判所は，検察官，被告人・弁護人に対して，証拠の証明力を争うために必要とする適当な機会を与えなければならないが（刑訴法308条），証明力を争う方法として，刑訴規則では，「反証の取調の請求」などを行わせると規定している（204条）。裁判所は，当事者から録音・録画記録の再生の請求がある場合は，証拠決定のために，当該録音・録画記録の提示を求め，その内容を確認することができる（刑訴規則192条）。そして，裁判所は，必要があれば，公判廷において，録音・録画記録の当該質問および回答部分を再生することを決定することができると考えられる。ただし，その場合は，刑訴法328条に基づいて，「証人その他の者の供述の証明力を争う」限りにおいて再生されなければならない。この点については次節で検討する。

5　録音・録画記録の証拠能力

(1)　録音・録画記録の再生

　現在の実務を前提とすれば，参考人の取調べ録音・録画記録は，参考人調書とりわけ検察官面前調書などの特信性を判断する資料として用いられることになる。しかし，本稿の立場からすれば，伝聞例外の要件を具備する限りにおいて，録音・録画記録それ自体を実質証拠として用いてよいと思われる。第2節で指摘したように，参考人調書の記述は参考人の元来の記憶から変容している可能性があり，また，調書では供述の微妙なニュアンスが伝わらないことを考慮すると，真相の解明という観点からは，参考人調書を証拠として用いるよりも，取調官の質問と参考人の回答とをありのままに記録している取調べ録音・録画記録を用いる方が適切である[50]。

　取調べ方法は録音・録画記録媒体の再生である。刑訴法305条1項は取調べの録音・録画記録について直接規定していないが，実務上，供述を録音したテープは供述録取書と同様に考えられ[51]，その取調べ方法は録音機による再生とされている（仙台高判昭和27年2月13日高集5巻2号226頁）[52]。原則的には，裁判長が，取調べを請求した者などに相反部分など該当部分を再生させることになろう（刑訴法305条1項）。反対当事者は，再生部分が適切ではないと考えた場合，異議申立てをして（同309条1項），裁判所が異議申立てに理由があると認めた場合，適切な再生部分を再生する旨の決定をする（刑訴規則205条の6第1項）。なお，反対当事者に異議がなければ，一層簡便に，取調べを請求した者などが，録音・録画記録の該当部分を反訳したものを朗読するという方法も可能と思われる（規則203条の2）。

　また，取調べ録音・録画記録を公判廷で再生する際に，参考人などのプライバシーの問題がある場合には，傍聴席から視聴が可能な大型モニターには映像を出さずに，裁判官，裁判員の手もとのモニターにだけ映像を出し，イ

---

50)　吉丸・前掲注（33）17頁。
51)　河上ほか・前掲注（46）321頁。
52)　なお，刑訴法305条4項は，ビデオリング方式による証人尋問等を記録した記録媒体について，当該記録媒体を再生するものとすると規定している。

ヤホンで視聴したり，非公開の別室で視聴するなどの配慮が必要であろう。裁判長は，被害者等については被害者特定事項の秘匿の規定に従い（刑訴法305条3項），これに該当しない場合であっても，訴訟指揮権に基づいて，関係者に配慮する措置をとるべきである（刑訴法294条）。

　それでは，いかなる場合に再生すべきなのか。一般的には次のように区分されるのではないだろうか。

　まず，裁判員裁判の場合は，自白事件であるか否認事件であるかを問わず，原則として，録音・録画記録や供述調書ではなく，証人尋問によるべきである。裁判員に対しては直接主義，口頭主義が貫徹されるべきであり，伝聞証拠である参考人取調べ録音・録画記録は用いられるべきではない。供述調書に関する議論であるが，証拠の請求については原則的に当事者に委ねられるべきであるから，両当事者が書証の取調べを選択した場合は，書証によるべきだとする見解がある[53]。しかし，たとえ犯罪の成立に関しては争いがない場合でも，犯情については裁判員・裁判官の意見が分かれる場合があるのであるから，裁判員・裁判官が疑問点について証人に質問しながら事案について納得して判断を行うことが望ましいといえよう[54]。録音・録画記録については，裁判員裁判を念頭に置くと，証人尋問以上に録音・録画記録の再生が裁判員に分かりやすいということは想定し難いので，なおさら証人尋問によるべきである。

　裁判官のみによる公判審理の場合は，検察官，被告人が同意する限りにおいて，録音・録画記録の証拠能力を認めてもよいであろう[55]。当事者の同意がない場合は，原則として，証人尋問によるべきである。

　それゆえ問題となるのは，検察官，被告人・弁護人が，供述不能や相反供述を理由として，伝聞例外として，取調べ録音・録画記録を証拠調べ請求した場合である。

---

53) 川出敏裕「裁判員裁判と証拠・証明」論究ジュリスト2号（2012年）54頁。
54) 稗田雅洋「裁判員が参加する裁判の実情と課題―日本の刑事裁判がどう変わったか―」刑事法ジャーナル32号（2012年）53，54頁。
55) 元来は合意書面を作成すべき点について，杉田宗久「合意書面を活用した『動かし難い事実』の形成―裁判員制度の導入を見据えて」小林充先生・佐藤文哉先生古稀祝賀刑事裁判論集刊行会編『小林充先生　佐藤文哉先生古稀祝賀刑事裁判論集　下巻』（判例タイムズ，2006年）661頁。

(2) 伝聞例外の要件について

ア．現行法の解釈 参考人調書の特信性を判断する資料として録音・録画記録を用いる場合，要証事実は「取調べ状況」などであり，知覚，記憶，叙述の過程は存在しないので非伝聞と考える立場もありうる[56]。しかし，本稿は録音・録画記録それ自体を実質証拠として用いるという立場であるから，当然に伝聞証拠である。被告人の同意がなければ，警察官段階の取調べ録音・録画記録であれば刑訴法321条1項3号所定の要件を，検察官による参考人取調べの録音・録画記録であれば同条1項2号所定の要件を具備しなければならない。署名・押印については，録音・録画は機械的操作によってなされるものであるから，前記各要件のうち参考人の署名押印は不要と解する立場もありうるが[57]，署名，押印には供述に誤りがないことを確認する意味合いがあるから，それに代替する方策が考えられるべきであろう。第2節で指摘したように，重要点について，取調官が，取調べメモに基づいて，再度確認するなどの措置が録音・録画されるべきである。

刑訴法321条1項の要件のうちとくに問題となるのは特信性の要件である。検察官面前調書については，その特信性は相対的特信性であるので，これまで主として，被告人に対する畏怖など公判廷における証言の信用性が低い点が取り上げられ，相対的に，検察官の面前における供述の信用性が認められる傾向にあった。しかし，特信性は，それが相対的特信性であったとしても，元来は，検察官の面前における供述が積極的に信用できる状況が必要なはずである。参考人取調べの録音・録画記録であれば，取調官から事後情報が与えられていない事情，取調官による圧力などはなかった事情，参考人が自発的に供述している事情，参考人の供述が正確に録取されている事情などについて，録音・録画記録から判断することが可能である。特信性は主として外部的事情から判断されるべきであるが，取調べが録音・録画されていれば，そのうちのいくつかの事情を確認することができるのである。なお，こ

---

56) 伊藤・前掲注（39）70頁。
57) 判例は，被害再現実況見分調書におけるいわゆる供述写真について，撮影，映像等の記録の過程が機械的操作によってなされることから署名，押印は不要としている（最小二決平成17年9月27日刑集59巻7号753頁）。

れは取調べの全過程が録音・録画されているから可能であり，一部の録音・録画である場合は逆に特信性の判断を誤らせる危険性がある[58]。

イ．立法の方向性　次に，法改正の方向性について簡単に述べる。本稿は，取調べ録音・録画記録を供述調書と同様に実質証拠として用いることを認める立場をとるので，伝聞例外の要件についても供述調書と同様に考えることになる。供述調書と同様の取扱いであっても，取調べ録音・録画記録の場合，取調べ状況そのものを把握することができるのであるから，その取調べ状況を見て，誤導などの疑いが認められない場合は，供述調書と比較してその特信性は高いものと思われる。

さて，立法化を考える場合，検察官面前調書との関係を考慮せざるを得ないであろう。検察官面前調書は，公判審理において実務上重要な役割を与えられ，それゆえに，検察官は，取調べと供述録取書の作成を捜査の核心部分と位置付けている[59]。一方，本稿で主張する取調べの録音・録画は，主として，警察段階でなされることを想定している。現行法のように，取調べ録音・録画記録が検察官調書と比較して証拠法上の要件が厳格であれば，実際上，検察官調書に代えて録音・録画記録が証拠調べ請求されることはないであろうし，また，捜査機関が取調べ録音・録画を行う呼び水ともならないであろう。そこで，警察段階の供述調書および取調べ録音・録画記録と検察段階の供述調書および取調べ録音・録画記録との伝聞例外の要件とに差を設けないことが必要である。

実際上，取調べ録音・録画記録について，警察段階と検察段階とでその要件に差を設ける必要性は低いように思われる。供述調書の場合はそこから取調べ状況を把握することはできないので，取調官に対する信頼性（検察官は法律の専門家であり，法の適正な適用を請求するという客観的な立場にあることなど）に応じて伝聞例外の要件を変えることに合理性があった[60]。しかし，取調べ録音・録画記録では取調べ自体が客観化されるので，取調官の信用性および取調べ手続の適切性については録音・録画記録によって確認することができ

---

58) 伊藤・前掲注（39）71頁。
59) 青木・前掲注（21）128頁。
60) 田口守一『刑事訴訟法［第5版］』（弘文堂，2009年）388頁。

る。

　そこで，立法論としては，警察官調書および警察段階の取調べ録音・録画記録と検察官調書および検察段階の取調べ録音・録画記録との伝聞例外の要件を同一とすべきである。特別部会では，2号書面を廃止し，3号に統合されるべきであるとする意見が出されているが（たとえば，平成24年12月5日の特別部会第16回会議），これは方向性として適切であると思われる。なぜなら，警察官調書（取調べ録音・録画記録）と検察官調書（取調べ録音・録画記録）との伝聞例外の要件を統一しようとする場合，その要件は厳格な方に統一することが伝聞法則の趣旨には合致しているからである。第2節で述べたように，検察段階の供述調書は，実際上，警察段階の取調べの影響を受けており，警察段階の誤りは容易には検察段階で修正されえないということを想起すべきである。

　しかし，伝聞例外の要件を厳格にすると，公判廷における証言と参考人調書および取調べ録音・録画記録の供述とが異なる場合に，参考人調書および取調べ録音・録画記録を用いることができなくなり，真相の解明という観点から不都合が生じるという反論がありうる。しかし，公判廷における証言の信用性を争う趣旨であるならば，私見としては，むしろ次に検討する刑訴法328条を活用すべきであると考える。

(3) **証明力を争うための証拠**

　先述したとおり，証人が捜査段階の供述と異なった証言を行った場合，検察官，被告人・弁護人は，原則的には，証人尋問の中で捜査段階の供述を示唆しながら反対尋問を行うことによって証人の証言の証明力を吟味していくべきである。また，本稿では主として警察段階の参考人録音・録画記録を念頭に置いているので，録音・録画記録が，伝聞例外として，刑訴法321条1項3号の要件を具備する場合は相当に限定される。それでは，刑訴法328条によって，証人の捜査段階の録音・録画記録を，公判における証人の証言などの証明力を争うための証拠として再生しうる場合はあるか。この問題は，参考人の供述調書の場合とその構造はまったく同一であるが，私見を含めて整理しておきたい[61]。

　刑訴法328条は，「第321条乃至第324条の規定により証拠とすることができ

ない書面又は供述であっても，公判準備又は公判期日における被告人，証人その他の者の供述の証明力を争うためには，これを証拠とすることができる。」と規定する。この趣旨は，判例によれば，「公判準備又は公判期日における被告人，証人その他の者の供述が，別の機会にしたその者の供述と矛盾する場合に，矛盾する供述をしたこと自体の立証を許すことにより，公判準備又は公判期日におけるその者の供述の信用性の減殺を図ることを許容する」ことにある[62]。そして，上記判例は，「刑訴法328条により許容される証拠は，信用性を争う供述をした者のそれと矛盾する内容の供述が，同人の供述書，供述を録取した書面（刑訴法が定める要件を満たすものに限る。），同人の供述を聞いたとする者の公判期日の供述又はこれらと同視し得る証拠の中に現れている部分」に限られるとしている。

判例の立場を前提とすれば，参考人の取調べ録音・録画記録についても，自己矛盾供述であり，公判廷における証言などの信用性の減殺を図る限りにおいて，再生することが認められる。なお，判例に従えば，刑訴法328条により録音・録画記録の再生が許されるのは証人の証言と矛盾する内容の供述が現れている部分に限られる。

学説上，刑訴法328条の証拠は伝聞証拠か非伝聞かが争われているが，この点は要証事実との関係から考えるべきである。本条の趣旨から，要証事実は「証人の捜査段階における自己矛盾供述の存在」などと考えられ，これを公判期日における証人の証言の証明力を争うために用いるのであるから，当該証拠の存在が問題となり，本条の証拠は非伝聞と解するのが妥当であろう[63]。ここで重要なのは，捜査段階の供述をいわゆる実質証拠として公訴犯罪事実の認定に用いるのではなく，自己矛盾供述の存在を公判証言の証明力を争うために用いる点である。それゆえ，取調べ録音・録画記録が刑訴法328条の供述に該当するかどうかは，実際上，実質証拠として用いることに

---

61) 小倉哲浩「弾劾証拠」松尾浩也＝岩瀬徹編『実例刑事訴訟法Ⅲ』（青林書院，2012年）66頁以下。
62) 最三小判平成18年11月7日刑集60巻9号561頁。
63) 後藤昭「供述の証明力を争うための証拠」井上正仁＝酒巻匡編『三井誠先生古稀祝賀論文集』（有斐閣，2012年）666頁，上口裕『刑事訴訟法［第3版］』（成文堂，2012年）417頁脚注，松本時夫「証明力を争うための証拠」刑事法ジャーナル31号（2012年）61頁参照。

なるのか，公判の証言の証明力を争う限りにおいて用いられるのかによって判断されるべきである。

　この点からみれば，公判廷における証人のあいまいな証言，たとえば，「犯行現場にいた人物が被告人かどうかは分かりません。」という証言に対して，捜査段階における「犯人は甲（被告人）です。」という断定的な供述を用いることはできない。この事例において，証言の要証事実が「犯行現場にいた人物が被告人であること」などであった場合，公判証言は被告人が犯行現場にいたとは述べていないのだから，結局のところ，「犯人は甲（被告人）です。」という供述は，犯行現場にいた人物が被告人であることを立証する実質証拠として用いられることになる。つまり，この場合，判例のいう「供述の信用性の減殺を図る」場合には該当しない[64]。

　それでは，「犯人は被告人ではない。」という証言の証明力を争うために，捜査段階における「犯人は甲（被告人）です。」という供述を用いることは可能か。この場合は，自己矛盾供述であることは間違いのないところなので，判例，通説は，328条の供述に該当すると解している。しかし，この場合も，上と同じように，結局，「犯人は甲（被告人）です。」という供述は，犯行現場にいた人物が被告人であることについて実質証拠として用いられる。なぜなら，「犯人は被告人ではない。」という断定的な供述の信用性を減殺するのは，「犯人が被告人かどうかは分かりません。」といった類の供述であり，「犯人は甲（被告人）です。」という供述で証言の信用性を減殺することはできないからである。

　もっとも，「犯人は被告人です。」という公判証言の証明力を争うために，「犯人は甲（被告人）ではありません。」という捜査段階の供述を用いることはできる[65]。この場合は，公判供述の証明力の減殺を図ることが可能であ

---

[64]　河上和雄ほか編『大コンメンタール刑事訴訟法［第2版］第7巻』（青林書院，2012年）766頁［大野市太郎］。
[65]　また，要証事実は，公訴事実に限られるわけではなくアリバイ事実も含むから，要証事実が「犯行当日の被告人の行動」である場合に，「被告人は，犯行が行われたとされる10月15日の午後11時には，犯行現場ではなく私の家にいました。」という公判証言の証明力を争うために，同人の，「10月15日には被告人は私の家には来ていません。」という捜査段階の録音・録画記録を，証明力を争うための証拠とすることは可能である。

り，また，犯人は被告人ではない旨の供述は実質証拠にはなりえないからである[66]。

6 まとめ

　参考人取調べの録音・録画はなぜ必要なのか。最後に，補足の説明を交えながら私見を改めてまとめておきたい。裁判員裁判を念頭に置いて公判中心主義を実現すべきであるという視点から見ると，参考人取調べの録音・録画を実現することよりも，伝聞証拠である参考人の供述調書をできるだけ排除し，証人尋問を中心に証拠調べを行っていくという方向性が公判中心主義に合致し，裁判員裁判でも有効なのではないかという意見もあるだろう。私も，公判中心主義が一層実現されるべきである点についてはまったく同感である。本稿の主張は，両当事者の交互尋問による充実した証人尋問を実現するためにこそ参考人取調べの録音・録画が有用であるということである。

　まず，わが国の冤罪事件において，証人の証言，参考人の供述調書が誤った判断に何らかの影響を与えたと思われる事案を想起すべきである。徳島ラジオ商殺し事件における住み込み店員の供述，甲山事件における園児の証言，布川事件の目撃供述，そして今回の厚労省局長無罪事件における関係者の供述など枚挙にいとまがない[67]。また，誤判原因として目撃者の証言の影響が最も大きいとするアメリカ，イギリスにおける諸研究にも注目すべきである[68]。証人の証言はそれ自体としても誤りを含む可能性がある。それに加えて，公判で証人として証言する場合，そこに至るまでには警察段階で取り調べられ，検察段階で取り調べられ，検察官による事前面接を受け，ま

---

[66] 通説は，相手方の弾劾証拠の提出により供述の証明力が減殺されたときは，元の供述の証明力を回復するための証拠（回復証拠）の提出を認める（河上・前掲注（64）768頁）。裁判例の中にもこれを認めるものがある（東京高判昭和54年2月7日東京高等裁判所刑事判決時報30巻2号13頁）。しかし，証明力を争うための証拠は，あくまでも公判での証言との関係で問題とされるべきであり，公判証言の信用性の減殺を図るものでなければ認められないと解するべきである。

[67] 主要な裁判例については，渡部・前掲注（7）91頁以下参照。

[68] ロフタス（西本訳）・前掲注（9）8頁以下，ペンロッド＝黒沢・前掲注（20）37頁，Sporerほか（箱田＝伊東訳）・前掲注（22）4頁，高木・前掲注（7）159頁。

た，メディア情報などにも接している。その間に，証人の記憶は事件直後の記憶から変容している可能性がある。また，取調官によって不適切な取調べがなされた可能性もある。供述証拠は常に，知覚，記憶，叙述の過程において誤りが混入する可能性があり，そのために，証拠調べにおける反対尋問が重要である。そして，この反対尋問を有効に行使するためには，両当事者が公判審理に向けて周到な準備をする必要があるが，両当事者にとって，比較的事件との時間的間隔がない警察の取調べ段階において証人がどのような取調べを受け，どのような供述しているのかを分析することはことのほか有用である。

　また，刑事司法制度論の観点からは次の点を指摘することができる。わが国の刑事司法の特色のひとつは，当事者主義をとりながらも訴追機関が国家機関であり，捜査・訴追機関に法律上大きな権限が与えられている点である。欧米諸国に比べわが国の有罪率が高いことはこの特色の反映である。こうした制度である場合，捜査活動自体が公平性，客観性を持たなければならない。たとえば，フランスにおいて予審制度が導入されたのは，検察官制度の創設に伴って訴追者に強力な権限が与えられたことによって，強制的な捜査権限（予審権限）をも訴追当事者である検察官に委ねるのは適切ではないという思想に立脚していた。予審制度における証人尋問の場合，証人尋問には必ず裁判所書記官が立会い（フランス刑事訴訟法102条1項），予審判事の質問および証人の答弁はそのまま裁判所書記官によって調書（procès-verbaux）に記載される（同103条）。調書には，1葉ごとに，予審判事，書記官，証人が署名をする（同106条）。書記官は，予審判事が，いつ，どこで，いかなる質問を行い，それに対して証人がいかなる回答をしたのか，また弁護人・検察官は立ち会ったのか等を記録する。つまり，書記官は，予審判事による尋問活動の全体を記録するものであり，書記官は，予審判事よって遂行される活動の適法性を担保する必要的な証人なのである[69]。予審制度を持たないわが国において，参考人の取調べを録音・録画することには，予審制度におけ

---

69) F.HÉLIE, *Traité d'instruction criminelle ou théorie du Code d'instruction criminelle*, T.4, 2 éd. 1866, n° 1794. P.CHAMBON, *Le juge d'instruction théorie et pratique de la procédure*, 3éd., 1985, n° 300.

る書記官による予審調書の作成と同じ意味合いがある。すなわち，参考人の取調べ録音・録画記録は，捜査がどのように進められたのかを明らかとするとともに，両当事者がそれを利用して充実した公判審理を実現するために必要なものである。

第4章　被疑者取調べの適法性について

1　はじめに

　刑事訴訟法の論点の中でも，逮捕・勾留中の被疑者の取調べ受忍義務を巡る議論ほど，実務と学説とが先鋭的に対立する論点はほかにはないであろう。1958年に平野龍一博士がこの問題を提起して以来[1]，捜査実務・裁判実務と学説の多数説との対立はいまだに平行線をたどったままである。近時，裁判員裁判の開始によって，被疑者取調べの可視化が進展をみせている。2014年7月には，法制審議会・新時代の刑事司法制度特別部会が，「要綱（骨子）」を取りまとめ，法制審議会総会が同年9月に答申案を採択し，法務大臣に答申した。これに従って刑事訴訟法の改正が行われることになったが，「要綱（骨子）」では，裁判員裁判対象事件および検察官独自捜査事件について，警察段階も含め取調べの開始から終了に至る被疑者取調べの全過程を録音・録画することとしている[2]。被疑者取調べの全過程の録音・録画は，実際の被疑者取調べの状況を具体的に確認しながら，被疑者の供述の自由などが保障されているか否かを検討することを可能とするものであり，取調べ受忍義務に関する議論の閉塞状況に風穴を開ける可能性を持っている。

　ところで，学説の多数説といえる取調べ受忍義務否定説であるが，刑訴法198条1項但書の解釈をめぐる様々な考え方が示されたことと相まって[3]，これを支持する論者の間においても，これまで，以下のような批判がなされてきた。

---

1)　平野龍一『刑事訴訟法』（有斐閣，1958年）106頁。
2)　「要綱（骨子）」は，法制審議会第173回会議（平成26年9月18日）資料「新たな刑事司法制度の構築についての調査審議の結果【案】」(http://www.moj.go.jp/shingi1/shingi03500024.html) に添付されている。
3)　取調べ受忍義務否定説に基づく学説については，酒巻匡「逮捕・勾留中の被疑者の取調べ受忍義務」松尾浩也＝井上正仁編『刑事訴訟法の争点［新版］』（有斐閣，1991年）57頁参照。

三井誠教授は，次のように述べた。「第一に，受忍義務否定説は，受忍義務を否定すれば実際上も黙秘権が保障されると解されたからか，それ以上に否定説が代用監獄問題や接見交通権問題などにどういう帰結を導き出すのか，自白の証拠能力論とどう結び付けるのか等に関する各論的検討に欠けるきらいがあったことです（まったくなかったわけではなく，部分的には萌芽的・示唆的な展開はあったのですが，その段階に留まっていました）。また，包括的黙秘権の保障はどのようにして実効化できるかの積極的提言が乏しかったと思われます。不出頭とか退去権が侵害されるとは具体的にはどういう場合か（換言すれば，それらの権利を前提とした身柄拘束者に対する取調べとはいかなる内実をもつのか）の説明も十分ではありません[4]。」

多田辰也教授は，若干異なる視点から，次のような問題提起をした。「これまでは，あまりにも取調べ受忍義務の問題にとらわれすぎていたのではないだろうか。受忍義務否定説といえども一定範囲での取調べは認めているのであり，また，受忍義務肯定説といえども一定範囲の取調べが禁止されることは認めるが，これまでは，その範囲すら明らかにされていないのである。しかし，被疑者取調べの問題を考えるうえで重要なのは，取調べの適正さをいかに保障するかという実質論であろう。そこで，被疑者取調べの適正化を考える際には，どのような要件のもとで，どの程度の取調べが許されるかを問題にすべきではないだろうか[5]。」

また，酒巻匡教授は，次のような指摘をした。「被疑者の包括的黙秘権の実質的保障が，身柄拘束下の取調べに関する問題の核心であるとすれば，肯定説であれ，否定説であれ，これを具体的にどのような形で実現してゆくのが妥当か，言い換えれば，身柄拘束下の取調べの適正を担保する方策として何が考えられるか，解釈論・立法論の両面で検討してゆくことが学説の課題として挙げられるであろう。そしてこのような課題を設定した場合，従来の出頭・滞留義務ないし取調べ受忍義務の有無という点にのみに着目していた問題の立て方じたいに問題はなかったかを反省してみることも必要であるように思われる。解釈論としては，具体的にどのような態様の取調べが黙秘権

4)　三井誠「被疑者取調べとその規制」刑法雑誌27巻１号（1986年）176頁。
5)　多田辰也『被疑者取調べとその適正化』（成文堂，1999年）212頁。

侵害になるのか，言い換えれば，供述拒否権の不行使（放棄）が任意のものだったと言えるのはどのような場合かを直截に検討してゆくことが重要であるように思われる[6]。」

以上の批判にはひとつの共通点がある。それは，取調べ受忍義務否定説に従えば，被疑者取調べは具体的にいかなる要件のもとで適法といえるのか，どのような態様の取調べが黙秘権侵害になりうるのかという点について，これまで検討が十分ではないという指摘である。本稿では，この点について検討を加えたいと思う。すなわち，本稿は，刑訴法198条の条文解釈を行うことによって，被疑者取調べの適法性に関する判断基準を示すことを目的とするものである。

なお，在宅被疑者の取調べの適法性については，いわゆる高輪グリーンマンション事件における最二小決昭和59年2月29日があり，その判断枠組みについては，実務上すでに決着がついている。なぜ，あえてこの問題を取り上げるのかというと，昭和59年決定の示す適法性の判断基準は，刑訴法198条ではなく刑訴法197条1項の解釈に基づいていると思われるからである。それに伴い，昭和59年決定では，被疑者取調べについて本来検討されるべき黙秘権保障の問題が，直接の検討対象とはされていない。被疑者取調べは刑訴法198条に基づくものであり，その適法性は当然刑訴法198条の条文解釈から導かなければならない。本稿では，被疑者取調べの適法性の問題について，素直に198条の解釈をした場合，その判断基準はどのように設定されるのかを分析したい。

2　昭和59年決定の問題点

(1)　刑訴法198条の規定

被疑者取調べが適法であるためには，在宅被疑者についてみると，刑訴法198条の条文から次の4点が確保されなければならない。すなわち，①被疑者は出頭を拒み，又は出頭後，何時でも退去することができること（第1

---

[6]　酒巻・前掲注（3）59頁。

項)，②被疑者に対し，あらかじめ，自己の意思に反して供述をする必要がない旨を告げられていること（第2項），③供述が調書に録取された場合，これを被疑者に閲覧させ，又は読み聞かせて，誤りがないかどうかを問い，被疑者が増減変更の申立てをしたときは，その供述が調書に記載されていること（第4項），④捜査機関は，被疑者が調書に誤のないことを申し立てたときは，これに署名押印することを求めることができるが，これを拒絶した場合はこの限りではないこと（第5項）の4点である。このうち，後2者は供述調書の作成に関する規定であるから，取調べ自体の適法性に関しては，前2者が関係する。

　従来の判例を眺めると，逮捕・勾留中の被疑者取調べについては，自白調書の証拠能力に関連して供述の任意性判断に関係する範囲で言及されることはあっても，被疑者取調べの適法性に関する判断基準そのものを明示した判例は存在しない。在宅取調べの適法性については，上述した昭和59年決定が，はじめてその判断基準を示した。しかし，昭和59年決定は，条文に沿って出頭拒否権・退去権および黙秘権の保障という観点から事案を分析していない点に問題がある。まず，この点を指摘したい。

(2)　昭和59年決定の立場

　最二小決昭和59年2月29日（刑集38巻3号479頁）は，逮捕・勾留されていない被疑者を4夜にわたり捜査官の手配した宿泊施設に宿泊させた上，前後5日間にわたって取調べた事案における取調べの適法性について，次のとおり判示している。「昭和52年6月7日に被告人を高輪警察署に任意同行して以降同月11日に至る間の被告人に対する取調べは，刑訴法198条に基づき，任意捜査としてなされたものと認められるところ，任意捜査においては，強制手段，すなわち，『個人の意思を抑圧し，身体，住居，財産等に制約を加えて強制的に捜査目的を実現する行為など，特別の根拠規定がなければ許容することが相当でない手段』（最高裁昭和50年（あ）第146号同51年3月16日第三小法廷決定・刑集30巻2号187頁参照）を用いることが許されないということはいうまでもないが，任意捜査の一環としての被疑者に対する取調べは，右のような強制手段によることができないというだけでなく，さらに，事案の性質，被疑者に対する容疑の程度，被疑者の態度等諸般の事情を勘案して，社会通念

上相当と認められる方法ないし様態及び限度において，許容されるものと解すべきである。」本決定は，宿泊を伴う取調べが任意捜査として許容される範囲について，はじめて最高裁の判断基準を示したものとして重要な判例である[7][8]。

　しかし，昭和59年決定の判断枠組みには疑問がある。昭和59年決定は，刑訴法198条に基づくとしながら，昭和51年決定を引用している。昭和51年決定の事案は，警察官の制止行為の適法性を問題としたものであるので，当該行為が刑訴法197条１項に照らして適法か否かを判断することが可能であった[9]。しかし，昭和59年決定の事案は，４夜にわたる宿泊を伴う「取調べ」の適法性を問題としている。取調べの適法性の問題であれば，刑訴法198条１項，２項に照らして適法か否かが問われなければならない。刑訴法198条は，被疑者に対する出頭拒否権・退去権および黙秘権を認めた規定であるから，元来，被疑者取調べの適法性は，出頭拒否権・退去権および黙秘権の侵害があるか否かによって判断されなければならないはずである。

　刑訴法197条１項は，「強制処分は，この法律に特別の定のある場合でなければ，これをすることができない。」と規定する。昭和51年決定は，この条文を受け，強制処分に該当しない場合一切を任意捜査としている。ここか

---

[7] 本決定の解説として，宇津呂英雄・警察学論集37巻５号（1984年）145頁，鈴木義男・判例評論310号（1984年）64頁（判例時報1129号226頁），山崎裕人・警察学論集37巻６号（1984年）49頁，長沼範良・『昭和59年度重要判例解説』（ジュリスト臨時増刊838号）（1985年）192頁，竹村照雄・法学新報92巻３＝４号（1985年）253頁，芝原邦爾・『刑事訴訟法判例百選［第５版］』（1986年）16頁，龍岡資晃・法曹時報39巻９号（1987年）141頁，飯柴政次・『警察実務判例解説（任意同行・逮捕篇）』（別冊判例タイムズ11号）（1990年）39頁，浅田和茂・『刑事訴訟法判例百選［第６版］』（1992年）16頁，椎橋隆幸・『刑事訴訟法判例百選［第７版］』（1998年）16頁，原田國男・『刑事訴訟法判例百選［第８版］』（2005年）16頁，堀江慎司・『刑事訴訟法判例百選［第９版］』（2011年）16頁などがある。なお，本判決前後の宿泊を伴う取調べに関する裁判例については，植村立郎「任意取調べの限界」平尾龍一＝松尾浩也編『新実例刑事訴訟法Ⅰ』（青林書院，1998年）70頁以下に詳しい。

[8] また，在宅被疑者に対する長時間の取調べについて，最三小決平成元年７月４日（刑集43巻７号581頁）があり，昭和59年決定の基準が引用されている。

[9] なお，昭和51年決定の事案についても，被疑者取調べの適法性の問題ととらえ，刑訴法198条から適法性を検討することは可能である。この観点から見れば，取調官が一定の有形力を行使して，被疑者の取調室からの退出を妨げた行為は退去権の侵害が問題となりうる（上口裕「身柄拘束中の被疑者取調について」南山法学５巻１・２号［1981年］128頁）。

ら，昭和51年決定は，強制手段にあたらない場合すなわち任意捜査の場合であっても，「何らかの法益を侵害し又は侵害するおそれがある」ことを認めている。すなわち，昭和51年決定は，刑事訴訟法上の特別な規定を必要とする行為を強制処分とし，特別の規定を必要としない行為全体を任意処分とするのである。昭和51年決定の枠組みで被疑者取調べを解釈してしまうと，被疑者取調べについても，逮捕状を必要とする場合などに当たらなければ任意処分であるという，昭和51年決定の判断枠組みが用いられることになる。

　しかし，昭和59年決定が，昭和51年決定で示された強制手段（実質的な逮捕行為など）に該当する場合を排除するだけの趣旨ならば，被疑者は身柄を拘束されていない以上，それは当然のことであって，判断枠組みとしては問題があるが，これを判断基準として用いること自体は，特に問題となるものではない[10]。実際に判断基準として問題となるのは，任意処分の範囲に関する部分である。昭和59年決定は，任意捜査の一環として行われる被疑者取調べについて，「事案の性質，被疑者に対する容疑の程度，被疑者の態度等諸般の事情を勘案して，社会通念上相当と認められる方法ないし様態及び限度において，許容されるものと解すべきである。」として「相当性」を判断の基準として用いている。この点は，昭和51年決定と比較すると，「右の程度に至らない有形力の行使は，任意捜査においても許容される場合がある」とはしていないし，また，「強制手段にあたらない有形力の行使であっても，何らかの法益を侵害し又は侵害するおそれがある」ともしていない点で異なるものであるが，やはり，基本的な判断枠組みは，昭和51年決定の判断枠組みと同様の総合評価の枠組みである。

　なお，学説の多くは，昭和59年決定について，在宅被疑者の取調べに比較衡量論的判断枠組みを持ち込んだものと理解している[11)12)]。しかし，これは

---

10)　松田教授は，被疑者取調べのために，強制手段を用いた同行ないし留め置きが行われた場合には，刑訴法198条 1 項但書違反を認めるのが素直かつ問題の本質に即した法的構成であるが，違法収集証拠排除法則の観点からは，「実質逮捕論」をとることにも一定の合理性があるとしている（松田岳士「被疑者取調べのための同行と『実質逮捕論』について」井上正仁＝酒巻匡編『三井誠先生古稀祝賀論文集』［有斐閣，2012年］549頁）。
11)　川出敏裕「任意捜査の限界」『小林充先生・佐藤文哉先生古稀祝賀刑事裁判論集　下巻』（判例タイムズ社，2006年）34頁以下，宇藤崇「被疑者の取調べ」井上正仁＝酒巻匡編『刑事訴訟法

正確性を欠くきらいがある。元来，比較衡量論は，個人の権利と公共の利益との間において天秤にかけるものであるが，昭和59年決定は，天秤にかけるべき被疑者の権利が明示されていないのである。本稿では，昭和59年決定は総合評価の枠組みを示したものと理解しておきたい。

　総合評価の枠組みは，判断基準として不明確となる危険性があるとともに，事案の重大性や取調べを実施する必要性などが過度に重視され，任意捜査として適法視する傾向をもたらしやすいと思われる[13]。また，次節で検討するように，被疑者に保障された権利として，「黙秘権」または「取調べを受けるか否かの意思決定の自由」を想定した場合，この権利侵害を，総合評価の枠組みで判断することは適切ではないという問題がある[14]。昭和59年決定の事案は取調べ自体が問題となっているものであり，被疑者取調べの適法性は刑訴法198条の解釈問題であるから，端的に被疑者の出頭拒否権・退去権および黙秘権の侵害があったか否かが分析されなければならない。

　学説の多数説は，総合評価の判断枠組みを正当なものとしている。在宅被疑者の取調べは任意捜査の一環として行われるものであるから，刑訴法197条の任意捜査の判断基準がそのまま適用されると考えるからである[15]。しかし，刑訴法198条は被疑者に対して黙秘権を保障するものであるから，仮

　の争点』（有斐閣，2013年）64頁，松田岳士「在宅被疑者の取調べとその可視化」法律時報83巻2号（2011年）24頁，芝原・前掲注（7）16頁。
12)　なお，在宅被疑者の取調べの限界について，「捜査の適正」という指標で考える立場もある（佐藤隆之「在宅被疑者の取調べとその限界（1）」法学［東北大学］68巻4号［2004年］9頁）。佐藤教授は，その説明の中で，「そこで用いられた方法や被疑者の置かれた状態から一般的に生じると見込まれる，意思の自由への影響と，当該事件の捜査上，そのような手段に出る必要性の有無・程度とを勘案して，なお適正といえるかという枠組みを用いて判定することはなお可能であろう。」と述べているところから，この考え方は，比較衡量論の1バリエーションと考えられる。
13)　酒巻匡「任意取調べの限界について―二つの最高裁判例を素材として―」神戸法学年報7号（1992年）292頁，三井誠『刑事訴訟法（1）［新版］』（有斐閣，1997年）130頁。
14)　酒巻教授は，「法律上，対象者には『自己の意思に反して供述をする必要がない』という意思決定の自由がある（法198条2項参照）。筆者には，このような人の意思決定の自由について，比例原則が適用されるような侵害・制約の『程度』は考え難いように思われる。」と指摘している（酒巻匡「供述証拠の収集・保全（2）」法学教室288号［2004年］77頁）。
15)　堀江・前掲注（7）17頁，金子章「在宅被疑者の取調べの許容性について（2・完）―その違法性の実質に関する議論を中心に―」横浜国際経済法学19巻2号（2010年）48頁。

に適法性の範囲が同一であったとしても，条文解釈は，黙秘権保障の判断基準に従って行われなければならないはずである。

　しかし，以上の批判には誤解があるという指摘もあろう。つまり，昭和59年決定は，「刑訴法198条に基づき，任意捜査としてなされたもの」として刑訴法198条の解釈であることを明示し，また，事案への当てはめにおいても，「捜査官らが，取調べを強行し，被告人の退去，帰宅を拒絶したり制止したというような事実も窺われない。」と述べていることから，昭和59年決定は，刑訴法198条1項の退去権の侵害について検討しているものである，という指摘である。しかし，これが刑訴法198条の解釈であるならば，退去権の侵害がないということであれば，続いて，刑訴法198条2項の黙秘権の侵害がないかを検討しなければならないはずである。昭和51年決定の事案は，警察官の制止行為の適法性が問題となっているので，刑訴法197条1項の解釈として考えることが可能であった。しかし，昭和59年決定の事案は宿泊を伴う「取調べ」が問題となっているのである。やはり，刑訴法198条の条文に従って解釈をすべきである。

　なお，昭和59年決定の事案では，裁判所が認定した事実によれば，被疑者が任意同行や取調べを明示的に拒否したことが伺えず，むしろ，寮に帰るのはいやなのでどこかの旅館に泊めてもらいたい旨の被疑者の申出書があったとされている。このことから，裁判所は，本事例において，出頭拒否権・退去権および黙秘権の侵害は明確ではなく，これを分析するよりも，刑訴法197条1項に立ち戻って，任意捜査として適法か否かを分析する方が事案分析には適していると考えたのかもしれない。しかし，被疑者が退去の意思および黙秘の意思を明確に示していないという一事をもって，4泊5日の留め置き行為および取調べには退去権や黙秘権の侵害は存在しないということがありうるのだろうか。この点は，黙秘権保障の基準を分析した後で，今一度検討したい。

3　黙秘権の保障について

(1)　黙秘権の趣旨

ア．黙秘権の意義　それでは，刑訴法198条の解釈をした場合，被疑者取調べの適法性は，いかなる判断枠組みで捉えられるべきか。この点を分析するにあたり，まず，刑訴法198条2項の黙秘権保障の基準から検討したい。出頭拒否権・退去権ではなく黙秘権の保障から検討を行うのは，黙秘権が刑訴法198条の基本をなす権利であり，出頭拒否権・退去権は黙秘権から派生した権利であると考えるからであるが，この点は次節で詳述する。

　刑訴法198条2項は黙秘権の告知のみを規定しているが，本項が，被疑者取調べにおいて，被疑者に黙秘権があることを承認し[16]，黙秘権の告知を捜査機関に義務付けた規定とする点について異論はない。刑訴法198条2項によって保障された権利については，学説上，「黙秘権」と「供述拒否権」の用語が用いられるが，両概念に実質的差異はないとされていることから[17]，本稿では，「黙秘権」の用語を用いる[18]。また，黙秘権は憲法38条1項に由来する権利であるが，憲法38条1項で保障された人権については，「自己負罪拒否特権」として区別することにする。その理由は，憲法38条1項が権利主体を被疑者・被告人に限定していないのに対し，刑訴法上の黙秘権保障の主体は被疑者・被告人に限定されていること，また，憲法38条1項が保障の対象とする供述は，「自己に不利益な供述」に限られるのに対し，刑訴法上の黙秘権の場合，こうした限定はなく，終始沈黙することが可能であることによる[19]。

　なお，黙秘権の対象について，判例は，氏名は憲法38条1項の不利益な供

---

[16]　田宮裕「被告人・被疑者の黙秘権」日本刑法学会編集『刑事訴訟法講座第1巻』（有斐閣，1963年）89頁。

[17]　河上和雄ほか編『大コンメンタール刑事訴訟法［第2版］第6巻』（青林書院，2011年）376頁［髙橋省吾］，平場安治ほか『注解　刑事訴訟法　中巻［全訂新版］』（青林書院，1982年）608頁［髙田卓爾］，三井・前掲注(13)145頁。

[18]　なお，黙秘権という言い方は，供述を強要されないことの反射的利益を述べたものであり，そういう権利があるのではないとする見解もある（小野清一郎ほか『ポケット注釈全書　刑事訴訟法（上）［新版］』［有斐閣，1986年］438頁）。

[19]　酒巻匡「捜査の終結・被疑者の権利」法学教室368号（2011年）70頁。

述には当たらないとする（最大判昭和32年2月20日刑集11巻2号802頁）。この解釈は，憲法38条1項の自己負罪拒否特権の解釈としては成り立つ可能性があるが，少なくとも，刑事訴訟法上は，氏名を含め，本人に利益であると不利益であるとを問わず，沈黙する権利があると解するのが妥当である[20]。この点は，学説上，「包括的黙秘権」と呼ばれており[21]，本稿で黙秘権という場合は包括的黙秘権を意味するものである。

　黙秘権の意義については，刑事訴訟法の文言通りに理解しておくのが適切である。刑訴法311条1項は，「被告人は，終始沈黙し，又は個々の質問に対し，供述を拒むことができる。」と規定し，また，刑訴法198条2項は，「前項の取調に際しては，被疑者に対し，あらかじめ，自己の意思に反して供述をする必要がない旨を告げなければならない。」と規定する[22]。黙秘権に関し，このような2様の定義がなされていることは，黙秘権を理解する上でむしろ好都合である。すなわち，黙秘権とは，被疑者・被告人が，終始沈黙し，または個々の質問に対し，供述を拒むことができる権利であり，また，被疑者・被告人が，自己の意思に反する供述を行わないことができる権利である。なお，後者の観点について，次に検討するミランダ判決の文言に従って一層正確に述べれば，被疑者・被告人には，「まったく自由に自分自身の意思に基づいて供述することを選択する場合以外は黙秘をする権利」が与えられているということである[23]。

イ．黙秘権保障の趣旨　問題は，黙秘権の趣旨をどのように捉えるかである[24]。

---

20) 三井・前掲注（13）145頁。
21) 田宮裕『刑事訴訟法［新版］』（有斐閣，1996年）131頁。
22) 現行刑事訴訟法の制定当時，第2項の規定は，「前項の取調に際しては，被疑者に対し，あらかじめ，供述を拒むことができる旨を告げなければならない。」という文言であった。これが，1953年の刑訴法の一部改正により，「自己の意思に反して供述をする必要がない旨」に改正された。この経緯については，三井・前掲注（13）143頁参照。
23) Miranda v. Arizona, 384 U.S. 436 (1966) at 460.
24) 自己負罪拒否特権の歴史的経緯については，石丸清見「英米における自己負罪拒否の特権」法務研究報告書40集3号（1952年）1頁，安倍治夫「英米における自己負罪拒否特権の形成」法律のひろば10巻6号（1957年）33頁，多田辰也「捜査の構造再考序説―黙秘権の歴史的考察を手掛りとして―」立教大学大学院法学研究3号（1982年）1頁，澤登文治「自己負罪拒否権の歴史的展開（1）（2・完）―合衆国憲法修正5条の意義―」法政理論24巻2号（1991年）153頁，25

黙秘権の趣旨について，平野龍一博士は次のように述べる[25]。「黙秘権の本質は，個人の人格の尊厳に対する刑事訴訟の譲歩である。人格は自律を生命とする。自己保存の本能を克服して，自己を進んで刑罰に服させるのは崇高な善であり，人はそのように行為する道徳的義務を持つ。それは極めて崇高な道徳的義務である。しかし正にその故に他からの強制を許さない。ただ各自の自発的行為にまつだけである。この故に，積極的に自己を有罪に導く行為をとることを法律的に強制しない。まして国家は，個人を保護するためにのみ存在するものである。その目的達成のための手段として，個人の人格を侵害するというのは，自己矛盾である。」

　個人の保護を目的とする国家が，刑罰という不利益処分を科すために，当該個人をその手段として用いることは許されないのである[26]。それゆえ，自己に不利益な供述については，被疑者・被告人が完全に自発的に供述した場合にのみ，犯罪事実の認定に用いることができる。黙秘権の権利性については，内心の事実・知識の暴露を強制されないという意味におけるプライバシー権の保護の視点[27]，健全な形での真相解明，国家の責任による真相解

巻1号（1992年）124頁，小川佳樹「自己負罪拒否特権の形成過程」早稲田法学77巻1号（2001年）121頁以下，伊藤博路「自己負罪拒否特権の確立期についての一考察―イギリス法を中心に―」帝塚山法学第5号（2001年）203頁，同「植民地期アメリカにおける自己負罪拒否特権に関する一考察」帝塚山法学6号（2002年）203頁以下，同「合衆国憲法修正5条の自己負罪拒否特権の沿革に関する一考察―独立後から合衆国憲法修正5条成立直後の時期までを中心にして」明治学院論叢76巻（2003年）205頁以下，中島洋樹「被疑者・被告人の供述主体性（1）（2完）―イギリスにおける黙秘権保障の歴史的展開を手掛かりに―」大阪市立大学法学雑誌51巻1号（2004年）54頁以下・2号165頁以下，ドイツにおける歴史的展開については，松倉治代「刑事手続におけるNemo tenetur原則（1）～（4・完）―ドイツにおける展開を中心として―」立命館法学335号（2011年）138頁以下，336号（2011年）168頁以下，337号（2011年）77頁以下，338号（2011年）186頁以下など参照。

25）　平野龍一「黙秘権」刑法雑誌2巻4号（1952年）50頁。また，この見解を受けたと思われる裁判例として，大阪高判昭和40年8月26日（下刑集7巻8号1583頁）も参照。

26）　渕野貴生「黙秘する被疑者・被告人の黙秘権保障」季刊刑事弁護79号（2014年）11頁，高内寿夫「取調べ問題―黙秘権のゆくえ」法学セミナー510号（1997年）50頁。なお，澤登文治教授は，自己負罪拒否特権の歴史的分析から，自己負罪拒否特権は，弁護人の援助を受ける権利，自己に有利な証人を召喚する権利などと相互補完の関係にあるとともに，信教の自由，集会・結社の自由，表現の自由とも強い関連を有する人権である点を指摘している（澤登・前掲注（24）「自己負罪拒否権の歴史的展開（2・完）」198頁）。

27）　田宮・前掲注（21）334頁，緑大輔「被疑者・被告人の『黙秘権』」法学セミナー675号（2011年）114頁，上口裕「自己負罪拒否特権の意義と射程」村井敏邦ほか編『刑事司法改革と刑事訴

明という視点なども指摘されているが[28]，その本質は上記説明に集約されているように思われる。

なお，先に示した最大判昭和32年2月20日は，「いわゆる黙秘権を規定した憲法38条1項の法文では，単に『何人も自己に不利益な供述を強要されない。』とあるに過ぎないけれど，その法意は，何人も自己が刑事上の責任を問われる虞ある事項について供述を強要されないことを保障したものと解すべきであることは，この制度発達の沿革に徴して明らかである。」と判示している。

本稿では，上記判例について，次の点に注目したい。判例のいう「供述を強要されないことを保障した」とは，取調べの適法性という観点から実質的に眺めれば，捜査機関などが，被疑者などに供述を強要しない義務を負うということである。刑訴法198条2項は，「自己の意思に反して供述する必要がない」とするのであるから，被疑者は，供述をするか否かに関する意思決定の自由を有し，捜査機関は，被疑者の供述の自由な意思決定を妨げない義務を負うことになる。黙秘権は憲法に由来する自由権的基本権であるから，国家権力との関係において保障されるべきものであり，黙秘権の範囲については，捜査機関（国家機関）がいかなる行為を行えば黙秘権の侵害になるのかという観点から考えるべきである。本稿では，この義務を黙秘権保障義務と呼ぶことにする。被疑者取調べが違法とされるのは，捜査機関が黙秘権保障義務に違反した場合である。

ウ　ミランダ判決　それでは，黙秘権保障義務違反の中身は何か。この問題を考える場合，はじめに参考とすべきは，1966年のアメリカ合衆国最高裁ミランダ判決であろう。ミランダ判決では，警察段階の被疑者取調べについて，合衆国憲法修正5条の自己負罪拒否特権（privilege against self-incrimination）を保障するための手段を具体的に示している[29]。ミランダ判決は，身

訟法　上巻』（日本評論社，2007年）515頁，石田倫識「被疑者の黙秘権に関する一考察―イギリス黙秘権制限立法を手がかりに―」九大法学86号（2003年）111頁。なお，石田准教授は，黙秘権の趣旨として，手続的権利としての証拠禁止と不利益推認の禁止とを強調するが，これは従来，「黙秘権の効果」として論じられている問題であると思われる（同111頁，193頁）。

28)　松尾浩也＝岩瀬徹編『実例刑事訴訟法Ⅲ』（青林書院，2012年）207頁［遠藤邦彦］。
29)　Miranda v. Arizona, 384 U.S. 436（1966）at 474.

柄拘束中の被疑者取調べに関するものであるが[30]，その点を念頭に置いて，アメリカ合衆国最高裁が，自己負罪拒否特権を保障するのに有効な手続的保障手段（procedural safeguards）についてどのように考えていたのかを整理しておきたい[31]。

　まず，ミランダ判決では，自己負罪拒否特権の趣旨について次のように述べている。「われわれは最近，自己負罪拒否の特権—わが当事者主義（adversary system）の不可欠の基柱—は複合的価値を基盤にしていると指摘した（Murphy v. Waterfront Comm'n, 378 U. S. 52, 378 U. S. 55-57, n. 5 ［1964］; Tehan v. Shott, 382 U. S. 406, 382 U. S. 414-415, n. 12 ［1966］）。これらのポリシーは，すべてひとつの優越的思考，すなわち特権の根底をなす憲法上の基礎は，政府が—州であれ連邦であれ—その市民の尊厳（dignity）と完全性（integrity）とに払わなければならない尊敬にあることを示している。"公正な国家と個人のバランス"を保つために，政府にすべての重荷を負わせるために，人格の不可侵性を尊重するために，わが弾劾的刑事司法制度は，個人の処罰を求める政府が，その個人自身の口からそれを強要するという残酷で簡便な方法によるのではなく，自らの独立した努力によって彼に不利益な証拠を提供することを要求する。要するに，"全く自由に彼自身の意思を行使して供述することを選択する場合を除いて黙秘する"権利がその人に保障されているときにのみ，この特権は満たされるのである[32]。」

　その上で，ミランダ判決では，「われわれは，適切な保障手段が講じられない限り（without proper safeguards），犯罪の容疑者ないし被疑者の身柄拘束中の取調べ過程には，個人の抵抗意思を弱め，個人に供述を強要するところの内在的に強制的な圧力が含まれていると結論した。」と述べ，そのための保護手続として，以下の4つの手続が必要であるとした[33]。すなわち，

---

30) 身柄拘束下における被疑者取調べという視点に着目して，ミランダ判決を分析するものとして，田中優企「ミランダ法理における"custodial interrogation"の意義と判断基準(1)(2)」駒澤法学12巻2号（2013年）55頁以下，同13巻3号（2014年）43頁以下参照。
31) ミランダ判決について総合的に検討した著作として，小早川義則『ミランダと被疑者取調べ』（成文堂，1995年）がある。事実の概要，法廷意見，反対意見の全貌については本書を参照していただきたい。また，本稿では，本判決の翻訳について同書を参考にした。
32) Miranda v. Arizona, 384 U.S. 436 (1966) at 460.

①身柄拘束中の被疑者が取調べを受ける前に，黙秘する権利があることを告知されること，②供述は公判において自己に不利な証拠として用いられる可能性があることを告知されること，③取調べに弁護人を立ち会わせる権利があることを告知されること，④資力がない場合は，公的弁護人を付けてもらう権利があることを告知されることである。ミランダ判決は，捜査官による以上の警告および被疑者の権利放棄が公判で訴追側によって立証されない限り，取調べの結果獲得された証拠を被疑者に不利に用いることはできないとした。

ミランダ判決では，一定の告知（ミランダ警告）を被疑者に対して行ったか否かという基準によって，自白調書の証拠能力の有無を判断する。本稿は，被疑者取調べの適法性を問題としており，自白調書の証拠能力の問題を扱うものではないが，判決では，被疑者が自己負罪拒否特権を行使する意図を示した後に採取されたいかなる供述も，強制の産物以外のものではありえないと述べている[34]。ミランダ判決が示したルールは，裁判所が従う準則であるとともに，捜査機関が取調べにあたって従うべき準則でもある[35]。

このミランダ判決を起点として，次に，刑訴法198条の被疑者取調べにおける黙秘権保障義務の中身について整理してみたい。

(2) 黙秘権保障義務の内容

ア．黙秘権告知義務 まず，刑訴法198条2項の規定から，捜査機関は，取調べに際して，被疑者に黙秘権を告知する義務がある[36]。また，犯罪捜査規範169条2項は，「前項の告知は，取調べが相当期間中断した後再びこれを開始する場合又は取調べ警察官が交代した場合には，改めて行わなければならない。」と規定している。黙秘権とは，供述をすることによって今後自分

---

33) Id. at 467-473.
34) Id. at 474.
35) 州見光男「ミランダ判決の45年」井上正仁＝酒巻匡編『三井誠先生古稀祝賀論文集』（有斐閣，2012年）764頁。
36) 判例（最三小決昭和24年9月7日刑集3巻10号1563頁等）は，黙秘権の告知を，憲法38条1項の直接の要請とまではしていないが，黙秘権は，被疑者がその存在を理解してはじめて意義がある権利であるから，黙秘権の告知は，憲法上の要請と解すべきであろう（関口和徳「被疑者取調べにおける黙秘権告知と憲法38条1項―黙秘権告知は黙秘権の内容に含まれるのか」法律時報86巻5号（2014年）112頁，白取祐司『刑事訴訟法［第7版］』［日本評論社，2012年］191頁）。

や関係者がどのような境遇に置かれることになるのかについて十分に認識した上で，供述することまた供述しないことができる自由を有することである[37]。黙秘権の告知は，被疑者が黙秘権の内容を理解して行使できる状況を作り出すことが目的であるから，被疑者が実質的に黙秘権を理解できるものでなければならない。そこで，この黙秘権の告知には，原則的に，上記ミランダ判決において指摘された，取調べにおける供述は，公判廷において，被疑者にとって不利益な証拠として用いられる可能性がある点を，被疑者に理解させることも含むものと解される[38][39]。一般的に，この告知は，公判審理の冒頭手続において，裁判長が行う黙秘権の告知と同じ内容と考えて差し支えないであろう。すなわち，「あなたには黙秘権があります。陳述を求められても一切黙ったままですますこともできますし，一旦，陳述をはじめても，自分が述べてよいと思う質問にだけ答えて，述べたくない質問については，返答を拒むこともできます。また述べた以上は，その言葉はあなたにとって有利，不利を問わずこの事件の証拠になることがありますから，心得ておくように。」などの内容を，捜査機関は被疑者に告げなければならない[40]。

このように考えた場合，捜査機関が，供述は公判段階において被疑者にとって不利益な証拠になりうる点を被疑者に告知しなかった場合についても，当該取調べは違法と判断されるのであろうか。黙秘権の告知は，被疑者に対

---

37) 髙内・前掲注（26）49頁，同「被疑者取調べと弁護権」村井敏邦ほか編『刑事司法改革と刑事訴訟法　上巻』（日本評論社，2007年）481頁。

38) 椎橋隆幸「逮捕・勾留中の被疑者の取調べ」『刑事訴訟法の争点［第3版］』（有斐閣，2002年）59頁，渥美東洋『全訂　刑事訴訟法［第2版］』（有斐閣，2009年）74頁，中園江里人「逮捕・勾留中の被疑者取調べの在り方―いわゆる『出頭・滞留義務』を中心に―」近畿大学法科大学院論集7号（2011年）122頁。

39) なお，現行刑訴法の制定過程において，昭和21年3月頃に，総司令部民間情報部保安課法律班のマニスカルコ大尉によって，「刑事訴訟法に対する修正意見」が日本政府に提示されている（刑事訴訟法制定過程研究会「刑事訴訟法の制定過程（6）」法学協会雑誌92巻5号［1975年］590頁以下［小田中聰樹］）。修正意見では，いまだ予審制度の存置が前提とされていたが，現行犯人に対する司法警察官の取調べについて，「司法警察官ハ被疑者ノ訊問ニ先立チ之ニ対シ被疑者ハ何等ノ陳述又ハ報知ヲ為スノ要ナク，其ノ書面若クハ口頭ニ依ル陳述又ハ報告ハ爾後ノ手続ニ於テ被疑者ノ不利益ニ用ヒラルルコトアルベキ旨及書面若クハ口頭ニ依ル陳述又ハ報知ハ総テ自由且任意ニ為スコトヲ要スル旨ヲ警告スベシ」とされていた（同593頁）。

40) 平野龍一ほか『刑事訴訟法教材』（東京大学出版会，1977年）107頁。

し刑事手続上の黙秘権の趣旨を理解させるためのものであるから，たとえば，黙秘権の趣旨や日本の司法制度に対してまったく理解していない来日外国人に対して，「黙秘権がある」と告知しただけでは，黙秘権を保障したことにはならないであろう。このような外国人に対しては，捜査機関は，わが国の法制度や，今後自分がどのような手続に乗せられるのかなどを説明し，黙秘権の行使を実質的に保障する措置をとらなければならない[41]。一方，客観的状況から，被疑者は黙秘権の趣旨について十分に理解していると考えられる場合もあり，この場合に，公判段階において被疑者にとって不利益な証拠になりうる点を告知しなかったからといって，ただちに違法とは言えないと思われる。

すなわち，黙秘権告知義務の適法性については，黙秘権の趣旨から実質的に判断されるべきである。原則的には，捜査機関が，取調べにおける供述は公判段階において被疑者にとって不利益な証拠になりうる点を告知しなかった場合は違法であるが，客観的状況から，被疑者が，明らかに，供述が公判廷でどう用いられるかについて認識していると判断される場合には適法と考えられる場合もありうるものと思われる。

なお，自己の意思に反して供述をする必要がない旨の告知については，刑訴法198条2項で明文規定されている以上，被疑者がこれを認識しているか否かにかかわらず，捜査機関がこの告知をしない場合は違法である[42]。

---

[41] 浦和地判平成2年10月12日（判時1376号24頁，判タ743号69頁）は，日本語をまったく解さない外国人の取調べに関して，「しかし，本件で問題とされているのは，先にも指摘したとおり，我が国の法律制度はおろか自国の法律制度についてすらほとんど全く知識のない，知的レベルの低い外国人被疑者に対する黙秘権告知の方法なのである。このような被疑者が，前記の程度の形式的な告知を受けただけで，これによって自己に『一切の供述を拒否する権利』があり供述を拒否しても，そのことだけによって不利益な取扱いを受けることはないという黙秘権の実体を理解し得るとは到底考えられない。本件における捜査官の黙秘権告知の方法は，被疑者に対し黙秘権行使の機会を実質的に保障するという観点からは，著しく，不十分なものであったといわなければならない。」と指摘している。

[42] 被告人が，捜査段階において，参考人として取調べられた参考人調書の証拠能力に関して，東京高判平成22年11月1日（判タ1367号251頁）は，「この警察官調書については，捜査機関が，被告人に黙秘権を告げず，参考人として事情聴取し，しかも放火発生時の被告人の行動などに関して，被告人に不利益な事実の承認を録取した書面を作成したものであるから，この警察官調書は，黙秘権を実質的に侵害して作成した違法があるといわざるを得ず，被告人に不利益な事実の承認があるからといって，これを刑訴法322条1項により証拠として採用して取り調べ，被告人

イ．黙秘意思尊重義務　次に，取調べの前またはその途中において，被疑者が黙秘の意思を表示したならば，捜査機関は，この意思を尊重する義務がある。被疑者が黙秘権を主張したにもかかわらず，捜査機関が取調べを継続することは黙秘権の侵害である。なお，刑訴法198条2項の文言は，「自己の意思に反して供述する必要がない」であるから，被疑者が明示的に黙秘権を主張する場合のみならず，被疑者が取調官の質問に対してずっと黙っている場合のように，被疑者の黙秘権の意思表示が黙示的な場合であっても，黙秘の意思表示であることには変わりはない[43]。

　さて，被疑者が黙秘の意思を示したにもかかわらず，捜査機関が取調べを止めない場合に，捜査機関の行為は，どこから違法と判断されるべきだろうか。この点をもっとも徹底すれば，被疑者が黙秘の意思を示した場合は，その後の取調べは一切許されないということになる。しかし，刑訴法198条1項が捜査機関に取調べ権限を認めている以上，捜査機関が，常識的な範囲で取調べに応じるように説得する行為すべてを違法とするのも行き過ぎであるように思われる。

　この点は難しい問題であるが，前提としてまず，次の2点を指摘したい。ひとつは，被疑者の黙秘意思を尊重したか否かは，捜査機関の行為のみによって判断されるべきであり，昭和59年判例の示した総合評価的判断は取りえないという点である。すなわち，この判断を行うにあたって，事案の性質，被疑者に対する嫌疑の程度，取調べの必要性などを考慮要素としてはならない。

　次に，被疑者取調べの違法性は捜査機関の行為を問題とすべきであるので，捜査機関の行為によって，実際に，被疑者の供述に対する自由な意思決定が妨げられたか否かという，捜査機関の行為と被疑者の意思決定との因果性あるいは被疑者の主観的認識を直接に問題とすべきではない。捜査機関による黙秘権尊重義務違反は，あくまで，捜査機関が被疑者の黙秘権を侵害する可能性のある行動をとったか否か，換言すれば，捜査機関が被疑者の黙秘

　の有罪認定の証拠として用いることは，許されないといわなければならない。」と判示している。
43）　河上ほか・前掲注（17）377頁［高橋省吾］，松本時夫＝土本武司編『条解　刑事訴訟法［第3版増補版］』（弘文堂，2006年）615頁。

意思を無視する行動をとったか否かによって判断されるべきである。

ところで，被疑者が黙秘の意思を示した場合であっても，捜査機関は取調べに応ずるように「説得」することは許されるという見解も有力である[44]。とくに，逮捕・勾留中の被疑者に対しては，嫌疑から生じている疑問に答えるように説得を受ける義務を認めても不合理ではないなどとされる[45]。しかし，「説得」は刑訴法上の概念ではないので，この概念の射程はこれを用いる論者によって相当に異なるように思われる。また，在宅被疑者に対する説得と逮捕・勾留中の被疑者に対する説得とは，その範囲が異なることも予想される。「強制」と「説得」とはかなり接近するという指摘もある[46]。「説得」という新たな概念を用いる場合は，それが，刑訴法198条の条文解釈において，どのような基準を示すものなのかを明確にして論じないと，議論を混乱させる危険性があるように思われる[47]。

なお，札幌高判平成14年3月19日（判時1803号147頁，判タ1095号287頁）は，公判の被告人質問に関して，「実際に被告人質問を実施してみて被告人が明確に黙秘権を行使する意思を示しているにもかかわらず，延々と質問を続けるなどということはそれ自体被告人の黙秘権の行使を危うくするものであり疑問を感じざるを得ない。」と判示している。

ウ．供述に関する意思決定を妨げない義務　捜査機関の黙秘権保障義務については，もうひとつ別の観点がある。たとえば，取調官が「あなたには黙秘権があります。」と被疑者に告げた後で，「あなたが自白をすれば起訴はしません。」と告げることは黙秘権の侵害となる[48]。

---

44)　多田・前掲注（5）225頁，宇藤崇ほか『刑事訴訟法』（有斐閣，2012年）19頁。
45)　三井誠ほか編『刑事手続　上』（筑摩書房，1988年）196頁［佐藤文哉］。
46)　上口・前掲注（27）519頁。
47)　鈴木茂嗣博士は，逮捕・勾留中の被疑者取調べにおいて，合理的な説得は許されるとしながら，逮捕・勾留中の取調べは一種の強制処分と把握すべき一面も有するとしている（鈴木茂嗣『刑事訴訟法の基本問題』［成文堂，1988年］71頁）。鈴木博士の理解は，この問題の難しさを表している。
48)　自白の証拠能力に関する判例であるが，最二小判昭和41年7月1日（刑集20巻6号537頁）は，「被疑者が，起訴不起訴の決定権をもつ検察官の，自白をすれば起訴猶予にする旨のことばを信じ，起訴猶予になることを期待してした自白は，任意性に疑いがあるものとして，証拠能力を欠くものと解するのが相当である。」と判示している。

黙秘権は，被疑者が供述することによって，今後，刑罰の賦課をはじめとする不利益な状況が現出する可能性があるからこそ重要な権利なのである。この観点から見れば，取調官が，今後の被疑者の境遇について有利な約束をした上で供述を求めることは，自白をしないときの不利益を暗示するものとして，被疑者を自白に導く誘因となりうる[49]。すなわち，捜査機関が被疑者の供述に対する自由な意思決定を妨げる可能性のある行為を行った場合とりわけ被疑者を自白に導く誘因を与えうる発言などをした場合も，捜査機関による黙秘権保障義務違反である[50]。なお，犯罪捜査規範168条2項は，「取調べを行うに当たっては，自己が期待し，又は希望する供述を相手方に示唆する等の方法により，みだりに供述を誘導し，供述の代償として利益を供与すべきことを約束し，その他供述の真実性を失わせるおそれのある方法を用いてはならない。」と規定している。

　さて，捜査機関のどのような発言・行動が，被疑者の供述に対する自由な意思決定を妨げる可能性があるものとして違法となるのか。この具体的判断も難しい。

　まず，被疑者取調べの違法性は，捜査機関による黙秘権保障義務違反を問題とするものであるから，被疑者の自由な意思決定を妨げる可能性があるか否かは，取調官の発言，取調官の意図などから判断されるべきである。捜査機関の当該発言などによって，実際に，被疑者の意思決定が妨げられたという意味での因果関係を要求するものではない。あくまで，捜査機関の行為が問題となるのである。

　周知のとおり，最大判昭和45年11月25日（刑集24巻12号1670頁）は，警察官の偽計に基づく被疑者の自白の証拠能力を否定している。本判例は，警察官が，被疑者と共謀したことを妻が自供した旨の虚偽の事実を告げて説得したところ，被疑者が自白した事案であるが，最高裁は，「もしも偽計によって

---

[49]　長井秀典「自白の証拠能力について―実務家の立場から」刑法雑誌52巻1号（2013年）123頁。

[50]　この点につき，関口和徳准教授は，「黙秘権には，現実に供述の自由を侵害することを禁止する趣旨だけでなく，そもそもそのような事態が発生することを防止する趣旨，即ち，供述の自由を実効的に保障する趣旨も含まれているものと解すべきではなかろうか。」と指摘している（関口・前掲注（36）115頁）。

被疑者が心理的強制を受け，その結果虚偽の自白が誘発されるおそれにある場合には，その自白は任意性に疑いがあるものとして証拠能力を否定すべき」であると判示している。「心理的強制」は，供述者の主観的な心理状態を問題とするものである。上記判例が，「被疑者が心理的強制を受けたこと」を問題とするものであれば，この判断は，取調べの適法性を判断する際には適切ではないと思われる。取調べの適法性はあくまでも，取調官の行為に着目し，それが黙秘権を侵害する可能性があるものか否かによって判断されるべきである。そうではなく，上記判例は，「被疑者が心理的強制を受けるおそれのある行為を取調官が行ったこと」を問題としていると解することが可能であれば，取調官の行為に着目したことになり，この判断は適切である[51]。取調べの適法性の問題としては，当該偽計行為が，一般的に，被疑者の供述に関する意思決定を妨げうる行為と判断されれば，当該取調官の行為は違法と考えるべきである。なお，取調官が偽計を用いたということは，取調官が，被疑者を自白に導く意図があったことを示すものであり，取調官が被疑者を自白に導く誘因を与える行為を行ったことを示す重要な考慮事項と考えられる。上記昭和45年判例が当該自白の証拠能力を否定したのも，この考慮があったものと思われる。

　それでは，取調官の発言が偽計でない場合はどうか。たとえば，甲の取調べにおいて，共犯者乙がすでに甲との共同実行を自白している場合に，取調官が甲に対して，「乙はお前と一緒に行ったともう自白しているぞ。」と告げることは違法だろうか。換言すれば，取調官の発言が真実か虚偽かによって，意思決定の侵害の有無は異なるのだろうか。

　この点は，取調官の発言が真実か虚偽かが直接の問題であるのではなく，取調官の情報提供が適切か否かによって判断されるべきであると思われる。取調官が事件に関する客観的事実を告げながら被疑者に事実を確認していくことは，取調べ手法として，一般的には，禁止されるものではないと思われる。被疑者にとっても，供述を行うか黙秘をするかの意思決定をする上で，自己に不利益ないかなる証拠が存在するのかを知ることは重要である。しか

---

51) 川出敏裕「偽計による自白」井上正仁ほか編『刑事訴訟法判例百選［9版］』（有斐閣，2011年）159頁参照。

し，いまだ捜査過程の中での情報であるから，たとえ共犯者が自白していたとしても，その供述が真実である保障はない。また，その情報が仮に事実であったとしても，取調官が被疑者にその内容をどのように伝えたのかは問題となりうる。すなわち，問題は，捜査機関の情報提供の適切性である。一般的な常識に照らして，捜査機関の情報提供が，被疑者の供述に関する自由な意思決定を妨げる可能性のあるものとして不適切と判断されれば，当該取調べは違法となるものと思われる。

なお，興味深い裁判例として，高松地判昭和39年5月18日（下刑集6巻6号681頁）は，取調べにあたった検察官が，恩赦の話をしたこととともに，日頃所持している愛児の写真を被疑者に見せた行為について，「取調べを受ける被疑者をして，仮に虚偽にもせよ自白さえすれば，後日恩赦によって処罰を免れることができるという気持若しくは釈放されて家族の許に帰ることができるという気持を抱かせる危険性を包蔵するものというべく」，検察官の取調方法は，「憲法並びに刑事訴訟法によって保障された被疑者の黙秘権を侵害し或はいわゆる利益誘導による取調べと同一視し得る取調方法として不当なものと言わざるを得」ないと判示している。裁判所は，取調官の愛児の写真を見せる行為が，被疑者を自白に導く誘因を与え不適切と判断したものと思われる。

エ．相当性の考慮　さて，黙秘権侵害を判断するに際して，昭和59年決定が示している，事案の性質，被疑者に対する容疑の程度，被疑者の態度などの相当性要件を考慮することはできるだろうか。また，昭和59年決定では列挙されていないが，被疑者取調べの必要性を考慮することはできるだろうか。すでにこれまでの検討において，個別的に論じてきたが，ここでまとめておきたい。

いまだ，黙秘権侵害の要件を示した最高裁の判断は存在しない。この点，ミランダ判決が，伝統的ないわゆる事情の総合的アプローチ（totality of the circumstances approach）を否定し，ミランダの権利告知を絶対的な要件とした点に注目すべきである[52]。ミランダ判決では，取調べの必要性は自己負罪

---

52) 小早川義則「取調べ受忍義務再論─アメリカ法との比較」法律時報83巻2号（2011年）10頁。

拒否特権に優位するという主張に対して，憲法修正5条の自己負罪拒否特権は，統治権力に対峙している個人から奪うことができないものであるとしている[53]。

昭和51年決定の事案のように，警察官による有形力の行使のみが問題であれば，その行為の任意処分性を判断するために，事案の性質などの相当性判断を行うことに合理性があろう。しかし，黙秘権告知義務にせよ，黙秘意思尊重義務にせよ，供述に関する意思決定を妨げない義務にせよ，捜査機関が当該義務を果たしたか否かが問題となるものである。供述の自由の適法性の判断に，相当性判断はなじまない。黙秘権の侵害については，捜査機関に黙秘権侵害行為があったか否かのみを判断基準とすべきであり，被疑者に対する嫌疑の程度や取調べの必要性などの事情は考慮すべきではない[54]。

オ．黙秘権保障の判断基準 以上から，黙秘権保障の内容すなわち捜査機関による黙秘権尊重義務の中身については，次の3点に整理できると思われる。すなわち，①捜査機関は，取調べに際して，被疑者に対してあらかじめ，黙秘権の意義を理解させる義務があること，②取調べ過程において，被疑者が明示的または黙示的に黙秘の意思を示した場合，捜査機関は，その意思を尊重する義務があること，③捜査機関は，被疑者の供述に対する自由な意思決定を妨げない義務があることである。

そして，黙秘権保障の観点から被疑者取調べが違法とされるのは，捜査機関が上に示した黙秘権保障義務のいずれかに違反した場合である。すなわち，①捜査機関が，取調べに際して，被疑者に対してあらかじめ，黙秘権の意義を理解させるための告知を行わなかった場合，②取調べ過程において，被疑者が明示的または黙示的に黙秘の意思を示したときに，捜査機関がその

---

53) Miranda v. Arizona, 384 U.S. 436 (1966) at 479. なお，ミランダ判決以降，合衆国最高裁は，ミランダ法則に公共の安全の例外（public safety exception）を認めている（小早川・前掲注(31) 138頁）。1984年のクォーリズ判決（New York v. Quarles, 467 U.S. 649 [1984]）では，強姦の犯行現場近くのスーパーにおいて，警察官が被疑者の身体を捜索したところ，空のピストル・ケースを発見したので，被疑者に「銃はどこだ」と尋ねた事案において，警察官が公共の安全への関心から質問をしたような場合にまで，ミランダ法則を厳格に適用する必要はないとしている。本判決は，ミランダ法則の例外を認めたものではあるが，本稿で扱っている被疑者取調べの場面にまで例外を認めたものではない。

54) 酒巻・前掲注(13) 291頁。

意思を尊重する行為を行わなかった場合，換言すれば，被疑者の黙秘意思を無視する行為を行った場合，③捜査機関が，被疑者の供述に対する自由な意思決定を妨げる可能性のある行為を行った場合に，当該被疑者取調べは違法と判断される。

4 在宅被疑者取調べの適法性について

(1) **出頭拒否権・退去権について**
ア．出頭拒否権・退去権の趣旨　上で分析した黙秘権保障の判断基準を踏まえ，あらためて，出頭拒否権および退去権の趣旨およびその適法性の範囲について検討したい。

まず，刑訴法198条1項但書は，「被疑者は，逮捕又は勾留されている場合を除いては，出頭を拒み，又は出頭後，何時でも退去することができる。」と規定するが，本稿では，これを出頭拒否権および退去権と呼んできた。判例および裁判例では，出頭拒否権・退去権という言い方を明示しているものはないが，少なくとも在宅被疑者については，出頭拒否の自由，退去の自由があることに争いはないので，本稿ではこの用語を用いることとする[55]。

問題は，出頭拒否権・退去権がいかなる性質をもつ権利かという点である。刑訴法198条1項但書については，従来，逮捕・勾留されている被疑者の取調べ受忍義務との関係で大いに議論されてきたところであるが，出頭拒否権・退去権とは何かという問題それ自体についてはほとんど議論がない。昭和59年決定は，出頭拒否権・退去権に関する事案分析において，被疑者取調べの適法性を「逮捕」との対比で見ていることから，移動の自由，より正確には，移動に関する意思決定の自由と解しているとも推察される。また，出頭拒否権・退去権のみを対象とするものではないが，在宅被疑者の取調べにおける被疑者の権利として，「取調べを受けるか否かの意思決定の自由」を想定する見解もある[56]。

---

[55]　学説上は，出頭拒否権・退去権という概念は一般的に用いられている。三井・前掲注（13）133頁，白取・前掲注（36）187頁，田口守一『刑事訴訟法［第5版］』（弘文堂，2009年）113頁など。

私は，この点について，被疑者の出頭拒否権・退去権は，黙秘権（供述の自由）の一部を構成する権利であるという考え方を提唱したい。

　しかしながら，出頭拒否権・退去権は移動の自由に関する権利であり，他方，黙秘権は供述の自由に関する権利であって，その権利としての性格が異なるように思える。それゆえ，たとえば，捜査機関が，在宅被疑者による退去の要求を無視した違法な留め置き行為をしたが，黙秘権の告知などは適正に行われており，黙秘権の侵害には当たらないと考えられる場合がありうるという批判が予想される。出頭拒否権および退去権の侵害がただちに黙秘権の侵害と言えるのだろうか[57]。

　この点について，私は，平野龍一博士の見解に立ち戻って考えるべきだと思う。平野博士は，刑訴法198条1項但書の解釈について，「逮捕又は勾留されている場合」が除外されているのは，逮捕・勾留中の被疑者に取調室まで出頭する義務があり，取調べがすむまでそこに留まる義務があるからだとする通説の理解では，供述の義務はないといっても，実質的には供述を強いるのと異ならないと指摘した[58]。すなわち，平野説は，出頭義務・滞留義務を課すことは，実質的には黙秘権の侵害だとする立場である。この考え方を敷衍すれば，出頭拒否権および退去権の侵害はすべて黙秘権の侵害ということになる。ここから，刑訴法198条1項は，取調べを目的とした被疑者の出頭要求の規定であり，同規定において被疑者に出頭拒否権・退去権が認められているということは，被疑者に，不出頭・退去という形態による供述の拒否を認めたことと理解すべきものと思う[59]。捜査機関は，在宅被疑者から出頭拒否または退去の意思が示された場合，その意思を尊重する義務を負うのであり，在宅被疑者に対する出頭拒否権・退去権の侵害はただちに被疑者の黙秘権の侵害と考えるべきである。

　なお，接見指定制度の合憲性を認めた最大判平成11年3月24日（民集53巻

---

56) 酒巻・前掲注（13）291頁，川出・前掲注（11）23頁以下，金子・前掲注（15）48頁。
57) なお，受忍義務を課した取調べの強制処分性を黙秘権侵害の有無と結びつけるべきではないとする見解として，稲田隆司「身柄拘束中の被疑者取調の法的性格について」法政理論45巻4号（2013年）238頁参照。
58) 平野・前掲注（1）106頁。
59) 三井・前掲注（13）133頁参照。

3号514頁）は，「身体の拘束を受けている被疑者に取調べのために出頭し，滞留する義務があると解することが，直ちに被疑者からその意思に反して供述することを拒否する自由を奪うことを意味するものではないことは明らかである。」としている。これは，最高裁が平野説を否定しようとしたものと解されるが，平野説に立脚する本稿の立場は，本判決と真っ向から対立することになる。

イ．刑訴法198条制定の経緯　以上の考え方の根拠のひとつは，現行刑事訴訟法の制定過程にある。現行刑事訴訟法の制定は，政府側と連合国総司令部とが協議を重ねながら進められたものであるが[60]，最終的な協議は，1948年（昭和23年）4月12日から5月5日まで開催された刑事訴訟法改正協議会の場で行われた。連合国総司令部は，この協議にあたり，プロブレムシート（勧告）をあらかじめ用意し，協議はこのプロブレムシートに沿って進められた[61]。

　被疑者取調べに関するプロブレムシート第10問「司法警察職員の尋問，取調及びその作成書類の証拠能力」は，「如何なる場合においても，検察官，司法警察職員は，被告人，被疑者その他の何人に対しても質問に答えることを強制し得ない。検察官，司法警察職員の取調の段階においては，<u>被訊問者は何時でも答を拒絶することができ，又逮捕されていないときには退出することができる</u>（At any time, in the course of any examination by a procurator or judicial police official, the person questioned may refuse to give answers and may withdraw if not under arrest.）（傍点筆者）。」とされていた。この設問はその後修正されるが，その文言は，「検察官又は警察官は犯罪捜査中被告人，被疑者，又は事件の知識を有すると信ぜられる者に対し訊問に答えるよう要求することができる。<u>すべての訊問者は答を拒絶する権利を有し，若し逮捕されていない場合には何時でも退去することができる</u>（The individual questioned has the right to

---

[60]　被疑者取調べを中心とした現行刑事訴訟法の制定過程に関しては，小田中聰樹「被疑者取調権の沿革史的考察」自由と正義33巻1号（1982年）65頁以下，大出良知「被疑者取調の歴史的考察（戦後）」井戸田侃編集代表『総合研究＝被疑者取調べ』（日本評論社，1991年）127頁以下，多田・前掲注（5）116頁以下参照。

[61]　プロブレムシートについては，英原文が，刑法雑誌3巻3号（1953年）（1）頁以下に，訳文が法務府検務局編「新刑事訴訟法制定資料（1）」検務資料28（1952年）に収録されている。

refuse to answer, and, if not under arrest, may withdraw at any time.)（傍点筆者）。」というものである。

　ここで注目したいのは，プロブレムシートにおいて，黙秘権と退去権とが並列的に並べられている点である。この記述は，黙秘権と退去権とが同じ性質を有する権利であり，被疑者は黙秘権を有し，それゆえに退去権が認められるという意味に理解することができる。

　プロブレムシートでは，同時に，「第76問　捜査機関の供述拒否権告知勧告」の項目において，「被疑者を訊問する場合には訊問の始めに於いて被疑者は質問に答えるのを拒み得るということを告げなければならない。」という勧告がなされていた。

　以上の原案をもとにして刑事訴訟法改正案が作成され，改正案は，1948年（昭和23年）5月26日にさっそく国会に提出されている。同改正案は同年7月5日に，両院本会議において可決，現行の刑事訴訟法として翌年1月1日から施行された。

　こうした立法の経緯を整理すると，①まず，被疑者に黙秘権があることが明示され，②それに伴って，逮捕されていない被疑者の退去権が認められ，③これとともに，被疑者に対する黙秘権告知の条項が加えられたことから，黙秘権の規定と退去権の規定とが条文上分けられることになり，④その結果，刑訴法198条1項に，捜査機関による出頭要求の文言が加えられるとともに，被疑者の出頭拒否権・退去権が規定されることになったと考えられる。

　ここから，私は，元来，退去権は黙秘権の一部を構成する権利と捉えるべきであり，これと同じ性格をもつ出頭拒否権も黙秘権行使の一態様とみるべきであると考える。

　ところで，出頭拒否権・退去権が黙秘権に内包されるのであれば，黙秘権の保障範囲とは別に出頭拒否権・退去権の範囲に関する基準を設ける必要はないとも言いうる。これは，被疑者の権利保障の範囲の確定という点ではその通りだと思う。しかし，刑訴法198条1項は，捜査機関に対して，被疑者の出頭要求，被疑者の取調べという2段階の権限を与えるかのような体裁の条文構成になっており，これに対応して，被疑者にも出頭拒否権・退去権および黙秘権が規定されている。そこで，刑訴法198条の条文解釈としては，

被疑者の出頭拒否権および退去権の範囲が黙秘権の範囲に内包されるとしてもなお，出頭拒否権・退去権の保障範囲を明らかにする必要があると言えるであろう。

ウ．問題点に対する反論　しかし，この見解に対しては，出頭は拒否するが供述は拒否しない場合がありうる，例えば，供述を拒否するつもりはないが，急用のために警察署への出頭を拒否する場合などがこれにあたるという反論がありえよう。しかし，その場合は，捜査機関は再度別の機会に出頭要求をすればよいだけの話である。この場合であっても，当該日時における出頭拒否は当該日時における供述拒否と考えるべきである。

また逆に，刑訴法198条1項は，「犯罪の捜査をするために必要があるとき」に出頭を求めることができるとしており，出頭要求は，取調べのほか，身体検査（刑訴法218条）のためになされる場合などもありうるから[62]，出頭拒否権・退去権の範囲について，黙秘権の枠内で考えることはできないという批判も考えられる。しかし，刑訴法198条1項は，「出頭を求め，これを取り調べることができる。」としており，また，同条2項以下はすべて取調べに関する規定であるから，本条は取調べのための出頭要求を規定したものと解するべきである。身体検査のための出頭要求などについては，刑訴法218条や197条の解釈問題として考えるべきである。

エ．出頭拒否権・退去権の告知　ところで，出頭拒否権および退去権を被疑者に告知することは，捜査機関の義務であろうか。この点については，出頭拒否権・退去権が被疑者に与えられた権利であるならば，被疑者はその権利の存在を認識している必要があるから，当然に告知義務を含意するとする解釈がありうる。他方，刑訴法198条2項で黙秘権の告知を明文で規定していることからすれば，明文規定のない出頭拒否権・退去権の告知義務を要求することは，文理解釈上，無理があるとも言いうる。

本稿は，被疑者の出頭拒否権・退去権を黙秘権の一部を構成する権利と考える立場である。この立場からすれば，在宅被疑者に対する黙秘権の保障は刑訴法198条全体で実現されるべきものとして構成されており，2項におい

---

[62] 小野ほか・前掲注（18）438頁，松本時夫ほか編著『条解刑事訴訟法［第3版増補版］』（弘文堂，2006年）334頁，田宮・前掲注（21）132頁。

て黙秘権の告知が明示されている以上，捜査機関による告知は黙秘権の告知で足り，刑訴法198条の解釈としては，捜査機関が出頭拒否権・退去権を告知しなかったとしても，それが違法と判断されることはないと考えられる。なお，捜査機関による出頭拒否権・退去権の告知が，被疑者の権利保障の観点から望ましいことであることは間違いない。

(2) 在宅被疑者の取調べの適法性

ア．在宅被疑者の取調べの適法性の判断基準　以上のように，出頭拒否権・退去権は黙秘権の中身であるから，その適法性についても，黙秘権の場合に準じて考えるべきである。すなわち，被疑者の出頭拒否権・退去権の保障は，捜査機関による出頭拒否権・退去権の保障義務の履行ということであり，その中身は，①被疑者が，捜査機関による出頭要求時およびその後の取調べにおいて，明示的または黙示的に出頭拒否および退去の意思を示した場合，捜査機関が，その意思を尊重する義務があること，②捜査機関が，被疑者の出頭拒否・退去に関する自由な意思決定を妨げない義務があることであると考えられる。捜査機関がこの義務に違反した場合に，被疑者の出頭拒否権・退去権の侵害と考えられる。

　ここから，在宅被疑者の取調べが違法とされるのは，刑訴法198条1項との関係では，①捜査機関による出頭要求時およびその後の取調べにおいて，被疑者が明示的または黙示的に出頭拒否および退去の意思を示した場合に，捜査機関がその意思を尊重する行為をとらなかった場合，②捜査機関が，被疑者の出頭拒否・退去に関する自由な意思決定を妨げる可能性のある行為をした場合[63]であり，同条2項との関係では，すでに前章で指摘したように，①捜査機関が，取調べに際して，被疑者に対してあらかじめ，黙秘権の意義を理解させるための告知を行わなかった場合，②被疑者が明示的または黙示的に黙秘の意思を示したときに，捜査機関がその意思を尊重する行為を行わなかった場合，③捜査機関が，被疑者の供述に対する自由な意思決定を妨げる可能性のある行為を行った場合であると考えられる。

---

63) この点に関し，田口・前掲注（55）113頁は，「判例は，被疑者の退出意思の有無という主観面を重視する傾向にある。しかし，はたして被疑者にとって自由な意思表示が可能な客観的状況であったかどうかという客観的判断も重要である。」と指摘している。

なお，私見のように，出頭拒否権・退去権を黙秘権の内容と考えてしまうと，従来の学説の有している出頭拒否権・退去権と黙秘権の保障という二重の権利保障が生かされず，権利保障としての機能は弱まってしまうという批判が考えられる。しかし，この批判は２つの点で誤っていると思う。

　まず，出頭拒否権・退去権と黙秘権とが別の権利であるという考え方は，取調べ受忍義務肯定説にその根拠を与える考え方である点に留意する必要がある。取調べ受忍義務肯定説は，被疑者には出頭義務・滞留義務があるが，黙秘権は与えられているから被疑者取調べは任意処分として許されるという論理に支えられている[64]。取調べ受忍義務肯定説は，刑訴法198条２項の黙秘権の保障と同条１項の出頭拒否権・退去権とを区別することによってはじめて成立する考え方である。自説のように，出頭拒否権・退去権の侵害を黙秘権の侵害であるとすると，そもそも取調べ受忍義務肯定説を成り立たせる論理を否定することになる。平野博士は，まさにこの点を指摘していたのである。

　また，出頭拒否権・退去権を黙秘権とは異なる移動の自由に関する権利であると把握することが，結局，被疑者取調べの適法性の問題を，刑訴法197条の基準に従って考える昭和59年決定の立場に根拠を与えてしまっている。昭和59年決定の立場は，上述したとおり，総合評価説によって黙秘権保障の観点を曖昧とする考え方である。

イ．昭和59年の事例　ここで今一度，昭和59年決定の事案のように，被疑者が明確な退去意思を示していない場合，退去権の侵害に該当しないのか，その考え方の枠組みを検討してみたい。この事案は，本稿の立場からすると，退去権の侵害（刑訴法198条１項違反）と黙秘権の侵害（刑訴法198条２項違反）との両方から検討することができる。

　まず，退去権の侵害という観点からみれば，捜査機関が黙示的な退去意思を尊重していないと判断される場合，または，被疑者の退去に関する自由な意思決定を妨げている場合は，退去権の侵害である。昭和59年決定の反対意見は，「被告人の自由な意思決定は著しく困難であり，捜査官らの有形無形

64）　河上和雄ほか編『大コンメンタール刑事訴訟法［第２版］第４巻』（青林書院，2012年）168頁［河村博］。

の圧力が強く影響し，その事実上の強制下に右のような宿泊を伴う連日にわたる長時間の取調べに応じざるを得なかったもの」とし，本事案は，退去または取調べに関する自由な意思決定を妨げている場合であると判断している[65][66]。

次に，黙秘権侵害の観点から見ると，捜査機関が被疑者の黙示的な黙秘の意思を尊重していないと考えられる場合，また，捜査機関が被疑者の供述に関する自由な意思決定を妨げていると考えられる場合は，刑訴法198条2項違反である。本稿は，退去権の侵害は黙秘権の侵害の一内容とする立場であるから，退去権の侵害が認められれば，それは同時に黙秘権の侵害である。これに加えて，退去権の侵害が認められない場合であっても，動静監視の状況，取調べの期間・態様などから，黙秘権の侵害が認められれば，刑訴法198条2項違反である。この点を，明らかとなっている事実のみから判断することは難しいが，ある程度の時間黙秘または否認を継続しているならば，その事実は，黙示的に黙秘の意思が示されていると言わなければならない。被疑者に黙秘の意思が認められる場合に，捜査機関が取調べを継続するならば，それは黙秘権侵害である。また，黙秘の意思の有無が不明瞭であっても，捜査機関による取調べ状況などから，捜査機関が被疑者の供述に関する自由な意思決定を妨げていると考えられる場合も，黙秘権の侵害である。

また，昭和59年決定は，法廷意見も少数意見も，本件事案について，実質的逮捕に該当する場合とはしていないが，実質的逮捕に該当する場合はどうか。問題となっているのは取調べではなく身柄拘束であるから，先述したように，刑訴法197条1項但書の解釈をし，強制処分に該当するものとして違法であるとする解釈も可能ではある。しかし，逮捕とは，対象者の自由意思に反して身体の自由を拘束する行為であるから，捜査機関による留め置き行為が実質的な逮捕行為に該当する場合は，退去に関する自由な意思決定を妨

---

[65] 富山地決昭和54年7月26日（判時946号137頁，判タ410号154頁）は，午前8時ごろから翌日の午前零時ごろまでの長時間の取調べが行われた事案につき，「被疑者としては，通常は遅くとも夕食時には帰宅したいとの意向をもつと推察されるにもかかわらず，被疑者の意思を確認したり，自由に退出したり外部に連絡する機会を与えたと認めるに足りる資料はない（傍線筆者）。」と述べている。
[66] 長沼・前掲注（7）194頁。

げたものとして，退去権の侵害に該当すると考えられる。すなわち，留め置き行為が実質的逮捕にあたる場合は，刑訴法198条１項の解釈としても，必然的に退去権の侵害と判断される。

ウ．参考人の出頭拒否権・退去権　なお，参考人の場合，黙秘権の告知の規定は準用されていないから（刑訴法223条２項），参考人の出頭拒否権・退去権については，黙秘権の枠内で考えることができないと思われるかもしれないが，そうではない。参考人についても，憲法38条１項の自己負罪拒否特権は保障されている。憲法38条１項は，「何人も，自己に不利益な供述を強要されない。」と規定するのであり，被疑者・被告人のみを念頭に置いているわけではない。ただし，刑訴法223条１項に基づく出頭要求・取調べは，参考人を対象とする被疑事実の取調べではないから，黙秘権の告知を義務付けていないというだけに過ぎない[67][68]。

参考人に与えられる権利は黙秘権ではなく，自己が刑事訴追を受け，または有罪判決を受けるおそれのある供述を拒む権利であるので，先に示した在宅被疑者の取調べの適法性に関する基準を参考人に適用する場合は，若干の文言の修正が必要と言えるかもしれない。先に述べた基準の文言を修正すれば，参考人の取調べが違法とされるのは，刑訴法198条１項の関係では在宅被疑者の場合と同一と考えてよいが，同条２項との関係では，①参考人が明示的または黙示的に供述を拒否する意思を示したときに，捜査機関がその意思を尊重する行為を行わなかった場合，②捜査機関が，参考人の供述に対する自由な意思決定を妨げる可能性のある行為を行った場合といえよう。

---

67) 立法過程の事情をみると，ＧＨＱ側のプロブレムシートでは，「検察官又は警察官は犯罪捜査中被告人，被疑者，又は事件の知識を有すると信ぜられる者に対し訊問に答えるよう要求することができる。すべての被尋問者は答を拒絶する権利を有し，若し逮捕されていない場合には何時でも退去することができる（傍線筆者）。」と勧告されていた（小田中・前掲注（60）72頁）。
68) 東京高判昭和26年４月６日（特報21号60頁）は，取調べ事項がその者に対する犯罪（共犯関係を含む）と密接に関係する場合には供述拒否権を告知するのが望ましいとしている。

5 逮捕・勾留中の被疑者取調べの適法性について

(1) 取調べ受忍義務否定説の立場

ア．取調べ受忍義務論　さて，取調べ受忍義務論をめぐる実務と学説との激しい対立が存在する，逮捕・勾留中の被疑者取調べの適法性については，どのように考えるべきだろうか。本稿の観点に照らしてみると，取調べ受忍義務論をめぐる争いは，黙秘権保障の捉え方の対立と見ることができる。取調べ受忍義務肯定説とは，黙秘権を行使した場合であっても，被疑者には取調室に滞留する義務があり，取調官が，その間，被疑者に真実を語るように説得することは当然許される取調べ手法であると考える立場である[69]。他方，取調べ受忍義務否定説とは，平野博士が指摘したように，黙秘権を保障しながら，取調べ室まで出頭する義務があり，取調べがすむまでそこに留まる義務があると解したのでは，実質的に供述を強いるのと異ならないとする立場である[70]。

本稿は，平野説に従い，出頭義務・滞留義務の賦課イコール黙秘権の侵害であると解釈している[71]。この点，ミランダ判決においても，「個人が当局によって身柄を拘束され，もしくは他の重要な方法で自由を奪われて取調べを受けるとき，自己負罪拒否特権は危うくなる」[72]，「外部から隔離して取り調べるという現在の実務慣行は，個人は自己負罪を強要されないというわが国の最も重要な原理のひとつと相容れない。取調べ状況に内在する強制を払拭するために十分な保護装置が用いられる場合を除き，被告人から獲得した供述は，真にその自由選択の産物であるとはいえないのである。」[73] などと指摘されている。

---

[69] 河上ほか・前掲注 (64) 168頁［河村博］，三井誠ほか編『刑事手続 (上)』(筑摩書房, 1988年) 196頁［佐藤文哉］など参照。

[70] 平野・前掲注 (1) 106頁，田宮裕編『刑事訴訟法Ⅰ—捜査・公訴の現代的展開—』(有斐閣，1975年) 320頁, 白取・前掲注 (36) 188頁など参照。

[71] 沢登佳人「逮捕または勾留中の被疑者の取り調べは許されない」法政理論12巻2号 (1979年) 9頁, 笠井治「被疑者の取調べ—弁護の立場から」三井誠ほか編『新刑事手続Ⅰ』(悠々社, 2002年) 211頁。

[72] Miranda v. Arizona, 384 U.S. 436 (1966) at 478.

[73] Id. at 457-458.

また，逮捕・勾留中の被疑者取調べは許されないとする取調べ否定説にも注目すべきである[74]。なぜなら，この過激な学説の根底には，捜査段階における黙秘権保障の論理的な帰結として，身柄拘束中の被疑者取調べは禁止されるという考え方があり[75]，この点は，十分に意識すべきだと思われるからである。沢登佳人名誉教授は，「すでに身体の自由を奪われていることにより，身体を以って人格＝意識＝自由意思として存在するための必要条件としている人間は，人格全体として自由を著しく削減されていると感じ，そこへ強制的取調べに応じなければならぬという義務感が加わることにより，黙秘の自由を行使する意思を強固に保持することは極めて困難である。その意味で，逮捕勾留による取調は本来的本質的に黙秘権の侵害なのであって，それによって得られた供述の任意性を問題とする余地は初めからないのである。」と指摘している[76]。

イ．被疑者取調べの適法性の基準　取調べ受忍義務否定説に従えば，被疑者取調べの適法性の基準については，在宅被疑者の場合とまったく同一の基準が適用されることになる。すなわち，逮捕・勾留中の被疑者取調べが違法と判断されるのは，刑訴法198条1項との関係では，①捜査機関による出頭要求時およびその後の取調べにおいて，被疑者が，明示的または黙示的に，刑事施設・留置施設などからの出頭拒否の意思または取調べ室から刑事施設・留置施設などへの退去の意思を示した場合に，捜査機関がその意思を尊重する行為をとらなかった場合，②捜査機関が，被疑者の出頭拒否・退去に関する自由な意思決定を妨げる可能性のある行為をした場合である。また，刑訴法198条2項との関係では，①捜査機関が，取調べに際して，被疑者に対して，あらかじめ，黙秘権の意義を理解させるための告知を行わなかった場合，②被疑者が明示的または黙示的に黙秘の意思を示したときに，捜査機関がその意思を尊重する行為をとらなかった場合，換言すれば，被疑者の黙秘意思を無視する行動をとった場合，③捜査機関が，被疑者の供述に対する自

---

74)　沢登・前掲注（71）1頁，上口・前掲（9）119頁，横山晃一郎『誤判の構造』（日本評論社，1985年）57頁。
75)　上口・前掲注（9）136頁。
76)　沢登佳人『刑事法における人間の虚像と実像』（大成出版社，1976年）193頁，鈴木・前掲注（47）73頁。

由な意思決定を妨げる可能性のある行為をした場合，とりわけ，被疑者を自白に導く誘因を与える発言などを行った場合である。

　なお，私はかつて，逮捕・勾留中の被疑者取調べに関する刑訴法198条1項但書の解釈に関して，一般的な取調べ受忍義務否定説とは若干異なる解釈を提示した。そのポイントは，そもそも捜査機関には，身柄を拘束されている被疑者を勝手に取調室に移動させる権限は与えられていないので，逮捕・勾留中の被疑者に対しては，捜査機関の出頭要求権という概念を想定することができず，それに対応して，刑訴法198条1項但書において，「逮捕又は勾留されている場合」が除かれているのであるという解釈であった[77]。この解釈から，捜査機関は，接見交通（一般接見）の枠内でのみ被疑者取調べを行いうるという帰結を導いた。この解釈は，一般的な取調べ受忍義務否定説とは異なるが，その枠内における解釈であるので，この解釈に従っても，被疑者は，接見室への出頭を拒否することができるし，接見室から退去することができる。すなわち，自説に従っても，出頭する場所が取調室から接見室に変わる以外は，被疑者取調べの適法性に関する基準は，上で示した基準と同一である。

ウ．被告人取調べの適法性の基準　また，被告人に対する取調べの場合も，その適法性の基準については，被疑者の場合とまったく同様に考えられる。判例（最三小決昭和36年11月21日刑集15巻10号1764頁）は，「なるほど起訴後においては被告人の当事者たる地位にかんがみ，捜査官が当該公訴事実について取り調べることはなるべく避けなければならない」としており，こうした点の配慮が必要であるが，その適法性の基準については，被疑者と異なるところはない。なお，昭和36年決定では，「刑訴197条は，捜査については，その目的を達するため必要な取調をすることができる旨を規定しており，同条は捜査官の任意捜査について何ら制限されていないから，同法198条の『被疑者』

---

[77]　高内寿夫「逮捕・勾留中の被疑者取調べに関する一試論」白鷗法学3号（1995年）73頁。また，梅田豊「取調べ受忍義務否定論の再構成」島大法学38巻3号（1994年）1頁，同「いわゆる『取調べ受忍義務』なるものの法的根拠について」愛知学院大学論叢・法学研究55巻1・2号（2014年）1頁，前田朗『刑事人権論』（水曜社，2002年）282頁，同「取調拒否権の思想（7）」救援525号（2013年），大野正博「身柄拘束中の被疑者取調べについての一試論」朝日大学大学院法学研究論集1号（1997年）1頁以下も参照。

という文字にかかわりなく，起訴後においても，捜査官はその公訴を維持するために必要な取調を行うことができるものといわなければならない。」と判示し，被告人の取調べについては，刑訴法197条が適用されるかのような指摘をしているが，被告人についても黙秘権の保障が問題となるのであるから，刑訴法198条に従って検討されるべきである。

(2) 取調べ受忍義務肯定説の立場

次に，取調べ受忍義務肯定説に従った場合はどうか。まず，取調べ受忍義務肯定説によれば，逮捕・勾留中の被疑者には出頭義務・滞留義務があることになるから，刑訴法198条1項に関する適法性の基準は用いられない。それゆえ，取調べ受忍義務肯定説に立った場合は，上記刑訴法198条2項に関する基準のみが適用されることになる。

なお，自説に従えば，出頭拒否権・退去権は黙秘権の内容の一部であるから，逮捕・勾留中の被疑者の取調べが適法だとされる範囲については，取調べ受忍義務否定説に立った場合と同一であるということになる。単に，刑訴法198条1項に規定する出頭拒否権・退去権の観点から適法性の分析を行わないというだけに過ぎない。それゆえ，自説に従えば，被疑者取調べの適法性の判断基準に関する限り，取調べ受忍義務論の対立はあまり意味がない。

この結論は，従来の取調べ受忍義務に関する議論からすると，奇妙に思われるかもしれない。しかし，これは，出頭拒否権および退去権を黙秘権の一内容とした場合の当然の結論である。つまり，本稿は，平野説に基づいて論理を組み立てているのであるが，そこから，従来は，取調べ受忍義務の否定という結論を導いた。しかし，視点を変えて，黙秘権の保障という観点から平野説を捉えれば，あえて受忍義務の否定ということを強調しなくとも，許される被疑者取調べの範囲は，在宅被疑者であろうと，逮捕・勾留中の被疑者であろうと，同一であるという結論にならざるを得ないのである。

6 弁護人の立会い権など

(1) 弁護人の立会い

ところで，ミランダ判決において自己負罪拒否特権を担保する手続的保障

手段とされた、弁護人立会い権については、どのように考えるべきだろうか。

まず、現行憲法の制定過程においてすでに、この問題が連合国総司令部によって議論されていた点を指摘しておきたい。1946年1月11日付の連合国総司令部民政局行政部が出した「私的グループによる憲法改正草案に対する所見」において、「自白は、弁護人の立会いのもとでなされたのでないかぎり、いかなる法廷手続においても、これを証拠とすることができないという憲法上の規定が必要であるとの意見の表明があった。」とされている[78]。その後、民政局長に提出された「人権に関する小委員会」案では、「自白は、それが被告人の弁護人の面前でなされたものでない限り、効力がない。」と規定された[79]。その後の意見交換の中で、民政局局長であったホイットニー将軍から、犯罪を犯した直後に自然になされた自白まで排除するのは行き過ぎである旨の指摘がなされ[80]、結局、この条項は、1946年2月13日に示されたいわゆるマッカーサー草案からは削除されている。

さて、ミランダ判決以降、取調べにおける弁護人立会い権の主張は、多くの論者によってなされている。沢登名誉教授は、憲法37条3項の弁護人依頼権の趣旨から、弁護人立会い権を根拠付ける[81]。大出教授は、憲法34条、37条は単なる弁護人の選任権を規定したものではなく、手続全般にわたる弁護人の実質的援助を保障するものであるとして、弁護人立会い権を根拠付ける[82]。渡辺修教授は、アメリカにおける取調べの実態を検討した上で、わが国の憲法が保障する黙秘権、当事者主義刑事訴訟の一方当事者である被疑者・被告人という法的地位に由来する包括的防御権、弁護人依頼権から、取調べにおける弁護人立会い請求権が認められることを主張している[83]。後

---

78) 高柳賢三ほか編著『日本国憲法制定の過程Ⅰ』（有斐閣、1972年）29頁。
79) 同233頁。
80) 同213頁。
81) 沢登佳人「憲法・刑事訴訟法英文によれば、検察・警察の取調を受けるとき、被疑者は弁護人のつきそい援助を求める権利を有する」法政理論15巻2号（1983年）207頁。
82) 大出良知「刑事弁護の憲法的基礎付けのための一試論」自由と正義40巻7号（1989年）125頁、129頁。
83) 渡辺修『被疑者取調べの法的規制』（三省堂、1992年）216頁以下。

藤昭教授は，取調べ受忍義務否定説の論理的帰結として，弁護人の立会い権があるとする[84]。高田昭正教授は，黙秘権のほか，憲法34条が保障する身体拘束下の被疑者の弁護権を挙げている[85]。葛野教授は，弁護権の参加的機能および黙秘権の防御権的性格という観点から，弁護人の立会いの必要性を説明する[86]。

　本稿で検討を加えている刑訴法198条２項の解釈の枠内で考えれば，たとえば被疑者が，「弁護人が立ち会わない限り供述はしません。」と主張したにもかかわらず，取調官があえて取調べを継続した場合，黙秘権の侵害となりうる。先述した黙秘権保障の内容としては，②取調べ過程において，被疑者が黙秘の意思を示した場合に該当する。黙秘権は供述に対する自由な意思決定を保障するものであるから，上記被疑者の主張は黙秘権の主張のひとつとして認められるものであり[87]，被疑者の意思を無視して取調べを継続することは供述を強要することである[88]。とりわけ，被疑者は，供述することによって今後どのような境遇に置かれることになるのかを認識することが困難であるから，これを十分に認識するためには，弁護人の援助は不可欠である。

　同様に，被疑者は，取調官に対して，「取調べを受けるかどうかについては弁護人に任せているので，取調べを受けるか否かについて弁護人に了承を求めてください。」と主張することも可能であると思われる。これも被疑者が明示的に黙秘の意思を示した場合に該当し，捜査機関がこれを無視して取調べを継続した場合，当該取調べは違法となる可能性がある。

　なお，この問題を考えるにあたり参考となる裁判例として，福岡地判平成３年12月13日（判時1417号45頁，判タ791号122頁）がある。本判決は，在宅被疑者の取調べ中に，被疑者の弁護人となろうとする者から面会の申し出を受け

84）　後藤昭『捜査法の論理』（岩波書店，2001年）170頁。
85）　高田昭正『被疑者の自己決定と弁護』（現代人文社，2003年）100頁。
86）　葛野尋之『未決拘禁法と人権』（現代人文社，2012年）195頁以下。その他，取調べ立会権を接見交通権の一形態として認めようとする見解もある（川島健治「身柄拘束下での取調べに対する弁護権」青山法学論集36巻２・３合併号［1995年］352頁）。
87）　憲法的刑事手続研究会『憲法的刑事手続』（日本評論社，1997年）440頁［小坂井久］。
88）　笠井・前掲注（71）223頁。

た警察官が申し出をすみやかに被疑者に取り次がなかった事案に対するものであるが，以下のように判示してこれを違法としている。「刑訴法は，被疑者の任意の取調を捜査方法として認めており，これが捜査において重要な意義を有していることは否めないところであり，捜査機関の求めに応じて任意の取調を受けている被疑者については，弁護人等の面会・打合せとの間の調整が必要となるが，<u>刑訴法上被疑者の任意の取調がその開始・継続を被疑者の自由な意思に全面的に依存していることに鑑みるならば，面会と取調のいずれを優先させるかも被疑者の意思に委ねられているものと解するのが相当である</u>。そして，弁護人等から被疑者との面会の申し出がなされたことは被疑者にとって捜査機関の取調になお継続して応ずるかどうかを決定するにつき重要な事情であるから，すみやかに被疑者に取り次がれなければならないものと解せられる。すなわち，任意取調中の被疑者の弁護人等から面会の申し出を受けた捜査機関は，弁護人等との間で面会についての協議が整えば格別，そうでない場合は取調中であってもこれを中断して，すみやかに右申し出を被疑者に取り次ぎ，その意思を確認しその結果を弁護人に伝えなければならず，被疑者が面会を希望する場合にはさらにその実現のための措置をとらなければならないものと言うべきである（傍点筆者）。」

(2) 接見指定

また，黙秘権保障の観点から，接見指定の範囲についても再考が求められる。最大判平成11年3月24日は，刑訴法39条3項本文にいう「捜査のため必要があるとき」とは，接見を認めると捜査に顕著な支障が生ずる場合に限られるとした上で，「捜査機関が現に被疑者を取調べ中である場合や実況見分，検証等に立ち合わせている場合，また，間近い時に取調べ等をする確実な予定があって，弁護人等の申出に沿った接見等を認めたのでは，取調べ等が予定どおり開始できなくなるおそれがある場合などは，原則として取調べの中断等により捜査に顕著な支障が生ずる場合に当たると解すべきである」と判示している。

取調べ中などを接見指定の範囲に含ませることについては，すでに，接見交通権の趣旨からの批判がある。判例は，接見交通権は身体を拘束された被疑者が弁護人の援助を受けることができるための「刑事手続上最も重要な基

本的権利」としているのであるから[89]，その保障は本来絶対的であり，取調べ中であれば，ただちに取調べを中断して接見させるべきだというものである（接見交通権優位性）[90]。

本稿で検討している刑訴法198条2項の解釈からしても，被疑者が取調べ中であるということをもってただちに，「捜査のため必要があるとき」とすることはできない。なぜなら，被疑者が弁護人と接見したいという意思を表明したということは，少なくとも弁護人との接見の間における黙秘の意思を示したことにほかならないからである[91]。それゆえ，たとえ取調べ中であっても，捜査機関は，弁護人が接見に訪れた旨を被疑者に伝え，被疑者がただちに弁護人に会いたいという意思を表明したならば，それは弁護人と接見する間における黙秘権の主張と捉え，弁護人との接見を優先させるべきである。

7　おわりに

本稿は，被疑者取調べの適法性の判断基準に関する私見を示したものである。最後に，判例の立場とは異なる判断基準を示した意図を述べて，本稿の締めくくりとしたい。捜査機関による被疑者取調べは，実体的真実の発見と被疑者の人権保障とがもっとも激しく対立する局面である。それゆえ，身柄を拘束された被疑者取調べに関して，捜査実務・裁判実務の主張する取調べ受忍義務肯定説と学説の主張する取調べ受忍義務否定説との対立が延々と繰り返されており，今日に至るまでまったく歩み寄りは見られない。昭和59年決定が，被疑者取調べに関して，刑訴法198条ではなく，197条1項に基づいてその適法性を判断しようとしたのは，被疑者取調べの適法性の問題を，裁判実務の常道である総合評価説（相当性判断）の枠内で検討したいという裁判

---

89) 最一小判昭和53年7月10日民集32巻5号820頁。
90) 村岡啓一「接見交通―弁護の立場から」三井誠ほか編『刑事手続　上』（筑摩書房，1988年）336頁，白取・前掲注（36）198頁など。また，白取教授は，「捜査の必要」があれば接見指定できる現行制度の合憲性自体を問題とすべきであるとしている（白取祐司『刑事訴訟法の理論と実務』［日本評論社，2012年］151頁）。
91) 後藤・前掲注（84）160頁。

所の意識の表れではないかと私は推測している。総合評価説は，事案の具体的な事情に合わせて判断できる利点があり，裁判所として様々な事情を考慮して判断するのに適している。しかし，その判断基準の問題は，刑訴法198条の条文解釈とはいえないことであり，一層端的には，黙秘権の保障という観点から被疑者取調べの適法性を検討していないことである。判例の立場は，黙秘権の意義を相対化し，黙秘権保障を総合評価の中へと溶解させてしまう。被疑者取調べの適法性判断は，刑訴法198条の条文に従い，被疑者の黙秘権と対峙することによってはじめて可能となるものである。

　すでに定着した判断枠組みを批判するものであるから，本稿の主張は，実務的には受け入れ難いものである。しかし，裁判員裁判が開始されたことにより，被疑者取調べの適法性の判断枠組みは，裁判員に分かりやすいものである必要がある。そして，その分かり易さは，刑事訴訟法の条文を素直に解釈する姿勢から生じるものであると信じる。現在の判例の基準が本来の条文解釈から乖離しているならば，裁判員裁判を契機にそれを改めることも必要ではないか。本稿はそのための試論である。

第5章　被疑者取調べの録音・録画について

1　はじめに

　法制審議会・新時代の刑事司法制度特別部会（以下，「特別部会」という）は，2014年7月に，「新たな刑事司法制度の構築についての調査審議の結果【案】」（法整備の内容については，別添の「要綱（骨子）」にまとめられているので，以下，「要綱（骨子）」という）を取りまとめ[1]，この中で，取調べ録音・録画制度の導入を提案した。同年9月に，法制審議会総会において，「要綱（骨子）」は答申案として採択され，法務大臣に答申された[2]。これを受けて，2015年3月，刑事訴訟法等の一部を改正する法律案が国会に提出された。本法案は，同年8月に衆議院を通過したが，同年9月25日，会期切れによって，参議院本会議において継続審査となった（以下，「2015年法案」という）。2015年法案は，これまで議論されてきた被疑者取調べの可視化を，はじめて法律条文として具体化したものである。

　2015年法案では，裁判員裁判対象事件および検察官独自捜査事件について，警察段階も含め，被疑者取調べの開始から終了に至る被疑者取調べの全過程を録音・録画することとしている。今回の対象範囲が公判に付される事件の3％未満に過ぎない点は批判されているところであるが[3]，特別部会の非専門家委員などの努力により，一定の事件について，取調べ全過程の録

---

[1]　「要綱（骨子）」は，法制審議会第173回会議（平成26年9月18日）資料「新たな刑事司法制度の構築についての調査審議の結果【案】」(http://www.moj.go.jp/shingi1/shingi03500024.html) に添付されている。
[2]　法制審議会答申までの経緯については，川出敏裕「被疑者取調べの録音・録画制度—法制審議会答申に至る経緯—」刑事法ジャーナル42号（2014年）4頁以下，吉川崇「法制審議会における審議の経過と概要」論究ジュリスト12号（2015年）47頁以下参照。
[3]　白取祐司「法制審特別部会は課題に答えたか？」法律時報86巻10号（2014年）5頁，関口和徳「取調べの録音・録画制度」季刊刑事弁護82号（2015年）70頁以下，「刑事訴訟法等改正案に対する刑事法学者の意見」季刊刑事弁護83号（2015年）142頁以下。

音・録画が実現されたことは，今後の筋道を付けたという意味で大きな意義を有するものである[4]。

本稿では，2015年法案を検討対象として，被疑者取調べの録音・録画制度の趣旨を改めて確認した上で，録音・録画記録媒体が，公判前整理手続および公判審理において，どのように取り扱われるべきかという点に焦点を絞って，この問題を検討していきたい。

2　2015年改正法案における取調べ録音・録画制度

ア．証拠調べ請求義務　まず，2015年法案における被疑者取調べの録音・録画制度の概要を眺めておきたい。条文は，公判審理における被告人の供述調書の証拠調べ請求時期に関する刑訴法301条に続く301条の2として新設されている。すなわち，検察官が被告人の供述調書の証拠調べ請求を行う場合に，取調べ録音・録画記録媒体の証拠調べ請求を義務付け，これに関連させる形で，捜査段階における被疑者取調べの録音・録画を義務付けるという構成がとられている。

刑訴法301条の2第1項柱書によれば，検察官は，一定の事件について，被告人の供述調書で，かつ，被告人に不利益な事実の承認を内容とするものの取調べを請求した場合において，被告人または弁護人が，その取調べの請求に関し，その承認が任意にされたものでない疑いがあることを理由として異議を述べたときは，その承認が任意にされたものであることを証明するため，取調べ録音・録画記録媒体の取調べを請求しなければならない[5]。検察官が録音・録画記録媒体の取調べを請求しないときは，裁判所は，決定で，同項に規定する書面の取調べ請求を却下しなければならない（同条2項）。

本条で対象とされる書面とは，刑訴法322条1項の規定により証拠とすることができる書面であって，当該事件についての刑訴法198条1項の規定に

---

4) 村木厚子「法制審新時代の刑事司法制度特別部会の議論に参加して」法律時報86巻10号（2014年）11頁，周防正行「部会の議論で感じ，思ったこと」法律時報86巻10号（2014年）12頁。
5) 条文中の「その承認」という言い方は若干分かりづらいが，これは，刑訴法322条1項の文言を受けたものであり，「被告人に不利益な事実の承認を内容とする供述」という意味と解される。

よる取調べ（逮捕又は勾留されている被疑者の取調べに限る）に際して作成された書面，または，逮捕後の弁解の機会（刑訴法203条1項，204条1項，205条1項）に際して作成された書面であり，かつ，被告人に不利益な事実の承認を内容とするものである（刑訴法301条の2第1項柱書）[6]。その対象は，刑訴法319条1項のいわゆる自白調書には限られず，「被告人に不利益な事実の承認を内容とする供述」である。また，刑訴法198条に基づく取調べの際に作成された書面に限られず，逮捕後の弁解録取書をも含むものである。本稿では，この書面を「被疑者調書」と呼ぶことにする。なお，対象となる取調べは，逮捕・勾留されている場合の取調べに限定されている。

このように，検察官が被疑者調書の証拠調べを請求する場合は，同時に，録音・録画記録媒体の証拠調べを請求しない限り被疑者調書の証拠調べを却下するという形で，録音・録画記録媒体の証拠調べを請求が義務付けられている。

録音・録画記録媒体の証拠調べ請求義務が課せられる事件の範囲については，①死刑又は無期の懲役若しくは禁錮に当たる罪に係る事件，②短期1年以上の有期の懲役又は禁錮に当たる罪であって故意の犯罪行為により被害者を死亡させたものに係る事件，③司法警察員が送致し又は送付した事件以外の事件である。すなわち，取調べ請求義務が課せられるのは，裁判員制度対象事件および検察官独自捜査事件に限定されている。

イ．取調べの録音・録画義務　検察官，検察事務官または司法警察職員は，上記事件について，逮捕もしくは勾留されている被疑者を刑訴法198条1項の規定により取り調べるとき，または，被疑者に対し刑訴法204条1項もしくは205条1項の規定により弁解の機会を与えるときは，下記の例外事由に該当する場合を除き，被疑者の供述およびその状況を録音・録画を同時に行う方法により記録媒体に記録しておかなければならない（刑訴法301条の2第4項）。すなわち，被疑者に対する取調べのうち，逮捕・勾留中の取調べに関

6）　なお，取調べ録音・録画記録媒体の証拠調べ義務は，この他，いわゆる伝聞供述（刑訴法324条1項において準用する322条1項の規定により証拠とすることができる被告人以外の者の供述であって，当該事件についての被疑者供述をその内容とするものを証拠とすることに関し，被告人又は弁護人が，その承認が任意にされたものでない疑いがあることを理由として異議を述べた場合）にも準用される（同条3項）。

しては，警察段階からの全過程の取調べが録音・録画されることになった。
ウ．録音・録画の例外事由　取調べ録音・録画義務が免除される例外事由とは，①記録に必要な機器の故障その他のやむを得ない事情により，記録をすることができないとき，②被疑者が記録を拒んだことその他の被疑者の言動により，記録をしたならば被疑者が十分な供述をすることができないと認めるとき，③当該事件が暴力団員による不当な行為の防止等に関する法律3条の規定により都道府県公安委員会の指定を受けた暴力団の構成員による犯罪に係るものであると認めるとき，④前2号に掲げるもののほか，犯罪の性質，関係者の言動，被疑者がその構成員である団体の性格その他の事情に照らし，被疑者の供述およびその状況が明らかにされた場合には被疑者もしくはその親族の身体もしくは財産に害を加えまたはこれらの者を畏怖させ若しくは困惑させる行為がなされるおそれがあることにより，記録をしたならば被疑者が十分な供述をすることができないと認めるときである（刑訴法301条の2第4項）。

なお，2015年改正法案の問題点については，以下，録音・録画の趣旨および録音・録画記録媒体の利用の仕方について検討する中で指摘していきたい。

3　被疑者取調べの録音・録画の趣旨

(1)　特別部会の議論

「特別部会」が，2013年1月に公表した，「時代に即した新たな刑事司法制度の基本構想」（以下，「基本構想」という）[7][8]では，被疑者取調べの問題点に関して，「従来の取調べ及び供述調書に過度に依存した刑事司法制度の在り方については，事実と異なる供述調書が作成されかねず，かつ，その作成経

---

7)　法制審議会・新時代の刑事司法制度特別部会「時代に即した新たな刑事司法制度の基本構想」については，法務省ウェブサイト（http://www.moj.go.jp/shingi1/shingi03500012.html）を参照。

8)　被疑者取調べの可視化の経緯については，正木祐史「被疑者取調べの『可視化』─録画DVDの証拠利用の是非」法律時報84巻9号（2012年）10頁以下，小特集「被疑者取調べの適正化の現在」法律時報85巻9号（2013年）56頁以下掲載の諸論文，小坂井久『取調べ可視化論の展開』（現代人文社，2013年）48頁以下など参照。

過を事後的・客観的に検証する手段がなかったことが最大の問題であるとの指摘がなされた。」とされ，また，「取り分け，被疑者取調べについては，取調官が被疑者と『密室』で向き合う中でややもすると被疑者の有罪立証に向けた供述を得ようとする姿勢になりがちな傾向がある上，供述調書の作成に当たっても，取調官によって供述の取捨選択がなされ，その結果，事実と異なる内容の供述調書が作成され得るという状況が生じていたとの意見」があったことが指摘されている。

　その上で，「基本構想」では，取調べ録音・録画の有用性について，「被疑者の取調べを録音・録画することについては，検察及び警察がこれまで行ってきた試行の検証結果においても，取調べや捜査の機能等に支障が生じるという問題点もあるものの，取調べ状況がありのままに記録されることを通じ，大別して，①取調べの適正確保に資する，②供述の任意性・信用性の判断及び立証に資する（争点の解消に資するとする点を含む。），③被疑者の供述状況を客観的に記録できるなどの有用性が認められるとされており，こうした録音・録画の有用性を我が国の刑事司法に取り込むための方策として，被疑者取調べの録音・録画制度を導入する必要がある。」と述べられている。

　上で指摘された3点は並列的なものではなく，取調べ録音・録画の意義・内容は，被疑者の供述状況を客観的に記録することであり，被疑者の供述状況を客観的に記録する趣旨・目的が，取調べの適正確保に資することおよび供述の任意性・信用性の判断および立証に資することであるという関係にあるものと思われる。

　「基本構想」の立場は大筋において適切であるが，若干，その表現は修正すべきであると思われる。まず，取調べ録音・録画の意義については，取調べの適法性の確保という視点からみた場合，重要なのはむしろ捜査機関側の取調べ状況であると思われるので，「被疑者の供述状況を客観的に記録すること」ではなく，「捜査機関による取調べ状況を客観的に記録すること」とすべきである。また，「特別部会」が挙げた「供述の任意性・信用性の判断および立証に資する」という観点については，後述するように，記録媒体は，原則的には，信用性の判断には用いるべきではないと思われるところから，「供述の任意性判断に資する」とすべきである。そうした上で，本稿で

は，取調べ録音・録画の趣旨について，①取調べの適法性の確保に資すること，②供述の任意性判断に資すること，③当事者の公判準備に資することの3点にまとめたい。以下，各観点について検討する。

(2) 被疑者取調べの適法性の確保

ア．取調べの適法性の検証　まず，取調べ録音・録画の第1の目的は，取調べにおける適法性の確保とその事後的検証である。前章で考察したとおり，被疑者取調べが違法とされるのは，①捜査機関が，取調べに際して，被疑者に対してあらかじめ，黙秘権の意義を理解させるための告知を行わなかった場合，②取調べ過程において，被疑者が明示的または黙示的に黙秘の意思（または退去の意思）を示したときに，捜査機関がその意思を尊重する行為を行わなかった場合，③捜査機関が，被疑者の供述に対する自由な意思決定を妨げる可能性のある行為を行った場合である。とりわけ，捜査機関が，取調べに際して，被疑者に対してあらかじめ黙秘権の意義を理解させるための告知を行わなかったことなどは，取調べ過程が録音・録画されていれば，ある程度客観的・形式的に判別することが可能である。また，捜査機関にとっても，被告人・弁護人から取調べの適法性に関して疑義が示された場合に，録音・録画記録によって，その適法性を証明することができる[9]。

イ．取調べの適正化　また，取調べ録音・録画は，取調べにあたる捜査官に対して，適正な取調べに配慮するように導く効果がある。取調官は，録音・録画を意識して被疑者本人の言葉による説明を求めることになり，丁寧な取調べを行うようになる。なお，検察庁では，知的障害者による事件において，取調べ録音・録画記録媒体を心理・福祉関係者に視聴してもらい，発問方法について助言を受けるなどの取組みもなされている[10]。

ウ．被疑者調書作成の記録化　加えて，被疑者取調べの録音・録画によって，刑訴法198条4項および5項に基づく被疑者調書作成の適法性を担保することができる。

---

9) 「座談会・『刑事裁判の実態』」自由と正義38巻2号（1987年）14頁［大野正男発言］。
10) 田野尻猛「検察における取調べの録音・録画の運用」刑事法ジャーナル42号（2014年）22頁。また，この点に関して，田中優企「取調べの録音・録画制度の導入に際して検討すべき課題」椎橋隆幸編『日韓の刑事司法上の重要課題』（中央大学出版部，2015年）94頁も参照。

刑訴法198条4項から，作成された被疑者調書は，被疑者に閲覧させ，または，読み聞かせて，誤りがないかどうかを問い，被疑者が増減変更の申立てをしたときは，その供述を調書に記載しなければならない。また，刑訴法198条5項から，被疑者が調書に誤りのないことを申し立てたときは，これに署名押印を求めることができ，被疑者が署名押印を拒絶した場合は，署名押印を求めることはできない。これらの手続についても，取調べ録音・録画によって，その適法性を確認することができる。

　被疑者調書の内容について，被疑者が閲読して確認するという作業は，被疑者調書の任意性を確保する点からも重要である。文字であれば，読み直すことが可能であり，慎重に確認することができる。取調べの録音・録画は，この作業の重要性に改めて気付かせるものである。

　ところで，刑訴法198条3項は，被疑者のすべての供述を被疑者調書に録取することを予定するものではない。実務上，どの供述を録取するかは，起訴・不起訴の決定，公判維持などの観点から，取調官の裁量に委ねられると解されている[11]。しかし，この点は同時に，被疑者の権利の観点から捉えられるべきであり，被疑者には，自らの意思に従って被疑者調書を作成させる権利があると考えねばならない。この権利は，被疑者の黙秘権に基づくものである。黙秘権は，被疑者の供述が，公判廷において，被疑者に不利に用いられる可能性があるからこそ保障されなければならないものである。この観点から見れば，被疑者調書にどのように記載されるかは，黙秘権の要である。被疑者は，取調べの中で，言い間違いをしたり，話すべきだとは思っていなかった供述も話してしまうこともある。そこで，被疑者調書については，被疑者に閲覧させ，または，読み聞かせて，誤りがないかどうかを問い，被疑者が増減変更の申立てをしたときは，その供述を調書に記載しなければならないのである。つまり，被疑者調書は，公判における証拠となりうるものであるから，その記載については被疑者自身が確認しなければならず，被疑者によって確かめられてはじめて証拠として認められると考えるべきである。被疑者の黙秘権は，当然に，自らの意思に従って被疑者調書を作

---

11) 河上和雄ほか編『大コンメンタール刑事訴訟法［第2版］第4巻』（青林書院，2012年）181頁［河村博］。

成させる権利をも包含するものである。

(3) 供述の任意性判断

　取調べの録音・録画の条文は，本来は，刑訴法198条などに付随して置かれるべきものであるが，2015年法案は，この条文を，公判手続の項目の中において，刑訴法301条の2第4項として規定している。これは，立法技術的な問題のほかに，条文の上からも，取調べ録音・録画が，公判における被疑者調書の任意性判断のために行われることを明確にしたものと思われる。

　「基本構想」では，取調べ状況をめぐる事実認定の客観化について，「後日取調べ状況をめぐる争いが生じた場合には，被疑者又は被告人と取調官の供述に基づいてこの点を判断するほかないにもかかわらず，往々にして両者の水掛け論となっていたとの意見があった」と指摘されている[12]。取調べの録音・録画によって，取調べの実態が具体的に明らかにされることで，被疑者調書の任意性判断をこれまで以上に綿密に行うことができる。また，検察官としても，取調べの全過程の録音・録画によって，被疑者が供述を変遷させた場合に，それが不合理であることを明確に示すことができるという利点もある[13]。

(4) 当事者の公判準備

　検察官，被告人・弁護人は，適正かつ充実した公判審理を実現するために，十分な準備活動を行う必要がある。取調べ録音・録画記録媒体は，このために両当事者によって利用されるものであるが，その目的は，①被告人質問に向けた準備，②取調べの適法性の確認，③被疑者調書の任意性の検討の3つが考えられる。

　取調べの適法性の確認，被疑者調書の任意性の検討についてはすでに述べた。被告人質問への準備という観点であるが，実務上，被告人質問が犯罪事実立証のために行われる場合がありうることを考えれば，そのための反対質

---

[12] この点は，すでに吉丸眞裁判官によって指摘されていた（吉丸眞「録音・録画制度について（上）」判例時報1913号〔2006年〕17頁）。

[13] 最高検察庁が，2012年7月4日に公表した，「検察における取調べの録音・録画についての検証」のうち，「特別捜査部・特別刑事部における被疑者取調べの録音・録画の試行について」27頁参照。なお，本報告書については，最高検察庁ウェブサイト（http://www.kensatsu.go.jp/kakuchou/supreme/kensatukaikaku.html）参照。

問を行うために，捜査段階の取調べの状況を検討しておくことが必要である。取調べが録音・録画されていれば，両当事者は，取調官のどのような質問に対して被疑者がどのように答えたのか，取調官から事後情報は与えられなかったか，供述の出所は取調官ではなかったか，被疑者は実際には曖昧な返答をしていなかったかなどを分析し，公判における被告人質問の場において，一層，被告人自身の元来の記憶に基づく供述を引き出すことができる。検察官は，取調べ段階における被告人の供述を前提とした質問をすることも想定され，それに対して，被告人・弁護人はどのように反論を行うかを検討しておく必要もある。

また，検察官サイドからも，被告人・弁護人に録音・録画記録媒体が証拠開示されることによって，任意性に関する争点や取調べの過程で被疑者が実際に供述をしたのかという争点が主張されなくなり，公判審理の充実・迅速化にも役立つと指摘されている[14]。

(5) **取調べ録音・録画の権利性について**
ア．2015年法案の立場　以上３つの取調べ録音・録画の趣旨について，被疑者取調べの録音・録画の権利性という観点からもう一度捉え直してみたい。

まず，2015年法案は，取調べ録音・録画を被疑者の権利として規定したものではない。刑訴法301条の２第４項２号は，「被疑者が記録を拒んだことその他の被疑者の言動により，被疑者が十分な供述をすることができないと認められるとき」を，取調べ録音・録画の例外としている。この規定の要点は，被疑者が十分な供述をすることができないと認められる場合には取調べ録音・録画が義務付けられない点にあり，被疑者に対し，録音・録画の拒否権を認めたものではない。また，今回の改正が，裁判員裁判対象事件および検察官独自捜査事件に限定されている点からも，2015年法案における録音・録画制度を被疑者の権利として構成することは難しい。

小坂井久弁護士は，取調べ録音・録画の権利性について，①デュー・プロセスと実体的真実の発見（憲法31条，刑訴法１条），②黙秘権＝自己負罪拒否特権（憲法38条１項，刑訴法198条２項），③取調べ受忍義務との関係（刑訴法198条），

---

14)　田野尻・前掲注（10）22頁。

④弁護人立会権の一環・代替（憲法34条，37条3項），⑤任意性を担保する状況を自ら設定する権利・任意性に関する状況を予め的確に証拠保全しておく権利（憲法38条2項，刑訴法319条1項，322条1項，179条），⑥人格権・プライバシー権・自らの表現を自ら保持する権利（憲法13条，21条），⑦いわゆる包括的防御権の一環を挙げている[15]。

　私見としては，刑事訴訟法は，元来，取調べの録音・録画を想定しているものではないが，上述した被疑者取調べの録音・録画の3つの趣旨ごとに，被疑者取調べの録音・録画を権利として捉えることが可能であると考える。

イ．黙秘権との関係　まず，取調べの適法性の確保という観点は，被疑者の黙秘権に対応している。被疑者が「私は，取調べを録音・録画しない限り，供述はしません。」という要求は，黙秘権行使の一内容として認められるものである[16]。言い換えれば，被疑者には，黙秘権の一環として，取調べ録音・録画を要求する権利がある。なお，黙秘権の観点から見れば，被疑者には，取調べ録音・録画を拒む権利もあることになる。この点は後でもう一度取り上げるが，被疑者が録音・録画を拒否する理由としては，録音・録画に関する情報不足や録音・録画記録媒体の公開への漠然たる不安などが考えられ，取調官が，取調べ録音・録画の趣旨を十分に説明し，被疑者が納得して録音・録画を行うことが重要である[17]。

ウ．自白法則との関係　小坂井弁護士の説でたいへん興味深いのは，憲法38条2項から，被疑者・被告人には，被疑者調書の任意性を担保する状況を自ら設定する権利があるとする点である[18]。憲法38条2項の文言だけから見ると，このような権利が導かれるか否かは議論の余地があるところであるが，憲法38条2項が刑事人権規定である点に着目すれば，この考え方は，自白法則を被疑者・被告人の権利として構成するものとして注目に値する。

　この観点から，供述の任意性判断に資するという取調べ録音・録画の趣旨は，被疑者の権利として位置付けることが可能となる。すなわち，被疑者

---

15)　小坂井久『取調べ可視化論の現在』（現代人文社，2009年）56頁以下。
16)　同61頁。
17)　堀江慎司「取調べの録音・録画制度」論究ジュリスト12号（2015年）57頁以下。
18)　小坂井・前掲注（15）72頁以下。

は，取調べ状況を録音・録画させることによって，被疑者調書の任意性を担保する状況を自ら設定する権利を行使することができる。もっとも，小坂井弁護士自身が述べているように，憲法38条2項は38条1項から派生する原理と考えるべきであるから，被疑者調書の任意性を担保する状況を自ら設定する権利は，被疑者の黙秘権から導かれると考えることが可能である[19]。

エ．公判準備との関係　被疑者取調べが実施された場合に，その取調べがどのようなものであったかを事後的に検証することは，両当事者の公判準備にとって重要であるから，被疑者は，防御権の観点から，取調べ録音・録画記録媒体の開示を請求することができる。すなわち，当事者の公判準備に資するという取調べ録音・録画の趣旨から，被疑者取調べの録音・録画を，被疑者の防御権の一環として把握することも可能である。

この場合は，被疑者取調べの録音・録画がなされていることを前提として，当該取調べ録音・録画記録媒体の開示を請求するものであるので，先の2つの権利と比べると，間接的である。取調べ録音・録画の要求は，実際上は，取調べの段階でなされるから，結局のところ，この観点からの権利は，黙秘権に包含されるとも考えられる。

以上のように，取調べ録音・録画は，2015年法案では，被疑者の権利として規定されてはいないが，裁判員制度対象事件および検察官独自捜査事件に限らず，元来，被疑者には，黙秘権などから派生する権利として，取調べ録音・録画を求める権利があると考えることができる。

4　被疑者取調べの録音・録画の手続

(1) 取調べの録音・録画の実施

ア．録音・録画義務の範囲　先述したとおり，2015年法案が，録音・録画義務を課す事件の範囲を，裁判員制度対象事件および検察官独自捜査事件に限定した点は，すでに多くの論者によって批判されているところである。この点は，2015年法案の課題として，今後の施行状況を見ながら，その範囲を拡

---

[19]　同上。

大していかなければならない。

　また，録音・録画の対象が身柄拘束中の取調べに限定されている点にも留意する必要がある[20]。在宅被疑者の取調べが行われ，その後に逮捕・勾留中の取調べが行われている場合，在宅段階の取調べが録音・録画を実施している取調べに影響を与えている可能性は依然として残る。この点も，2015年法案では積み残されている問題と理解されるべきである[21]。

　なお，刑訴法301条の2第4項は，「逮捕若しくは勾留されている被疑者を第198条第1項の規定により取り調べるとき」としており，録音・録画の開始時点および終了時点については，必ずしも明確ではない。しかし，捜査機関が「取調べ」または「弁解の録取」を行っている全過程を録音・録画するものと解するべきである。最高検察庁が，2014年6月16日付けで発出した，「取調べの録音・録画の実施等について（依命通知）」では，やむを得ない事由がある場合を除き，供述者が取調室に入室する時点から録音・録画を開始し，供述者に対し録音・録画を終了する旨を告知する時点または供述者が退室する時点まで録音・録画を行うものとされている[22]。この際，取調室外における被疑者に対する捜査官の言動が問題となる場合もあるから，取調べ録音・録画によって，任意性に影響を与えるすべての事情が明らかになるわけではない点も認識しておくべきであろう[23]。

イ．録音・録画の例外事由　そして，今後の運用上，最も問題となることが予想されるのは，取調べの録音・録画を免除する例外事由の解釈である[24]。

　たとえば，刑訴法301条の2第4項2号は，被疑者が記録を拒んだことそ

---

20) この点について，特別部会幹事である川出教授は，身柄拘束がなされていない状態での取調べは多種・多様であって，そのすべてについて録音・録画を義務付ける必要性は乏しいという理由を挙げている（川出・前掲注（2）9頁）。
21) 在宅被疑者についても取調べ録音・録画が必要な点については，松田岳士「在宅被疑者の取調べとその可視化」法律時報83巻2号（2011年）25頁参照。堀江・前掲注（17）62頁，関口・前掲注（3）71頁。
22) 本依命通知については，川崎拓也「平成26年6月16日付依命通知の解釈的検討」季刊刑事弁護82号（2015年）20頁参照（依命通知および添付資料も付されている）。
23) 岩倉広修＝三輪篤志「自白の任意性が問題となる事案の審理計画・審理の在り方」判例タイムズ1411号（2015年）45頁。
24) 葛野尋之「取調べの録音・録画制度」法律時報86巻10号（2014年）18頁以下，豊崎七絵「『例外』設定は『可視化』に綻びを生む」法と民主主義477号（2013年）15頁。

の他の被疑者の言動により,「記録をしたならば被疑者が十分な供述をすることができないと認めるとき」と規定している。この例外事由は,録音・録画をした場合の被疑者の供述状況と録音・録画をしない場合の供述状況とを比較しているが,いずれにしても仮定の話であるので,客観的な判断は難しいであろう。捜査機関による拡大解釈の危険性は否定できない[25]。

しかし実際上,この問題のかなめは,例外事由の規定の仕方以上に,裁判所が,被疑者調書の証拠能力をどのように判断していくかという点にあるように思われる。被疑者調書の任意性に関する挙証責任は検察官にある。裁判所が,被疑者調書の任意性を判断するにあたり,取調べ録音・録画記録媒体が存在しないという事情を,被疑者調書の任意性を認める上で不利な事情と判断するならば,捜査機関は,できるだけ取調べ録音・録画を実施する方向へと導かれるであろう。

この点は,裁判所がどのような観点から任意性判断を行うかにかかっている。後述するように,被疑者調書の任意性を,被疑者の内心の問題と捉えると,取調べ録音・録画記録媒体はそれを判断する間接的な資料のひとつに過ぎない。他方,供述の任意性を,捜査機関が黙秘権を尊重する行為を行っているか否かという客観的事実から判断しようとするならば,取調べ録音・録画記録媒体によって取調べの状況が確認できない場合には,他の証拠によって黙秘権保障が立証されない限り,当該被疑者調書の証拠能力は否定的に判断されよう。

いずれにせよ,裁判所が被疑者調書の任意性を判断するにあたり,取調べ録音・録画記録媒体の存在を重視するか否かによって,取調べ録音・録画の例外事由に関する運用は大きく異なることになるであろう。

ウ．録音・録画が被疑者に与える影響　また,取調べの録音・録画を実施するにあたり,取調べ録音・録画が被疑者に与える心理的な影響についても,配慮が求められることになろう[26]。

---

25)　関口・前掲注（3）71頁。
26)　子どもや知的障害者などの取調べにあたっては,特別の配慮が必要である。たとえば,子どもについては,取調べにあたる者の選定,付き添いの者を付すこと,子どもがリラックスできる環境整備,取調べのペース,質問の仕方,取調後のアフターケアなどについて配慮しなければならない。子どもの取調べについての全体的留意点について,英国内務省・英国保健省編（仲真紀

最高検察庁は，検察再生に向けた取組みの一環として，被疑者取調べの録音・録画の試行を進め，2012年7月4日に，「検察における取調べの録音・録画についての検証」を公表している。その検証結果は，「特別捜査部・特別刑事部における被疑者取調べの録音・録画の試行について」，「裁判員裁判対象事件における被疑者取調べの録音・録画の試行について」，「知的障害によりコミュニケーション能力に問題がある被疑者取調べの録音・録画の試行について」にそれぞれまとめられている。その内容は，取調べの録音・録画の意義と問題点について，示唆に富んだものとなっている[27]。

　とりわけ，被疑者が，録音・録画によって，供述がしづらくなる（または供述が後退する）理由として，①被疑者が録音・録画されている状況を意識することにより，緊張・羞恥心・自尊心などから供述がしづらくなる場合（例えば，性的な事実に関する供述がしづらい，逮捕・勾留されている自分の顔が残ると思うと恥ずかしいなど），②共犯者や第三者が関わる事実について，家族，関係者などに迷惑がかかる，関係する組織からの報復が怖いなどの理由から供述を躊躇する場合（例えば，共犯者に不利な内容については話しづらいなど），③本人のプライバシーに関わる事実，自己に不利益となる事実について供述を躊躇する場合（例えば，女性関係が明らかとなる，関係者に知れると商売が立ち行かなくなるなど），などが挙げられている[28]。

　検察庁の検証結果から，取調べの録音・録画によって被疑者が感じる不安とは，自らの供述がすべて記録化されるということへの漠然とした心理的な不安と，記録化によって，関係者などに聞かせたくない情報が漏れるのではないか，また，公判廷において公表されるのではないかという不安とがあることが分かる。

　これまでの取調べでは，被疑者の供述のすべてが供述調書に録取されるわけではなく，いわばオフレコで供述した後に，必要な部分が被疑者調書に録取される。これが録音・録画ではすべての供述が即時に記録化される。この

子＝田中周子訳）『子どもの司法面接―ビデオ録画面接のためのガイドライン』（誠信書房，2007年）参照。
27）　最高検察庁・前掲注（13）。
28）　同「特別捜査部・特別刑事部における被疑者取調べの録音・録画の試行について」14頁以下参照。

点は，被疑者取調べの全過程の録音・録画がもたらす影響として，十分に意識しておく必要がある。

　少なくとも，取調べにあたる捜査機関は，録音・録画記録が適正に管理され，目的外の使用はなされないことを明確に伝える必要があろう。また，弁護人も録音・録画記録媒体が証拠開示された場合に，その管理については万全を期すことを伝えるべきである[29]。

エ．録音・録画の任意性について　なお，それでも，録音・録画について被疑者が不安を持つ場合があろうし，また，録音・録画記録媒体が流出・公表される可能性はゼロとは言えないのであるから，必要な告知をしたにもかかわらず，被疑者が録音・録画を希望しない場合は，被疑者の意向は尊重されるべきである（刑訴法301条の2第4項2号）。

　被疑者の取調べ録音・録画の実施を被疑者の任意に委ねると，重要な取調べが録音・録画されない可能性が生じる。この点は，裁判所が，公判審理において，取調べ録音・録画がなされていない被疑者調書の証拠能力をどのように判断をしていくかにかかっているように思われる。裁判所が，取調べ録音・録画記録媒体の存在しない被疑者調書の証拠能力を原則的に認めない方向で運用するならば，捜査機関は，できる限り取調べの録音・録画を拒むことのないように，被疑者に対して説得するであろう。実際上，被疑者が録音・録画を拒む理由としては，録音・録画の意義を理解していないこと，刑事訴訟法における被疑者・被告人の地位を理解していないことなども考えられる。取調べにあたる捜査機関は，録音・録画記録が適正に管理され目的外の使用はなされないこと，被疑者調書は公判において証拠となる可能性があることなどを説明し，被疑者の納得を得て録音・録画に応じてもらうことが重要になるであろう。

(2) 捜査段階における録音・録画記録媒体の利用

　取調べの録音・録画の試行的実施によって，新たな論点も浮かび上がっている。先述した「裁判員裁判対象事件における被疑者取調べの録音・録画の試行について」では，録音・録画記録媒体の捜査段階における利用として，

---

[29] なお，2015年法案は，証人等特定事項の秘匿について，さらに丁寧な保護を行っている。この点は，刑訴法290条の3，299条の4，299条の5，299条の6，299条の7などの条文を参照。

精神鑑定の資料としての使用例が挙げられている。すなわち，5歳の男児の両肩をつかんで前後に揺さぶるなどの暴行を加えた結果，急性硬膜下血腫の傷害を負わせて死亡させたという傷害致死事件における被疑者取調べにおいて，被疑者に，殴った状況，揺さぶった状況，「高い高い」をしたときの状況などを再現させ，これを録音・録画した取調べ記録媒体を脳外科医に見せたという例である[30]。

　鑑定受託者に対して録音・録画記録媒体を閲覧させる行為は，原則として，被疑者の承諾の上で行うべきである。被疑者の承諾を得ないまま，鑑定受託者に録音・録画記録媒体を閲覧させた場合，被疑者のプライバシー権および防御権の侵害になりうる。元来，取調べ録音・録画の目的は，取調べの適法性の確保，供述の任意性判断および当事者の公判準備としての利用にあるから，上の例は，取調べ録音・録画記録媒体の目的外使用と考えられる。取調べ録音・録画記録媒体の管理は厳格であるべきであり，被疑者の承諾を得ていない場合は，上記行為は，取調べ録音・録画記録媒体の目的外使用として違法と考えるべきである。

5　公判前整理手続における利用

(1)　**公判前整理手続における証拠開示**
ア．2015年法案　被疑者取調べがどのように実施されたかは，両当事者が公判の準備を行う上で重要な事項であるから，被疑者取調べ録音・録画記録媒体は，公判前整理手続などにおいて，両当事者に開示されなければならない。

　2015年法案は，公判前整理手続に関して，①検察官，被告人および弁護人に対して，公判前整理手続および期日間整理手続の請求権を付与すること（刑訴法316条の2第1項，316条の28第1項），②検察官は，検察官請求証拠の開示をした後，被告人または弁護人から請求があったときは，速やかに，検察官が保管する証拠の一覧表を交付しなければならないこと（同316条の14第2項），

---

[30]　最高検察庁・前掲注（13）「裁判員裁判対象事件における被疑者取調べの録音・録画の試行について」25頁。

また，③類型証拠開示の対象として，共犯者の身柄拘束中の取調べについての取調べ状況等報告書[31]，検察官が証拠調請求をした証拠物に係る差押調書・領置調書，検察官が類型証拠として開示すべき証拠物に係る差押調書・領置調書などを新たに認めること（同316条の15第1項8号，9号）などの規定を加えている。これらは，被告人の公判準備にとっても有効な改正である。なお，2015年法案は，取調べ録音・録画記録媒体の証拠開示に関しては，とくに言及していない。

イ．録音・録画記録媒体の開示　それでは，従来の規定上，取調べ録音・録画記録媒体の証拠開示は可能であろうか。条文上，取調べ録音・録画記録は，類型証拠開示に関する刑訴法316条15第1項のうち，第7号の「被告人の供述録取書等」に該当するか否かが問題となる。「供述録取書等」については，刑訴法290条の3第1項柱書は，「供述書，供述を録取した書面で供述者の署名若しくは押印のあるもの又は映像若しくは音声を記録することができる記録媒体であって供述を記録したものをいう。」と定義している（なお，この定義は，元来，刑訴法316条の14第1項2号に置かれていたが，2015年法案によって，刑訴法290条の3第1項柱書に移されている）。ここから，「被告人の供述録取書等」の中に，取調べ録音・録画記録媒体が含まれるのは明らかである。

また，共犯者の取調べ録音・録画記録媒体についても，類型証拠として開示請求することができる。なぜなら，刑訴法316条の15第1項5号は，検察官が証人として尋問を請求した者の供述録取書等，検察官が証拠調べを請求している供述録取書等が挙げられており，同項6号は，「被告人以外の者の供述録取書等であって，検察官が特定の検察官請求証拠により直接証明しようとする事実の有無に関する供述を内容とするもの」については，その取調べ録音・録画記録媒体について，証拠開示の請求を行えるからである。

なお，先述した「裁判員裁判対象事件における被疑者取調べの録音・録画の試行について」によれば，実務上，録音・録画のＤＶＤ等は，検察官が証拠調べ請求をしているときは，刑訴法316条の14により，また，証拠調べ請

---

31) なお，この中には，共犯者の供述録取書等や取調べ録音・録画記録媒体は含まれていないが，これらは，従来の規定（刑訴法316条の15第1項5号および6号）によってすでに類型証拠開示の対象とされている。

求をしていないときであっても、「被告人の供述録取書等」として刑訴法316条の16第1項に基づき開示されており、弁護人から開示請求があったにもかかわらずDVD等を不開示とした事例は報告されていない（28頁）。

　また、刑訴法316条の15第1項柱書では、開示の要件として、「その重要性の程度その他の被告人の防御の準備のために当該開示をすることの必要性の程度並びに当該開示によって生じるおそれのある弊害の内容及び程度を考慮し、相当と認めるとき」としている。この規定は検察官に相当性判断を認めるものであり、運用次第では開示の範囲をいかようにもコントロールできる危険性を内包している。しかし、本条は、検察官に対して、原則的開示を義務付けた規定である点に留意する必要がある。なお、刑訴法316条の26の開示命令に関する裁判例であるが、東京地決平成19年10月19日は、取調べ録音・録画記録媒体（録音・録画状況等報告書添付のDVD）について、「同DVDは、検察官が取調請求する被告人の供述調書がすべて作成された後の取調状況を1回限り録音、録画したものにすぎないが、そこに記録された検察官の質問とこれに対する被告人の返答は、双方の語調、質問に対する返答の仕方、被告人の態度やその場の雰囲気等と一体として、当該取調べだけではなく、それまでに実施された取調状況をも推知させる重要な客観的証拠であるから、検察官の請求する被告人の全供述調書の証明力を判断するために、その取調状況を検討する必要があることも否定できない。そして、それらの必要性の程度にかんがみれば、検察官が弊害について指摘する諸点を考慮しても、本件DVDを弁護人に対して開示することが相当と認められる。」としている[32]。

　また、類型証拠に該当しない場合であっても、被告人・弁護人は、刑訴法316条の20に基づいて、その開示を請求することができる。この場合の要件として、同条は、①第316条の17第1項の主張に関連すると認められるもの、②被告人または弁護人から開示の請求があること、③その関連性の程度その他の被告人の防御の準備のために当該開示をすることの必要性の程度並びに当該開示によって生じるおそれのある弊害の内容及び程度を考慮し、相当と

---

[32] 酒巻匡編『刑事証拠開示の理論と実務』（判例タイムズ社、2009年）452頁。

認めるときを挙げている。

　被告人・弁護人の主張としては，検察官が公判廷において被疑者調書の証拠調べを請求した場合に，その任意性，信用性を争うなどが考えられる。

　なお，関係者の名誉・プライバシーの保護の観点から，取調べ録音・録画記録の公判前整理手続における開示のあり方については，一定の配慮が必要である。被告人に対しては，検察官請求証拠の開示に関する刑訴法316条の14第2号で規定されているように，複写を認めず，閲覧（視聴）のみを認めるという取扱いがなされている。また，刑訴法316条の23で規定された，証人等の安全が脅かされないように配慮する義務（刑訴法299条の2）および被害者特定事項の秘匿要請（刑訴法299条の3）に配慮した取扱いは，当然，取調べ録音・録画記録にも妥当する。

ウ．記録媒体の謄写　先に示した東京地決平成19年10月19日は，弁護人に対して，閲覧のみならず，謄写をすることも認めている。ただし，謄写にあたっては，①謄写枚数は1枚とする，②謄写に係るDVDのデータを複写してさらにDVDを作成し，又は，パソコンのハードディスクに複写して記録するなどの一切の複写をしてはならない，③謄写に係るDVDを再生するに際しては，インターネット等により外部に接続したパソコンを使用してはならない，④本被告事件についての弁護活動が終了した際には，謄写に係るDVDのデータを消去しなければならないという4つの条件を付している。東京高決平成22年3月17日は，刑訴法316条の26第1項の「裁判所は，開示の時期若しくは方法を指定し，又は条件を付することができる。」の文言は，開示後の複製等の利用方法も含まれるものであり，平成19年決定の4条件を課すことは適法であるとしている。刑訴法316条の15第1項後段の検察官による条件設定についても，同様に考えられるものと思われる。

(2)　**公判前整理手続における裁判所の利用**

　ところで，公判前整理手続段階において，検察官から被疑者調書の証拠調べ請求があり（刑訴法316条の13第2項），これに対して，被告人・弁護人から不同意の意見が表明された場合（同316条の16第1項），裁判所は，被疑者調書の証拠調べ決定（同316条の5第7号）をするために，被疑者取調べ録音・録画記録媒体を視聴すべきであろうか。また，検察官は，被疑者調書の任意性を

立証するために，被疑者取調べ録音・録画記録媒体の証拠調べを請求すべきであろうか。

　まず，裁判所は，証拠の採否決定のための事実の取調べを行うことができるのであるから（刑訴法43条3項，刑訴規則33条3項），条文上，被疑者調書の証拠能力を判断するために，被疑者取調べ録音・録画記録の取調べを行うことは可能である。

　この問題は，以下の構図で整理することができる。まず，公判前整理手続の目的は，充実した公判審理を継続的，計画的かつ迅速に行うことにあるから，この観点から見れば，証拠能力の問題はできる限り公判前整理手続において解決すべきであり，そのためには，被疑者調書の採否を決定するために，裁判所は，被疑者取調べ録音・録画記録媒体の視聴を行うべきである。他方，予断排除原則からすれば，公判前整理手続は受訴裁判所を構成する裁判官によって進められるものであるから，裁判所は，予断を生ぜしめるおそれのある取調べ録音・録画記録媒体の視聴を行うべきではない。

　また，裁判員裁判である場合，公判審理において，裁判員が被疑者調書の任意性判断と信用性判断とを明確に区別して取り扱うことは難しいから，被疑者調書の証拠能力の問題は，公判前整理手続において解決しておくべきである。しかし，他方，被疑者調書の存在が公訴事実の認定に大きく関わっている場合は，被疑者調書の証拠能力判断に裁判員も加わるべきとも考えられる。

　裁判所としては，公判で同じ証拠調べがなされる可能性があり訴訟上不経済であること，任意性の有無が訴訟の帰趨を決することがあることなどから，公判前整理手続ではなく，公判廷において被疑者調書の採否を決するべきだという意見が有力である[33]。この場合，裁判所は，公判前整理手続では証拠決定を行わず，証拠の採否の判断を留保するという取扱いとなる。

　また，刑訴法316条の32第1項は，公判前整理手続終了後に証拠調べ請求ができるのは，「公判前整理手続又は期日間整理手続において請求することができなかったもの」と規定していることから，検察官は，公判前整理手続

---

33) 河上和雄ほか編『大コンメンタール刑事訴訟法［第2版］第7巻』（青林書院，2012年）45頁［園原敏彦］，岩倉＝三輪・前掲注（23）29頁。

において一旦不採用が決定された被疑者調書を，公判において改めて証拠調べ請求をすることはできない。そこでむしろ，検察官は，公判前整理手続においては，被疑者調書の証拠調べ請求をした上で，弁護人が不同意の意見を述べた場合は請求を撤回するという方法をとるようである。

　このように見てくると，公判整理手続における，裁判所による録音・録画記録媒体の視聴については，次のように考えるべきであろう。元来は，取調べ録音・録画記録媒体の視聴は，被疑者調書の任意性を判断するためになされるものであるから，黙秘権の告知の有無など取調べ録音・録画記録媒体から明確に確認できるものについては，裁判所は，公判前整理手続において確認すべきである。しかし，自白法則に関する現在の学説・実務を前提とすれば，黙秘権の不告知は，ただちに，被疑者調書の任意性を否定するものではなく（最三小判昭和25年11月21日刑集4巻11号2359頁），被疑者調書の任意性判断は，結局，その他の状況も見ながら，総合的になされる必要がある。そうすると，現状においては，公判前整理手続において録音・録画記録媒体を視聴する意義は大きくはなく，被疑者調書の任意性判断および録音・録画記録媒体の視聴は，公判段階においてなされるべきであろう。

6　公判審理における利用

(1)　被疑者調書の任意性判断の証拠として用いる場合
ア．取調べ録音・録画記録媒体が証拠調べされる場合　前節でみたとおり，被疑者調書の採否は，実際上は，公判段階においてなされる。また，公判前整理手続において，被疑者調書の証拠調べ決定がなされた場合であっても，公判における証拠調べ請求に対して，被告人・弁護人は，公判審理においてあらためて当該被疑者調書の証拠能力を争うことが可能である。この際に，取調べ録音・録画記録媒体は，被疑者調書の任意性を判断する証拠として，証拠調べ請求されることになる。

　なお，先述したように，公判前整理手続に付された事件について，検察官が，公判前整理手続後に新たに被疑者調書の証拠調べを請求できるのは，「やむを得ない事由によって」，公判前整理手続において証拠調べ請求できな

かった場合である（刑訴法316条の32第1項）。「やむを得ない事由」のひとつとして，証拠の存在は知っており，証拠調べ請求も可能であったが，公判前整理手続における相手方の主張や証拠関係などから，証拠調べ請求する必要がないと判断することについて十分な理由があったと考えられる場合もこれに含まれると解されている[34]。検察官が，公判で被疑者調書の証拠調べ請求をするのは，多くの場合，被告人質問における被告人の供述が捜査段階における被告人の供述と異なっており，被疑者調書が犯罪事実の認定にとって重要な証拠であると考えられる場合である。公判前整理手続の趣旨から，被疑者調書がこうした形で提出されるのは望ましいことではないが，実体的真実の発見という観点から，上記「やむを得ない事由」に該当する場合がありうることは否定できないであろう。

イ．2015年法案の問題点　ところで，2015年法案の問題として，検察官に取調べ請求義務が課されるのが，「当該書面が作成された取調べ等の開始から終了に至るまでの間における被告人の取調べ録音・録画記録媒体」とされている点がある（刑訴法301条の2第1項柱書）。条文からは，検察官調書の証拠調べを請求する場合，それ以前の警察官調書作成時の取調べ録音・録画記録媒体などは含まないと解される。限定した理由については，自白と無関係な取調べ部分について録音・録画義務違反があった結果，その部分の記録がない場合にまで，自白の任意性立証を許さないのは妥当ではないという考慮に基づくと説明されている[35]。

しかし，当該被疑者調書の作成にかかる取調べ録音・録画記録媒体に限定すると，当該被疑者調書の作成時の取調べは任意になされたが，それ以前の取調べでは相当に任意性を害する取調べがなされた場合，当該被疑者調書の作成にかかる取調べ録音・録画記録媒体ではその任意性判断を十分に行うことはできない。すなわち，従来，反復自白の問題として議論されてきた問題が解決されないのである[36]。

---

34)　河上ほか・前掲注（33）217頁［宮田祥次］。

35)　川出・前掲注（2）11頁。また，特別部会第26回会議（平成26年4月30日）議事録16頁以下も参照。

36)　葛野・前掲注（24）17頁。また，柳川重規「日本における取調べの録音・録画制度導入を巡る議論について」椎橋隆幸編『日韓の刑事司法上の重要課題』（中央大学出版部，2015年）73頁

この点，検察官には取調べ請求義務はないとしても，当然，被告人・弁護人は，被疑者調書の任意性を争うために，それ以前の警察段階の取調べ録音・録画記録媒体などの証拠調べ請求を行うことができると解するべきである。取調べ録音・録画記録媒体の取調べは，被疑者調書の任意性を判断するために行われるのであるから，両当事者にとって，どの部分の取調べの録音・録画記録媒体を取調べるかが攻防の中心である。刑訴法301条の2の規定は，単に，検察官に対して，取調べ請求義務を課したものであり，録音・録画記録媒体の取調べ範囲を画したものではない。

ウ．公判における録音・録画記録媒体の再生・視聴　それでは，録音・録画記録媒体の視聴はどのように行われるべきか。

　まず，記録媒体が被疑者調書の任意性判断のための証拠として用いられる限りにおいては，当該録音・録画記録媒体の要証事実は「捜査機関による被疑者の取調べ状況」などと考えられ，その供述内容の真実性が問題となるものではないから，伝聞証拠にはあたらないと考えてよいと思われる（刑訴法320条1項）[37]。

　録音・録画記録媒体の証拠調べは，公判廷における再生により実施される[38]。原則的に，裁判長は，検察官などに該当する取調べ録音・録画記録媒体を再生させることになるが（刑訴法305条1項），被告人・弁護人は，再生すべき部分が適切ではないと考えた場合，異議申立てをすることが可能であり（同309条1項），裁判所は，適切な部分を再生する旨の決定をすることができる（刑訴規則205条の6第1項）。

　この場合，裁判所が，当該取調べに関係する録音・録画記録媒体のすべてを視聴することは，時間上の問題からも，争点の明確化という点からも適切

　　も参照。
[37] 東京高判平成25年10月18日（公刊物未登載）は，取調べ録音・録画記録媒体添付の録音・録画状況報告書について，「本件DVDに記録された画像及び音声によって取調べ時の状況そのものを再現し，立証しようとする証拠物であることは明らか」であるとしている（田野尻・前掲注(10) 19頁）。
[38] 取調べ録音・録画記録を再生する際に，関係者のプライバシーの問題がある場合には，裁判長は，傍聴席から視聴が可能な大型モニターには映像を出さずに，裁判官，裁判員の手もとのモニターにだけ映像を出し，イヤホンで視聴するなどの配慮が必要であろう（刑訴法305条3項，294条参照）。

ではない。録音・録画記録媒体の再生・視聴については，効果的な範囲に絞る必要がある。そこで，両当事者がそれぞれ，録音・録画記録の中で任意性判断にとくに必要と思われる箇所をあらかじめピックアップしておいて，公判廷でその部分の視聴を行うというのが，当事者主義の精神に合致し，また，現実的な対応である。

　この際，どのような点に着目して，視聴箇所を決めるのかが重要である。被疑者供述の任意性を，被疑者の主観的な内心の問題と捉えると，被疑者の内心は，取調べ状況から客観的に判断できるものではなく，そこから推認されるに過ぎないものであるから，視聴する取調べ録音・録画記録媒体の範囲は，どこまでも拡大していく危険性がある。

　「任意にされたものでない疑のある自白」に該当するか否かは，被疑者の取調べに黙秘権侵害をもたらすような事実があったか否かで判断すべきである。すなわち，前章で検討したように，この判断は，①捜査機関が，取調べに際して，被疑者に対してあらかじめ，黙秘権の意義を理解させるための告知を行ったか否か，②取調べ過程において，被疑者が明示的または黙示的に黙秘の意思を示したときに，捜査機関がその意思を尊重する行為を行ったか否か，③捜査機関が，被疑者の供述に対する自由な意思決定を妨げる可能性のある行為を行ったか否かによって判断されるべきである。取調べ録音・録画記録媒体の再生・視聴は，捜査機関に，被疑者の供述の任意性を疑わせる黙秘権侵害行為があったか否かという観点に焦点を絞って行われるべきである[39]。

エ．裁判員の視聴　次に，裁判員の参加する公判審理の場合，裁判員は，取調べ録音・録画記録媒体を視聴すべきであろうか。被疑者調書の証拠能力に関する判断は，「訴訟手続に関する判断」であるから，この判断は構成裁判官の合議による（裁判員法6条1項）。一方，裁判員法60条は，「裁判所は，裁判員の関与する判断をするための審理以外の審理についても，裁判員及び補充裁判員の立会いを許すことができる。」と規定し，また，同法68条3項は，

39）　なお，要通訳事件において，取調べ時の通訳の正確性が問題となる場合がある。この際の被疑者調書の証拠能力判断にとって，取調べ録音・録画記録媒体が有用である点につき，杉田宗久『裁判員裁判の理論と実践［補訂版］』（成文堂，2013年）404頁参照。

「構成裁判官は，その合議により，裁判員に第1項の評議の傍聴を許し，第6条第2項各号に掲げる判断について裁判員の意見を聴くことができる。」と規定する。

　この審理に裁判員を立ち会わせるのであれば，当然，裁判員も録音・録画記録媒体を視聴することになろうし，裁判員の意見も聴かれるべきだということになると思われる[40]。すなわち，この問題は，被疑者調書の証拠能力を判断する審理に裁判員の立会いを許すべきか否かで，他の問題は決せられる。

　公判廷において，改めて検察官が被疑者調書の証拠調べ請求をするのは，被告人が公判廷で犯罪事実を否認した場合などであり，これは，当該被疑者調書が犯罪事実の立証に欠かせない場合であると考えられる。また，公判前整理手続で証拠調べが決定された被疑者調書について，被告人・弁護人が公判廷で証拠能力を争うのも同じ状況が考えられる。被疑者調書の採否が犯罪事実認定の帰趨を決する可能性が高いとするならば，裁判官は，裁判員を被疑者調書の任意性判断の手続に参加させるべきであり，録音・録画記録媒体も視聴させるべきである[41]。

　裁判員が被疑者取調べ録音・録画記録を視聴することになると，裁判員に任意性判断と信用性判断との区別を付けさせることは困難だから，裁判員は，被疑者取調べ録音・録画記録を実質証拠として考慮する可能性が高いということに留意しなければならない。

　この際，重要な点は，被告人・弁護人に対して，十分な主張を行なう機会が与えられることであり，それを前提として被疑者調書の採否に関する合議が進められるべきだということである。この点において，任意性立証にあたり，当事者双方が，その主張をミニ冒頭陳述のような形で行い，また，任意性立証後に，ミニ論告・最終弁論のような形で意見陳述を行うという提案がある[42]。これは，被告人の防御権保障の点からも適切である[43]。

---

40) 構成裁判官の意見と裁判員の意見とが異なる場合，裁判所はどのように対応すべきかという課題もある（河本雅也＝大西直樹＝小野寺明「模擬裁判の成果と課題」判例タイムズ1287号[2009年] 26頁以下）。もっとも，証拠能力判断は，構成裁判官の合議によるのであるから，最終的には，構成裁判官の合議に委ねられるものである。
41) 岩倉＝三輪・前掲注(23) 29頁。

また，裁判員の意見をどのように聴取するかは難しい問題である。裁判官の見解として，任意性の有無の判断には，①当事者によって主張される事実の有無およびその内容，②それが被疑者の供述に与えた影響の有無および程度，③これらの事実関係を基礎に任意性に疑いがあると言えるかどうかという3段階を経るとし，裁判員への意見聴取は①，②の点について行うべきだとする考え方が示されている[44]。私見としては，上述したとおり，「任意にされたものでない疑」は，取調べ時における取調官の行為から判断されるべきであり，裁判員に対しては，取調官が被疑者の黙秘意思を無視する行為を行ったか否か，また，被疑者の自由な意思決定を妨げる行為を行った否かについての意見を求めるべきだと考える。

(2) 実質証拠としての利用

ア．自白事件における利用　さて，録音・録画記録媒体を実質証拠として利用することは可能だろうか[45]。なお，本稿では，実質証拠を，「犯罪事実の存否を直接または間接に証明する証拠」という意味で用いることとする[46]。特別部会では，この点の議論はなされているが一定の結論には至っておらず[47]，2015年法案でも，この点に関する規定は加えられていない。検察実務では，実質証拠として認められるとする見解が有力である[48]。

　まず，取調べ録音・録画記録媒体を被疑者調書の任意性立証のための資料として用いることと，実質証拠として用いることとは，まったく意味合いが異なるから，実質証拠して証拠調べ請求する場合，検察官は，立証趣旨を明示して新たに証拠調べ請求しなければならない[49]。

---

42) 同37頁。
43) 弁護人の対応に関しては，岡慎一「刑訴法321条1項2号後段書面として証拠請求された場合への対応」季刊刑事弁護54号（2008年）39頁以下参照。
44) 岩倉＝三輪・前掲注（23）35頁。
45) これまでの裁判例については，安部祥太「被疑者取調べの録音・録画と記録媒体の証拠法的取扱い」青山ローフォーラム3巻1号（2014年）133頁以下参照。
46) 河上ほか・前掲注（33）307頁［安廣文夫］。
47) 特別部会第10回会議（平成24年5月25日）議事録9頁以下。
48) たとえば，稲川龍也「被疑者取調べ及び供述調書の在り方」法律のひろば66巻6号（2013年）66頁参照。
49) 「座談会『新たな刑事司法制度』の構築に向けて―法制審議会答申の検討」論究ジュリスト12号（2015年）15頁［香川徹也］。

検察官から実質証拠として証拠調べ請求があった場合，録音・録画記録媒体を実質証拠として用いることができるのは，被告人の同意がある場合に限定されると解するべきである。すなわち，被告人が被疑者段階の取調べの際に行った供述に自ら納得しており，かつ，公判では事件の詳細について十分な記憶に基づいて供述することができないと思われる場合などに，取調べ録音・録画記録媒体が用いられる。

　この場合，被疑者調書と記録媒体とはどちらが優先されるのか，また，両者を採用することも可能なのかという問題がある。この点は，裁判長の訴訟指揮に委ねてよいものと思われる。裁判長は，検察官，被告人・弁護人の意見を聞きながら，また，裁判員裁判である場合，裁判員が事実認定をするのに，どのような方法が分かりやすいかを考えて，事案ごとに判断すべきである。

イ．否認事件では許されないこと　被告人の同意がない場合，検察官は，録音・録画記録媒体を刑訴法322条1項書面として，証拠調べ請求することは可能か[50]。

　先述したように，被疑者調書であれば，被疑者はこれを閲覧し，または読み聞かせを受けて，調書に誤りがないか確認することができる。取調べ録音・録画記録媒体には，この過程を経ていない供述も記録されている。この点，録音・録画の過程が科学的・機械的操作によってなされることにより録取の正確性が担保されているから，署名・押印は不要であるという見解がある[51]。最二小決平成17年9月27日（刑集59巻7号753頁）は，被告人が加わって犯行状況を再現した写真撮影報告書の写真について，再現写真を被告人の供述と同視し得るものとした上で，「写真については，撮影，現像等の記録の過程が機械的操作によってなされることから前記各要件のうち再現者の署名押印は不要と解される。」と判示している。しかし，再現写真には，再現者の再現状況を警察官が正確に撮影しているか否かという問題のほかに，被

---

50)　取調べ録音・録画記録媒体が実質証拠として認められた事案として，さいたま地判平成24年7月17日（裁判所ウェブサイト），東京地判平成24年12月20日，長野地判平成25年3月4日（判例時報2226号113頁），鳥取地判平成26年3月10日などがある（丸山和大「取調べDVDの実質証拠化」季刊刑事弁護82号［2015年］50頁，田野尻・前掲注（10）19頁）。

51)　河上ほか・前掲注（33）662頁［杉田宗久］。

告人自身が正しく自らの体験を再現していたか否かという問題がある。刑訴法198条4項，5項において，調書に「誤がないかどうか」を問うのは，両者を含めた意味である。判例は前者しか問題としていない。

　とりわけ，被疑者には黙秘権が保障されている以上，被疑者の供述は，その供述内容について，被疑者自身によって誤りがないことが確認され，誤りがあれば該当部分を訂正された上で証拠となしうるものである（刑訴法198条2項，4項，5項）。実質証拠となしうるのは，取調べにおける一連の確認手続が取られ，被疑者によって署名押印のなされた供述調書と考えるべきである。被疑者は，取調べの中で，言い間違いがあったり，話すべきと思っていなかった供述も話してしまうこともある。取調べ録音・録画記録媒体はその全部が記録されている。つまり，被疑者が記録されることを望まない部分も記録されているのである。それゆえ，被疑者取調べ録音・録画記録媒体を証拠となしうるのは，被告人が証拠とすることに同意している場合に，また，同意している部分に限られると考えるべきである[52]。

　また，取調べ録音・録画記録媒体を実質的証拠として認めると，その信用性を争うために，他の取調べ日における取調べ録音・録画記録媒体を補助証拠として取り調べる必要が生じ，法廷が取調べ録音・録画記録媒体の上映会と化する危険性があることなども指摘されている[53]。

ウ．「供述の信用性判断」に用いるということ　ところで，「基本構想」では，取調べ録音・録画制度の趣旨として，「供述の信用性の判断」に資するという点が挙げられている。取調べ録音・録画記録媒体を「供述の信用性の判断」に用いる場合としては，公判廷における被告人供述の信用性を判断するための補助証拠として用いる場合と，被疑者調書の信用性を判断するための補助証拠として用いる場合とが考えられる。

　まず，公判廷における被告人供述の信用性を判断するための補助証拠として，取調べ録音・録画記録媒体を用いる場合であるが，さらに，被告人が公

---

[52]　伊藤睦「取調べ可視化と証拠法」法律時報85巻9号（2013年）73頁。なお，青木孝之教授は，「署名押印という手続保障に代わる措置」が存在する場合には，例外的に，実質証拠利用が認められるとする（青木孝之「取調べを録音・録画した記録媒体の実質的証拠利用」慶應法学31号［2015年］85頁）。
[53]　丸山・前掲注（50）54頁。

判廷において犯行を認めている場合と犯行を否認している場合（一部否認を含む）とに分けられる。

　被告人が公判廷で犯行を否認している場合に，犯行を認めている取調べ録音・録画記録媒体を用いることは許されない。なぜなら，この場合，公判供述は犯行を否認しているのであるから，結局のところ，録音・録画記録媒体は，被告人が犯行を行ったことの実質証拠として用いられることになるからである。なお，被告人が公判廷においてアリバイを主張した場合，犯行を自認している録音・録画記録媒体は，アリバイ供述の信用性を判断する補助証拠になりうるとも思えるが，この場合も結局，録音・録画記録媒体は実質証拠と考えざるを得ないから，用いることは許されない。

　被告人が公判廷において犯罪事実を全面的に認めている場合は，録音・録画記録媒体は，原則的には，被告人の承諾を要件として，補助証拠として許容されるものと思われる。なお，被告人が，公判廷において犯罪事実を全面的に認めているにもかかわらず，取調べ録音・録画記録媒体を補助証拠として用いることに異議を唱える場合もありうる。たとえば，有罪を認めている被告人が，捜査段階の取調べでは被告人のプライバシーにかかわる他の供述も行っており，それを公開の場で明らかとされることを拒否する場合などである。

　私見としては，この場合は，被告人が異議を申し立てている以上，原則的に，録音・録画記録媒体を証拠とすることはできないが，例外的に，証拠として許容される場合がありうると考える。なぜなら，被告人は身代わり犯人である可能性があるからである。刑事訴訟法は，被告人の人権を保障するとともに，事案の真相を明らかとすることを目的としている（刑訴法1条）。被告人が真犯人でなければ，たとえ被告人が犯罪事実を認めていたとしても有罪とすべきではない。この観点から，裁判所が，事案の真相を明らかとするために必要であると認めるときには，たとえ被告人が異議を述べたとしても，取調べ録音・録画記録媒体は，公判供述の信用性を判断する補助証拠として，取り調べられるべきである。なお，この場合，要証事実は「捜査段階における被告人の供述状況および供述態度」などであり，供述内容の真実性が問題となるのではなく，供述の存在または供述態度が問題となるものであ

るから，当該録音・録画記録媒体は，刑訴法320条1項の伝聞証拠にはあたらない[54]。

次に，録音・録画記録媒体を被疑者調書の任意性判断のために用いた後，任意性ありとして被疑者調書の証拠調べが実施された場合に，さらに被疑者調書の信用性を判断するための補助証拠として，用いることはできるだろうか。この場合，要証事実は，先ほどと同様に，「捜査段階における被告人の供述状況および供述態度」などであり，供述内容の真実性が問題となるものではないから，当該録音・録画記録媒体は，刑訴法320条1項の伝聞証拠にはあたらない。しかし，この場合は，原則として，取調べ録音・録画記録媒体を被疑者調書の信用性判断の証拠として用いることは許されないと考えるべきである。なぜなら，録音・録画記録媒体は，被疑者の取調べ状況それ自体を映し出しているものであるから，いわばその抄本に過ぎない被疑者調書と録音・録画記録媒体との両者の証拠調べがなされた場合，録音・録画記録媒体が公訴犯罪事実の認定の主要な証拠となり，被疑者調書の信用性判断に用いるといっても，実際上は，録音・録画記録媒体が公訴犯罪事実を立証する実質証拠として用いられると考えざるを得ないからである。例外として認められるのは，上に述べた場合と同様に，身代わり犯人である可能性があり，被疑者調書の信用性を吟味する必要が生じた場合などである。

以上のとおり，録音・録画記録媒体は，被告人が公判廷において犯罪事実を認めている場合でなければ，補助証拠として用いることはできないと考えるべきである。

エ．証明力を争うための証拠として用いることは可能か　それでは，録音・録画記録媒体を，刑事訴訟法328条に基づき，公判供述などの証明力を争うための証拠として用いることは可能だろうか。被疑者調書については，判例に従えば，信用性を争う供述をした者のそれと矛盾する内容の供述である場合に，証拠とすることが認められる[55]。

前項の分析からすでに明らかであるが，私は，「証明力を争うための証拠」と「供述の信用性判断に用いられる証拠」とは同義であり，証明力を争うた

---

[54] 安部・前掲注（45）159頁。
[55] 最三小判平成18年11月7日刑集60巻9号561頁。

めの証拠の範囲は，前項で分析した供述の信用性判断に用いることができる補助証拠の範囲と，まったく同一であると考える。それゆえ，刑訴法328条によって，録音・録画記録媒体が証明力を争うための証拠となりうるのは，たとえば，被告人が公判廷において犯行を認める供述をしたが，捜査段階では，被告人が供述の信用性を疑わせる態度を示していた場合，また，被告人が公判廷においてアリバイを主張しているが，捜査段階では犯行当日に別の場所にいたことを供述した場合で，かつ，公訴犯罪事実に関する実質証拠とは考えられない場合など，極めて限定されるものと考える[56]。

7　おわりに

　被疑者取調べの録音・録画制度の趣旨は，被疑者の取調べ状況を客観的に記録することを通じて，被疑者取調べの適法性を確保し，両当事者の公判準備を充実させ，被疑者調書の任意性判断に資することにある。本稿では，2015年法案を検討対象として，この趣旨を確認し，録音・録画記録媒体の公判準備段階および公判審理段階における利用における論点を検討した。

　しかし，今回の取調べ録音・録画の対象範囲は公判に付される事件の3％未満に過ぎない。今後，被疑者取調べの録音・録画の運用状況を見ながら，これを拡大させていくことが求められる。また，1966年のアメリカ合衆国最高裁ミランダ判決では，被疑者の黙秘権を保障するために，取調べにおける弁護人の立会い権を承認している点に注目すべきである[57]。被疑者取調べにおける被疑者の黙秘権を保障するためには，被疑者取調べの録音・録画とともに，取調べにおける弁護人の立会いを認めることも重要である[58]。ま

---

56) なお，「証明力を争う」の意義について，供述の証明力を「増強」する場合や，一旦減殺された供述の証明力を「回復」する場合も含むのかという議論がある（河上ほか・前掲注（33）765頁以下［大野市太郎］）。この点は，当該証拠が，実際上，「実質証拠」として用いられることになるのか否かによって決せられることになると思われる。
57) 小早川義則『ミランダと被疑者取調べ』（成文堂，1995年）69頁以下。
58) 渕野貴生「『新時代の刑事司法制度』特別部会に対する批判的検討」法と民主主義484号（2013年）7頁，沢登文治「取調べの可視化に関する議論について（諸手を挙げて賛成とは言えない理由）」宇宙超出53号（2011年）7頁。

た，両者は二者択一の問題ではない[59]。その意味で，被疑者取調べの録音・録画が，被疑者取調べの適正化に向けたゴールではない点にも留意すべきであろう。

それでもなお，被疑者取調べの録音・録画には，本稿で指摘したような有用性がある。裁判官による予審手続が存在しない以上，捜査機関による被疑者取調べは，被疑者を公判審理に付すべきか否かを決定するための不可欠の手続である。被疑者取調べの録音・録画は，捜査機関による被疑者取調べがどのように実施されたのかを事後的に検証することを可能とするものであるので，当事者主義に基づく充実した公判審理を実現する上で必要なものである。

2015年改正法案は，裁判員裁判対象事件および検察官独自捜査事件という限定された範囲であるとはいえ，逮捕・勾留中の被疑者取調べの全過程の録音・録画を実現した。これが，被疑者取調べの適正化，被疑者調書の任意性判断，両当事者の公判準備に，実際上，どのような効果をもたらすことになるのか，また，どのような問題を生じさせることになるのか，今後，実際の運用を踏まえながら，本稿で指摘した問題点などについてさらなる検討が必要である。

---

[59] 韓国では，2007年の刑事訴訟法改正において，被疑者取調べの録音・録画制度（映像録画制度）を導入するとともに，取調べ中の被疑者に対する弁護人立会権を同時に明文化している（李東熹「韓国における被疑者取調べ可視化の現状と課題」井上正仁ほか編『三井誠先生古稀祝賀論文集』［有斐閣，2012年］824頁，安部祥太「韓国における被疑者取調べとその適正化―日本の被疑者取調べ適正化への示唆―（1）（2完）」青山ローフォーラム1巻1号［2012年］73頁，同1巻2号［2012年］77頁参照）。また，弁護人立会い権については，安部祥太「韓国における被疑者取調べへの弁護人立会い」青山ローフォーラム1巻1号（2012年）227頁以下も参照。

第6章 「新たな準備手続」と刑事訴訟法の理念
——司法制度改革審議会意見の批判的考察——

1 はじめに

　司法制度改革審議会は2001年6月, 2年足らずの審議の末,「司法制度改革審議会意見」(以下「意見書」という) を内閣に提出した[1]。これを受けて, 内閣に司法制度改革推進本部が設置され, 司法制度改革推進計画に基づいて, 現在, 法律案の作成のために10の検討会によって検討が重ねられている[2]。2004年中には各提案を具体化する法案が国会に提出される見込みである。

　さて, 刑事司法の分野についてみると, 意見書が改革課題の最初に掲げたのが「刑事裁判の充実・迅速化」である。刑事裁判の充実・迅速化を進めなければならない理由について, 意見書は次のように述べる。「通常の事件についてはおおむね迅速に審理がなされているものの, 国民の注目する特異重大な事件にあっては, 第1審の審理だけでも相当の長時間を要するものが珍しくなく, こうした刑事裁判の遅延は国民の刑事司法全体に対する信頼を傷つける一因ともなっていることから, 刑事裁判の充実・迅速化を図るための方策を検討する必要がある。」

　刑事裁判の充実・迅速化の必要性に関しては, 法曹三者の意見も一致する[3]。とりわけ裁判員制度が導入され, 一般人が公判審理に参加することに

---

[1] 意見書の全文は, ジュリスト1208号 (2001年) 185頁以下, 法律時報増刊・シリーズ司法改革Ⅲ (2001年) 215頁以下, 月刊司法改革22号 (2001年) 44頁以下など参照。
[2] 新たな準備手続のあり方について検討している裁判員制度・刑事検討会は, 井上正仁・東京大学教授を座長として, 11名の委員によって構成される。検討会は2002年2月28日に初会合が持たれ, ほぼ月1回のペースで開催されている。その審議状況および配布資料については首相官邸のウェブサイト (http://www.kantei.go.jp/jp/singi/sihou/kentoukai/06saibanin.html) を参照した。
[3] 2000年7月25日に実施された第26回司法制度改革審議会における法曹三者によるヒアリング。その内容については, 月刊司法改革14号 (2000年) 76頁以下参照。

なれば，分かりやすい審理が行われなければならないし，また裁判員の負担軽減のために，公判は原則的に連日開廷する必要が生じよう。

ところで，刑事裁判の充実・迅速化の方策のひとつに掲げられているのが，「新たな準備手続」の創設である。公判審理を迅速かつ充実して進めるためには，事前の準備が重要であることは疑い得ない。とくに裁判員制度のもとで公判を連日開廷するためには，両当事者は，第1回公判期日前において，これまでとは比較にならないほど周到な事前の準備を行うことが必要となろう。ただし，この制度は，従来の事前準備の枠を超えた制度改革を企図したものであることから，その制度設計にあたって刑事訴訟法原理との抵触が問題となりうる。

そこで本稿では，刑事訴訟法原理との関係という観点から，新たな準備手続に関する「意見書」の方向性とその問題点とを明らかにし，併せて具体化に際して留意すべき事項について若干の提案を行いたいと思う。

2　意見書の方向性と問題点

(1)　新たな準備手続の位置付け

まず，新たな準備手続が意見書の構想の中でどのように位置付けられているのかを確認しておこう。刑事裁判の充実・迅速化の基本的方向性について，意見書は次のように述べる。「その基本的な方向は，真に争いのある事件につき，当事者の十分な事前準備を前提に，集中審理（連日的開廷）により，裁判所の適切な訴訟指揮の下で，明確化された争点を中心に当事者が活発な主張立証活動を行い，効率的かつ効果的な公判審理の実現を図ることと，そのための人的体制の整備及び手続的見直しを行うことである。」

ここには，あるべき充実・迅速化された刑事裁判のポイントが示されている。すなわち，①争いのある事件と争いのない事件とを区別すること，②当事者が十分な事前準備を行うこと，③集中審理（連日開廷）を実現すること，④裁判所が適切な訴訟指揮を行うこと，⑤明確化された争点を中心に当事者が活発な主張立証活動を行うこと，⑥効率的かつ効果的な公判審理の実現を図ること，⑦人的体制の整備および手続的見直しを行うこと，である。上の

7点を総体として実現することが，刑事裁判の充実・迅速化の全体イメージということになろう。とりわけ，憲法の保障する迅速な裁判とは，「被告人が必要なことを主張・立証できたが故に納得がいき，かつ，不必要な期間を費やさない裁判」であると考えるべきであり[4]，この点からはとくに，公判審理において，両当事者が明確化された争点を中心に活発な主張立証活動を行うという⑤の観点が強調されなければならないと思われる。

　問題はそれを実現するための方策であるが，意見書は次の6つの観点を提示する。①新たな準備手続を創設すること，②公判の連日開廷の実効性を確保するための必要な措置を講じること，③直接主義・口頭主義の実質化を図るため，関連諸制度のあり方を検討すること，④充実・円滑な訴訟指揮のため，裁判所の訴訟指揮の実効性を担保する具体的措置を検討すること，⑤公的刑事弁護制度の整備を含め，弁護人が個々の刑事事件に専従できるような体制を確立するとともに，裁判所，検察庁の人的体制をも充実・強化すること，⑥捜査・公判手続の合理化・効率化ないし重点化のための方策を検討すること，である。

　さて，新たな準備手続は，こうした全体プランの中でその役割を発揮するものとして構想されているのであるから，その制度設計にあたっては，公判の連日開廷を可能とするものであること，裁判所の適切な訴訟指揮を可能とするものであること，明確化された争点を中心に当事者が活発な主張立証活動を行うことを可能とするものであること，などが考慮されなければならないであろう。

(2)　**新たな準備手続の特色と問題点**

　次に，意見書の示す新たな準備手続のポイントを整理してみよう。

　意見書ではまず，現在の事前準備について次のような現状認識が示される。「審理の充実・迅速化のためには，早期に事件の争点を明確化することが不可欠であるが，第1回公判期日前の争点整理に関する現行法令の規定は，当事者の打合せを促す程度のものにとどまり，実効性に乏しいなどから，必ずしも十分に機能していない。」「また，検察官の取調べ請求予定外の

---

[4]　荒木伸怡「迅速な裁判をどのようにして実現すべきか―学者の立場から―」松尾浩也編『刑事訴訟法の争点』（有斐閣，1979年）152頁。

証拠の被告人・弁護人側への開示については，これまで，最高裁判決の基準に従った運用がなされてきたが，その基準の内容や開示のルールが必ずしも明確でなかったこともあって，開示の要否をめぐって紛糾することがあり，円滑な審理を阻害する要因の1つになっていた。」

以上の現状認識に基づき意見書は，新たな準備手続の創設と証拠開示のルール化という2つの提案をしている。すなわち，「第1回公判期日の前から，十分な争点整理を行い，明確な審理の計画を立てられるよう，裁判所の主宰による新たな準備手続を創設すべきである。」「充実した争点整理が行われるには，証拠開示の拡充が必要である。そのため，証拠開示の時期・範囲等に関するルールを法令により明確化するとともに，新たな準備手続の中で，必要に応じて，裁判所が開示の要否につき裁定することが可能となるような仕組みを整備すべきである。」

意見書の提案する新たな準備手続の要点は次の3点にまとめられるであろう。①裁判所が主宰する手続であること，②争点整理を主要な目的とすること，③争点整理のために証拠開示に関するルールを明確化すること，である。これらの観点はその方向性としては適切であると思われる。しかし，具体的に制度設計を進めるにあたって，2つの方向から疑問が提示されている。ひとつは，実効性に対する懐疑であり，もうひとつは刑事訴訟法原理との抵触の問題である。

まず，今回の準備手続は長期継続事件の対策としての効果は期待できないのではないかという疑義が示されている。その理由としては，審理が長期化する原因は証人尋問に膨大な時間がかかっていることにあり，準備手続を行うことによってこの時間を劇的に短縮することはできないと思われる点，また，複雑なケースでは訴訟が進行してゆく過程で争点が顕在化することも多く，第1回公判期日前の準備手続で，細部にわたって争点を絞り込み，綿密な審理計画を立てられるか疑問である点などが指摘されている[5]。

---

5) 井上正仁＝長沼範良＝山室恵「鼎談・意見書の論点④国民の司法参加・刑事司法」ジュリスト1208号（2001年）117頁以下，指宿信「争点整理手続」法律時報増刊シリーズ・司法改革Ⅲ「最終意見と実現の課題」（2001年）173頁，大久保太郎「司法制度改革審議会の審議に寄せて」判例時報1678号（1999年）91頁，同「司法制度改革審議会の審議に寄せて（続）」判例時報1707号（2000年）35頁，同「裁判員制度案批判」判例時報1750号（2001年）26頁など参照。

これらの観点について本稿では詳細に分析することはしないが，ひとことコメントしておきたい。なるほど，租税関係など複雑な事案については，一定程度の長期化を前提として改善を進めることが現実的な対応であり，連日開廷の例外となるケースも検討されなければならない。しかし，それでもなお事前準備の改革は必要であると思われる。その理由は，今回の改革が刑事裁判の迅速化のみを求めているわけではなく，刑事裁判の充実をも目的としているからである。両当事者が明確化された争点を中心に活発な立証活動を行うためには，事前準備の充実は不可欠である。また，迅速化の効果が直接的には期待できないと思われる事案についても，新たな準備手続の実施が更なる審理の長期化をもたらすとは思われないし，充実した公判審理の実現に資するところは大きいと思われる。

　それゆえ，新たな準備手続を構想するにあたって考えるべきより大きな問題は，刑事訴訟法の理念との関係である。意見書の示す方向性において新たな準備手続を具体化してゆくと，その制度設計のあり方いかんによって，刑事訴訟法理念との抵触が問題となりうる。主要な論点は以下の4点である。

　まず，裁判所が主宰する手続であることが予断排除の原則に反するのではないかという点である。明確には述べられてはいないが，意見書は，公判審理を担当する裁判官が準備手続を主宰すると考えられ，また，裁判員制度・刑事検討会においても，その方向において議論が進められている。そうであれば，裁判官はまったく白紙の状態で第1回公判審理に臨むという予断排除の原則に抵触する可能性が高い。

　2番目の問題は，黙秘権との関係である。新たな準備手続は争点整理を主要な目的とするので，両当事者が争点整理に積極的に協力することが必要である。しかし，争点整理の実効性を確保するために，被告人・弁護人に対し協力義務を課すとすれば，それは被告人の黙秘権を侵害する危険性が生じる。

　3番目は証拠能力に関する問題である。新たな準備手続では証拠の採否についても扱うことになるが，準備手続段階で証拠能力が認められた場合，公判廷でその問題を争えるのかどうかという点が問題となる。争えないとすると，被告人・弁護人の防御権を侵害するおそれがある。

最後の問題は，証拠開示の範囲に関してである。証拠開示のルール化が必要だということについて，法曹三者の意見は一致する。しかし，意見書では「準備手続で充実した争点整理を行うために」証拠開示のルール化が必要であるとしており，争点整理との関係においてのみ証拠開示を認めるようにも解釈しうる。もしそうであるならば，従来の証拠開示の議論とは異なった観点においてルール化がなされる可能性がある。

以下では，これらの各論点について，刑事訴訟法の原理との関係を明らかにし，原理に合致する制度設計のあり方を模索してみたい。

3 新たな準備手続と予断排除

先述したように，新たな準備手続は裁判所が主宰する手続であることをその特色とする。そして，意見書では明示されていないが，審議会の意見は公判担当裁判官が準備手続を主宰する方向でまとまっており[6]，裁判員制度・刑事検討会でもその方向において議論が進められているようである。学説上もこれを支持する見解が多い。その理由としては，公判審理を円滑に進行させる責務を負っている受訴裁判所が準備手続を主宰することが運用上，効率的であり，公判担当裁判官以外の者が準備手続を進めるのは無責任であるという点が挙げられている[7]。意見書では，刑事裁判の充実・迅速化の方策のひとつとして裁判所の訴訟指揮の実効性を確保する措置を検討すべきであるとされているが，準備手続が公判審理における訴訟指揮の観点と直接的に結び付けられているのである。

しかし，公判担当裁判官が準備手続を主宰するのであれば，裁判官は証拠や争点について一定の認識をもって公判審理に臨むことになるから，まったくの白紙の状態で公判審理に臨むことができなくなり，予断排除原則に抵触する危険性が生じる。意見書においても，「予断排除の原則との関係にも配

---

6) 井上正仁＝長沼範良＝山室恵・前掲注（5）121頁。
7) 酒巻匡「刑事裁判の充実・迅速化―争点整理と証拠開示手続の構築」ジュリスト1198号（2001年）148頁，安原浩「審理の充実・迅速化のための方策について」法律時報74巻7号（2002年）46頁，森野俊彦「『裁判員制度』の制度設計はいかになされるべきか」季刊刑事弁護33号（2003年）10頁，大谷直人「刑事手続改革の課題と展望」刑法雑誌42巻2号（2003年）43頁参照。

慮しつつ，当該手続における裁判所の役割・権限（証拠の採否等裁判所の判断の対象範囲や訴訟指揮の実効性担保のための措置等を含む。）や当事者の権利・義務のあり方についても検討されるべきである」と指摘されている。この点について，司法制度改革審議会の委員であった井上正仁教授は次のように反論する。予断排除の趣旨は，「当事者の一方である検察側の資料，記録を裁判所ないし裁判官が引き継いで，それだけを基に事件につき一定の心証を抱いて公判に臨む，というのは公平ではないということにあったはずなのです。ところが，いつの間にか，その原則の一般命題部分だけが１人歩きして，公判裁判所は第１回公判期日まで事件やそれに関する記録等に一切ふれてはならない，ということになってしまったのではないか。しかし，もともとの趣旨からしますと，両当事者が等しく参加する場である限り，公判裁判所ないしその構成員が，少なくとも，争点整理のために両当事者の主張を聴くということは，公判期日前に行っても何らおかしくなく，予断排除の原則に抵触しないように思われるわけです[8]。」

こうした観点から，捜査機関から裁判所に対する嫌疑の引継ぎにならないようなかたち，すなわち，両当事者が立ち会う場において，それぞれが対等な立場で，裁判所に対して自らの主張を提示するとともに，公判で取調べ請求予定の証拠の標目・立証趣旨を示すという形であれば，仮にそれが第1回公判期日前に行われたとしても，予断防止の原則に反することはないという見解が主張されるのである[9]。最高裁の意見書でも，「裁判所が，公判手続前に争点を整理して審理計画を立てるために，両当事者が参加する手続で，その主張を聴くことや，証拠開示に関する裁定を行うことは，事件について事前に心証を形成するものではなく，予断排除の原則に触れるものではないと考えられる。」と述べられている[10]。

しかし，以上の議論は，従来の予断排除概念を変容させるものであること

---

[8] 井上正仁＝長沼範良＝山室恵・前掲注（5）120頁。
[9] 川出敏裕「新たな準備手続の創設」現代刑事法43号（2002年）46頁，酒巻・前掲注（7）149頁，同「刑事司法制度の改革について」法律のひろば54巻8号（2001年）34頁，安原・前掲注（7）46頁，大谷・前掲注（7）44頁。
[10] 2002年9月24日の第7回裁判員制度・刑事検討会に提出された最高裁判所事務総局「裁判員制度，刑事裁判の充実・迅速化，検察審査会制度の在り方についての意見」

を強調しておきたい。元来，予断排除原則は，裁判所をして事件につきまったく白紙の状態で第1回公判審理に臨ましめようという趣旨から，公判審理がはじまるまでは証拠に触れないようにするところにその意義がある[11]。刑訴法256条6項が，「起訴状には，裁判官に事件につき予断を生ぜしめるおそれのある書類その他の物を添付またはその内容を引用してはならない」と規定するのはこの点を明確にする趣旨である。この一般的解釈に従えば，第1回公判期日の前に裁判所が事件について一定の心証をもたらしうる資料に触れること自体が予断排除の原則に反する。現行法の事前準備に裁判所が積極的に関与していないのはこのためである。

　当事者主義とは，裁判所を中にはさみ検察官と被告人が対立する三面構造をとり，検察官が審判対象の設定権をもち，証拠調べも当事者がイニシアティブをとる方式である[12]。当事者主義は事実認定のシステムとして制度的側面から捉えられなければならない。同様に予断排除原則も，裁判所がまったく白紙の状態で公判審理に臨み，両当事者による主張・立証活動を聞きながら法廷で心証を形成するという，当事者主義における事実認定システムとして捉えられるべきである[13]。予断排除を「有罪の方向における予断」を排除する原則と捉えたり，裁判所が有罪の心証を持つかどうかという主観的問題として捉えるべきではない。

　井上教授の主張するような解釈が生まれる背景には，現行法においても，実体裁判に関わる裁判官が証拠決定を行い，証拠開示の決定をしており，第1回公判期日の後先の違いはあるにせよ，準備手続を公判担当裁判官が担当することは現状を大幅に変えることにはならないという意識があるのではなかろうか。しかし，その現状自体が問題とされなければならない。アメリカの陪審制を見れば分かるとおり，訴訟指揮を行う裁判官は実体裁判には加わらない。裁判官が訴訟指揮を実効的に実施しようとすればするほど，証拠の中身に踏み込まざるをえず，証拠の中身に積極的に踏み込めば踏み込むほ

---

11) 団藤重光『新刑事訴訟法綱要7訂版』（創文社，1967年）373頁，田宮裕『刑事訴訟法［新版］』（有斐閣，1996年）183頁，光藤景皎『口述刑事訴訟法上［第2版］』（成文堂，2000年）284頁など参照。
12) 田宮・前掲注（11）238頁。
13) 白取祐司『刑事訴訟法第2版』（日本評論社，2001年）219頁。

ど，その方向で一定の心証をもつ危険性も強まる。元来，訴訟指揮権の行使と実体裁判の行使とは異なる主体によってなされるべきものである。こうした現状に問題があるにも関わらず，さらに公判担当裁判官が準備手続へも関与することになれば，職権主義的傾向はさらに顕著になり，問題はより深刻なものとなる。

　これに対し，裁判長となる裁判官のみを準備手続に関与させ，裁判長には公判審理，評議を通じ交通整理の役割を与えてはどうかという考え方がある。この考え方は裁判長が評議および裁定の場に参加しない場合にのみ当てはまる。裁判長が評議に参加するのであれば，この提案は準備手続，公判審理，評議を通じた職権主義の徹底に他ならない。

　また，この点は裁判員制度によって公判審理が進められる場合に一層大きな問題をもたらす。裁判員制がとられた場合，事前に公判担当裁判官が事件に関する情報を持つということは，同一の事件について，まったく白紙の状態で公判に臨む裁判員と証拠や争点について整理された情報をもつ裁判官とが共に評議に参加することを意味する。これは裁判官と裁判員との間に情報格差をもたらし，両者の上下関係を決定的なものにする。裁判官と裁判員とは対等な情報に基づいて評議，判決を行うべきである。公判　担当裁判官の準備手続への参加は，裁判員制度を骨抜きにしてしまう危険性が高い[14]。

　以上のように，予断排除原則の大枠を崩さずに，準備手続を実効性あるものとするためには，新たな準備手続は公判審理に関与しない準備手続専門の裁判官によって主宰されるか，または，公判担当裁判官が関与するのであれば，その裁判官は評議および判決には関与しない制度とする以外にはないであろう。新たな準備手続が裁判員制度をとらない場合にも実施されることを考えれば，制度的一貫性を確保するために，準備手続担当裁判官によって実施されることがより望ましいと思われる。現在，新たな準備手続は公判担当裁判官によって進められる方向でほぼ固まっているようであるが，それが予断排除原則に反するという点は十分に認識しておく必要がある。

---

14)　淵野貴生「刑事司法制度改革の評価方法―裁判員制度を素材として」法政研究（静岡大学）6巻3・4号（2002年）383頁。

4 新たな準備手続と黙秘権

　新たな準備手続において充実した争点整理を行うためには，両当事者が争点の整理に積極的に協力することが必要である。たとえば，被告人・弁護人が準備手続において争点を明示することを拒否した場合，実効的な争点整理が困難になる事態も予想される[15]。実際のところ，争点というのは裁判の進行の中で顕在化することもあり，被告人・弁護人の防御戦術として，準備手続では検察側の手持ち証拠を明らかにすることにとどめ，争点は第1回公判期日以降に明らかにするという方法がとられることも大いに考えられるところである。

　そこで，法務省，最高裁は被告側に争点明示義務を課すことを提案している。検討会における法曹三者のヒヤリング（2002年9月24日）において法務省は次のような意見を述べている。「被告側においても最低限，検察官の主張に対し，具体的に争点を明示する義務を負うものとすべきである。・・・そして，準備手続における争点整理の実効性を担保するためには，当事者が正当な理由なくこれに協力しなかった場合の法的効果についても検討する必要がある。そこで，具体的には，例えば準備手続段階で明らかにしなかった主張や証拠調請求をしなかった証拠については，原則として公判段階で提出することは許されないものとすることが考えられる[16]。」

　しかし，被告人・弁護人に争点明示義務を課すことは，被告人の黙秘権に抵触する可能性がある。なぜなら，被告人が検察官の主張のどこを認め，どこを争うかを明らかにすることが結果的に不利益な供述を行うことに該当し，それを義務付けることは供述の強要にあたる場合が考えられるからである。

　ところで，上の法務省の主張には，実は，被告人・弁護人の主張を明らか

---

15) 大久保太郎「『刑事裁判の充実・迅速化』所感―司法制度改革審議会最終意見を読む―」判例時報1765年（2002年）13頁。
16) 第7回裁判員制度・刑事検討会（2002年9月24日）に提出された法務省「裁判員制度・刑事検討会における当面の論点に関する意見」。同趣旨，酒巻・前掲注（7）151頁，吉丸眞「裁判員制度の下における公判手続の在り方に関する若干の問題」判例時報1807号（2003年）4頁，川出・前掲注（9）48頁。

にすべきだといういわゆる争点明示義務と公判に提出する証拠を事前に明らかにすべきだという証拠調べ請求義務とが含まれている。私は，この両者を区別し，被告人・弁護人に争点明示義務を課すべきではないが，当事者双方に証拠調べ請求義務を課すことは認められるのではないかと思う。

　この問題をたとえば，被告人・弁護人が，準備手続ではまったく主張していなかったアリバイの存在を公判段階で突然主張しはじめたというケースで考えてみよう。このような場合，現在の実務では，訴追側が反証を挙げるために次回公判まで一定の期間を要求することが多いであろう。ところが，とくに裁判員制度が採用されると，そのために審理を一定期間中断するというわけにはゆかない[17]。

　ただし，被告人・弁護人に明確なアリバイ証拠が存在するのであれば，それは捜査段階で主張され，そもそも起訴されることがないであろうから，このような事態が考えられるのは，被告人・弁護人としても十分にアリバイを立証するための証拠が存在しない場合に限られると思われる。たとえ明確な証拠がなくても，被告人・弁護人は，検察官の立証に揺さぶりをかけ，公訴犯罪事実に合理的疑いを生ぜしめるためにこうした反論をするということはありうる。そして，若干変則的ではあるが，こうした争い方も被告人の防御権の行使として否定はされないであろう。こうした争い方を認めず，準備手続段階でアリバイの主張をしなければ公判審理で主張できないとすることは，被告人・弁護人の防御権の侵害であり，結局のところそれは憲法38条1項における「自己に不利益な供述を強要」されることにほかならないと思われる。

　ところで，争点とは何であろうか。たとえば，アリバイの主張は「争点」だろうか。アリバイは犯罪事実が存在しないことを示すものである。「疑わしきは被告人の利益に」の原則からすれば，元来，被告人・弁護人は公訴犯罪事実に関して合理的疑いを差し挟めばよいはずである。この意味では，すべての証拠調べにおいて，被告人・弁護人は合理的疑いを差し挟むべく反対尋問を行うことが許される。それをあえて事前に争点として明確に主張しな

---

[17]　吉丸・前掲注（16）4頁以下。

ければならないとすると，争点整理とは，被告人・弁護人が合理的疑いを差し挟むべく主張する観点を限定する役割を果たすことになるのではなかろうか。また，検察側の冒頭陳述自体は争点の明示と言いうるものではないから，結局のところ争点の提示義務は一方的に被告人・弁護人に求められることになる。

しかし他方，被告人・弁護人がアリバイ立証のために公判に証人や書面を提出する場合は，準備手続の段階で証拠調べ請求をしなければならないと思われる。現在においても，証人等の尋問を請求するについては相手方に対してあらかじめ氏名・住所を知る機会を与え，証拠書類・証拠物の取調べを請求するについてはあらかじめ相手方に閲覧する機会を与えなければならないのであるから（刑訴法299条1項），裁判員制度が採用され，連日開廷が原則となれば，準備手続段階においてそれらの証拠請求がなされなければならないであろう。

準備手続段階において証拠調べ請求義務を課すことは，「自己に不利益な供述を強要」することにはならないし，また，刑訴法上の包括的黙秘権（311条1項）を侵害することにもならない。また，証拠調べ請求義務は両当事者に課せられるものであり，一方的に被告人・弁護人にのみ課せられるものではない。このように，両当事者に課されるべきは争点明示義務ではなく，証拠調べ請求義務であると考えるべきではなかろうか。ただし，準備手続以後に証拠が見出されることも考えられるのであるから，当然例外は認められるべきであろう。

次に，川出助教授が挙げている事例を考えてみたい。被告人が公判で正当防衛を主張しようとする場合，その論理的前提として，構成要件該当事実を行ったことは認めるということになる。この場合に，準備手続における争点整理の段階で正当防衛を主張しないと，後の公判ではそれを主張できないという仕組みをとると，被告人は，それを避けるために，この段階で正当防衛を主張せざるをえず，そうなると，その反射的効果として，事実上，構成要件該当事実の承認を強制されるかのような状況になる。これは黙秘権の侵害であろうか[18]。

実際の公判審理では，被告人・弁護人がまず公訴犯罪事実の不存在を主張

し，それが認められない場合には正当防衛などの違法性阻却事由を主張するという法廷戦術をとることは常套手段であろう。当然，裁判員制度における公判審理においてもこうした方法をとることは妨げられない。であるにもかかわらず，新たな準備手続が創設されたことにより，公訴事実不存在か，正当防衛かの二者択一を迫られるとしたら，それは不利益な供述の強要であり，黙秘権の侵害に他ならないであろう。川出助教授は，いずれその選択をしなければならないので，その選択を前倒しにしたに過ぎないから黙秘権を侵害することにはならないとするが，主張自体が二重になっている場合，1つの主張しか公判審理で行えない状況を作ることが防御権の侵害でありひいては黙秘権の侵害と考えるべきであろう。ただし，先の事例と同様に，正当防衛を主張するために証人や物証などを請求する場合については，原則的に，準備手続の段階で請求する必要があろう。

　以上のように，争点明示義務を課すことは被告人の防御権を侵害するものであり，黙秘権に反すると考えられる。それゆえ，準備手続段階において検察側，被告人・弁護人双方に課せられるべきものは，争点明示義務ではなく証拠調べ請求義務であると考えるべきである[19]。

5　新たな準備手続と証拠能力

(1)　違法収集証拠

　新たな準備手続創設の理由が，刑事裁判の充実・迅速化にあることからすれば，それらを妨げている要因のうち，準備手続段階で解決しうる問題については，できるだけ準備手続に委ねるべきである。検察側が取調べ請求予定のすべての証拠の標目と立証趣旨を示し，被告側が検察側の請求予定の証拠に同意するかどうかを示し，裁判所が証拠の採否について決定するという一

---

18)　川出・前掲注（9）49頁。
19)　折衷案として，被告人・弁護人に検察官の主張に対する一定程度の応答義務を認めるが，公判における主張・立証制限は認めず，被告人・弁護人が準備手続で主張していない主張を公判でした場合は，準備段階で主張していないという事実が裁判員，裁判官の心証に事実上影響を与えることがあるという程度にとどめるべきだとする見解も示されている（美奈川成章「準備手続の創設・証拠開示の拡充」季刊刑事弁護33号［2003年］42頁）。

連の手続は，準備手続段階で行われるべきであろう。

　ところで，一旦，準備手続段階で裁判所によって証拠能力が認められた証拠に関して，被告人・弁護人が，再度公判段階でその証拠の証拠能力を争うことはできるだろうか。なるほど，裁判員制度が採用される場合を考えれば，裁判員に対して，有罪・無罪の判断および量刑の判断に加えて証拠能力の判断をも委ねるのは適当ではない。日弁連の裁判員制度に関する要綱では，事実認定を行う者が証拠能力をも判断すると予断排除の原則に反する点，証拠能力の判断には過去の判例や学説等をも参照せざるを得ないが，その知識を持つ裁判官と持たない裁判員とでは評議をなしえない点，公判手続が長期化する可能性がある点などを理由として，原則として，証拠能力の有無の判断に裁判員は関与すべきではないとしている[20]。しかしながら，日弁連要綱では，同時に，証拠能力の有無が問題とされる場合には，その判断が最終判断を左右することも多く，たとえば収集した覚せい剤が違法収集証拠であるか否かの場合などは，その採否が最終判断を左右する可能性が極めて高いとも指摘されている。実際上，わが国の公判審理では，公訴事実が争われる事案において，捜査段階での自白の任意性や証拠物の収集過程に違法があるといった点が争点になる場合がたいへん多い。それゆえ，被告人・弁護人は，準備手続段階で裁判所によって証拠能力が認められた証拠であっても，公判段階でその証拠能力を争うことは可能であると考えられる。

　さて，証拠能力が問題となるのは，主として，被疑者調書，参考人調書，違法収集証拠などについてである。このうち，裁判員制度が採用され，直接主義・口頭主義が徹底されれば，被疑者調書，参考人調書が証拠として利用されることは相当に限定されるはずであるので，まず，違法収集証拠について考えてみよう。

　たとえば，覚せい剤不法所持の事案が裁判員裁判の公判にかけられ，被告人・弁護人が，公判で当該覚せい剤は違法な所持品検査に基づく違法収集証拠である旨を主張したとしよう。この証拠の採否について判断をするためには，証拠収集過程の事実認定，本件所持品検査の違法性，さらには証拠能力

---

20) 日弁連司法改革実現本部「『裁判員制度』の具体的制度設計要綱」。本要綱の全文は，季刊刑事弁護33号（2003年）175頁以下に掲載されている。

を否定する程度の違法かどうかの判断がなされなければならない。まず，捜査過程に関する事実認定は基本的に犯罪事実の認定と同じ性質を持つ。裁判員制度がとられた場合であっても，捜査段階でどのような捜査活動が行われたのかという点について判断することは公訴犯罪事実の判断と異なるところはない。それゆえ，問題となるのは違法性に関する評価である。

違法性の評価は難しい判断である。しかし，その難しさは法技術的に高度な判断であるからではなく，証拠能力が認められる程度の違法なのか，その程度を逸脱して証拠能力を否定すべき違法なのかについての明確なメルクマールが存在しない点にある。判例における違法排除の基準は，「憲法35条の所期する令状主義の精神を没却するような重大な違法」ということであるが[21]，これは具体的事例について違法排除のメルクマールになるような具体的基準ということはできない。

私見としては，この判断にこそ「市民的感覚」が入ることが望ましいと思われる。ただし，このように主張すると，違法排除の判断について事案ごとにその採否に違いが生じる可能性があるという反論がありえよう。しかし，裁判員制度における判断はまったく市民のみによる判断ではない。評議において裁判官の説明を受けながら，また市民的感覚も盛り込みながら最終的判断をしてゆくということになる。実際上，証拠能力の判断には裁判官の影響力が大きくなることが予想されるが，それでも裁判官は一般人たる裁判員を納得させる説明を行わなければならないし，裁判員は市民としての質問・意見を述べるであろうから，違法排除の判断も一層分かりやすいものになるのではなかろうか。

また，そもそも，証拠能力問題を公判段階で主張することができなくすると，新たな準備手続は，実質上，被告人・弁護人がもっとも争いたい争点を公判で争えなくする役割を果たすことになる。これは被告人・弁護人の防御権を実質的に侵害する。先述したように，準備手続は，両当事者が争点を明確にして，公判審理において活発な主張立証活動を展開することを可能とする制度でなければならない。準備手続に求められているのは「争点の明確

---

[21] 最一小判昭和53年9月7日（刑集32巻6号1672頁）。

化」である。この観点から見れば，証拠能力の問題が重要な争点である場合には，準備手続はその争点を明確にするために活用されるべきであり，証拠能力に関する争点を公判審理に提出することを制限し，結局，被告人・弁護人の防御権を侵害するために活用されてはならないと思われる。

　ただし，前項で述べたように，裁判員制度における連日的開廷の確保の観点から，被告人・弁護人は，原則的に，準備手続で取り上げられていない証拠能力の問題を，直接，公判審理で請求することは許されないと考えられる。

(2) 伝聞証拠

　次に，上述した証拠能力の問題のうち，被疑者調書および参考人調書は，伝聞法則に関係する問題もある。この点に関しては意見書も「直接主義・口頭主義の実質化」として取り上げており，とくに裁判員制度の導入される手続では，伝聞法則に関する原則と例外の逆転という状況は許されない。しかし，実務を前提とする限り，たとえば，刑訴法321条1項2号の検面調書については，「前の供述と相反するか若しくは実質的に異なった供述をしたとき」には比較的容易に証拠能力が認められている。意見書は，伝聞法則例外規定の改正については直接言及していないが，「関連諸制度の在り方」を検討する一環として刑訴法の改正も検討対象とすべきであろう[22]。

　ただし，争点の明確化という観点から見れば，逆に同意書面を活用することも考えられなければならない。なるほど，裁判員制度が採用される場合，裁判員は公判が終了した後に，長時間かけて大量の証拠書類や公判調書を読んで検討することはできないのであるから，裁判員制度のもとでは，これまでのような形での書面の利用は不可能である。他方，公判審理を効率的に進めるためには，当事者間に争いのない事実を同意書面などで簡明に立証し，証人尋問などを事件の争点に集中させることが重要となる[23]。伝聞法則の

---

[22]　改革案としては，五十嵐二葉『刑事司法改革はじめの一歩』（現代人文社，2002年）131頁以下，日弁連要綱・前掲注(20) 193頁，高田昭正「直接主義・口頭主義の実質化」季刊刑事弁護33号（2003年）53頁以下，笠松健一「裁判員のあるべき姿」法と民主主義367号（2002年）25頁など参照。また，検察官に対して検面調書の提出を限定することを求める見解として，佐藤文哉「裁判員裁判にふさわしい証拠調べと合議について」判例タイムズ1110号（2003年）4頁参照。

[23]　吉丸眞「公判の活性化」松尾浩也・井上正仁編『刑事訴訟法の争点（第3版）』（2002年）133

趣旨は被告人の主体的関与にある。そうした観点と迅速な裁判の実現とを両立するため，伝聞証拠であっても当事者がその提出に同意または合意した書面（刑訴法326条）については（すなわち争わない事実については），証拠として活用すべきであろう。意見書も，争いのある事件での公判の活性化を目指しているのであるから，その反面として，争わない事実については同意書面を活用した審理を行うことを否定するものではない。

さらに進んで，刑訴法327条に基づいて，複数の文書の内容や複数の供述内容について，これを要約して，その内容について検察側と被告人・弁護人とが「合意書面」を作成することを活用すべきであるという提案がある[24]。合意書面の作成を準備手続において実現できるならば，被告人・弁護人としては，公判審理に，捜査機関が作成した証拠ではなく，被告人・弁護人が主体的に関わった資料が提出されることになり，当事者主義の観点から一層望ましいであろう。

(3) 準備手続記録の証拠能力

また，証拠能力の関係では，準備手続段階の被告人の認否が証拠になりうるかという問題がある。現行の準備手続同様，新たな準備手続に裁判所書記官が立ち会い，調書が作成されるということになれば（規則194条の5），そこに記載された被告人の供述は証拠として採用される可能性がある。現行法は「被告人の公判準備又は公判期日における供述を録取した書面は，その供述が任意にされたものであると認めるときに限り，これを証拠とすることができる。」と規定している（刑訴法322条2項）。新たな準備手続がここでいうところの「公判準備」に該当することになれば，準備手続段階における被告人の供述のほとんどは証拠として認められることになろう。

しかし，準備手続段階の発言が公判審理における証拠になるとすれば，実際上，実効的な争点整理は難しくなるだろう。なぜなら，被告人・弁護人にとって，準備手続で認容することが証拠となるのであれば，できるだけ準備手続では何も語らない方が得策だと考えるだろうからである。準備手続は形式的にならざるを得ない。そこで，争点整理における供述はあくまで争点整

頁。
24) 高田・前掲注（22）57頁。

理のためのものとし，それを公判廷における証拠とすることはできないと考えるべきである。現行法を前提とすると，裁判所の面前における供述であることから証拠能力が認められる可能性が高いので，証拠として許容しないための規定が必要であろう。

6 新たな準備手続と証拠開示

(1) 証拠開示の範囲

　準備手続において充実した争点整理を行うためには，十分な証拠収集のできない被告人・弁護人に対し，検察官の手持ち証拠を開示させ，それに基づいて被告人・弁護人も十分準備をする必要がある。証拠開示のルール化が必要であるという点については法曹三者の意見は一致している。

　従来，証拠開示のあり方については，個別証拠開示の立場と全面証拠開示の立場とがあるが，意見書は争点整理との関係において証拠開示の拡充を提言しており，全面証拠開示は否定されたと考えられる。井上正仁教授も，「検察官による証拠開示も無条件で認められるべきものではなく，ましてや全面事前開示というのは行きすぎだという反対の意見も強く，最終的には，争点整理というものに絡んで，その準備に必要かつ相当な範囲で開示を認めよう，ということに落ち着いたわけです。」と述べている[25]。

　証拠開示のルール化については，証拠の種類，類型に応じて開示のルールを定めるいわゆるアメリカ型と，証拠調べ請求予定のものは開示し，それ以外のものについてはリスト化しそのリストを見せるイギリス型とが検討されている[26]。これらを踏まえ，酒巻教授は，証拠開示の範囲について，類型的に開示に伴う弊害のおそれが乏しいと考えられ，かつ防御準備にとって重要で，両当事者間で共有することが適切というべき情報を含む資料（参考人の警察官調書，検察官調書など）は，第1回公判期日前に，検察官から弁護人に直接，一括して開示することを原則として義務づけることを提案している[27]。被告人・弁護人は，証拠を検討する過程で当該事実に関係する別の

---

25)　井上＝長沼＝山室・前掲注（5）121頁。
26)　井上＝長沼＝山室・前掲注（5）122頁。

証拠の開示を受ける必要があると認めるときは，検察官に対してそれを開示するように求め，それに検察側が応じない場合，裁判所が，その必要性や開示による弊害を考慮して，それを認めるか否か決定することになる。また，この際，検察官が手持ち証拠・一件記録の標目を提示し，これに基づいて被告人側が特定の資料の開示請求をするという方法も有用であるとしている[28]。

　この考え方は全面証拠開示論に近いと思われるが，酒巻教授は，個別的具体的な事案の性質や調書の記載内容によっては，これらの調書を開示することに伴う証人威迫や偽証教唆誘発のおそれが具体的に認められたり，第三者の名誉・プライヴァシーや関連事件の捜査に関る秘匿を要する事項等が含まれることは否定できないから，いたずらに「事前全面開示」の標語を高唱する単線的議論には賛成しがたいとされている[29]。

　しかし，問題が第三者の名誉・プライバシー侵害にあるならば，ただちに事前全面開示を否定する必要はないのではなかろうか。たとえば，新たな準備手続が開始される場合には，弁護人が必要的に関与することとし，弁護人に対しては事前全面開示を認め，被告人に対しては，上に挙げられたプライバシー侵害の危険性に対する一定の制限を設けるという方向性が考えられるであろう。

(2) 証拠開示の意義

　さて，従来，証拠開示は，証拠収集能力において捜査機関と圧倒的な差がある被告人・弁護人の防御権を実質的に担保するためにその必要性が主張されてきた制度である[30]。これに対し，意見書の示す証拠開示は，充実した

---

27) 酒巻・前掲注（7）149, 150頁。また，証拠開示の時期については，準備手続に入ってから実施する考え方もあるが（川出・前掲注（9）47頁），それでは，被告人・弁護人が証拠を検討する時間が与えられず，準備手続の争点整理が円滑に進められないので，公訴提起後できるだけ速やかに行うべきであろう（吉丸・前掲注（16）3頁，田淵浩二「証拠開示」法律時報増刊シリーズ・司法改革Ⅲ「最終意見と実現の課題」[2001年] 175頁，日弁連要綱・前掲注（20）182頁）。

28) 酒巻・前掲注（7）150頁。証拠標目の開示については，森野・前掲注（7）11頁，松代剛枝「証拠開示に関する一考察」刑法雑誌40巻3号（2001年）17頁も参照。

29) 酒巻・前掲注（7）150頁。

30) 淵野・前掲注(14)382頁，三井誠「証拠開示」法学教室180号（1995年）91頁，高田昭正「証

争点整理をおこなうためのものであり，それと被告人の防御準備とは間接的に関係するに過ぎないという見解がある[31]。実際のところ，意見書には，被告人の防御権の保障という文言は見当たらず，証拠開示は争点整理との関係においてのみ把握されている。今回の法制化が，これまでの証拠開示論の意義自体を変容させる危険性がある点については注意を要する。

　もっとも，この点は「争点整理」の捉え方の問題であるともいえよう。先述したように，意見書の全体構造の中で新たな準備手続を位置付けたとき，争点整理は，両当事者が公判審理において活発な主張立証活動を行うためになされるものである。これを被告人・弁護人から見れば，公判審理において活発に主張立証を行える状態というのはまさに防御権が保障された状態であるから，結局のところ，争点整理の範囲は防御権の範囲と一致するはずである。すなわち，争点整理の意義は被告側から見た場合と裁判所側から見た場合に異なるのであって，当事者主義のもとでは，当事者の争点整理が第一義的であって，この観点から見れば，争点整理のためというのは，被告側にとって証拠開示の範囲を制限する理由にはならない。争点整理のための証拠開示という理由で証拠開示が制限されるとすると，それは裁判所の観点から争点整理を見ているのである。争点整理は元来，当事者が公判審理で活発な主張立証活動を行うためのものであるという点を見失ってはならない。

　また，検察側の手持ち証拠についての情報を両当事者が共有することには，「検察官の手中にある証拠を洗い浚い開示させた場合，被告人が検察側の証拠の全容を把握した上，その間隙を衝き，弱点を狙って巧妙な罪証隠滅工作を行うことが容易になる」といった反論がある[32]。これはもっともな反論のようであるが，しかし，被告人が検察側の証拠の全容を把握した上，その間隙を衝き，弱点を狙って公判廷で尋問または弁論を展開することは当然のことである。それこそが当事者主義，交互尋問方式の真髄であるはずである。問題は「巧妙な罪証隠滅工作」を行う点にあるが，起訴された段階に

拠開示」季刊刑事弁護25号（2001年）87頁。
31)　川出・前掲注（9）47頁。
32)　吉丸眞「刑事訴訟における証拠開示―第1回公判期日前の証拠開示を中心に（下）」法曹時報
　　52巻6号（2000年）16頁。

おいて，捜査機関は証拠収集が一応完了していなければならないのであるから，その後の罪証隠滅は元来想定されていないはずである。証人に対する罪証隠滅工作ということが念頭に置かれているのであれば，現行法においてもあらかじめ証人の氏名および住居を知る機会を与えなければならないのであるから（刑訴法299条1項），その危険性は現行法と変わるところがない。また，この点については，取調べ段階における参考人の供述を録音するといった方策も活用されるべきであろう[33]。

以上のように，充実した争点整理を目的とするにしても，証拠開示は被告人の防御権の保障という観点から考えるべきであって，そうであるならば，少なくとも弁護人に対しては全面的に証拠開示がなされるべきであろう。

(3) 検察官による一件記録の提出

ところで，私は全面証拠開示に賛同するものであるが，開示の方法は従来の見解とは異なるので，ここで自説を述べておきたい。私見としては，準備手続担当裁判官の創設を前提として，公訴提起と同時に検察官が一件記録（捜査書類および証拠物）を裁判所に提出するという方法によって全面証拠開示を実現すべきであると考える[34]。この方法は予審の存在した旧刑事訴訟法のもとにおける方法であるが，準備手続裁判官の創設により予断排除の原則との抵触が避けられれば可能である。全面的証拠開示をいわゆる「検察官による証拠開示」ではなく，「検察官による一件記録の提出」によって実現すべきであると考える理由は次の2点である。

第1の根拠はいわゆる捜査記録の性格に基づく。捜査機関によって実施される捜査は，刑訴法189条以下にその手続が明示されていることから明らかなように，公訴，公判審理へと続く刑事手続の第1段階である。また，捜査機関には証拠を収集するための捜索・差押えなど一定の強制処分権限が与えられている。すなわち，捜査手続は刑事手続上の正式な手続であり，単なる一方当事者の公判準備として理解されるべきではない。そうであれば，捜査手続は後の手続段階において訴訟関係人がその実施状況について検証できる

---

33) 吉丸・前掲注（16）4頁。
34) 高内寿夫「予審的視点の再評価―公判審理から見た捜査―」刑法雑誌35巻3号（1996年）34頁（本書15頁以下）。

ものでなければならない。捜査記録は，単なる一方当事者の証拠資料であると考えるべきではなく，「捜査活動の記録」として考えるべきである。裁判所に一件記録を提出することには，「捜査段階ではこのような活動が行われました」ということを訴訟関係人に明らかにするという意味がある。また，本来，捜査手続の確認作業は裁判所も行うべきであるが，起訴状一本主義との関係でこれまで裁判所が第1回公判期日前にそれを行う規定は置かれていなかった。しかし，準備手続担当裁判官が新設されれば，裁判所においても，捜査手続の適法性について確認することが可能となるであろう。

　第2の根拠は，捜査段階で収集された証拠は両当事者共通の資料とされるべきであるという点である。国家機関たる検察側の証拠収集能力と私人たる被告人・弁護人の証拠収集能力との格差は明らかであるから，この格差を埋めるに証拠開示が必要であることは上述した通りである。酒巻教授が指摘するように，証拠開示と当事者主義との関係については，「一方当事者たる検察側の収集した事件に関する証拠・資料を被告側に再配分することによって両当事者がこれを共通に利用できる場を設けたうえで，当事者相互が立証活動を展開し，それを事実認定者が公平・中立の立場から判定するという訴訟の形態は，やはり当事者追行主義の訴訟にほかならない」のである[35]。わが国の公判審理は交互尋問方式に基く当事者主義が採用されている。公判担当裁判官は予断排除の原則からその資料を直接に検討することはできないが，両当事者は共通の資料としなければならない。証拠は基本的に訴追側が利用するものであるというのは偏見である。元来，証拠裁判主義において，証拠とは有罪を認定するための資料である。公判審理における実質的な当事者主義を実現するためには，「一方当事者たる検察側の収集した事件に関する証拠・資料を被告側に再配分することによって両当事者がこれを共通に利用できる場」が必要である[36]。この意味では，検察官が公訴提起と同時に

---

35)　酒巻匡『刑事証拠開示の研究』(弘文堂，1988年) 287頁。
36)　酒巻教授が紹介しているように，アメリカでは，「警察・検察が苦労して集めたものを，反対当事者が何の努力もしないで閲覧できるのは不公平だ」という意見があり (ワークプロダクトの理論)，わが国でもこの点を主張する実務家も多い。しかし，捜査記録は公判審理の基礎資料であり，その基礎資料を両当事者がおのおの分析して公判廷で弁論を展開するものと考えるべきである。ワークプロダクトの理論によっても，証拠開示制限を，検察官の法的問題に関する解釈，

一件記録（捜査書類と証拠物）を裁判所に提出することによって，裁判所において「両当事者が一件記録を共通に利用できる場」が設けられる。こうした方法は，わが国の刑事裁判の現状に最も適合していると思われる。

　以上の方法による証拠開示は，現行刑事訴訟法上の根拠を有する。刑訴法40条1項は，「弁護人は，公訴の提起後は，裁判所において，訴訟に関する書類及び証拠物を閲覧し，且つ謄写することができる。」と規定している。同趣旨の規定は検察官に対してもみられる（270条）。これらの規定は，元来，訴訟に関する書類および証拠物が裁判所に存在することを前提として，それらを弁護側，検察側双方が閲覧・謄写できることを明示するものと解すべきである。この規定が，証拠調べ以降の閲覧・謄写のみを問題とするならば，「公訴の提起後」という文言はいかにも奇妙である。

　また，裁判所への一件記録の提出は大幅な実務の改革を必要とするように思われるかもしれないがそうではない。まず，こうした方法は現在でもすべての少年事件で実施されている。準備手続担当裁判官が創設されれば，予断排除の問題に配慮することなく，準備手続担当裁判官の管理の下で一件記録を保管することが可能となるはずである。また，大部分の捜査は警察によって実施されているが，警察によって捜査が進められた捜査書類は検察庁においてすでに取りまとめられているから（刑訴法246条），これに検察段階における捜査の記録を加えればよいのである。この際，証拠調べを行う段階のような形で証拠が整理されている必要はないが，すべての証拠に関する一覧表は作成されるべきであろう。

7　むすびにかえて

　これまで述べてきたように，意見書において適切な方向性が示された新たな準備手続は，具体的制度設計の段階にいたって，予断排除，黙秘権，防御権，証拠開示など刑事訴訟法の基本理念と抵触する可能性が顕在化している。いや，意見書においても，すでにその傾向は示されていたと見るべきか

　理論，意見，結論や事案の分析，公判戦術などの検察官の知的活動の成果に限定して考える立場がある（オピニオン・ワークプロダクトの理論，酒巻・前掲注（35）174頁）。

もしれない[37]。全体としてみれば，準備手続，公判審理，評議の場を通じた裁判所の権限拡大，職権主義の強化という方向に向かっているといえるであろう[38]。

　本論の中で何度も繰り返してきたが，意見書が提案する新たな準備手続の趣旨は，公判審理において両当事者が，争点を明確にして，活発な主張立証活動を展開することを可能とするところにある。準備手続が新設されることによって，結果的に，公判審理において，両当事者の活発な主張立証活動が妨げられることがあってはならない。刑事裁判の遅滞への一般的関心が高まる中，改革の方向性はどうしても刑事裁判の迅速化に焦点があたる傾向にあるが，新たな準備手続は，まずもって刑事裁判の充実に寄与するものでなければならない。

---

37)　淵野・前掲注（14）383頁。
38)　指宿・前掲注（5）172頁。

第7章　裁判員制度の構造をいかに理解すべきか

1　はじめに──予断排除のダブル・スタンダード──

　裁判員制度の施行を2009年に控え，このところ，法曹三者による広報活動，準備活動が盛んに進められている。とくに裁判所は，各地での説明会の実施，裁判傍聴会の開催，広報ビデオの作成などを積極的に展開すると同時に，裁判員候補者に調査票・質問票を送付して無駄な出頭をできるだけ少なくする方策を検討するなど，国民の納得を得やすい手続を模索しているところである。また，ここにきて，裁判員裁判の実際の運用に関して，法曹三者による具体的な試案や提言も相次いで公表されている[1]。その中では，裁判員裁判の実際の運用において問題となる諸点，たとえば，公判前整理手続の進め方，証拠を厳選するための方法，証拠調べの方法，検察官面前調書・自白調書の取扱い，評議のあり方などの具体案が提示され，徐々にではあるが，裁判員裁判の運用が具体的イメージとして捉えられるようになってきた。
　ところで，裁判員制度の施行に向けたさまざまな準備が進められ，運用上

---

[1]　裁判所の取り組みとしては，今崎幸彦「共同研究『裁判員制度導入と刑事裁判』の概要　裁判員制度にふさわしい裁判プラクティスの確立を目指して」判例タイムズ1188号（2005年）4頁以下，検察庁については，長谷川充弘「裁判員裁判の下における捜査・公判遂行の在り方に関する検察試案について」ジュリスト1310号（2006年）110頁（試案は，検察庁ホームページhttp://www.kensatsu.go.jp/に掲載されている）を参照。日弁連の取り組みとしては，2006年6月に，「裁判員裁判における審理のあり方についての提言案」が公表されている（提言案については，日弁連ホームページ［http://www.nichibenren.or.jp/］に掲載されている）。また，「〈座談会〉裁判員制度実施に向けた新たな刑事裁判の在り方─法曹三者の取組」法学教室310号（2006年）6頁以下，「共同研究　裁判員裁判における審理等の在り方─証拠調べの在り方をめぐって（1）～（4）」ジュリスト1320号（2006年）159頁以下，1323号（2006年）100頁以下，1326号（2007年）142頁以下，1328号（2007年）80頁以下，「裁判員制度座談会　法曹三者の構想」法学セミナー623号（2006年）8頁以下，「裁判員制度座談会　制度設計に市民の観点をどう活かすか」同23頁以下も参照。

の問題について検討が加えられなければならないのは当然であるが，それと同時に，刑事訴訟法の基本原理との関係から，裁判員制度をどのように位置付けるべきかという理論的な分析も不可欠である。実際のところ，裁判員制度には，従来の刑事訴訟法理論とは必ずしも合致しないのではないかと思われる部分も見受けられ，それらを基本原理との関係においてどのように説明し，理論化を図るかという作業が同時に行われなければならない。裁判員制度は，さまざまな国々の制度を参照してはいるが，参照したどの法制とも異なるわが国独自の制度である[2]。

　そうした理論的課題のひとつに予断排除の問題がある。元来，予断排除は，裁判所をして事件について白紙の状態で第1回公判期日に臨ましめようとするものであるから，受訴裁判所を構成する裁判官が公判前整理手続を主宰し，両当事者の争点を整理し，提示された証拠の証拠能力を判断し，証拠開示の裁定を行うのは予断排除に反する可能性がある。この問題自体は裁判員制度に固有の問題ではないが，裁判員裁判の場合，公判前整理手続の実施が義務付けられているので（裁判員法49条），次のような問題が生じる。すなわち，公判担当裁判官は，すでに公判前整理手続の中で，検察官および弁護人から提出された証明予定記載書面を読み，争点の整理を行い，取調べ請求

---

[2] 各国の陪審制・参審制については，最高裁判所事務総局刑事局監修『陪審・参審制度　米国編1　陪審の構成・選定手続を中心として』（司法協会，1992年），同『陪審・参審制度　米国編2　公判手続を中心として』（1994年），同『陪審・参審制度　米国編3　陪審の事実認定を中心として』（1996年），同『陪審・参審制度　英国編』（1999年），同『陪審・参審制度　ドイツ編』（2000年），同『陪審・参審制度　フランス編』（2001年），同『陪審・参審制度　スウェーデン編』（2002年），同『陪審・参審制度　デンマーク編』（2003年），同『陪審・参審制度　イタリア編』（2004年）を参照。デンマークの陪審・参審制度については，上記文献のほか，日本弁護士連合会司法改革推進センター及び東京三弁護士会陪審制度委員会編『デンマークの陪審制・参審制　なぜ併存しているのか』（現代人文社，1998年），松澤伸「デンマークの刑事裁判と陪審制・参審制」立教法学55号（2000年）309頁以下，同「デンマークとノルウェーの陪審制・参審制」自由と正義52巻6号（2001年）14頁以下，同「北欧4ヵ国の陪審制・参審制」現代刑事法3巻7号（2001年）37頁以下参照。イタリアの参審制度については，上記文献のほか，松田岳士「イタリア参審制度の生成過程」自由と正義53巻12号（2002年）66頁，同「イタリアにおける予審廃止と新刑事手続の構造（1）（2・完）」法学論叢143巻1号（1998年）45頁，144巻3号（1998年）89頁，ルイージ・ランツァ（松田岳士訳）「イタリア参審制度における裁判過程（1）（2）」判例タイムズ1115号（2003年）46頁，1118号（2003年）65頁，ルイージ・ランツァ（松田岳士訳）「イタリア刑事司法における市民参加」阪大法学53巻1号（2003年）325頁など参照。

された証拠の証拠能力を検討し，証拠開示の裁定を行うのであるから，事件および証拠について一定の情報を得ている。他方，裁判員は，第1回公判期日に臨んだ段階ではじめて事件の内容や争点を知り，証拠を目にすることになるから，裁判員に対しては予断排除が完全な形で実現されている。裁判官が，現実に「予断」を持つかどうかはともかくとしても，同一の裁判体を構成する裁判員と裁判官との間に，事件に関する情報の格差が存在しているのは間違いない[3]。言い換えれば，予断排除原則に関して，裁判官と裁判員とでは別の基準が設定されているのである。この点を本稿では，予断排除のダブル・スタンダードと呼んでおきたい。

また，この問題は，単に理論的な問題にとどまらず，実際上も，裁判官と裁判員との協働の意義を危うくする可能性を孕んでいる。裁判員裁判を構成する3名の裁判官は，公判前整理手続の進行や公判審理の進行に関し打ち合わせを行うであろうから，事実認定および量刑についても何らかの会話がなされる可能性は否定できないし，そういうことがなくても，評議に進む前に，落としどころについて何らかの黙示の合意がなされている可能性がある。そうすると，評議の場において，結論に対して一定の共通認識をもって臨む3名の専門家と，突然裁判所に呼び出され，各々は何の意思疎通も図られていない6名の素人とが評議を行うことになる。常識的に考えれば，評議は，あらかじめ決まった3名の専門家の結論の筋でまとめられる可能性が高い。こうした裁判官による裁判員に対する統制は，素人による妥当性を欠く判断をコントロールし，適正・公平な判決を維持するという点では一定の必要性がある反面[4]，それが過度になれば，裁判員が裁判体を構成する意義自

---

[3] 淵野貴生「刑事司法制度改革の評価方法―裁判員制度を素材として」法政研究（静岡大学）6巻3・4号（2002年）384頁，田口守一＝後藤昭＝椎橋隆幸《鼎談》刑事司法制度改革の現状と問題点」現代刑事法43号（2002年）22頁［後藤昭発言］。また，この点に関し，法律案の策定作業を行った「裁判員制度・刑事検討会」において，四宮啓委員は，情報格差のない対等性への信頼を担保するという仕組みが制度として必要であると述べている（裁判員制度・刑事検討会第19回会合［平成15年5月30日］）。裁判員制度・刑事検討会の議論については，司法制度改革推進本部のホームページ［http://www.kantei.go.jp/jp/singi/sihou/］を参照）。

[4] 裁判員裁判における予断については，もうひとつ，裁判員が，マスコミ報道などを通じて抱いている予断の問題がある。裁判員裁判の対象となるのは重大犯罪であるので，事件によってはすでに大量のマスコミ情報が流されている場合があり，裁判員がマスコミ情報からの影響を直接に

体を失わせてしまう危険性がある。

さて，裁判員制度における予断排除のダブル・スタンダードは，裁判員裁判の基本構造からいかに理解されるべきだろうか。また，こうした形態の中で，裁判官と裁判員との評議はいかに進められるべきだろうか。本稿では，以上の観点を切り口として，裁判員制度の構造を分析してみたい。

2 公判前整理手続への裁判官の関与

最初に，裁判官の公判前整理手続への参加を予断排除の原則からどのように考えるべきかについて，裁判員制度とは一応切り離して検討してみたい。というのは，先述したように，公判前整理手続自体は裁判員裁判対象事件に限定された制度ではないからである。

公判前整理手続は公判審理を担当する裁判官が主宰する手続である。裁判所は，検察官に訴因・罰条を明確にさせ，検察官，被告人・弁護人にその主張を明らかにさせて事件の争点を整理し，証拠調べに関する決定を行い，証拠開示に関する裁定を行う（刑訴法315条の5）。この際，裁判官はあらかじめ検察官の提出する証明予定記載書面に目を通す（同316条の13第1項）。

公判前整理手続を受訴裁判所が主宰しなければならない理由は何か。実は，改革審意見書では，「第1回公判期日の前から，十分な争点整理を行い，明確な審理の計画を立てられるよう，裁判所の主宰による新たな準備手続を創設すべきである」とのみ述べられ，新たな準備手続の主宰者が受訴裁判所であることは予想できるものの，必ずしも明確には述べられていなかった。これが立法化の過程で受訴裁判所が主宰するものとされたわけだが，裁判員

受けている可能性がある。しかし，私は，この点についてはそれほど心配する必要はないと思っている。井上正仁教授は次のように述べられているが，全く同感である。「実際に事件を担当しますと，具体的な証拠の持つ力が圧倒的に大きいのです。新聞でこう書いてあったとか，テレビのワイドショウでこう言っていたということではなくて，現に法廷に被害者や目撃者が出て来て，生々しい話をするとか，現場の状況が写真で示されるとか，被告人も詳しい供述をするといったことがあり，それに直に触れることによって得られる感銘といいますか，心証への影響というものは極めて大きいわけで，それに比べれば，事前の報道に接することからくる影響などは，一般的には，それほど決定的ではないようにも思われるのです。」（佐藤幸治＝竹下守夫＝井上正仁『司法制度改革』［有斐閣，2004年］354頁）。

制度・刑事検討会の議論をみると、その理由としては、公判審理を円滑に進行させる責務を負っている公判担当裁判官が公判前整理手続を主宰するのでなければ、実際の公判を想定しながら証拠の選別や争点整理を的確に行うことができないという点が挙げられている[5]。

この点に賛同する意見も多い。例えば、酒巻匡教授は、争点整理は、公判審理において証拠調べを集中すべき争点を公判裁判所が予め把握しておくことを目的のひとつとしていることは明らかであるから、その手続を公判裁判所以外の裁判所が行うことは、制度としてははなはだ現実的ではないし、運用上も非効率であろう、と述べられている[6]。長沼範良教授は、争点を整理したうえで、具体的な審理計画を立て、充実した審理を迅速に実行しようとするのであれば、主張の提示、争点の整理、立証計画の提示、証拠の標目の開示、さらには立証趣旨の提示、証拠の採否の決定、証拠調べの順序・範囲等の決定までなされないことには、十分な準備による公判の充実・活性化は実現できない、とされる[7]。また、森野俊彦裁判官は、争点整理および審理計画の策定は、本来的に審理を担当する裁判官が自己責任と強い気概を持ってこれに当たってこそなしうるものであるから、受訴裁判所が行うのが相当であると考えられる、としている[8]。

公判審理を担当しない裁判官が公判前整理手続を主宰することは考えられなかったのだろうか[9]。従来の事前準備は検察官および弁護人に委ねられて

---

[5] 裁判員制度・刑事検討会第19回会合（平成15年5月30日）の議論。たとえば、池田修委員は、「事件を最後まで判断する人が、どこを調べたいかという計画を立てられる制度でないと、うまく動かないのではないかという気がします。」と発言している。

[6] 酒巻匡「刑事裁判の充実・迅速化—争点整理と証拠開示手続の構築」ジュリスト1198号（2001年）148頁。

[7] 長沼範良「事前準備と予断防止」法学教室266号（2002年）118頁。

[8] 森野俊彦「『裁判員制度』の制度設計はいかになされるべきか」季刊刑事弁護33号（2003年）10頁。その他、受訴裁判所が公判前整理手続を主宰することに賛成する意見として、川出敏裕「新たな準備手続の創設」現代刑事法43号（2002年）46頁、同「公判前整理手続」ジュリスト1268号（2004年）74頁、安原浩「審理の充実・迅速化のための方策について」法律時報74巻7号（2002年）46頁、大谷直人「刑事手続改革の課題と展望」刑法雑誌42巻2号（2003年）43頁、大澤裕「『新たな準備手続』と証拠開示」刑法雑誌43巻3号（2004年）76頁、寺崎嘉博「公判前整理手続の意義と『やむを得ない事由』の解釈」刑事法ジャーナル2号（2006年）6頁、辻裕教「刑事裁判の充実・迅速化のための刑事訴訟法の改正」現代刑事法6巻11号（2004年）48頁など参照。

おり（規則178条の6），受訴裁判所の関わりについては刑訴規則178条の10第1項において，「裁判所は，適当と認めるときは，第1回の公判期日前に，検察官及び弁護人を出頭させた上，公判期日の指定その他訴訟の進行に関し必要な事項について打合せを行なうことができる。ただし，事件につき予断を生じさせるおそれのある事項にわたることはできない。」と規定するのみであった。また，第1回公判期日までは，勾留に関する処分は公判担当裁判官以外の裁判官が行なうこととされている（刑訴法280条）。すなわち，これまでは，予断排除の観点から，受訴裁判所を構成する裁判官の関わりは，第1回公判期日前には極力回避されていたはずである。

この点に関し，司法制度改革審議会委員であり，裁判員制度・刑事検討会の委員でもあった井上教授は，「公判を担当する裁判体以外の裁判官が，公判の行方を左右する争点整理や証拠の採否の決定を行い，公判の結果に責任を負う裁判体がそれに拘束されて公判の審理を進めるというのは，無責任であり，内容的にも適切ではない，という考え方が強かった。」と述べている[10]。

しかし，公判担当裁判官が公判前整理手続を主宰するのであれば，裁判官は，両当事者の争点や証拠能力，証拠開示で検討された証拠に関して一定の認識をもって公判審理に臨むことになるから，まったくの白紙の状態で公判審理に臨むことにはならない。これは予断排除原則は反しないのか。

この点について，井上教授は次のように反論する。予断排除の趣旨は，「当事者の一方である検察側の資料，記録を裁判所ないし裁判官が引き継いで，それだけを基に事件につき一定の心証を抱いて公判に臨む，というのは公平ではないということにあったはずなのです。ところが，いつの間にか，その原則の一般命題部分だけが1人歩きして，公判裁判所は第1回公判期日

---

[9] 私見としては，元来，公判前整理手続は，受訴裁判所を構成しない裁判官によって主宰されるべきであったと考える。この点に関しては，本書362頁以下参照。また，フランス法における準備手続（予審）と公判審理の分離原則に関して，澤登佳人「フランス刑事訴訟法における『判決手続と訴追・予審との機能分離の原則』」と「陪審制度・自由心証主義および口頭弁論主義の一体不可分性」法政理論16巻2号（1984年）139頁以下も参照。

[10] 井上正仁＝長沼範良＝山室恵「鼎談・意見書の論点④ 国民の司法参加・刑事司法」ジュリスト1208号（2001年）121頁。

まで事件やそれに関する記録等に一切ふれてはならない，ということになってしまったのではないか。しかし，もともとの趣旨からしますと，両当事者が等しく参加する場である限り，公判裁判所ないしその構成員が，少なくとも，争点整理のために両当事者の主張を聴くということは，公判期日前に行っても何らおかしくなく，予断排除の原則に抵触しないように思われるわけです[11]。」

すなわち，井上教授は，捜査機関から裁判所に対して嫌疑の引継ぎにならないように，両当事者が立ち会う場において，それぞれが対等な立場で，裁判所に対して自らの主張を提示するとともに，公判で取調べ請求予定の証拠の標目・立証趣旨を示すという形であれば，仮にそれが第1回公判期日前に行われたとしても，予断防止の原則に反することはないという見解を主張するのである。現在，この見解は通説としての地位を築きつつある[12]。

しかし，以上の予断排除の理解は，やはり，これまで論じられてきた予断排除原則の内容とは異なると考えるべきであろう。元来，予断排除原則は，裁判所をして事件につきまったく白紙の状態で第1回公判審理に臨ましめようという趣旨から，公判審理がはじまるまでは証拠に触れないようにするところにその意義がある[13]。刑訴法256条6項が，「起訴状には，裁判官に事件につき予断を生ぜしめるおそれのある書類その他の物を添付しまたはその内容を引用してはならない」と規定するのはこの点を明確にする趣旨である。この一般的解釈に従えば，第1回公判期日の前に裁判所が事件について一定の心証をもたらしうる資料に触れること自体が予断排除の原則に反する。現行法の事前準備に裁判所が積極的に関与していないのはこのためである。また，山室恵元裁判官は，「現在の日本の刑事裁判の特徴の1つは，裁判所が心証に応じて証拠の採否を決める点にあります。鑑定の話が出ました

---

11) 井上＝長沼＝山室・前掲注（10）120頁，井上正仁「刑事裁判の充実・迅速に向けて―刑事司法制度改革の趣旨とその経緯」司法研修所論集113号（2004年）115頁。
12) 酒巻・前掲注（6）149頁，長沼・前掲注（7）117頁，寺崎・前掲注（8）6頁，辻・前掲注（8）48頁。
13) 団藤重光『新刑事訴訟法綱要7訂版』（創文社，1967年）373頁，田宮裕『刑事訴訟法［新版］』（有斐閣，1996年）183頁，光藤景皎『口述刑事訴訟法上［第2版］』（成文堂，2000年）284頁など参照。

が，精神鑑定でも法医学の鑑定でも，ある程度審理が進んだ段階で，必要ならば採用し，不要ならば却下するという運用が行われています。それを前倒しして準備手続を行うとすると，準備段階で一定程度心証を形成することを許すのかという問題があります。」と指摘されている[14]。

判例も，法256条6項の趣旨について，「裁判官が，あらかじめ事件についてなんらかの先入的心証を抱くことなく，白紙の状態において，第1回の公判期日に臨み，その後の審理の進行に従い，証拠によって事件の真相を明らかにし，もって公正な判決に到達するという手続の段階を示したものであって，直接審理主義及び公判中心主義の精神を実現するとともに裁判官の公正を訴訟手続上より確保し，よって公平な裁判所の性格を客観的にも保障しようとする重要な目的を持っている。」と判示している[15]。

以上の問題点は多くの論者によって指摘されているところである[16]。

また，予断排除原則は，旧刑事訴訟法（大正刑事訴訟法）との対比においてその特色が明らかになる。旧刑訴法では，一件記録が裁判所に提出され，裁判官はこれを精査してから公判審理に臨むという構造がとられていた。井上教授は，この点を捉えて，当事者の一方である検察官側のみから引き継いだ一件記録を裁判官があらかじめ読み込むことにより，検察官側に偏った心証，いわば真っ白でなくてかなり黒に近い心証を抱いて公判に臨み，公判ではその黒をどれだけ薄められるかというような審理になってしまった，とその問題点を指摘する[17]。

しかし，この捉え方は訴訟構造論から見ると，必ずしも正しい捉え方では

---

14) 井上＝長沼＝山室・前掲注（10）119頁。
15) 最大判昭和27年3月5日刑集6巻3号351頁。
16) 淵野・前掲注（3）384頁，同「裁判員制度と刑事手続改革」法律時報76巻10号（2004年）34頁，同「公判前整理手続の問題点」季刊刑事弁護41号（2005年）27頁，白取祐司「新たな準備手続と迅速な裁判―自己負罪拒否特権・予断排除の原則との関連において」現代刑事法68号（2004年）14頁，水谷規男「裁判員の力を最大限に引き出すために」季刊刑事弁護41号（2005年）14頁，西村健「公判前整理手続創設および連日的開廷の法定化の経緯」季刊刑事弁護41号（2005年）21頁，葛野尋之「『国民の司法参加』をめぐる審議」法律時報73巻6号（2001年）111頁，田口＝後藤＝椎橋・前掲注（3）22頁［後藤昭発言］，大久保太郎「『刑事裁判の充実・迅速化』所感―司法制度改革審議会最終意見を読む―」判例時報1765号（2002年）13頁など参照。
17) 井上・前掲注（11）133頁。

ない。旧法で一件記録の提出が認められていたのは，捜査機関と受訴裁判所との間に予審が介在していたからである。予審判事は基本的に当該公判審理には参加しない。予審終結決定を行う予審判事が受訴裁判所を構成する場合，原則として，除斥事由となった（旧法24条8号）。予審判事によって証拠が吟味，整理されたことによって証拠収集の公平性が確保され，捜査機関の捜査記録を含めて一件記録は裁判所に提出された。強制処分も原則的に予審判事のみが行使することができた。旧刑訴法下の手続は職権主義と呼ばれているが，職権主義とは，元来，裁判官の主導性と公平性とを機軸とした訴訟形態であり，旧刑訴法においては，①捜査機関による捜査，起訴，②裁判官による捜査（予審），③裁判所への一件記録の提出，④裁判所主導の公判審理，⑤裁判所による判決という順序で進んでゆく。

すなわち，訴訟構造論としてみた場合，旧刑訴法の特色を，検察官からの一件記録の引継ぎにあると考えるのは適切ではなく，予審判事からの一件記録の引継ぎと考えるべきである。

ただし，実際のところ，訴訟指揮権と裁判権とが同一の受訴裁判所に委ねられている現行法のあり方を考えれば，現状においても，第1回公判期日の後先はあるにせよ，受訴裁判所を構成する裁判官は，主張の提示，争点の整理，立証計画の提示，証拠の標目の開示，さらには立証趣旨の提示，証拠の採否の決定，証拠調べの順序・範囲等の決定を行っている。それが，第1回公判期日の前に前送りされただけである。特にこれが現状を大きく変えることにはならないとも考えられる[18]。また，民事裁判の実務にも親しんだ法曹実務家にとっては，民事訴訟においては予断排除の考え方はないので，公判前整理手続に裁判官が関与する点は受け入れやすかったという側面もあろう。

以上の考察から，公判前整理手続への裁判官の関与と予断排除の原則との関係をめぐる議論は，次のように整理できるのではなかろうか。まず，起訴状一本主義を中核とする予断排除原則は，現行刑訴法の制定過程に鑑み，裁判所が事件につき白紙の状態で第1回公判期日に臨み公判審理を通じてはじ

---

[18] 現行刑訴法制定後，比較的早い段階から起訴状一本主義の改廃が議論されていた点に関して，三井誠『刑事手続法Ⅱ』（有斐閣，2003年）142頁以下参照。

めて事件の心証を得るという英米法に由来する考え方であり，公判前整理手続に受訴裁判所を構成する裁判官が積極的に関与することは，従来の予断排除原則に反すると言わざるをえない。しかし，予断排除は，元来，陪審制を前提としたものであり，職業裁判官によるわが国の刑事裁判にあてはめた場合，そのまま適用することの実際上の意義は必ずしも高いものではなく，現状においても形式的な部分がある。公判前整理手続に受訴裁判所が参加することは，起訴状一本主義には反するが，わが国の現状を考慮した場合，それがただちに裁判官に事件についての実際上の予断を生ぜしめることになるとはいえない。そこで，公判前整理手続の導入にあたり，予断排除の原則を，一方当事者の心証を受訴裁判所が引き継ぐことを禁止する原則と解し，第1回公判期日前であっても，両当事者が参加する手続で両当事者の主張を聞くことは，予断排除の原則に抵触しないという考え方が登場する。もっとも，従来の予断排除の原則との抵触を避けるために，民事訴訟のように，第1回公判期日後に公判前整理手続を行うという方策も考えられないことはなかった。しかし，裁判員裁判において，裁判員の出席する第1回公判期日を行った後に公判前整理手続を行うことは，証拠調べが始まるまでに一定の期間を要求し裁判員に更なる負担を課すことになると同時に，その間に裁判員に対し無用な雑音を入れてしまう危険性もある。そこで，窮余の策として，予断排除原則それ自体に変更を加えるという方法がとられたのである。

　いずれにせよ，公判前整理手続の創設に伴って通説となりつつある予断排除原則の解釈は，元来の予断排除の考え方ではなく，変更された予断排除原則であることを確認しておきたい[19]。

3　評議における裁判官と裁判員

　はじめの問題に戻ろう。予断排除原則の変更は，裁判員制度との関係でみ

---

[19]　予断排除の原則自体を変更してよいかどうかは，刑訴法の基本理念との関係で重要な論点である。とりわけ，変更された予断排除原則によって，第1回公判期日前の準備手続が拡大すれば，公判中心主義と抵触する可能性も生じる（白取・前掲注 (16) 14頁）。この点の検討は他日を期したい。

ると，予断排除のダブル・スタンダードとも言いうる状況をもたらす。すなわち，合議体を構成する裁判体のうち，裁判官は，公判前整理手続から当該裁判に関与し，事件に関する一定の情報を有して公判審理および評議に参加するのに対し，裁判員は，第1回公判期日当日に召喚され，事件についてまったく情報を持たずに，いわば純粋な予断排除が実現された形で公判審理および評議に参加する。この情報格差は評議の場面で顕在化する。改革審意見書によれば，「裁判員は，評議においても，裁判官と基本的に対等の権限を有するもの」とされているが，両者の間にある情報格差は両者の対等性に反するようにみえる。この矛盾は裁判員制度の構造論からどのように理解されるべきなのか。

　まず，我が国の刑事裁判は当事者主義を基調とするものであり，裁判員制度の導入はこの枠組み自体に何らかの変更をもたらすものではない点を確認したい。むしろ，審判人に素人が加わったことによって，検察官，被告人・弁護人の果す役割はより一層重要なものとなったといえるであろう。一方，公判前整理手続への裁判官の関与は裁判官の権限拡大と言いうるものであり，それ自体は当事者主義の対概念とされる職権主義的傾向を示している。また，職権主義的傾向は，公判前整理手続に限られず，連日開廷・継続審理の原則（法281条の6），裁判長による職権的弁護人選任（同289条2項，3項）などの規定に見られるように，公判審理においても認められる傾向である[20]。それゆえ，冒頭の問題は，当事者主義の訴訟構造のもとにおいて，裁判員制度の導入に伴う裁判官の権限拡大がどうして正当化されるのかという問題として捉え直すことができる。

　それでは，なぜ裁判官の権限拡大が認められるのか。この理由を公判前整理手続段階，公判審理段階，評議段階それぞれについて検討してみたい。というのは，各段階における裁判官の役割が明らかとなれば，そこから必然的に評議段階における裁判官と裁判員との関係性も解き明かされてゆくと考えられるからである。そして，それは同時に，予断排除のダブル・スタンダードをめぐる矛盾を解決する手がかりを与えてくれることになろう。

---

20) 渡辺修「裁判員裁判と証拠法　調書裁判から公判裁判へ」季刊刑事弁護49号（2007年）50頁。

まず，公判前整理手続における裁判官の役割は何か。この点について，改革審意見書では，「裁判員にとって審理を分かりやすいものとするため，公判は可能な限り連日，継続して開廷し，真の争点に集中した充実した審理が行われることが，何よりも必要である。そのためには，適切な範囲の証拠開示を前提とした争点整理に基づいて有効な審理計画を立てうるような公判準備手続の整備や1つの刑事事件に専従できるような弁護体制の整備が不可欠となる。」と述べられている。これを受けて刑訴法316条の3第1項は，「裁判所は，充実した公判の審理を継続的，計画的かつ迅速に行うことができるよう，公判前整理手続において，十分な準備が行われるようにするとともに，できる限り早期にこれを終結させるように努めなければならない。」と規定した。

公判前整理手続における裁判官の役割は公判審理に直接結びついている。裁判官がまず行わなければならないことは，検察官および弁護人にそれぞれの主張を明確にさせ，争点を整理することであり，また，当事者に証拠調べの請求を行わせ，相手方の意見を聞き，証拠能力に争いがあるときは状況によってその有無の判断のための事実の取調べを行った上，証拠の採否を決定するという証拠調べのための整理を行うことである。これは，換言すれば，公判審理が無駄な時間で浪費されず，公判における証拠調べが充実するように，公判審理のプログラムを組み立てるということである[21]。とくに裁判員制度では，公判開始までに明確な審理日程が決まり，争点に集中した連日的開廷が求められる。裁判官は，審理を裁判員にとって分かりやすいものとし，その負担を物理的にも心理的にもできるだけ軽いものにしなければならない[22]。

このように，公判前整理手続における裁判官の役割は，公判における連日開廷と充実した審理を実現し，同時に，裁判員にとって分かりやすい公判審理を実現するために，第1回公判期日の前に，十分な争点整理を行い，明確な審理の計画を立てることである。前章で検討した予断排除原則の変更は，

---

21) 松本時夫「裁判員制度の予想できる具体的運用について」法の支配133号（2004年）38頁。
22) 大島隆明「刑事裁判の改革と裁判所の当面の課題」ジュリスト1300号（2005年）46頁，今崎・前掲注（1）8頁。

こうした裁判官の役割の実現を目的とするものであると言い得るであろう。

次に，公判審理における裁判官の役割は何か。意見書では，先に見た公判前整理手続に関する記述に続いて，次のように述べられている。「非法律家である裁判員が公判での証拠調べを通じて十分に心証を形成できるようにするために，口頭主義・直接主義の実質化を図ることも必要となる。これらの要請は，刑事裁判手続一般について基本的に妥当するものであるが，裁判員が参加する手続については，裁判員の主体的・実質的関与を確保する上で，殊のほか重要となる。」また，意見書では加えて，「充実しかつ円滑な審理の実現のためには，裁判所と訴訟当事者（検察官，弁護人）が，それぞれ，訴訟運営能力，訴訟活動の質の向上を図りながら，基本的な信頼関係の下に，互いに協力し支え合っていく姿勢を持つ必要があることは当然である。それを前提として，裁判所が，充実・円滑な訴訟運営の見地から，必要な場合に，適切かつ実効性のある形で訴訟指揮を行いうるようにすることは重要であり，それを担保するための具体的措置の在り方を検討すべきである。」と述べられている。

そして，裁判員法では，「裁判官，検察官及び弁護人は，裁判員の負担が過重なものとならないようにしつつ，裁判員がその職責を十分に果すことができるよう，審理を迅速で分かりやすいものとすることに努めなければならない。」と規定された（裁判員法51条）。

公判審理における裁判官の権限強化は，連日開廷を実現し，真の争点に集中した充実した審理の実現することであり，まさに刑事訴訟法の原則である口頭主義・直接主義を実現するためである。これは同時に，非法律家である裁判員が公判での証拠調べを通じて十分に心証を形成できるように分かりやすい審理を実現すること，換言すれば，裁判員の主体的・実質的関与を確保することに他ならない[23]。公判前整理手続と公判審理における裁判官の役割（またその権限拡大）は，基本的に同一の理由に基づくものである[24]。

---

23) 佐藤文哉「裁判員裁判にふさわしい証拠調べと合議について」判例タイムズ1110号（2003年）5頁。
24) 裁判員に対して分かりやすい審理をいかに実現するかという点に関して，「特集　分かりやすい裁判—裁判員時代の刑事法廷のあり方を考える」季刊刑事弁護46号（2006年）26頁以下参照。

なお，裁判員が職責を十分に果すことができるように，裁判官サイドから，証拠調べの途中で中間評議を行うことなどが提案されている。たとえば，吉丸元裁判官は，裁判官と裁判員とが公判開始前において打ち合わせを行うこと，各公判終了後にフリートーキングおよび中間評議を行うことを提案し，2度，3度とフリートーキングを重ねてゆくことにより，ごく自然に合議体としての心証が形成されてゆくとする[25]。公判審理では，数多くの物証，書面証拠，証人の証拠調べが実施されることを考えると，最終評議の前に中間評議を実施し，裁判員が節目節目で自分の考えを整理することは，充実した最終評議のために有用なことである[26]。そして，中間評議が実施されるならば，さらに裁判官の主導性は高まると考えなければならない。

以上の理解を前提として，評議・評決の場面における裁判官の役割を検討してみよう。改革審意見書では，「裁判官と裁判員との相互コミュニケーションによる知識・経験の共有というプロセスに意義があるのであるから，裁判官と裁判員は，共に評議し，有罪・無罪の決定及び刑の量定を行うこととすべきである。・・裁判員が裁判官とともに責任を分担しつつ裁判内容の決定に主体的・実質的に関与することを確保するため，裁判員は，評議においても，裁判官と基本的に対等の権限を有するものとするほか，審理の過程において，証人等に対する質問権など適当な権限を与えられるべきである。」と述べられている。

さて，裁判官と裁判員との相互コミュニケーションにより知識・経験の共有を図るために，裁判官はどうすべきか。この点に関し，裁判員法では，

---

[25] 吉丸眞「裁判員制度の下における公判手続の在り方に関する若干の問題」判例時報1807号（2003年）10頁，松本時夫「裁判員制度の予想できる具体的運用について」法の支配133号（2004年）44頁，池田修『解説 裁判員法―立法の経緯と課題』（弘文堂，2005年）41頁，松本芳希「裁判員制度の下における審判・判決の在り方」ジュリスト1268号（2004年）93頁参照。

[26] また，中間評議を手続2分論に生かそうとする注目すべき見解も示されている。この提案は，まず，公訴事実に関する証拠調べが終わった段階で両当事者に中間論告と中間弁論とをさせ，その後，裁判官と裁判員とが中間評議を行い，この評議結果を公表しないで審理を再開し，続いて量刑に関する証拠調べ，論告，弁論を行い，最終評議を行うというものである。前科や余罪の資料が裁判員の公訴犯罪事実の認定に影響を与える可能性があることを考えれば，今後の検討事項として大いに議論されるべきであろう。この点に関しては，上田國廣「裁判員裁判と手続二分論」季刊刑事弁護44号（2005年）36頁，後藤昭ほか『実務家のための裁判員法入門』（現代人文社，2004年）124頁参照。

「裁判長は，第1項の評議において，裁判員に対して必要な法令に関する説明を丁寧に行うとともに，評議を裁判員に分かりやすいものとなるように整理し，裁判員が発言する機会を十分に設けるなど，裁判員がその職責を十分に果たすことができるように配慮しなければならない。」と規定している（裁判員法66条5項）。

評議を行う上でまず重要なことは，裁判官が裁判員に対して，証拠法に関する基本的な考え方，事実認定に関する基本的ルールなどについて説明（説示）を行うことであろう。この説明のあり方次第で，評議の方向が決定される可能性が高い[27]。たとえば，殺人罪において殺意の有無が論点であるならば，殺意の意味を裁判員にかみくだいて説明する必要があるし，また，殺意の存否の認定には，行為者の供述よりも，攻撃態様，凶器の種類・形状，創傷の部位・程度などといった客観的な情況証拠が重要であることなどを説明する必要がある[28]。

そして，実際の議論において重要なことは，裁判員が自由・闊達に意見を述べる状況を作り出すことである[29]。裁判官は，裁判員の意見を辛抱強く聴くことを第1にすべきで，プロの経験や専門知識でもって裁判員の意見をすぐに押さえつけることは禁物である。一方，議論が横道にそれ，枝葉末節にわたっているのをそのままにすることは，裁判員のなかからも不満が出るので，時宜を得た交通整理をすることも必要である[30]。裁判員が審理の内容を理解できず，自分なりの心証も形成できず，したがって評議にも実質的に参加できなかったり，あるいは自分の心証とまったく違う裁判官の心証が訳の分からないまま通ってしまったとの印象を持つようなことがあれば，裁

---

[27] 五十嵐双葉「裁判員裁判には『説示』が不可欠」季刊刑事弁護49号（2007年）129頁以下，同『説示なしでは裁判員制度は成功しない』（現代人文社，2007年）参照。

[28] 松本芳希・前掲注（25）93頁。また，渡辺教授は，評議開始にあたり，裁判長は，裁判官らが整理手続段階から関与し事件と証拠の骨格を熟視しつつ審理に臨んだこと，その点で裁判員より証拠構造を迅速かつ円滑に理解できる優越的立場に立つことを率直に説明すべきだとしているが興味深い意見である（渡辺修「新しい証拠開示手続の概要とその問題点」季刊刑事弁護41号［2005年］69頁）。

[29] 吉丸眞「裁判員制度の下における公判審理及び評議のプラクティス」ジュリスト1322号（2006年）117頁。

[30] 森野・前掲注（8）12頁。

判の正統性すら疑われかねない[31]。

このように，評議の場面における裁判官の役割は，裁判員の主体的・実質的な関与を確保するために，裁判員に対して，法的論点に対する考え方，証拠法則などについて分かりやすく説明し，両当事者の提出した証拠を整理し，その結果，充実した評議が実現され，最終的に裁判員が適切な判断に至るように配慮することにあると考えられる。

ところで，訴訟構造論の観点から眺めた場合，裁判官の役割は，基本的に，訴訟手続全体を通じて一貫したものと理解されなければならない。この点は，検察官，被告人・弁護人については当然のこととして認識されるが，裁判官の場合も例外ではない。裁判官は，公判前整理手続，公判審理，評議の各段階において原則的に共通する機能を果すものである。こうした観点から，各段階における裁判官の役割を整理してみると，公判前整理手続における裁判官の役割は，公判における連日開廷と充実した審理を実現し，同時に，裁判員にとって分かりやすい審理を実現するために，第1回公判期日の前から，十分な争点整理を行い，明確な審理の計画を立てることであった。公判審理における裁判官の役割は，非法律家である裁判員が公判での証拠調べを通じて十分に心証を形成できるように分かりやすい審理を実現すること，換言すれば，裁判員の主体的・実質的関与を確保することであった。そして，評議における裁判官の役割も，裁判員が主体的・実質的に関与し，充実した評議が実現され，裁判員が自力で正しい判断に達するように配慮することであると考えられる。

以上の点について，裁判官が自らの最終的な判断を確かなものとするために各段階における権限拡大が許されるのだと考えると，それはまさに職権主義であって我が国の訴訟形態との齟齬を生じさせる。裁判官が裁判員の主体的判断を支えるために権限を行使すると考えることによってのみ，裁判官の権限拡大は正当化される。

佐藤博史弁護士は，裁判員制度を登山に譬え，「裁判員制度は，登山の未経験者でも，専門家のガイドとサポートがあれば，冬山を制覇できることを

---

[31] 佐藤・前掲注（23）4頁。

実証しようとする，壮大な試み」であると述べている[32]。この比喩は，評議の段階における裁判官と裁判員との関係に対してそのまま当てはめることができるのではないだろうか。素人の裁判員が裁判官のガイドとサポートを受けながら山の頂に立つということが裁判員制度の目的であるとすると，裁判官の役割は，裁判員が山頂に自力で立てるようにすること，すなわち，冬山登山の装備についてアドバイスをし，登山計画を示し，ペース配分を考え，道に迷いそうになったときには，正しい方向を指示することと考えるべきである。あくまで裁判官の役割は，裁判員が自分の力で山の頂に立てるようにするためのガイドとサポートをすることである。

　以上の考察から，裁判官と裁判員との間の情報格差は次のように考えるべきである。すなわち，裁判官が事件および証拠などに関して，一定の情報をもって臨まなければならないのは，まったくの素人たる裁判員が自力で事実認定および量刑に関して判断ができるようにサポートをするためである。事実認定および量刑を行う主体は基本的に裁判員である。裁判官はそれを助ける役回りである。また，裁判官と裁判員とが，評議において，基本的に対等の権限を有するのは，元来主役であるべき裁判員の判断が「公平な裁判所」および「適正手続」の観点から是認できないと考えた場合に，裁判官が裁判員と同じ権限を行使して，一定の歯止めを行うためである。あくまで判断主体は裁判員である。こうした捉え方をすることによってはじめて，裁判官の権限強化は正当化され，裁判官の役割は，公判前整理手続，公判審理，評議を通じて一貫したものとなる。

4　評決のあり方

　さて，上記のように評議における裁判官の役割を捉えるならば，評決のあり方については，今後，再検討を要すると思われるので若干の問題点を付言する。原則として，裁判員裁判の評決は，十分な評議を経た上で全員一致を目指すべき点については異論はないであろう[33]。量刑については様々に意

---

[32]　佐藤博史「裁判員制度と刑事弁護」ジュリスト1268号（2004年）103頁。
[33]　西村健「裁判員裁判における評議・評決・判決のあり方」季刊刑事弁護43号（2005年）54頁。

見が分かれることが多いとしても，事実認定については，十分な評議を経ることによって，多くの場合評決は全員一致の方向に収斂されてゆくことが予想される。しかし，多様な人間が集まる裁判員の場合，裁判員すべての意見をまとめることが難しい場合も考えられる。それゆえ，特別多数決も含めて何らかの形の多数決原理は維持されなければならないであろう。

　しかし，多数決原理を維持するとしても，前章の考察からすると，まず裁判員の判断が優先されるべきである。たとえば，事実認定に関して十分な評議を尽くして，最終的に裁判員の意見が有罪2名，無罪4名になったとしよう。この場合，裁判官3名が有罪の意見である場合，有罪の評決となる（裁判員法67条1項）。しかし，裁判員の多数が無罪とするものを，裁判官3名が有罪としたために有罪の評決となるのは，「国民の健全な良識」を反映させたことになるだろうか。基本的に裁判員が主役であるとする私見によれば，裁判員の多数が無罪と考えているのであるから，この場合は今一度評議を再開し，十分な議論を尽くし，それでも，裁判員の多数が無罪とした場合は，原則的に無罪と考えるべきだと思われる。

　佐藤文哉元裁判官は，裁判官の多数が被告人に不利な評決をしたのに，裁判員から1人の同調者も得られない場合（すなわち，裁判官3名が有罪，裁判員6名が無罪の場合），被告人に不利な決定ができないとすることに，合理性があるのかと疑問を提示している[34]。しかし，本稿における立場から考えても，また常識的にみても，6名の裁判員から1人の同調者も得られないという状況は重く受け止められなければならない。十分に説明を尽くしたにも関わらず，裁判員の意見が変わらないのであれば，そこにこそ「裁判員の健全な良識」が反映されたと考えるべきである。

　職権主義の裁判形態をとる場合，イタリアの制度がそうであるように，裁判官・裁判員の単純多数による評決もありえないわけではない[35]。しかし，当事者主義を採用し，また公判準備段階および公判段階における裁判官の主導性が高まった我が国の裁判員制度にあっては，前章で考察したように裁判員の判断が優先されるべきである。

---

34)　佐藤・前掲注（23）10頁。
35)　最高裁判所事務総局刑事局監修・前掲注（2）『陪審・参審制度　イタリア編』163頁以下。

この点，フランスの制度が参考になる。フランスでは，1808年の制定された刑事訴訟法典では純粋な陪審制が採用され，12人の陪審が事実認定をし，有罪である場合に裁判官が量刑を行っていた。しかし，陪審員たちは，裁判所が量刑において極端に厳格な態度をとるのではないかと恐れ，証拠が十分であるにも関わらず無罪とする答申が相次いだ。そこで，何回かの法改正を経て，結局，1941年11月25日法によって，3名の裁判官と9名の陪審とが事実認定と量刑とを共同して判断する制度が確立し現在に至っている[36]。しかし，問題は，職業裁判官の影響力をいかに減らし，陪審員の影響力をいかに増大させるかということにあった。そこで，フランス刑訴法359条は，被告人に不利益な判決（刑の言渡し・宥恕または減軽事情の否決）は，少なくとも8対4の多数決によることとしている。これは，すべての裁判官が被告人に不利益な判断をしたとしても，9名の陪審員の過半数が賛成しない限り，被告人に不利益な言渡しは行えないということである。(なお，フランスでは，この制度は，現在，若干変更されている。2000年6月15日の法律によって，重罪院の有罪判決に対して，控訴重罪院［cour d'assises d'appel］に対する控訴が認められるようになったのである。これを受け，その後，2011年8月10日の法律は，従来9名であった第1審の重罪院の陪審員を6名とし，12名であった控訴重罪院の陪審員を9名に改めた［刑訴法典296条1項］。現在，フランスでは，第1審の重罪院において，被告人に不利益な判決を行うには，少なくとも9名中6名の多数が必要であり，控訴重罪院の場合は，従来どおり，12名中8名の多数が必要とされている［同359条］。)

　さて翻って，我が国の裁判員裁判の評決は，構成裁判官および裁判員の双方の意見を含む合議体の員数の過半数の意見により決せられるとされている（裁判員法67条1項）。ここで特徴的なのは，「構成裁判官および裁判員の双方の意見を含む」とされている点である。改革審意見書では，「少なくとも裁判官又は裁判員のみによる多数で被告人に不利な決定をすることはできないようにすべきである。」と述べられていることから，たとえば，裁判員6名全員が有罪の意見であっても，裁判官3名全員が無罪であれば，被告人に対

36）　最高裁判所事務総局刑事局監修・前掲注（2）『陪審・参審制度　フランス編』1頁以下，G．ステファニ他著・澤登佳人他訳『フランス刑事法［刑事訴訟法］』（成文堂，1982年）256頁以下参照。

して有罪を言渡すことはできない。このような制度とした点について，井上教授は，せっかく国民が参加するわけだから，参加する意味があるような形にしなければならないという点，もう１つは憲法論との関係で，憲法にいう「裁判所」は職業裁判官を基本的ないし必須の構成要素とするものとして構成されていることから，国民の判断だけで裁判内容が決定されることが許されない可能性がある点を挙げている[37]。

「双方の意見を含む」とする制度は，少なくとも事実認定の場面では，裁判員がこの権限を行使するためではなく，裁判官が裁判員の行過ぎた判断をチェックするための制度であると考えるのが妥当であろう。なぜなら，裁判員全員の意見が有罪の評決である場合，単純多数決の原則からすると，それとは反対の結論になることはありえないが，裁判官全員が無罪であれば有罪とすることはできない，という形で機能するからである。他方，裁判官全員が有罪の意見の場合，もちろん裁判員２名以上が有罪としなければ有罪の評決はできないが，それは単に単純多数決に従ったまでのことある。

ところで，事実認定において単純多数決をとることは，刑事訴訟法の鉄則である「疑わしきは被告人の利益に」の原則に反することにはならないか。この点について，現行の裁判所合議の場合も多数決だという反論がある。裁判所法77条１項は，「裁判は，最高裁判所の裁判について最高裁判所が特別の定をした場合を除いて，過半数の意見による。」と規定する。また，２項で，意見が３説以上に分れ，その説が各々過半数にならないときは，刑事については，過半数になるまで被告人に最も不利な意見の数を順次利益な意見の数に加え，その中で最も利益な意見によるとする。

しかし，これは説得的ではない。まず，最高裁および高裁は，第１審とはその役割が異なるから，同列に論じることはできない。問題は第１審の合議であるが，この場合，有罪・無罪については，裁判官２名が有罪で１名が無罪ならば有罪，１名が有罪で２名が無罪ならば無罪というに過ぎない。３名の合議体の場合，特別多数決は意味をなさない。この比率を９名の合議体で考えれば，９名中６名の多数が必要であるとも言い得る。現在が過半数だか

---

[37] 佐藤＝竹下＝井上・前掲注（４）338頁以下。

ら単純過半数であるという論理は，実は成り立たないのである。

　また，「疑わしきは被告人の利益に」の原則は，裁判官各自の心証形成に関する原則であって，合議体としてどのような結論を出すかという問題に関する原則ではないという反論がある[38]。しかし，この議論も成立しない。有罪認定に関して「合理的疑いを超える確信」を求める英米法型の陪審制では，「合理的疑いを超えた確信」は，陪審員各自の心証形成に関して考慮されるであろうが，同時に，裁判体としての陪審全体のルールとして考えられている。それゆえ，評決は原則的に全員一致による。アメリカのいくつかの州は多数決によるが，この場合でも，有罪とする場合に単純多数ということはない。裁判員裁判についても，「疑わしきは被告人の利益に」の原則は，合議体全体の判断についての原則でもあると考えなければならない。

　なお，「疑わしきは被告人の利益に」の原則を徹底すれば，本来は，全員一致の評決が望ましいことになる。しかし，最初に指摘したように，完全な意見の集約が困難な場合も予想され，そうであれば，特別多数決を含めた何らかの多数決原理を採用することはやむをえない。ここでは，本稿の立場との関係において，被告人に不利な判断を行うためには，少なくとも，評議・評決の主役である裁判員の多数を得ていることを要件とすべきであると主張した。ただし，これは最低限の要請であって，フランスの制度を手本とすれば，裁判官全員が有罪としても裁判員の多数が有罪の評決をしない限り有罪とはできないとする評決方法も考えられる。この場合，裁判員制度を前提とすれば，被告人に不利な判断をするには少なくとも9名中6名の多数が必要である[39]。いずれにせよ，以上の問題は立法論であり，今後の検討課題として指摘しておきたい。

---

38) 「[座談会] 裁判員制度をめぐって」ジュリスト1268号（2004年）22頁［井上正仁発言］。
39) 　日弁連は，改革審意見書が公表された後，裁判員制度の制度設計のあり方に関する要綱をまとめている（日弁連司法改革実現本部「『裁判員制度』の具体的制度設計要綱」季刊刑事弁護33号［2003年］175頁以下）。この要綱では，評決は原則として全員一致とするが，一定の要件のもとにおける多数決を認めている。ただし，少なくとも裁判官または裁判員のみによる多数で被告人に不利な決定をすることができないとする特別多数決を提案をしている（195頁以下）。

5 まとめに代えて―若干の提言―

　最後に，少々繰り返しになるが，最初の問題提起に対する答えをここで今一度整理しておきたい。本稿で取り上げたのは，予断排除のダブル・スタンダードと呼んだ裁判官と裁判員との間の情報格差はいかに正当化されるのかという問題である。この問題は，裁判員制度全体から見ると，裁判官の権限拡大がいかなる理由から認められるかという問題として捉えることができる。裁判官の役割は，公判前整理手続，公判審理，評議を通じて，一貫したものと理解されなければならない。公判前整理手続では，裁判官は，裁判員にとって分かりやすい公判審理を実現するために，事件に関する十分な争点整理と審理計画とを立てる。公判審理の場面では，裁判官は，審理の充実と迅速な進行と実現するとともに，裁判員にとって分かりやすい審理を実現するために訴訟指揮権を行使する。そして，評議の場面では，裁判官は，裁判員が「裁判内容の決定に主体的・実質的に関与することを確保する」ことを実現するために裁判員をサポートし，適正・公正な判断ができるように配慮する。すなわち，裁判官の権限強化は，手続全体を通じて，裁判員の主体的・実質的関与を可能とし，適正な審判を実現する目的のために認められるものである。とくに，評議の場面における裁判官の主たる役割は，まったくの素人である裁判員に対して，事実認定および量刑に関して，自力で判断できるように，ガイドとサポートをすることである。この場合，評議・評決における主役は裁判員であると考えるべきである。裁判官は，正義と公平の観点から，裁判員の判断が不適切であると判断される場合にのみ介入を行う。このように，評議・評決の場面において，裁判員が主役であり裁判官は原則的にそれをサポートする従たる存在であると位置付けることによってのみ，裁判官と裁判員との間にある情報格差は正当化される。

　なお，第166回国会において，2007年5月22日に，いわゆる「区分審理・部分判決」の導入を盛り込んだ改正裁判員法が可決，成立した。この制度は，「裁判所に同一被告人に対する複数の事件が係属した場合に，裁判員の負担を軽減するため，一部の事件を区分し，区分した事件ごとに審理を担当する裁判員を選任して審理し，有罪・無罪を判断する部分判決をした上，こ

れを踏まえて，新たに選任された裁判員の加わった合議体が全体の事件について終局の判決をすることができる制度」である（法案提出理由，裁判員法新71条以下）。この制度が実施された場合，区分された事件ごとに裁判員は異なるが，裁判官はすべての事件を担当するということになる。最初に行われる区分審理・部分判決を除けば，裁判員と裁判官との間の情報格差はもはや絶対的といってよいものである。この制度の有する問題点は今後十分に検討されなければならない。しかし，少なくとも，裁判員と裁判官との対等性という見地からは，裁判員が主役であり裁判官は原則的にそれをサポートする従たる存在であるという本稿の立場をとらない限り，この制度を正当化することは困難であろう。

ところで，裁判員制度の導入にはさまざまな利点がある。たとえば，刑事裁判に国民の健全な社会常識がより反映されること，公判審理が口頭主義，直接主義，公判中心主義を徹底する方向へと転換されること，公判審理が迅速化すること[40]，一部にみられる職業裁判官に対する誤解・偏見を是正することができること[41]などである。とくに私が強調したい点は，裁判所はじめ訴訟関係者が行わざるを得ない「分かりやすい裁判」に向けての努力である。もうすでに，法曹三者によって具体的な検討が進められているところであるが，6名の裁判員に納得してもらうために，検察官，弁護人，裁判官はそれぞれに努力を重ねてゆかざるをえないであろう[42]。この1点だけをと

---

[40] 石井元判事は，職業裁判官の事実認定能力の方が，その訓練や経験の全くない一般国民のそれより優るのではないかとする意見も根強いとしながらも，事実認定能力から見た裁判員の長所として，①日常的事実認定と共通する部分については，実社会の経験を積んだ素人裁判官の意見は傾聴に値すること，②事実認定に関する経験法則は，その人の社会経験等バックグランドを基礎として形成されるのもであるので，階層や職業，経験の多様な事実認定者からは犯罪事実の存否など提起された争点に対する多様な疑いが提示される可能性を秘めていること，③刑事裁判において，はじめて事実認定をするという新鮮さがあることを挙げている（石井一正「刑事裁判における事実認定について（続）―事実認定の専門性と日常性―」判例タイムズ1097号（2002年）7頁。

[41] 石井・前掲注（40）4頁，平良木登規男「国民の司法参加」法律のひろば54巻8号（2001年）39頁。

[42] この点について，平野龍一博士は次のように述べていた。「同じような者のグループのなかだけで生活し，自分たちの間だけで通用する言葉で仕事をしていると，何時のまにか，それがあたりまえのものだという感覚を持ってしまいやすい。多少とも異質的な素人の人達と，いつも仕事の上で接触し，たえずそれらの人達の考え方と言葉を聞き，いつもこれらの人を説得しようと努

っても，裁判員裁判が刑事司法に与える利点は計り知れない。

　しかし，新たに創設される制度の利点が大きければ大きいほど，同時に，それに付随して生じる問題点もまた大きい。ただし，欠点が付随するという理由から制度導入の意義自体が失われるわけではない。問題は，その欠点を自覚した統制システムをその制度の中に持っているかどうかである。運用上の具体的問題点については，本稿のはじめに述べたように，現在，法曹三者によってさまざまに検討されているところであるが，本稿の観点からは，裁判官の権限拡大に伴う控制システムとりわけ評議の段階における裁判官の権限行使に対する統制が検討されなければならないであろう。最後に，この点について，制度を大きく変更することなく実現できると思われる2点について提案をしたい。

　まず，裁判官が作成することになる判決書の中に，少数意見を明示することにしてはどうか。デンマークの参審制では，少数意見があった場合，それが裁判官であれば，当該意見の内容およびそれが裁判官の意見である旨が判決書に示され，参審員の場合は，当該意見の内容だけが記載される[43]。これは大いに参考にされるべきである。多数意見に賛同しない裁判員にとって，自分の意見が判決書の中に示されることは，自分の見解が封殺されたという不満を解消することができる。裁判官にとっても，判決書を作成するに際して，評決が分かれた場合の多数意見をまとめやすくなるのではなかろうか[44]。また，両当事者が控訴を行う場合の判断材料ともなりうる。そもそも，裁判員法は多数決原理を導入しており，しかもその合議体は一般素人たる裁判員と職業裁判官とによって構成されているのであるから，少数意見がある場合にも判決書が全員一致のごとき形態でまとめられるのはむしろ不自

　　力することによって，自分の考え方，自分たちの既成概念を反省することができる。個々の裁判に民意を反映させることにも増して，日頃から裁判官がこのような経験をし，自己教育をすることが重要なのである。」（平野龍一「参審制採用の提唱」ジュリスト1189号［2000年］56頁）。
43)　最高裁判所事務総局刑事局監修・前掲注（2）『陪審・参審制　デンマーク編』123頁。
44)　評決が分かれた場合の判決理由の記載に関する苦悩について，中谷雄二郎＝合田悦三「裁判員制度における事実認定」現代刑事法61号（2004年）44頁以下。なお，本論文では，判決書には補足意見などの記載はできないとされており（45頁），現在の合議事件においても，最高裁の場合を除き（裁判所法11条），職業裁判官による合議体の裁判で補足意見が付されることはない。しかし，刑事訴訟法および裁判所法が明文でそれを禁止しているわけではない。

然であろう。

　次に，裁判終了後に，裁判員が，審理や評議のあり方について意見・苦情を申し立てることができる第三者機関（オンブズマン）を設けてはどうだろうか[45]。上に述べたように，評議の場において，裁判員は，問題の所在を十分に理解できず，結果的に十分に意見を述べられない可能性は常にある。他方，裁判員には厳重な守秘義務が課されているので，評議に対する不満などを公表することは許されない（裁判員法79条）。裁判員が裁判官の態度や裁判の評決に納得しないまま裁判が終了し，しかも評議内容について守秘義務を課されるとすると，裁判員がこの制度に対して不満や不信の念を持つことも考えられる。そこで，公判審理における裁判官・検察官・弁護人の活動，評議における裁判官の態度などについて，裁判員が，第三者機関に意見を申し立てることができるようにし，これを裁判員の守秘義務の例外とするのである。また，こうした機関が導入されれば，裁判官は意見具申がなされることを念頭において評議を進めるであろうから，裁判官の評議の運営を実質的に統制する機能も期待することができる。こうした機関に強制的な権限を与える必要はないと思われるが，裁判員の経験をその後の裁判員裁判に生かすために，この機関は，裁判所，検察庁，弁護士会などに対して意見や提言を述べることができるようにすべきであろう。

　以上，本稿では，予断排除の観点から，裁判員制度の構造に関する若干の検討を試みた。裁判員制度の構造分析は，立脚点をどこに求めるかによって，さまざまな形で検討することが可能である。そして，刑事訴訟構造論の中に裁判員制度を明確に位置付けることによって，裁判員制度の運用および今後の改善への指標を設定することができる。本稿はそれに向けたささやかな試論であるが，裁判員制度の定着および発展のためにも，こうした理論的分析をさらに進めることが今後不可欠となるであろう。

---

45)　先述した日弁連の要綱では，裁判員経験者や賛同者による「裁判員協会」を設置し，裁判員の活動に対して支援し，広報してゆくことが提案されていた（日弁連司法改革実現本部・前掲注(39) 203頁以下）。こうした団体の設置が実現すれば，その中に第三者機関を設けることも考えられるであろう。

執筆者紹介

高内 寿夫（たかうち ひさお）
國學院大學大学院法務研究科教授（法学博士）
1959年，栃木県生まれ。1981年，新潟大学法文学部法学科卒業後，國學院大學大学院法学研究科博士後期課程単位取得退学，1989年，立教大学法学部助手，1991年，白鷗大学経営学部専任講師，同大学法学部専任講師，同助教授，同教授を経て，2005年より現職。

主要著書・論文

『少年法の理念』（共著）（現代人文社，2010年）
『刑事司法改革と刑事訴訟法　上巻』（共著）（日本評論社，2007年）
『立法の実務と理論』（共著）（信山社，2005年）
『少年法の展望―澤登俊雄先生古稀記念論文集―』（共著）（現代人文社，2000年）
「子どもの権利条約からみる少年院少年の人権」國學院法學48巻3号（2010年）
「逮捕・勾留中の被疑者取調べに関する一試論―刑訴法198条1項の新解釈―」白鷗法学3号（1995年）

公判審理から見た捜査
――予審的視点の再評価――

2016年2月20日　初版第1刷発行

著　者　　高　内　寿　夫
発行者　　阿　部　成　一

〒162-0041　東京都新宿区早稲田鶴巻町514
発行所　株式会社　成　文　堂

電話 03(3203)9201㈹　Fax 03(3203)9206
http://www.seibundoh.co.jp

製版・印刷　藤原印刷　　　製本　弘伸製本
©2016 H. Takauchi　　Printed in Japan
☆乱丁・落丁本はおとりかえいたします☆
ISBN978-4-7923-5172-4　C3032　検印省略

定価（本体7000円＋税）